■2025年度中学受験用

横浜女学院中学校

3年間スーパー過去問

●収録内容一覧

入試問題と解[illegible]容

2024年度　A	算数・社会・理科・国語
2024年度　B	算数・社会・理科・国語（解答のみ）
2023年度　A	算数・社会・理科・国語
2023年度　B	算数・社会・理科・国語（解答のみ）
2022年度　A	算数・社会・理科・国語
2022年度　B	算数・社会・理科・国語（解答のみ）

※2024～2022年度のＡ入試・Ｂ入試の英語は収録しておりません。

～本書ご利用上の注意～　以下の点について，あらかじめご了承ください。

★別冊解答用紙は巻末にございます。本書に収録している試験の実物解答用紙は，弊社サイトの各校商品情報ページより，一部または全部をダウンロードできます。

★編集の都合上，学校実施のすべての試験を掲載していない場合がございます。

★当問題集のバックナンバーは，弊社には在庫がございません（ネット書店などに一部在庫あり）。

合格を勝ち取るための『スーパー過去問』の使い方

本書に掲載されている過去問をご覧になって，「難しそう」と感じたかもしれません。でも，多くの受験生が同じように感じているはずです。なぜなら，中学入試で出題される問題は，小学校で習う内容よりも高度なものが多く，たくさんの知識や解き方のコツを身につけることも必要だからです。ですから，初めて本書に取り組むさいには，点数を気にしすぎないようにしましょう。本番でしっかり点数を取れることが大事なのです。

過去問で重要なのは「まちがえること」です。自分の弱点を知るために，過去問に取り組むのです。当然，まちがえた問題をそのままにしておいては意味がありません。

本書には，長年にわたって中学入試にたずさわっているスタッフによるていねいな解説がついています。まちがえた問題はしっかりと解説を読み，できるようになるまで何度も解き直しをしてください。理解できていないと感じた分野については，参考書や資料集などを活用し，改めて整理しておきましょう。

このページも参考にしてみましょう！

◆どの年度から解こうかな　「入試問題と解説・解答の収録内容一覧」

本書のはじめには収録内容が掲載されていますので，収録年度や収録されている入試回などを確認できます。

※著作権上の都合によって掲載できない問題が収録されている場合は，最新年度の問題の前に，ピンク色の紙を差しこんでご案内しています。

◆学校の情報を知ろう!!「学校紹介ページ」

このページのあとに，各学校の基本情報などを掲載しています。問題を解くのに疲れたら息ぬきに読んで，志望校合格への気持ちを新たにし，再び過去問に挑戦してみるのもよいでしょう。なお，最新の情報につきましては，学校のホームページなどでご確認ください。

◆入試に向けてどんな対策をしよう？「出題傾向＆対策」

「学校紹介ページ」に続いて，「出題傾向＆対策」ページがあります。過去にどのような分野の問題が出題され，どのように対策すればよいかをアドバイスしていますので，参考にしてください。

◇別冊「入試問題解答用紙編」

本書の巻末には，ぬき取って使える別冊の解答用紙が収録してあります。解答用紙が非公表の場合などを除き，（注）が記載されたページの指定倍率にしたがって拡大コピーをとれば，実際の入試問題とほぼ同じ解答欄の大きさで，何度でも過去問に取り組むことができます。このように，入試本番に近い条件で練習できるのも，本書の強みです。また，データが公表されている学校は別冊の１ページ目に過去の「入試結果表」を掲載しています。合格に必要な得点の目安として活用してください。

本書がみなさんの志望校合格の助けとなることを，心より願っています。

株式会社　声の教育社　編集部

横浜女学院中学校

所在地	〒231-8661 神奈川県横浜市中区山手町203
電　話	045-641-3284
ホームページ	https://www.yjg.y-gakuin.ed.jp/
交通案内	JR 根岸線「石川町駅」元町口より徒歩7分 市営地下鉄ブルーライン「伊勢佐木長者町駅」4A出口より徒歩18分

くわしい情報は
ホームページへ

トピックス

★2020年度入試より，特別奨学入試を実施しています。
★国際教養クラス・アカデミークラスの2クラス制で新しい学びを展開します。

創立年
昭和22年

女子校

高校募集
なし

応募状況

年度	募集数	応募数	受験数	合格数	倍率
2024	A１　5名	91名	40名	8名	5.0倍
	A２ 40名	124名	63名	41名	1.5倍
	特Ⅰ　3名	274名	219名	4名	54.8倍
	B１ 10名	188名	150名	34名	4.4倍
	B２ 27名	264名	210名	159名	1.3倍
	C１　5名	130名	61名	22名	2.8倍
	C２ 30名	174名	88名	75名	1.2倍
	D１　5名	192名	74名	27名	2.7倍
	D２ 25名	265名	111名	70名	1.6倍
	特Ⅱ　3名	354名	152名	10名	15.2倍
	E１　5名	239名	93名	62名	1.5倍
	E２ 22名	333名	130名	102名	1.3倍

入試情報（参考：昨年度）

２月１日午前…A―１／A―２
２月１日午後…特別奨学Ⅰ／B―１／B―２
２月２日午前…C―１／C―２
２月２日午後…D―１／D―２
２月３日午後…特別奨学Ⅱ／E―１／E―２
※１《国際教養》と２《アカデミー》と特別奨学《国際教養／アカデミー》の募集がある。

学校説明会等日程（※予定）

学校説明会【要予約】
６月29日　10：00～12：00
９月21日　10：00～12：00
11月16日　10：00～12：00
12月14日　９：15～12：00
１月11日　８：15～12：30
※12月14日と１月11日は６年生対象模擬入試体験も実施。

ミニ説明会【要予約】《各回20組限定》
７月27日／８月３日・22日／10月７日・26日・28日／11月９日・20日・25日
※時間は各日とも10：00～11：30。

スクールツアー【要予約】
６月８日／７月27日／８月３日／９月７日／10月５日・26日
※各日２～３回，各回限定５組で開催

公開行事【要予約】
・コーラスコンクール（於：神奈川県立音楽堂）
　９月18日　13：00～16：00
・文化祭　11月１日・２日　10：00～15：00

2024年春の主な大学合格実績

＜公立大学＞
横浜市立大

＜私立大学＞
早稲田大，上智大，青山学院大，立教大，中央大，法政大，学習院大，成蹊大，成城大，明治学院大，津田塾大，東京女子大，國學院大，日本大，東洋大，神奈川大，関東学院大

編集部注一本書の内容は2024年5月現在のものであり，変更されている場合があります。正式な情報は，学校のホームページ等で必ずご確認ください。

算数　出題傾向＆対策

◆基本データ(2024年度Ａ)

試験時間／満点	50分／100点
問題構成	・大問数…６題 計算１題(４問)／応用小問１題(６問)／応用問題４題 ・小問数…20問
解答形式	計算と応用小問は，解答のみを記入する形式になっており，応用問題は考え方や式を書きこむらんがある。
実際の問題用紙	Ｂ５サイズ，小冊子形式
実際の解答用紙	Ａ３サイズ

◆出題傾向と内容

▶過去３年の出題率トップ３
１位：四則計算・逆算22％　２位：角度・面積・長さ15％　３位：表とグラフ７％
▶今年の出題率トップ３
１位：四則計算・逆算26％　２位：角度・面積・長さ16％　３位：割合と比など６％

計算問題は，整数・小数・分数の四則計算のほかに，くふうして計算する問題などの出題があることに注意しましょう。

応用小問の出題範囲はほぼ広いですが，おもに，割合と比，速さ，数の性質，図形の分野からの出題が見られます。

応用問題では，場合の数，規則性，図形，グラフの読み取りなどが出題されています。図形分野からは，図形・点の移動に関する問題が取り上げられています。

全体的には，基本的な問題がほとんどで，出題内容もかたよりのない構成です。

◆対策～合格点を取るには？～

まず，正確ですばやい計算力を毎日の計算練習でモノにしましょう。自分で無理なくこなせる問題量を決めて，コツコツと続けることが大切です。

数の性質，割合と比では，教科書にある重要事項を自分なりに整理し，さらに類題を多くこなして，基本的なパターンが利用できるかどうかを確認するようにしましょう。

図形では，求積問題を重点的に学習して，面積，体積などの基本的な求め方を徹底的に身につけることが必要です。

分野＼年度		2024		2023		2022	
		A	B	A	B	A	B
計算	四則計算・逆算	●	●	●	●	●	●
	計算のくふう			○	○	○	○
	単位の計算						
和と差	和差算・分配算						
	消去算						
	つるかめ算						
	平均とのべ						
	過不足算・差集め算						○
	集まり				○		
	年齢算						
割合と比	割合と比	○	○	○	○		○
	正比例と反比例						
	還元算・相当算					○	
	比の性質	○					
	倍数算	○		○			
	売買損益						
	濃度	○		○			
	仕事算						○
	ニュートン算						
速さ	速さ		○				
	旅人算			○	○		○
	通過算						
	流水算						
	時計算		○				
	速さと比						
図形	角度・面積・長さ	◎	●	◎	●	●	
	辺の比と面積の比・相似	○	○				○
	体積・表面積			○	○		
	水の深さと体積						○
	展開図						
	構成・分割						
	図形・点の移動	○		○	○	○	
表とグラフ		○	○	○	○	○	○
数の性質	約数と倍数			○			
	N進数						
	約束記号・文字式						
	整数・小数・分数の性質	○	○		○	○	○
規則性	植木算						
	周期算						
	数列		○	○	○	○	○
	方陣算						
	図形と規則	○					
場合の数		○	○	○	○	○	○
調べ・推理・条件の整理							
その他							

※　○印はその分野の問題が１題，◎印は２題，●印は３題以上出題されたことをしめします。

社会 出題傾向＆対策

◆基本データ（2024年度Ａ）

試験時間／満点	30分／60点
問題構成	・大問数…４題 ・小問数…23問
解答形式	記号選択が大半だが，用語の記入（漢字指定あり），２～３行程度の記述問題もある。
実際の問題用紙	Ｂ５サイズ，小冊子形式
実際の解答用紙	Ｂ４サイズ

分野＼年度			2024		2023		2022	
			A	B	A	B	A	B
日本の地理		地図の見方						○
日本の地理		国土・自然・気候	○		○	○	○	○
日本の地理		資源					○	
日本の地理		農林水産業	○	○		○	○	○
日本の地理		工業						○
日本の地理		交通・通信・貿易		○	○			
日本の地理		人口・生活・文化	○		○	○	○	
日本の地理		各地方の特色	○		○			
日本の地理		地理総合	★	★	★	★	★	★
世界の地理				○			○	○
日本の歴史	時代	原始～古代	○	○	○	○	○	○
日本の歴史	時代	中世～近世	○	○	○	○	○	○
日本の歴史	時代	近代～現代	○	○	○	○	○	○
日本の歴史	テーマ	政治・法律史						
日本の歴史	テーマ	産業・経済史						
日本の歴史	テーマ	文化・宗教史						
日本の歴史	テーマ	外交・戦争史						
日本の歴史		歴史総合	★	★	★	★	★	★
世界の歴史								
政治		憲法	○					
政治		国会・内閣・裁判所		○	○	○	○	○
政治		地方自治		○	○	○		○
政治		経済			○		○	○
政治		生活と福祉			○		○	
政治		国際関係・国際政治	○	○		○		
政治		政治総合		★	★	★	★	★
環境問題			○				○	
時事問題			○				○	
世界遺産			○		○			○
複数分野総合								

※　原始～古代…平安時代以前，中世～近世…鎌倉時代～江戸時代，近代～現代…明治時代以降
※　★印は大問の中心となる分野をしめします。

◆出題傾向と内容

●**地理**…日本の国土や自然に関する問いを中心に，農林水産業，工業，貿易の特色などについて，さまざまな地図や統計資料を用いてはば広く基本的な内容が問われています。また，世界地理からも出題されることがあり，時事に関連づけた問題や，おもな国の文化や自然などについての問題に注意が必要です。

●**歴史**…歴史上の人物，文化史，経済政策の歴史，外交の歴史などのテーマに基づいた各時代の説明文や史料を読み，関連するできごとや人物について答える問題となっています。時代的には古代から近代・現代まではば広い知識が求められます。説明文に関係の深い写真や図を選んだり，史料の穴埋めをしたりする問題が出されています。

●**政治**…日本国憲法や三権のしくみに関する問題を中心に経済や国際政治などについても，時事と関連づけて出題されています。憲法の代表的な条文や三権の関係，財政や税金のしくみなどについて，知識を深めておく必要があります。

◆対策～合格点を取るには？～

難しい問題もときおり見られますが，まずは基礎を固めることが大切です。教科書のほか，説明がやさしくていねいな参考書を選び，基本事項をくり返し学習しましょう。さまざまな分野の問題が出されるので不得意な分野をつくらないように，問題集を解いていて苦手な分野が見つかったら，教科書や参考書に立ちもどり，理解できるまで復習することも必要です。

地理の分野では，地図とグラフが欠かせません。地図帳を使って各地の地形や気候，資料集を使って各地の産業を学習し，学んだ成果を白地図にまとめるとよいでしょう。テレビなどのニュースにふだんから関心をもち，話題となっている国や地域について調べてみるのも効果的です。

歴史の分野では，教科書や参考書を読むだけでなく，自分で年表をつくって覚えると学習効果が上がります。時代や分野ごとにらんを設けて，そこに重要なことがらをまとめてみましょう。

政治の分野では，日本国憲法の基本的な内容と，三権のしくみがどう定められているかを中心に勉強してください。国際連合などの国際政治や，税金などの経済に関する内容にも注意が必要です。さらに時事についての問題も毎年出ますので，中学受験用の時事問題集なども読んでおきましょう。

理科　出題傾向＆対策

◆基本データ（2024年度Ａ）

試験時間／満点	30分／60点
問題構成	・大問数…４題 ・小問数…19問
解答形式	記号選択のほか，用語の記入や計算問題，短文記述が出題されている。
実際の問題用紙	Ｂ５サイズ，小冊子形式
実際の解答用紙	Ｂ５サイズ

分野＼年度		2024		2023		2022	
		A	B	A	B	A	B
生命	植物	★					
	動物			★	★		
	人体		★				★
	生物と環境						
	季節と生物						
	生命総合						
物質	物質のすがた						
	気体の性質	○		★	○	○	
	水溶液の性質	★					
	ものの溶け方		★				○
	金属の性質						○
	ものの燃え方				★	★	
	物質総合						
エネルギー	てこ・滑車・輪軸	★		★			
	ばねののび方						
	ふりこ・物体の運動						
	浮力と密度・圧力						★
	光の進み方		★		★		★
	ものの温まり方						
	音の伝わり方						
	電気回路						
	磁石・電磁石						
	エネルギー総合					★	
地球	地球・月・太陽系				○		○
	星と星座				★		★
	風・雲と天候		★	★			
	気温・地温・湿度	★					
	流水のはたらき・地層と岩石					★	
	火山・地震						
	地球総合						
実験器具							
観察							
環境問題						○	
時事問題						★	
複数分野総合							

※　★印は大問の中心となる分野をしめします。

◆出題傾向と内容

各分野からほぼまんべんなく出題されています。実験・観察・観測をもとにした問題が多く，中途はんぱな勉強では得点できないようにくふうされています。ただし，いわゆる難問というものは見られません。基礎・基本をふまえたうえで，それらを単なる知識で終わらせるのではなく，実際のさまざまな場面の中で使えるようになることが求められています。

●生命…植物のからだのつくり，昆虫の特徴，呼吸と気体の増減，疾患の検査，赤血球についてなどの出題が見られます。

●物質…気体の性質，水溶液の性質，ものの溶け方，ものの燃え方などが取り上げられています。

●エネルギー…定滑車・動滑車，エネルギーの変換，密度，てこのつり合い，光の性質などについて出題されています。

●地球…温度と湿度，ゲリラ豪雨，流水のはたらきと地形，四季の星座と星，月食などが出題されています。

◆対策～合格点を取るには？～

本校の理科は，実験・観察・観測をもとに基本的なことがらを問うものが大部分をしめますから，日ごろの学習のなかでそれらを着実におさえ，かたよりのない勉強を心がける必要があります。

そのためには，教科書や参考書の内容をよく理解し，整理しておくのがいちばんです。最初からよく読み，理解したことをノートにまとめていきましょう。知識事項は正確に覚えるように心がけ，実験・観察・観測の方法・手順や結果，実験器具などのあつかい方についても確認しましょう。

基礎固めができたら，あまり難しくない入試問題集を解いてみるのがよいでしょう。80～90％解けるようならば自信をもってよいですが，もし解けないようなら，もう一度教科書を読み直して，基本的なことがらをあらためて整理・確認することが大切です。やさしい問題集を１冊きめて解いてみるのもよいことです。まちがえたものは，赤で答えを書きこんで，確実に身につけましょう。

また，限られた時間に一定の問題を解かなければなりませんから，スピードと正確さを身につけることも必要です。同じ問題を何度もくり返し解き，問題に必要な知識がすぐに頭に浮かぶように，日ごろから練習を積んでおきたいものです。

国語　出題傾向＆対策

◆基本データ（2024年度Ａ）

試験時間／満点	50分／100点
問題構成	・大問数…３題 文章読解題２題／知識問題１題 ・小問数…19問
解答形式	漢字の書き取りと読みのほか，記号選択と本文中のことばの書きぬきが中心になっているが，100字程度の記述問題も出題されている。
実際の問題用紙	Ｂ５サイズ，小冊子形式
実際の解答用紙	Ｂ４サイズ

◆出題傾向と内容

▶近年の出典情報（著者名）
説明文：外山美樹　茂木健一郎　遠藤　薫
小　説：江國香織　宮下奈都　赤澤竜也

●読解問題…文脈を正しく理解しているかを問うものが中心です。内容理解，適語の補充，指示語の内容など，バラエティーに富んだ設問となっています。記述問題は，筆者の意見とその根拠や，登場人物の心情などについて自分のことばでまとめる形式となっています。

●知識問題…漢字の書き取りと読みに加え，文章中の誤字を見つけて訂正する問題が出されており，注意が必要です。語句・文法については読解問題中の小問で出される傾向にあります。

◆対策～合格点を取るには？～

試験では文脈をきちんととらえ，ことばの意味を正確に理解しているかがためされます。したがって，正しい答えを出せるようにするためには，多くの読解問題にあたり，出題内容や形式に慣れることが大切です。接続語の使い方や指示語の内容など，試験に必ず出される問題に習熟し，本文の内容を自分のことばできちんと説明できるようにくり返し練習してください。たんねんに読めばヒントが見つかるはずです。

表現力をつけるには，日ごろから日記や作文などで書く習慣を身につけることが大切です。本を読んだら100字程度で要旨や感想を書いてみたり，最近のニュースに対する自分の考えをまとめて，先生に見てもらうようにするとよいでしょう。

分野＼年度			2024 A	2024 B	2023 A	2023 B	2022 A	2022 B
読解	文章の種類	説明文・論説文	★	★	★	★	★	★
		小説・物語・伝記	★	★	★	★	★	★
		随筆・紀行・日記						
		会話・戯曲						
		詩						
		短歌・俳句						
	内容の分類	主題・要旨	○	○	○	○	○	○
		内容理解	○	○	○	○	○	○
		文脈・段落構成		○	○		○	○
		指示語・接続語	○	○	○	○	○	○
		その他	○	○	○	○	○	○
知識	漢字	漢字の読み	○	○	○	○	○	○
		漢字の書き取り	○	○	○	○	○	○
		部首・画数・筆順						
	語句	語句の意味	○			○		
		かなづかい						
		熟語	○					○
		慣用句・ことわざ	○	○				○
	文法	文の組み立て						
		品詞・用法					○	
		敬語						
	形式・技法			○				
	文学作品の知識			○				
	その他		○	○	○	○	○	○
	知識総合		★	★	★	★	★	★
表現	作文		○	○	○	○	○	○
	短文記述							
	その他							
放送問題								

※　★印は大問の中心となる分野をしめします。

2024年度 横浜女学院中学校

【算　数】〈A入試〉(50分)〈満点：100点〉

注　意

1　3～6については途中式や考え方も書きなさい。

2　円周率は3.14とする。

1　次の計算をしなさい。

(1)　$\frac{1}{7} \times (10 + 20 \div 5)$

(2)　$1 - \left(\frac{1}{3} + \frac{4}{15} \right) \div 1\frac{1}{5}$

(3)　$\frac{1}{2} + 0.4 \div 0.5 - 0.5 \div 0.4$

(4)　$16 + \{ 186 \div (14 - 8) - 7 \}$

2 次の各問いに答えなさい。

(1) 長さの比が，640m：□km＝２：５となるとき，□をうめなさい。

(2) ６で割っても８で割っても５余る整数で，300に最も近い整数はいくつですか。

(3) 濃《のう》度が５％の食塩水600gに水を加えて濃度を３％にするには，水を何g加えればよいですか。

(4) 姉と妹の持っている鉛筆の本数の比は３：２です。姉が妹に12本の鉛筆をあげると，姉と妹の鉛筆の本数の比は１：２になりました。姉は最初に何本の鉛筆を持っていましたか。

(5) 右の図の角xの大きさは何度ですか。

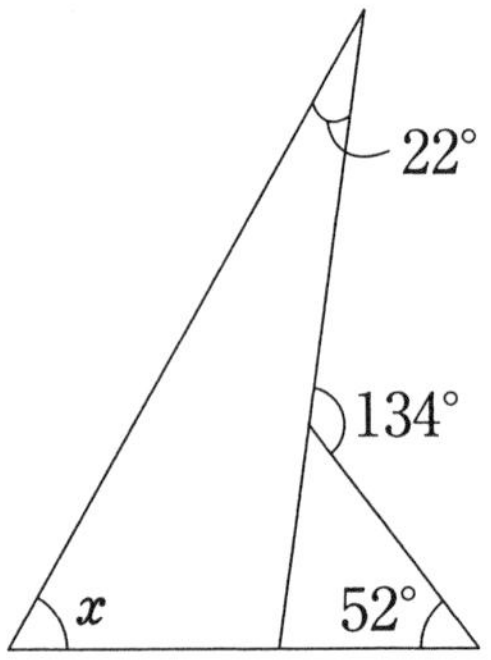

(6) 右の図は，長方形と４つのおうぎ形を組み合わせた図形です。色のついた部分の面積は何cm^2ですか。
ただし，点Ｅは辺ADの真ん中です。

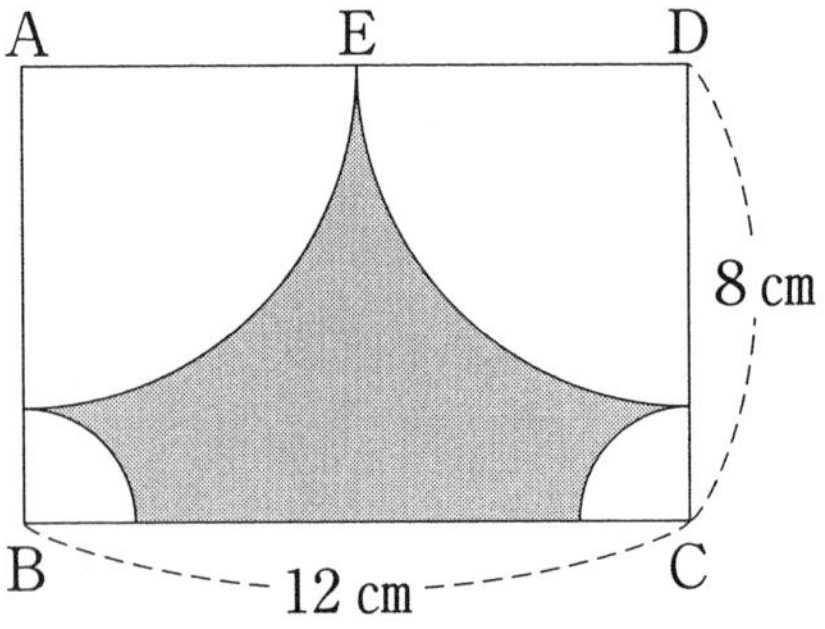

3 次の３つの輸入品のうち，2010年と比べて2021年の輸入品の輸入額の増加の割合が最も小さかった輸入品は，どの輸入品で，約何％増加しましたか。次のグラフを見て答えなさい。ただし，小数第１位を四捨五入して答えなさい。

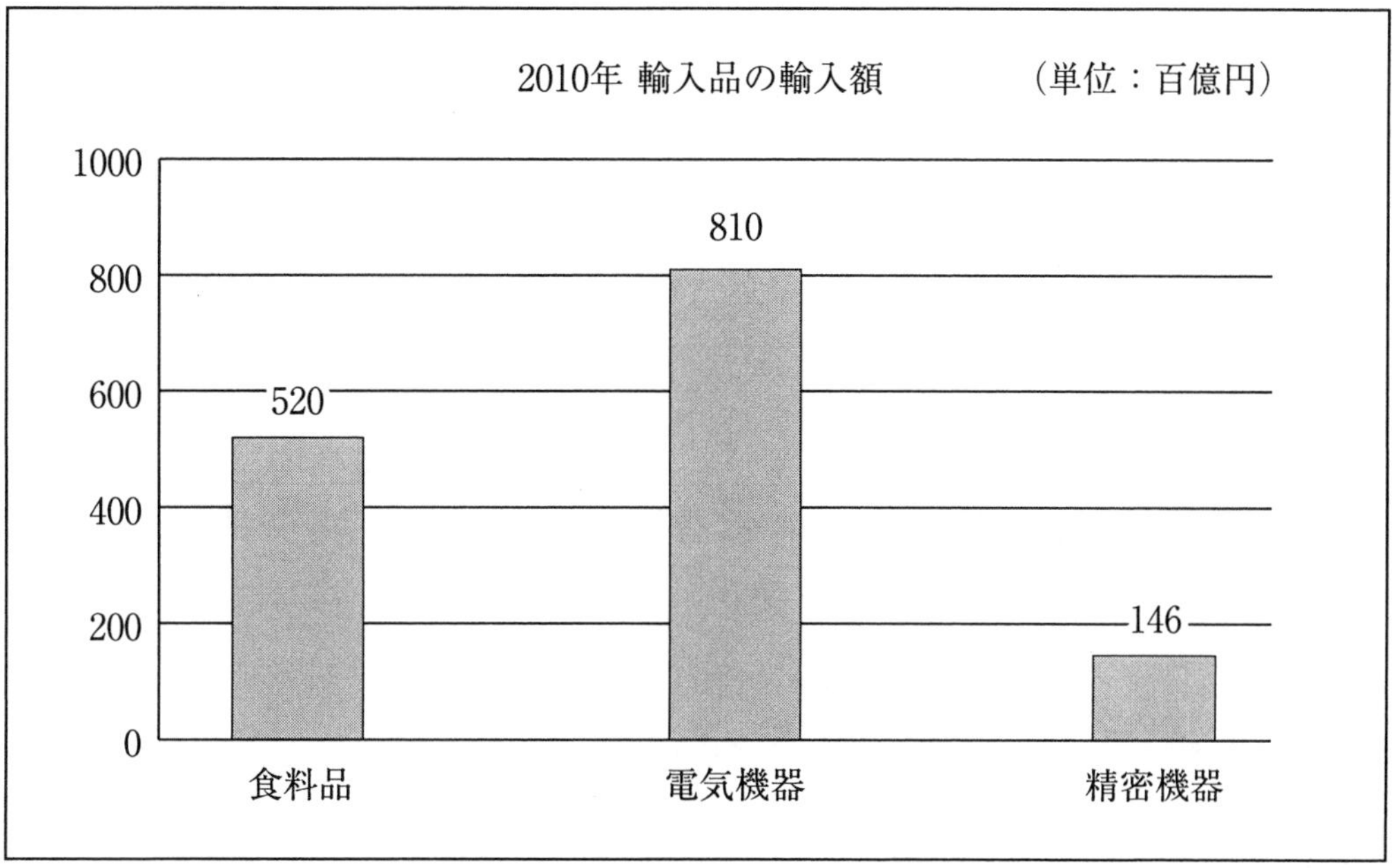

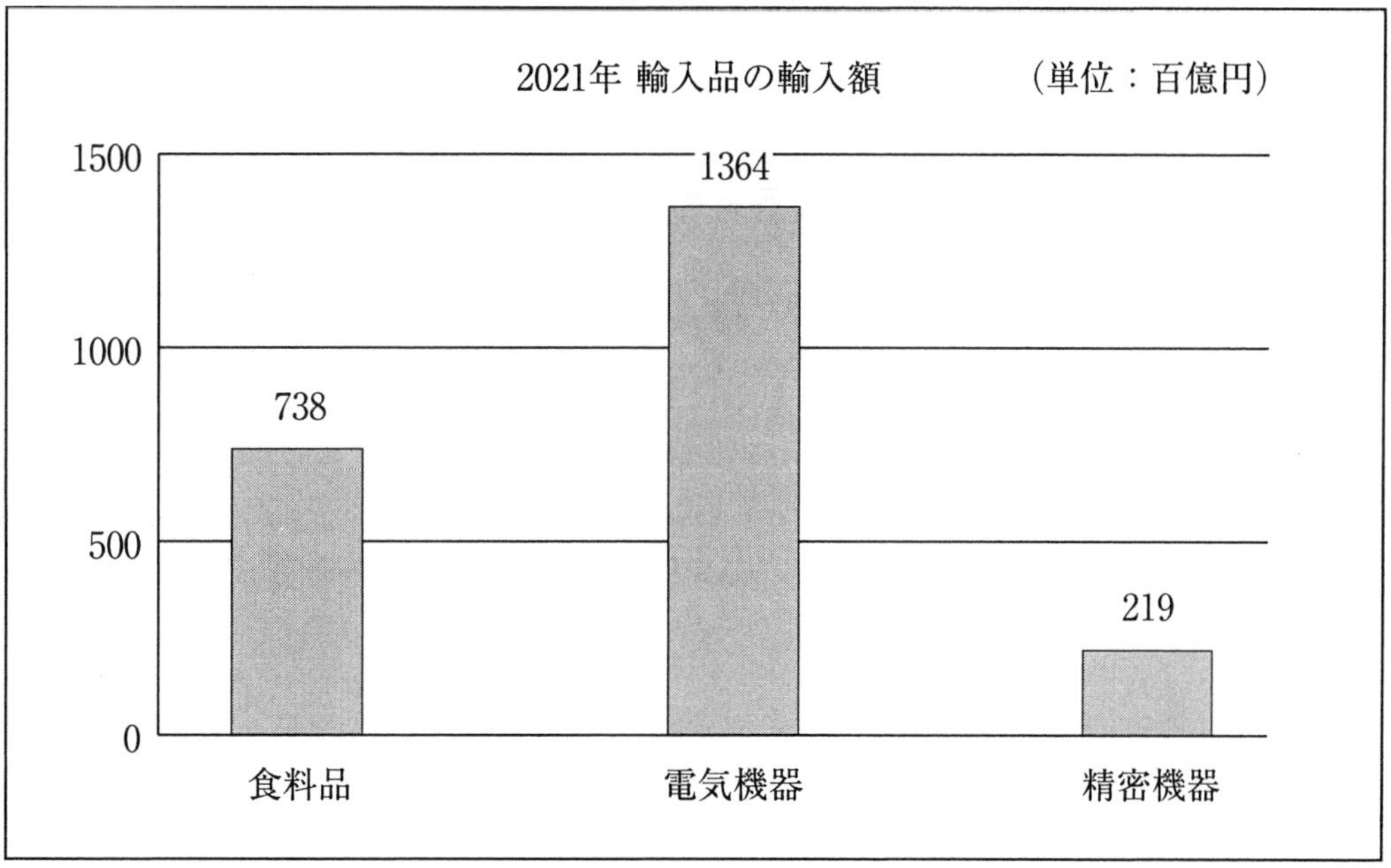

(財務省貿易統計より)

4 図１のような直角三角形のタイルを，図２のようにある規則にしたがってすきまなく並べて図形をつくっていきます。

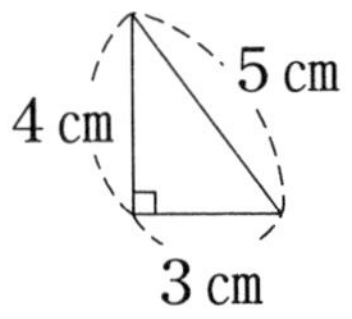

図１

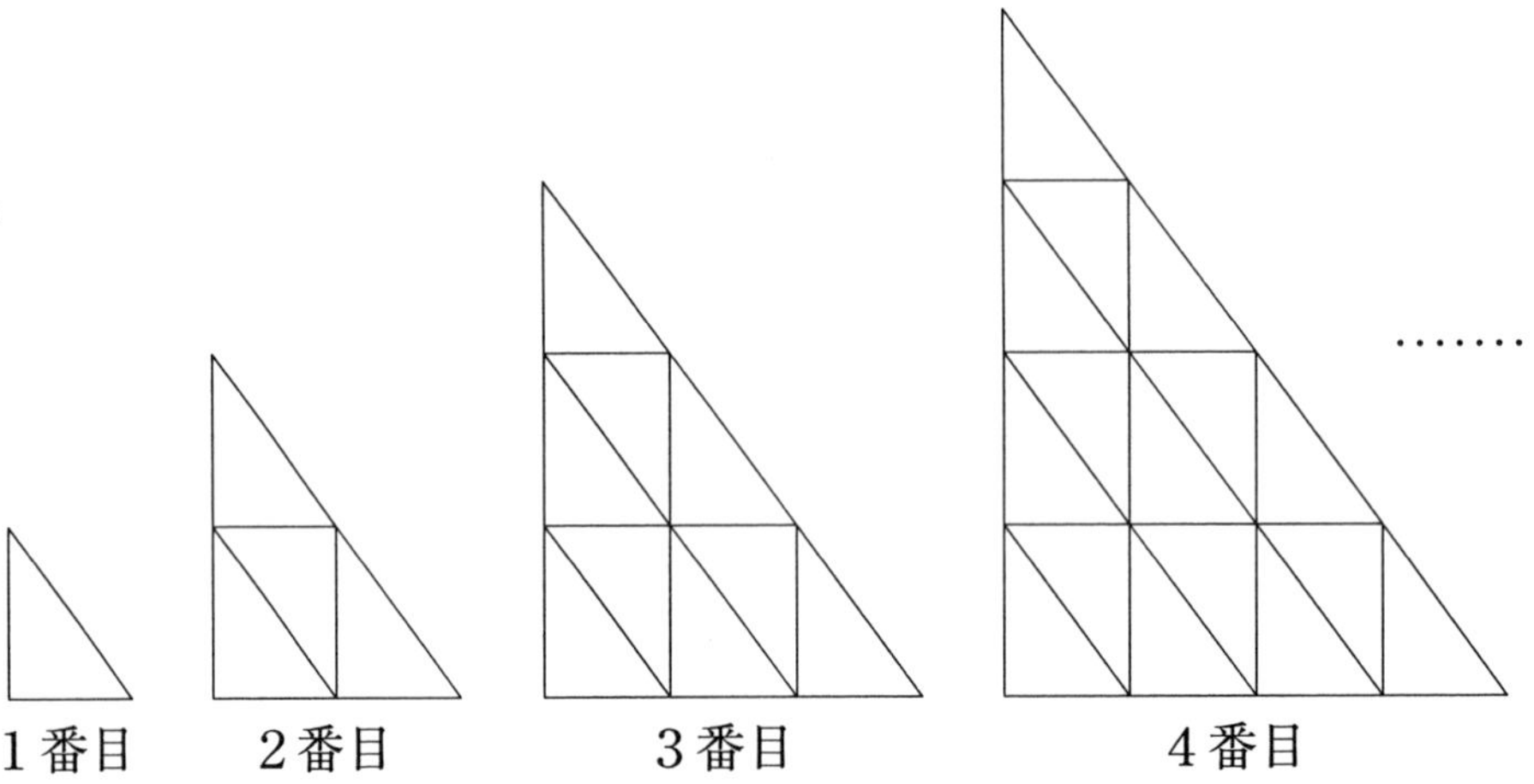

図２

このとき，次の各問いに答えなさい。

(1)　6番目の図形に使われているタイルは全部で何枚ですか。

(2)　図形の周囲の長さが240cmになるのは何番目の図形ですか。

(3)　図形の面積が864cm^2になるのは何番目の図形ですか。

5　赤，青，黄，緑，黒の５色のクレヨンがあります。下の図のア，イ，ウ，エ，オの部分をクレヨンを使ってぬり分けます。ただし，隣《とな》り合う部分には同じ色をぬらないことにします。

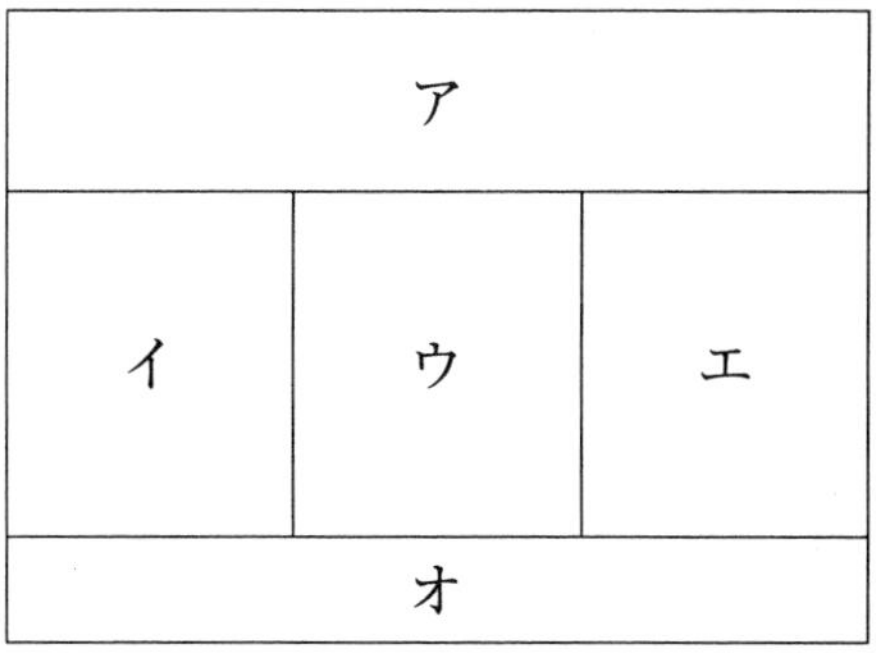

このとき，次の各問いに答えなさい。

(1)　５色のクレヨンを全部使うとき，ぬり方は何通りありますか。

(2)　赤，青，黄，緑の４色のクレヨンを全部使うとき，ぬり方は何通りありますか。

(3)　５色のクレヨンのうち，使わない色があってもよいとするとき，ぬり方は何通りありますか。

6 三角形ABCの面積は120㎠で，BD = 6㎝，DC = 18㎝，AD = 12㎝です。点Pは点Aを出発して毎秒2㎝の速さでAD，DC上を点Cまで動きます。

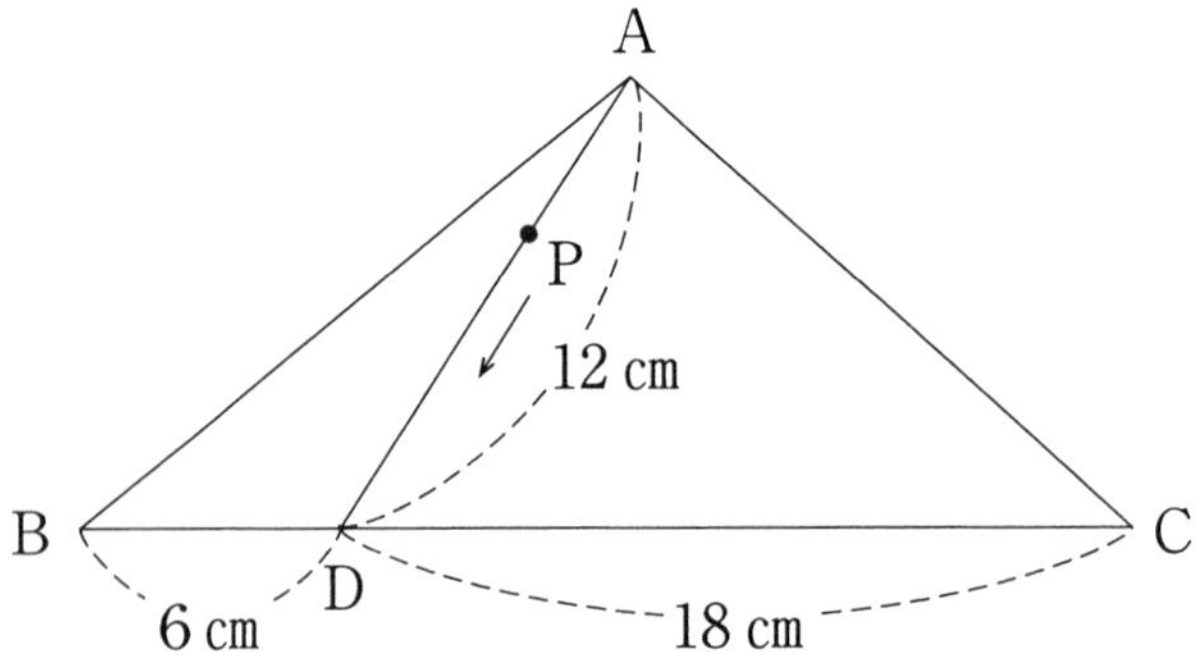

このとき，次の各問いに答えなさい。

(1) 三角形ADCの面積は何㎠ですか。

(2) 点Pが点Aを出発してから4秒後の三角形APCの面積は，三角形ABCの面積の何倍ですか。

(3) 三角形APCの面積が54㎠になるのは，点Pが点Aを出発してから何秒後と何秒後ですか。

【社　会】〈A入試〉（30分）〈満点：60点〉

1　次の文章は、毎日小学生新聞2023年5月4日の記事です。この記事を読んでそれぞれの問いに答えなさい。

〔タイトル〕 **ここにしかない、自然　日本初の世界自然遺産登録から30年**

屋久島と白神山地が日本初の(A)世界自然遺産として登録《とうろく》されたのは1993年でした。それから30年になる今、国内で自然遺産に登録された地域は計5か所に上ります。(B)美しい自然や貴重《きちょう》な生態系《せいたいけい》など、世界でここにしかない価値が評価されました。5月4日は「みどりの日」。自然に親しみ、その恩恵《おんけい》に感謝《かんしゃ》しながら、改めてその魅力《みりょく》に触《ふ》れてみましょう。

問1　下線部（A）に関して、世界各地の貴重な文化財《ぶんかざい》や自然環境を、人類全体の財産《ざいさん》として守っていこうという世界遺産条約が採択《さいたく》されました。採択した機関として正しいものを、次の（ア）～（エ）からひとつ選んで記号で答えなさい。

（ア）WTO　　（イ）UNCTAD　　（ウ）UNESCO　　（エ）WHO

問2　下線部（A）に関して、世界自然遺産である知床を説明した文章として正しいものを、次の（ア）～（エ）からひとつ選んで記号で答えなさい。

（ア）日本列島の南に位置する島でありながら、標高《ひょうこう》1,000ｍ以上の山々が連なっているため気温の幅が広く、日本全体の自然植物の集まりが標高ごとに分布《ぶんぷ》されています。また、樹齢《じゅれい》1000年以上の巨大な杉が多く生育しており、その天然林と植物の集まりの分布によって、世界自然遺産として登録されました。

（イ）約5000万年前の北極周辺の植生に近いブナ原生林《げんせいりん》が見られ、世界自然遺産に登録されました。この地には、絶滅危惧種《ぜつめつきぐしゅ》に指定されているイヌワシやクマゲラも生息しています。

（ウ）東京から南に約1000km離れた島、さらに南に50km離れた島を中心として大小30余りの島々からなります。また独自の生態系を形成しています。そんな珍《めずら》しい生態系が評価され、世界自然遺産に登録されました。

（エ）北海道東部に位置する半島で、流氷、プランクトン、魚、鳥、哺乳類《ほにゅうるい》から、森や土にまでつながるダイナミックな食物連鎖《しょくもつれんさ》が評価され、世界自然遺産に登録されました。

問３　下線部（B）に関して、資料Ｉは日本の山地面積に占める都道府県別の山地割合を表しています。都道府県Xに当てはまる県を、次の（ア）～（エ）からひとつ選んで記号で答えなさい。

資料Ｉ

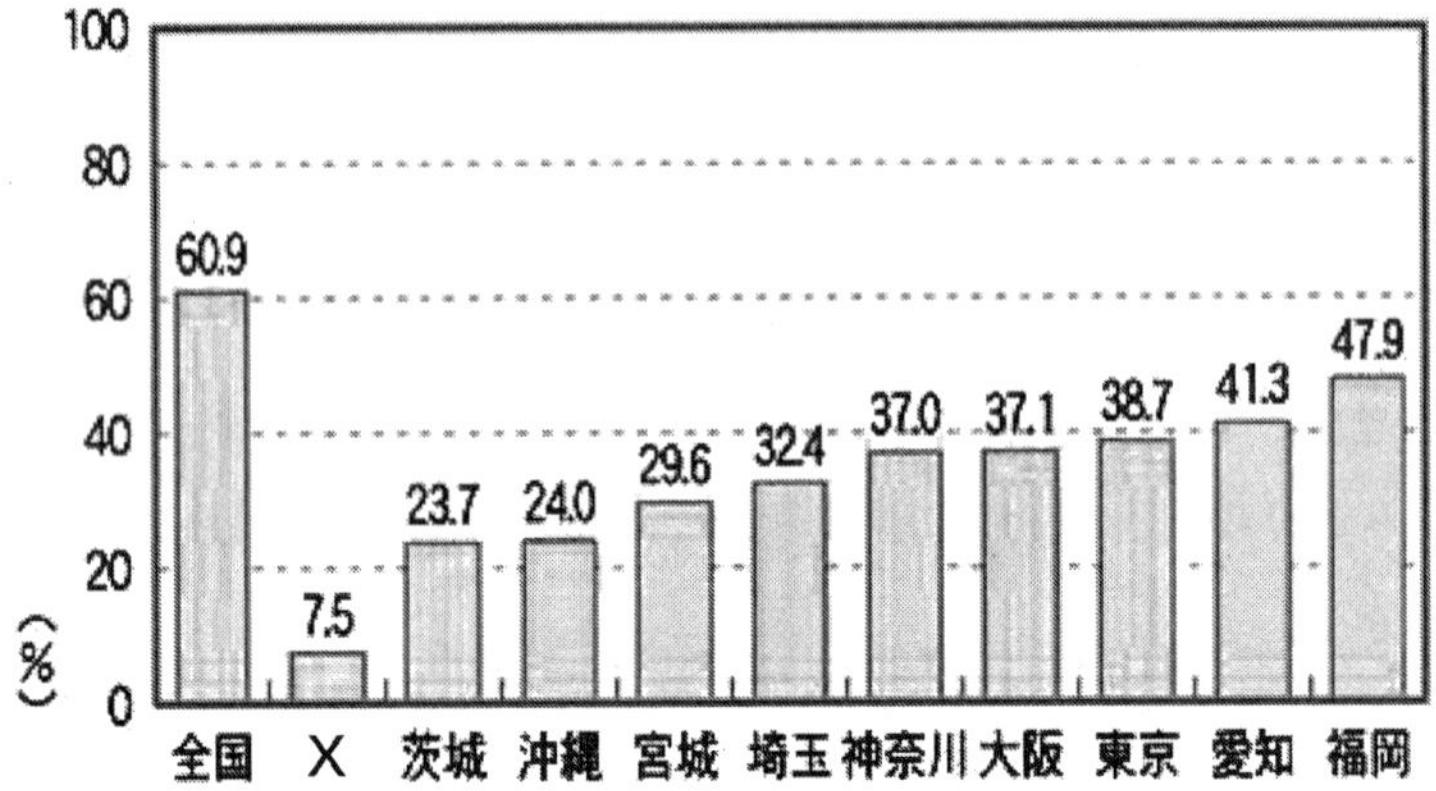

統計でみる日本2022より

（ア）千葉県　　（イ）長野県　　（ウ）和歌山県　　（エ）広島県

問４　次の資料Ⅱは北海道の地図です。北海道の地形について、①～③それぞれの問いに答えなさい。

資料Ⅱ

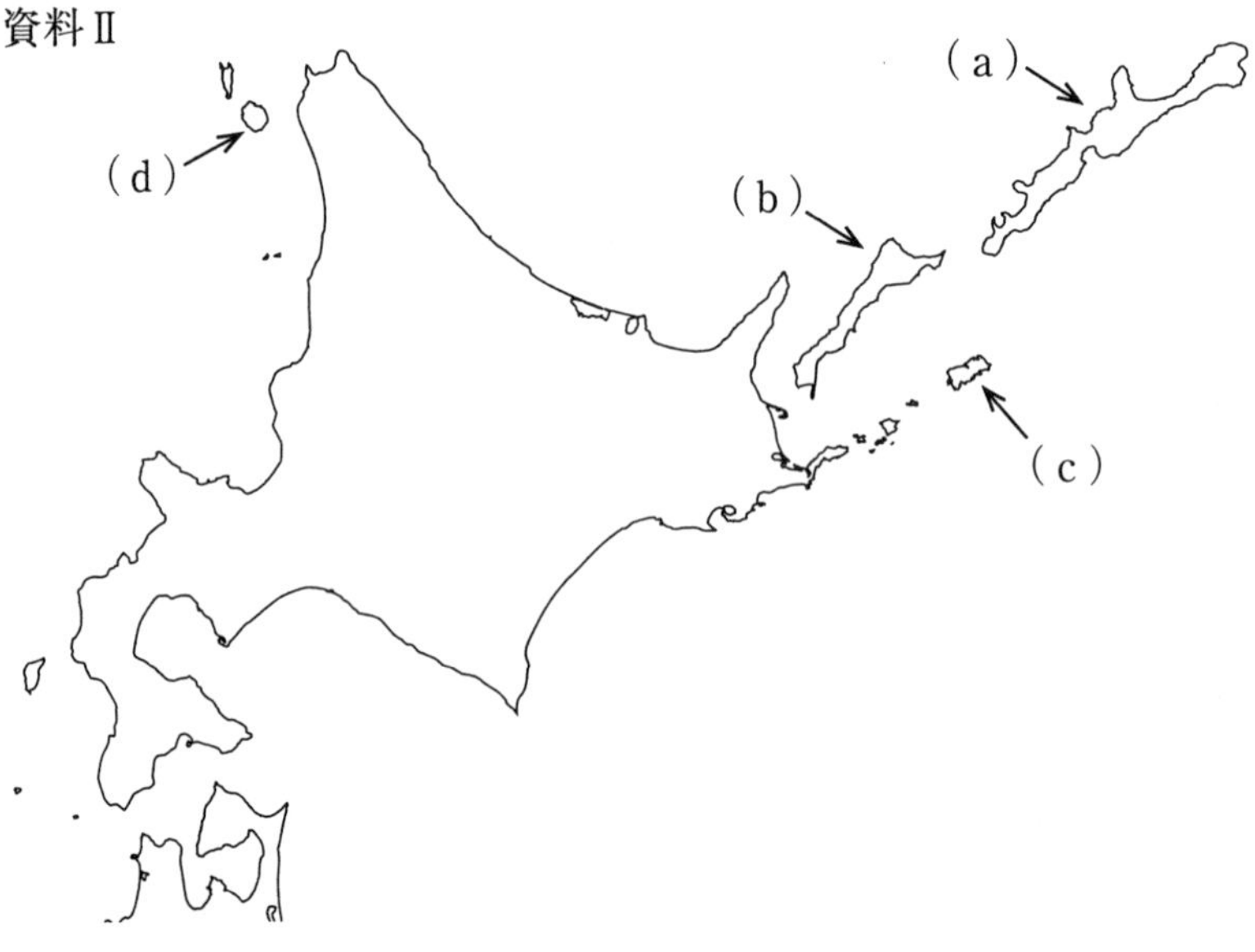

① 資料Ⅱの（a）～（d）のうち、択捉島《えとろふとう》を指すものをひとつ選んで記号で答えなさい。

② 北海道の県庁所在地名とそこで行われる工業の組み合わせとして正しいものを、次の（ア）～（エ）からひとつ選んで記号で答えなさい。

（ア）札幌 ― ビール　　（イ）札幌 ― 石油
（ウ）函館 ― 水産加工　　（エ）函館 ― 製鉄

③ 北海道の農林水産業について述べた次の文章のうち誤っているものを、次の（ア）～（エ）からひとつ選んで記号で答えなさい。

（ア）北海道の根釧台地では、機械を導入し近代経営の形態をとる先端的《せんたんてき》な実験農場が展開されている。
（イ）北海道の石狩平野では、稲作よりも畑作の方が盛んである。
（ウ）北海道は、乳牛の飼育頭数が全国１位であるため、酪農《らくのう》が盛んである。
（エ）北海道は、気温が低く涼しい気候のため、小麦の生産量が2021年時点で全国１位である。

問5　下線部（B）に関して、日本は世界第6位の排他的《はいたてき》経済水域をもち、水産業も盛んです。資料Ⅲは2020年の日本におけるおもな漁港の水揚量《みずあげりょう》を示したものです。選択肢（ア）～（エ）は稚内、石巻、銚子、長崎の各港における水揚量を示しています。銚子港における水揚量として最適なものを、次の（ア）～（エ）からひとつ選んで記号で答えなさい。

資料Ⅲ

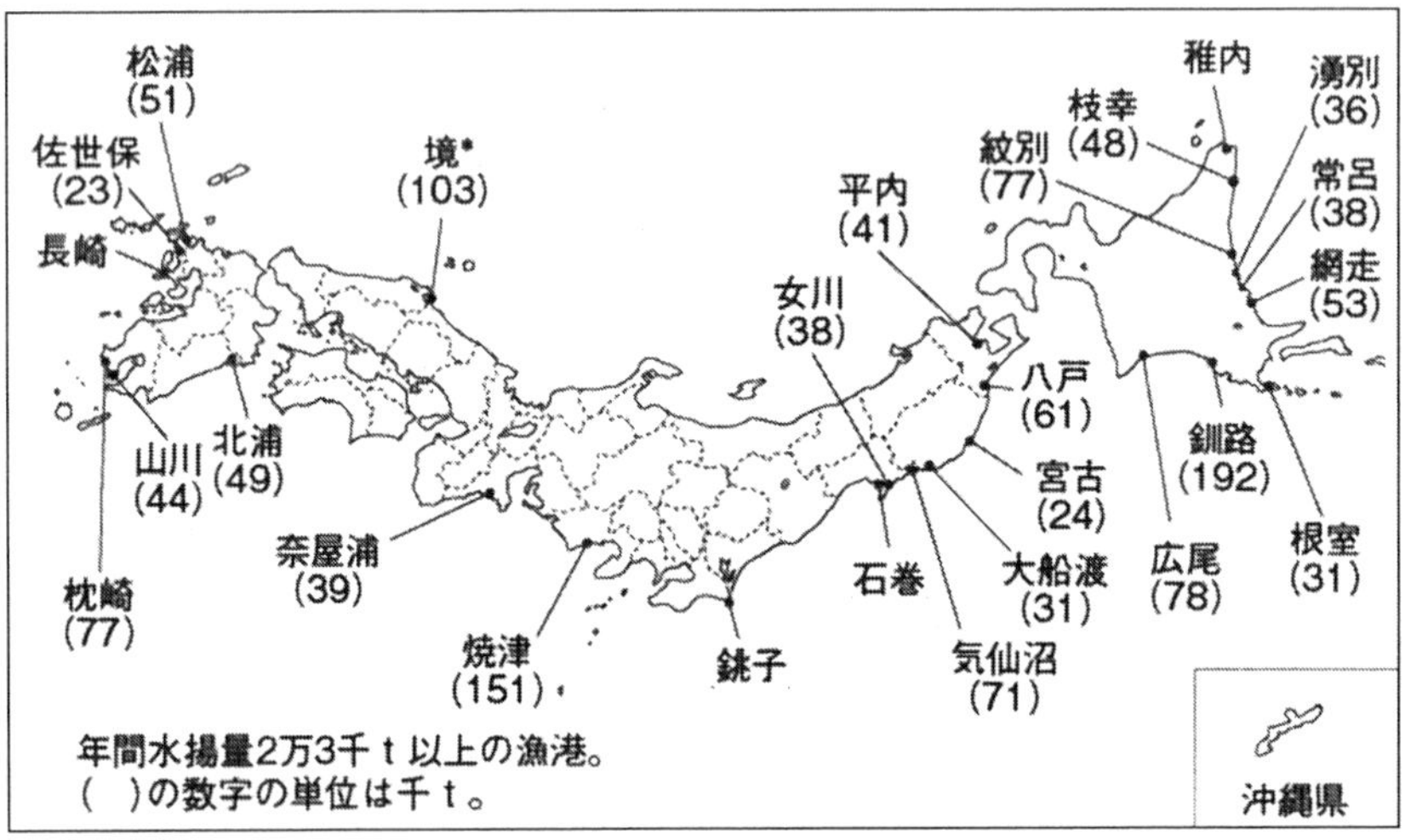

出典：日本国勢図会2022／23

（ア）29　　（イ）48　　（ウ）100　　（エ）272

問6　下線部（B）に関して、人工林は、「おもに木材の生産目的のために、人の手で種を播《ま》いたり、苗木《なえぎ》を植栽《しょくさい》して育てている森林」（森林・林業学習館より）のことをいいます。日本の人工の三大美林は、吉野すぎ、天竜すぎ、尾鷲《おわせ》ひのきの3つがあげられます。人工の三大美林の属する都道府県として誤っているものを、次の（ア）～（エ）からひとつ選んで記号で答えなさい。

（ア）静岡県　　（イ）三重県　　（ウ）奈良県　　（エ）香川県

問７　下線部（B）に関して、自然環境の保全と開発を両立することは簡単なことではないため、「公害」と呼ばれる空気や水のよごれ、環境破壊と向き合わなければいけません。特に1950年代には「公害の原点」ともいわれる水俣病が発生しました。資料Ⅳは九州地方の地図です。水俣病が発生した県として正しいものを、次の（ア）～（エ）からひとつ選んで記号で答えなさい。

資料Ⅳ

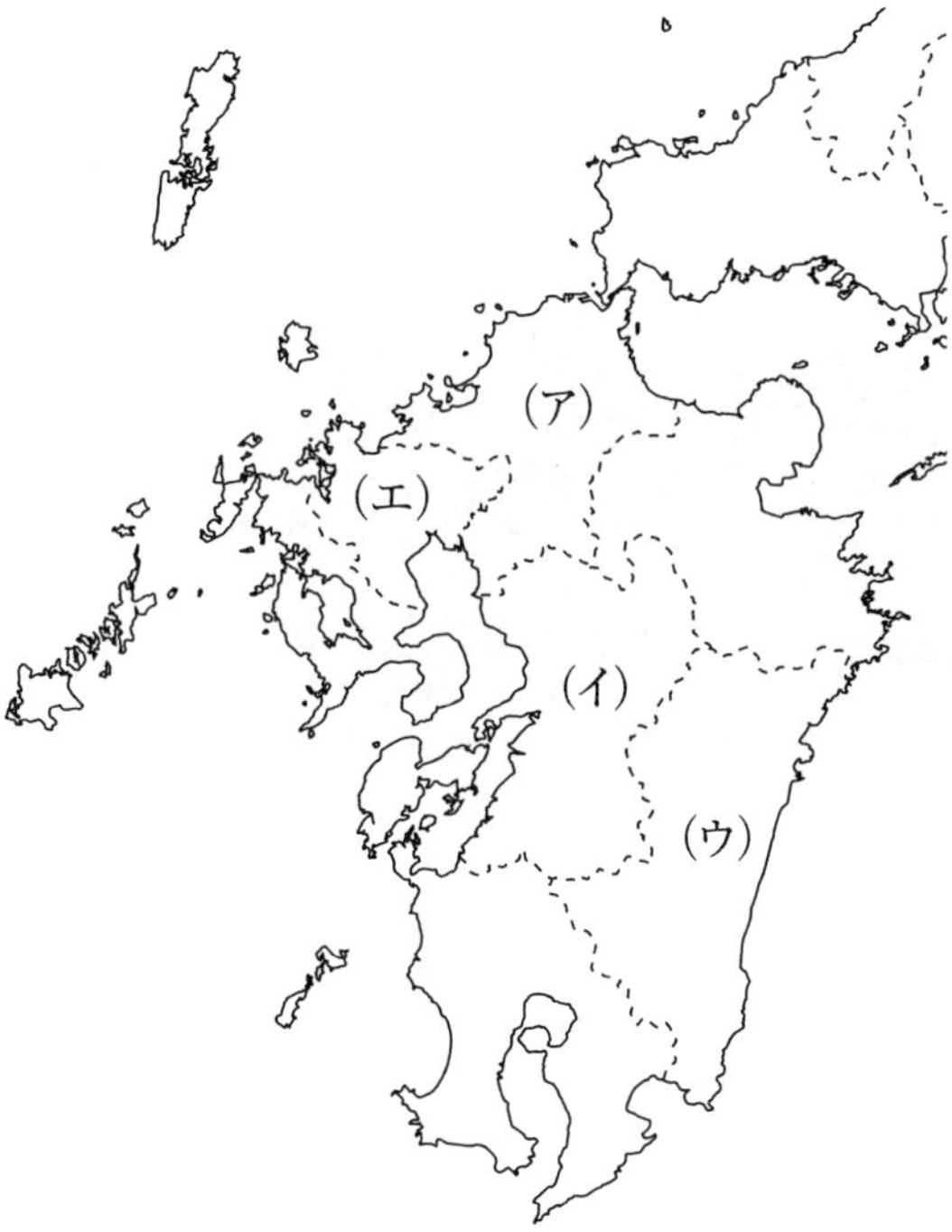

2　文明はたびたび「水」の近くで形成・発展してきました。人類は時に洪水や干ばつ、津波といった水による被害にあいながらも、それぞれの環境に適応し歴史を紡《つむ》いできました。人々の生活と水の関わりについて以下の問いに答えなさい。

問１　日本は周りを海に囲まれる島国であり、古くから「船」を利用して他国と交流してきました。航海は常に危険が伴《ともな》い、船が難破《なんぱ》することも起きていました。このような背景や、当時の中国である唐が衰《おとろ》えたことを理由に、894年に遣唐使の廃止を決めた人物を、次の（ア）～（エ）からひとり選んで記号で答えなさい。

（ア）在原業平　　（イ）平将門　　（ウ）鑑真《がんじん》　　（エ）菅原道真

問２　平清盛は12世紀に活躍し、武士として初めて太政大臣となった人物です。彼は大輪《おおわ》田泊《だのとまり》を修築し、中国との貿易を行ったことでも知られています。当時の中国との貿易を何というか、次の（ア）～（エ）からひとつ選んで記号で答えなさい。

（ア）日明貿易　　（イ）日宋貿易　　（ウ）日朝貿易　　（エ）日韓貿易

問３　下記の写真は平氏と関わりの深い神社です。この神社は1996年世界文化遺産に登録されています。この建物の名称を、次の（ア）～（エ）からひとつ選んで記号で答えなさい。

（ア）豊国《ほうこく》神社　　（イ）出雲大社《いずもたいしゃ》　　（ウ）厳島神社　　（エ）箱根神社

問４　室町幕府の将軍である足利義満は当時の中国と属国になる形で国交を結びました。この貿易では、当時問題となっていた海賊《かいぞく》と正規の貿易船を区別するために下記の資料Ｉが用いられました。下記の資料Ｉを使って行われた貿易を何というか、資料Ｉの名称を明らかにして答えなさい。

［資料Ｉ］

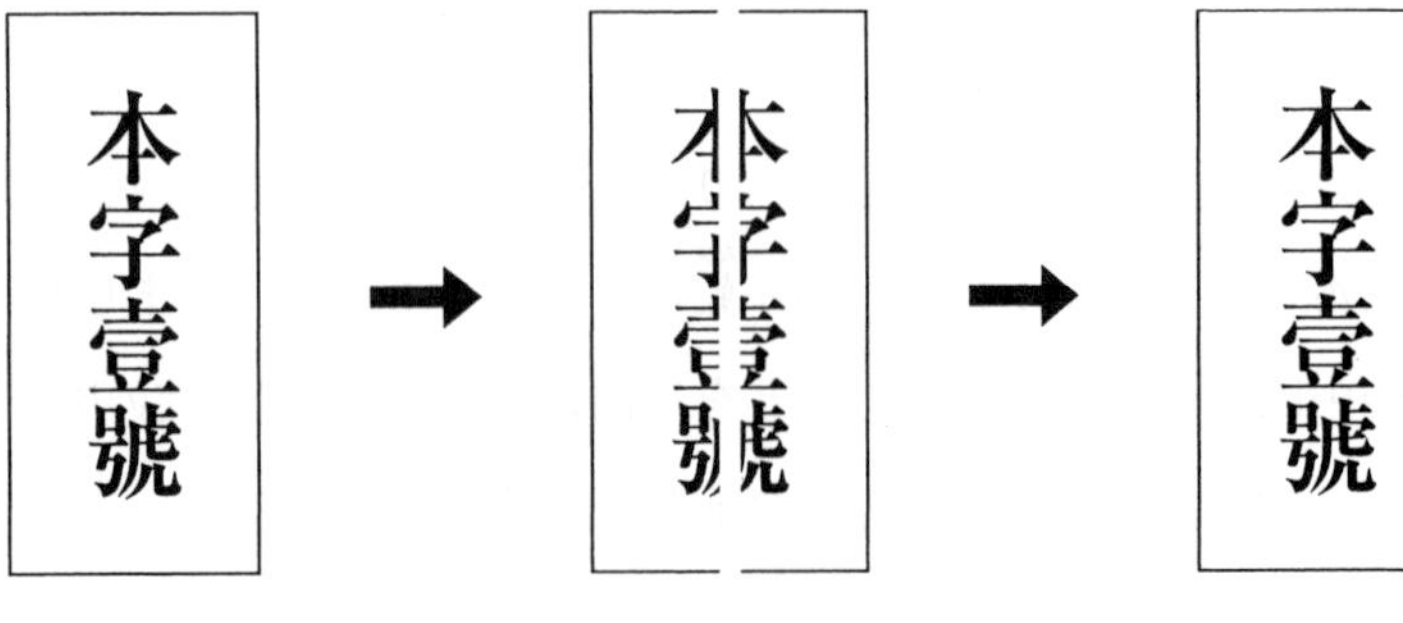

問5　問4にある当時の中国と問題となっていた海賊を何というか、次の（ア）～（エ）からひとつ選んで記号で答えなさい。

（ア）倭寇　（イ）防人　（ウ）蝦夷《えみし》　（エ）南蛮人

問6　下記の資料Ⅱは江戸幕府が貿易統制のために長崎港内につくらせた埋め立て地を描いた屏風《びょうぶ》です。ここではキリスト教の布教をしないことを条件にヨーロッパのひとつの国のみ貿易を許可されました。貿易が許可されたヨーロッパの国はどこか、答えなさい。

［資料Ⅱ］（寛文長崎図屏風、長崎歴史文化博物館蔵）

神奈川県版中学歴史資料集　学び考える歴史

問7　江戸時代には蝦夷地と大坂間を結ぶ航路が発達し、東北地方の海産物が西日本にも流通するようになりました。蝦夷地と大坂間を結ぶ航路で活躍した船を何というか、次の（ア）～（エ）からひとつ選んで記号で答えなさい。

（ア）樽廻船《たるかいせん》　（イ）朱印船《しゅいんせん》　（ウ）菱垣廻船《ひがきかいせん》　（エ）北前船《きたまえぶね》

問8　江戸時代末の1853年に日本に来航したアメリカ船は、船全体が黒かったことから「黒船」と呼ばれました。黒船来航という出来事は日本に大きな衝撃《しょうげき》を与えました。日本の浦賀に来航して、開国を求めた人物名を答えなさい。

問9　1858年に大老井伊直弼は5港を開いて貿易を行うことをアメリカに認めました。この後、イギリス・ロシア・オランダ・フランスと同様の条約を結ぶこととなりました。井伊直弼がアメリカと結んだ条約名を答えなさい。

3　以下の文章は中満泉《なかみついずみ》の著書『未来をつくるあなたへ』(岩波書店、2021) からの抜粋《ばっすい》です。以下の問いに答えなさい。

私は日本で生まれてごく普通の家庭に育ち、21歳までパスポートも持っていませんでした。でも大学でアメリカに留学したことをきっかけに(A)国連（国際連合）で働くことを目指し、気づくと人生の半分以上を外国で暮らすようになりました。

最初は国連難民高等弁務官事務所《こくれんなんみんこうとうべんむかんじむしょ》というところで、難民の人達を保護する仕事をしました。その後、戦場で和平交渉をしたり、市民を守ったりする国連平和維持活動《こくれんへいわいじかつどう》や開発途上国を豊かにするための国連開発計画という機関で働きました。仕事の内容はさまざまですが、(B)イラクやシリアなどの中東地域や内戦中のボスニアなど、戦争や紛争に関わる仕事がほとんどでした。

このような争いを早く終わらせるように努力し、人々が平和に安全に暮らせるように支援するのが私たち国連の仕事なのです。今は国連本部のあるニューヨークで軍縮《ぐんしゅく》の仕事を担当しています。軍縮とは各国が持つ危険な兵器を交渉で減らしていくことです。困っている難民の人たちを助ける仕事とは違って、軍縮の仕事はすぐに目に見える成果が出せるものではありません。でも実は、国連が設立された理由そのものに大きく関わっています。世界中で少なくとも5000万人以上が犠牲《ぎせい》になった(C)歴史上最大の戦争・第二次世界大戦後に二度とこのような戦争を起こさせないために世界の国々が集まって国連は作られました。そして広島と長崎に原子爆弾が落とされてからわずか5ヶ月後、1946年1月に行われた初めての国連総会の記念すべき第一号を核兵器の廃絶《はいぜつ》を目指す決議とし、国際社会としてこの課題に最優先で取り組んでいく決意を示しました。

・・・(中略)・・・

21世紀の世界は、地球規模で様々なことが起こる「地球時代」に入ったと私は思います。そもそも(D)気候変動のような課題は全世界で考えて行動しなくてはなりません。紛争やテロの問題も同じです。地球の裏側で起こった事件が(E)インターネットを通して全世界に伝わり、あっという間に飛び火するかもしれません。だからこそ、国際社会はSDGs（持続可能な開発目標）を作り、貧困や環境、そして平和な社会を作ることに取り組んでいます。

みなさんの生活とは関係ない遠い話だと思うでしょうか？　地球の未来を変えるあなたと一緒にこれから考えていけたらと思います。

問1　下線部（A）について、①・②のそれぞれの問いに答えなさい。

①　国際連合は1945年に成立した機関です。以下の文章の中から国際連合の説明として正しいものを、（ア）～（エ）からひとつ選んで記号で答えなさい。

（ア）議決は加盟国の全会一致制で行われている。
（イ）制裁手段として認められていたのは、経済制裁のみである。
（ウ）日本は国際連合に2023年の現時点で加盟していない。
（エ）アメリカ・イギリス・フランス・ロシア・中国の５カ国が常任理事国を務めている。

②　国際連合には国際児童基金（UNICEF）という機関が存在します。この機関の説明として正しいものを、次の（ア）～（エ）からひとつ選んで記号で答えなさい。

（ア）紛争や自然災害、貧困などにより危機に直面する人々に、独立・中立・公平な立場で緊《きん》急《きゅう》医《い》療《りょう》援助《えんじょ》を届けている民間の非営利団体。
（イ）祖国を逃れた難民を保護し、難民問題の解決に努めている。1991年から2000年まで10年間日本人で初めて国連難民高等弁務官を緒《お》方《がた》貞《さだ》子《こ》さんが務めた。
（ウ）すべての子どもの権利と命を守るために最も支援の行き届きにくい子ども達を優先に、約190カ国で活動をしている。
（エ）国際紛争を裁判で平和的に解決するための機関。本部はオランダのハーグに設置されている。

問２　下線部（B）のような場所に日本は、ＰＫＯ協力法に基づき自衛隊を派遣することができます。日本の平和主義に関して説明した文章として誤っているものを、次の（ア）～（エ）からひとつ選んで記号で答えなさい。

（ア）憲法９条では戦争の放棄、戦力の不保持、交戦権の否認を掲《かか》げている。自衛隊は日本の平和と独立を守り、国の安全を保つために設置された部隊である。

（イ）国際法上、日本と密接な関係にある外国に対する武力攻撃を、日本が直接攻撃されていないにもかかわらず、実力をもって阻止《そし》することが正当化される権利である集団的自衛権は認められないと2014年に閣議決定した。

（ウ）日本は核兵器について持たず・作らず・持ちこませずの「非核三原則」の立場を取っており、これは佐藤栄作が唱えたものである。

（エ）日本とアメリカの間には日本の安全を保障するため、米軍の日本駐留《ちゅうりゅう》などを定めた日米安全保障条約が締結《ていけつ》されている。

問３　下線部（C）に関して、①・②それぞれの問いに答えなさい。

①　以下の文は、第二次世界大戦以前の大日本帝国憲法と大戦後に制定された日本国憲法のどちらかについて説明した文章です。日本国憲法の説明として正しいものを全て選び、その組み合わせとして正しいものを、次の（ア）～（キ）からひとつ選んで記号で答えなさい。

x．1946年11月３日に公布《こうふ》された。主権は国民にあり、天皇は日本国民統合の象徴とされた。

y．私たち人間が生まれながらにして持っている基本的人権は法律の範囲内でのみ保障された。

z．国会は唯一の立法機関・最高機関として法律の制定や予算の議決などを行う。

（ア）x　　（イ）y　　（ウ）z　　（エ）x．y

（オ）x．z　　（カ）y．z　　（キ）x．y．z

② 以下の文は、日本国憲法においての憲法改正手続きについての説明です。文章を読み改正の手続きとして誤っているものを、次の（ア）～（エ）からひとつ選んで記号で答えなさい。

（ア）衆議院と参議院の総議員の３分の２以上の賛成により国会で発議《はつぎ》される。
（イ）発議後には国民投票を行い、過半数の国民の賛成によって改正が決定する。
（ウ）国民投票の投票年齢は満18歳以上である。
（エ）天皇の議決により改正が決定する。

問４　下線部（D）に関して、①・②それぞれの問いに答えなさい。

① 気候変動などの環境問題について述べた文章として正しいものを、次の（ア）～（エ）からひとつ選んで記号で答えなさい。

（ア）2015年に、先進国・途上国関係なく全ての国が今よりもPM2.5などの温室効果ガスをできるだけ早く、できるだけたくさん減らすことを決定した「京都議定書」が締結《ていけつ》された。
（イ）1992年、ブラジルのリオデジャネイロで「持続可能な開発」をテーマとした「地球サミット」が開かれ、世界各国の首脳《しゅのう》が出席した。
（ウ）現在、日本は地方から再生可能エネルギーを買うことで、火力発電所で燃やす石油や石炭などの化石燃料を減らし、酸素を減らす「脱炭素社会」を目指している。
（エ）環境省では、エコなプラスチック製品を作ることを企業の義務とし、プラスチックの再利用・リサイクルへの取り組みに力を入れている。

② 日本では環境省が主体となって環境の維持・発展に取り組んでいます。環境省のような行政機関は内閣の下に設置されています。内閣について述べた文章として、誤っているものを、次の（ア）～（エ）からひとつ選んで記号で答えなさい。

（ア）天皇の国事行為に対して助言と承認は内閣から任命された委員会が行う。
（イ）内閣総理大臣が各国務大臣を任命と罷免《ひめん》することができる。
（ウ）内閣総理大臣は国会が国会議員の中から指名し、天皇が任命する。
（エ）内閣が最高裁判所長官の指名とそのほかの裁判官の任命を行う。

問5 下線部（E）に関して、近年技術が進歩しています。①・②それぞれの問いに答えなさい。

① インターネットが普及したことにより、新しい人権としてプライバシーの保護が主張されるようになりました。プライバシーの保護と時として対立する、地方公共団体に情報公開条例を制定させる力になった新しい権利を、次の（ア）～（エ）からひとつ選んで記号で答えなさい。

（ア）環境権　（イ）知的財産権　（ウ）信教の自由　（エ）知る権利

② ソーシャルメディア（SNS）を使用し情報を獲得《かくとく》することの注意点を説明しなさい。

4 次の資料は鎌倉幕府と室町幕府の仕組みを図にしたものです。幕府指導のもと中央と地方に分けられ、話し合いや時に武力行使によって政策が決定されました。以下の問いに答えなさい。

[鎌倉幕府の仕組み]

将軍── 執権 ─┬ 中央
- 【X】……御家人のとりしまり、軍事
- 政所《まんどころ》……政治一般
- 問注所…裁判

└ 地方
- 六波羅探題…朝廷の監視、京都の警備
- 【Y】…国内御家人の統率、軍事・警察・国ごとに設置
- 地頭《じとう》…年貢のとりたて、治安維持、荘園ごとに設置

[室町幕府の仕組み]

将軍 ─┬ 中央 ─ 管領《かんれい》
- 【X】……京都市中の警備・軍事・警察
- 政所……幕府の財政
- 問注所…文書・記録の管理

└ 地方
- 鎌倉府…関東などの 10 カ国(のちに 12 カ国)の統治
- 【Y】・地頭《じとう》

問1　2つの資料中の空らん【X】と【Y】に当てはまる役職について、組み合わせとして正しいものを、次の(ア)～(エ)からひとつ選んで記号で答えなさい。

(ア)【X】侍所《さむらいどころ》・【Y】鎌倉番役《ばんやく》
(イ)【X】侍所・【Y】守護
(ウ)【X】鎌倉府・【Y】鎮西奉行《ちんぜいぶぎょう》
(エ)【X】鎌倉府・【Y】守護

問2　鎌倉幕府の「執権」と室町幕府の「管領」について、共通点とどちらがより権力を持っていたのかについて説明しなさい。

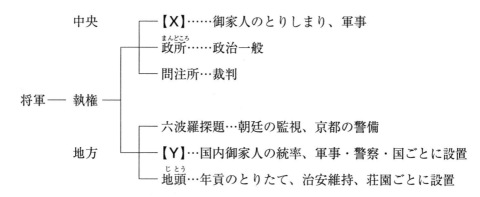

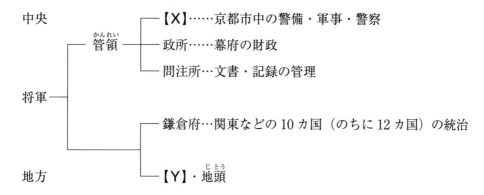

【理　科】〈Ａ入試〉（30分）〈満点：60点〉

1　世界三大穀物であるトウモロコシ、小麦、米は世界の人々の食生活を支えている。トウモロコシを炊《た》いたトウモロコシがゆやトウモロコシを粉にして焼いたトルティーヤは中南米の人々の主食となっている。また、ヨーロッパでは小麦をパンにして食べており、アジアでは米を炊いてご飯として食べている。これら３つの穀物はすべてイネ科の植物である。

イネ科植物は成長のスピードを重視し、からだの構造をシンプルにすることで生き残る戦略で進化した植物であるという説がある。そのためイネ科植物は形成層を（　Ａ　）。人間はイネ科植物のからだではなく、次世代の発芽のために養分が蓄《たくわ》えられている種子を食べている。この養分は植物の行う（　Ｂ　）というはたらきによってつくられたものである。

(1)　文章中の空欄《らん》Ａ・Ｂに当てはまる語句として最も適切な組み合わせを以下のア～エから１つ選び、記号で答えなさい。

	Ａ	Ｂ
ア	もつ	光合成
イ	もつ	呼吸
ウ	もたない	光合成
エ	もたない	呼吸

(2)　以下のア～エは植物の子葉を表している。ア～エのうち、トウモロコシの子葉として最も適切なものを１つ選び、記号で答えなさい。

ア　　イ　　ウ　　エ

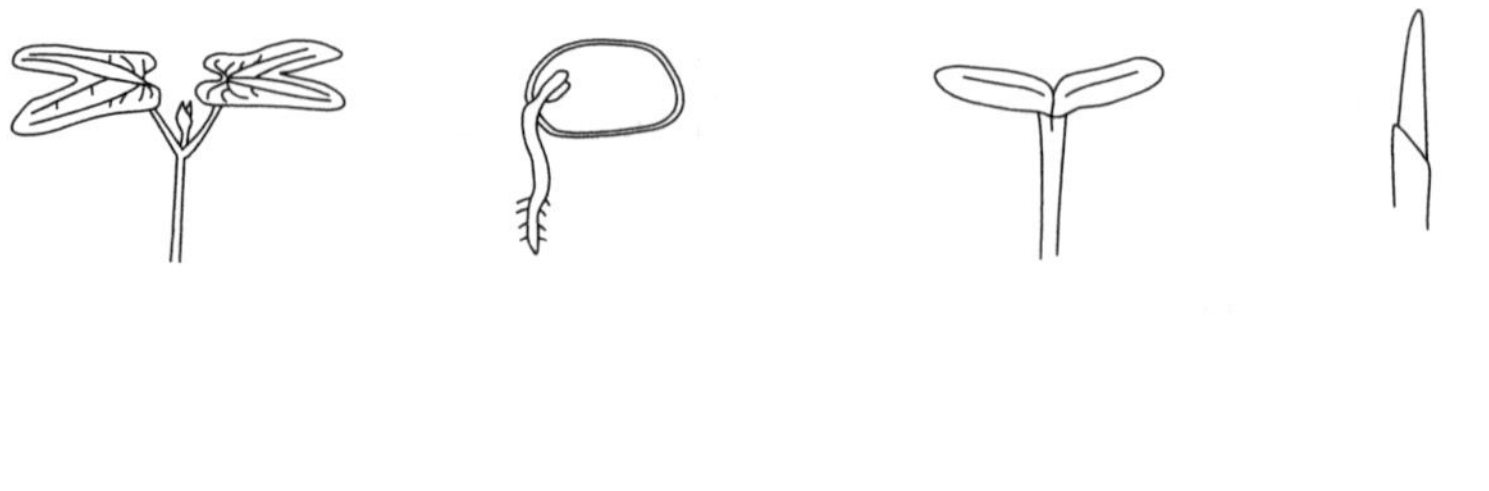

(3) 以下のア～エは植物の根を表している。ア～エのうち、トウモロコシの根として最も適切なものを１つ選び、記号で答えなさい。

ア　イ　ウ　エ

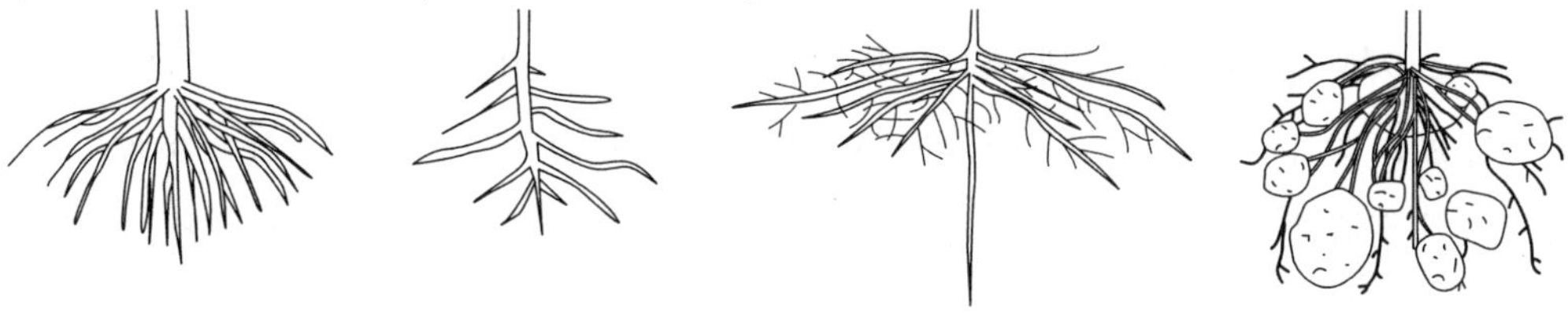

(4) 穀物にはマメ科の大豆もある。次の図はダイズとイネの種子の内部を表している。発芽するときの養分を蓄えているのはどの部分か。図のア～ケからそれぞれ選び、記号を答えたうえで名称も答えなさい。

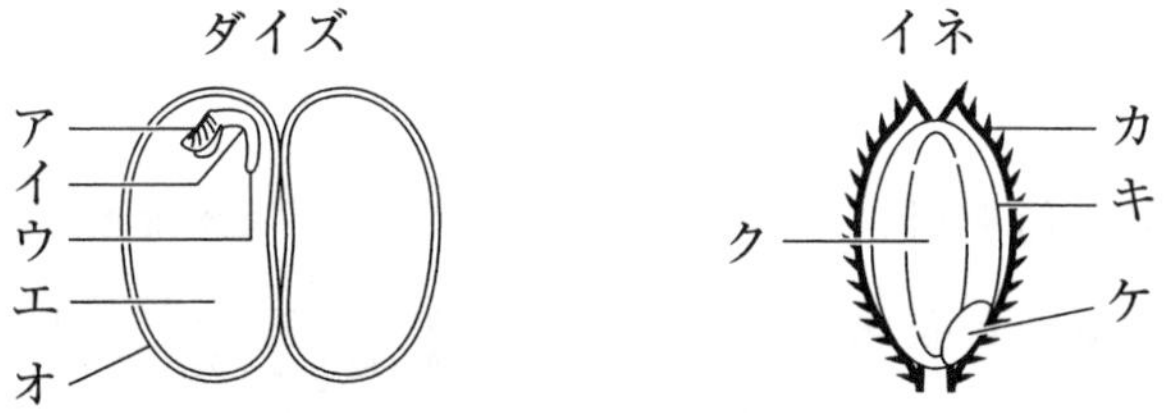

(5) 同様に穀物と呼ばれるダイズとイネだが、含まれる栄養素に大きな違いがある。三大栄養素【炭水化物・タンパク質・脂質《ししつ》】のうち、イネに多く含まれるがダイズにはあまり含まれないものはどれか答えなさい。

(6) 現在の日本の米をつくるイネはもともと野生のイネ科植物だった。人類は野生のイネの中から『実が落ちにくい・大きな実・すべての実が同時期に熟す』よう突然変異したものをかけ合わせ、徐々に品種改良してイネの栽培《さいばい》をすすめていった。これにより現在、おいしいごはんが食べられるようになっている。しかし、この品種改良は自然の中でイネが種として生き残るにはデメリットになる性質である。

『実が落ちにくい・大きな実・すべての実が同時期に熟す』の中から１つ性質を選び、その性質が自然の中でイネが種として生き残るにはデメリットになる理由を説明しなさい。

2 横浜女学院ではWBGT（暑さ指数）をもとに部活動の熱中症《しょう》対策を行っている。この値が31℃以上となると屋外での活動は原則中止としている。

WBGTは、熱中症を予防することを目的として1954年にアメリカで提案された。人体と外気との熱のやりとり（熱収支）に着目した指標で、人体の熱収支に与える影響の大きい①湿《しつ》度、②日射・輻射《ふくしゃ》など周辺の熱環境、③気温の３つを取り入れた指標である。WBGT測定器は、水で湿《しめ》らせたガーゼを温度計の球部に巻いた湿球温度計と、通常の温度計である乾《かん》球温度計に加え、黒色に塗装《とそう》されたうすい銅板の球の中心に温度計を入れた黒球温度計の測定値を利用したつくりになっている。

屋外でのWBGTは以下の式で算出できる。

WBGT（℃）＝0.7×湿球温度＋0.2×黒球温度＋0.1×乾球温度

以下の問いに答えなさい。

(1) 湿球温度計と乾球温度計の値を用いて湿度を求めることができる。湿球と乾球の目盛りの数値（以下「示度」）に差があるとき、示度が低いのは湿球と乾球のどちらと考えられるか答えなさい。

(2) 湿球と乾球の示度の差が０のとき、湿度は何％であると考えられるか答えなさい。

(3) 気温が28℃、乾球と湿球の示度の差が２℃のとき、湿度は何％か答えなさい。

		乾球と湿球の示度の差（℃）								
		1	2	3	4	5	6	7	8	9
乾球の示度（℃）	30	92	85	78	72	65	59	53	47	41
	29	92	85	78	71	64	58	52	46	40
	28	92	85	77	70	64	57	51	45	39
	27	92	84	77	70	63	56	50	43	37
	26	92	84	76	69	62	55	48	42	36
	25	92	84	76	68	61	54	47	41	34
	24	91	83	75	68	60	53	46	39	33
	23	91	83	75	67	59	52	45	38	31
	22	91	82	74	66	58	50	43	36	29
	21	91	82	73	65	57	49	42	34	27
	20	91	81	73	64	56	48	40	32	25
	19	90	81	72	63	54	46	38	30	23
	18	90	80	71	62	53	44	36	28	20
	17	90	80	70	61	51	43	34	26	18
	16	89	79	69	59	50	41	32	23	15
	15	89	78	68	58	48	39	30	21	12

(4) (3)の測定時、黒球温度は40℃だった。このときのWBGTは何℃になるか答えなさい。

(5) 気温が30℃、湿度が92％でWBGTが31℃を示した。このときの黒球温度は何℃か答えなさい。

(6) 屋内のWBGTの算出は屋外と異なり、以下の式を用いる。

WBGT＝0.7×湿球温度＋0.3×黒球温度

湿球温度と黒球温度が(5)と同じ値のとき、屋内のWBGTは何℃になるか答えなさい。

(7) 黒球温度計を黒色ではなく白色で塗装した場合、①示す示度は高くなるか低くなるか答えなさい。また、②その理由を簡単に説明しなさい。

3　次の文章を読んで、以下の問いに答えなさい。

以下の液体のいずれかが入った試験管Ａ～Ｆがある。実験１～６を行いそれぞれ観察した。以下の問いに答えなさい。

【アンモニア水、食塩水、炭酸水、うすい塩酸、アルコール水溶液《すいようえき》、水酸化ナトリウム水溶液】

実験１　赤色リトマス紙と反応させるとＢとＤのみが反応し青色に変化した。

実験２　ＢＴＢ溶液と反応させると、ＡとＥは黄色に、ＢとＤは青色に、ＣとＦは（　①　）色に、それぞれなった。

実験３　フェノールフタレイン溶液を加えると（　②　）と（　③　）が（　④　）色に変化した。

実験４　それぞれの試験管の水を蒸発させたところ（　⑤　）とＣの試験管からは白い固体が生じた。

実験５　Ｅをよく観察したところ、小さな気泡が絶えず出ていたため、気体を収集し調べたところその気体は二酸化炭素であることがわかった。

実験６　注意してにおいをかいだところＡとＢからは刺激臭《しげきしゅう》がした。

(1)　試験管Ａ、Ｂ、Ｃに入っている液体をそれぞれ答えなさい。

(2)　文章中の空欄①、④に当てはまる語句をそれぞれ答えなさい。

(3)　文章中の空欄②、③に当てはまる試験管の記号をＡ～Ｆから２つ選び、記号で答えなさい。

(4)　文章中の空欄⑤に当てはまる試験管の記号を答えなさい。

4 以下の問いに答えなさい。

(1) なめらかに回転する軽いかっ車、軽い糸、おもさ60gのおもりを用いて以下のような装置を組み立てた。
おもりを15cm持ち上げるためには点Aをそれぞれどれくらいの大きさの力で何cm引く必要があるか答えなさい。

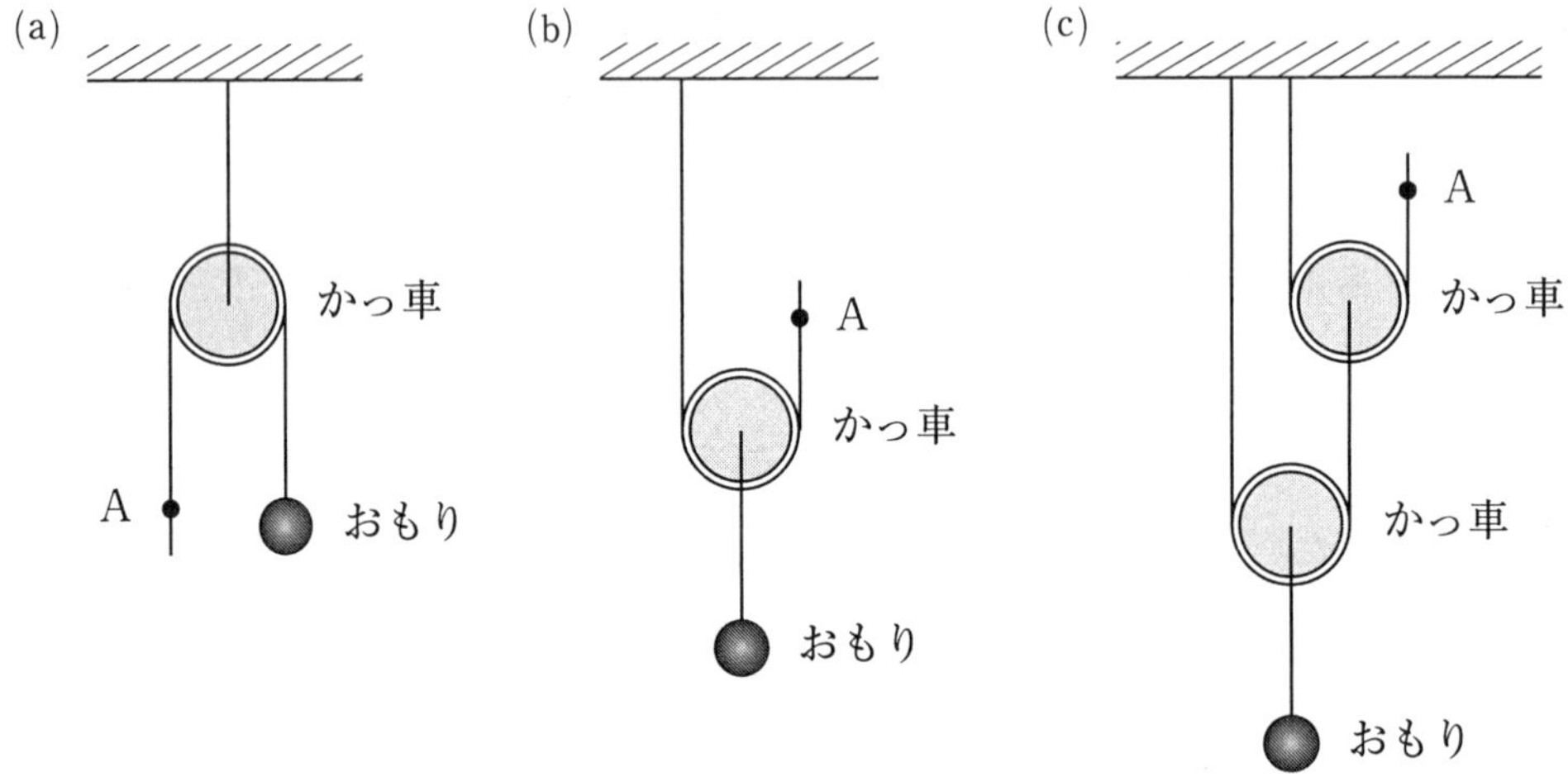

(2) かっ車について述べた文章として正しいものを、以下のア～エから1つ選び、記号で答えなさい。

ア．かっ車を用いておもりを持ち上げる場合、絶対におもりのおもさよりも小さい力で持ち上げることができる。

イ．かっ車を用いておもりを持ち上げる場合、絶対におもりのおもさよりも大きな力で持ち上げる必要がある。

ウ．かっ車を用いておもりのおもさよりも小さい力でおもりを持ち上げるとき、引く長さはおもりを持ち上げたいきょりよりも短くてすむ。

エ．かっ車を用いておもりのおもさよりも小さい力でおもりを持ち上げるとき、おもりを持ち上げたいきょりよりも長く引く必要がある。

問五　――線②「有能感」(32行目)について、次の問題に答えなさい。

(1)　「有能感」と似た意味を表す熟語を、これより前の本文からぬき出しなさい。

(2)　「有能感」の対義語として最適なものを次から1つ選び、記号で答えなさい。

ア　万能《ばんのう》感　　イ　不安感　　ウ　嫌悪《けんお》感　　エ　不信感　　オ　劣等《れっとう》感

(3)　「有能感」はどのように形成されると述べられていますか。「有能感は」からつづくかたちで45字以内で説明しなさい。

問六　本文の内容と一致《いっち》する文として最適なものを次から1つ選び、記号で答えなさい。

ア　「井の中の蛙効果」は、勉強のみにおいて発揮《はっき》される現象である。

イ　やる気を保つためには、有能感を他人から評価される必要がある。

ウ　有能感はある程度先天的なものであり、環境で変えるのは困難である。

エ　自己評価の判断基準によって、有能感の大小が左右される。

オ　一度「自分は勉強ができない」と感じてしまうと、元に戻すのが難しい。

問七　AさんとBさんの成績の変化の理由について、筆者は「井の中の蛙効果」としていますが、別の理由についても考え、100字以内で説明しなさい。

問一　［Ⅰ］（6行目）・［Ⅳ］（61行目）には、それぞれ別の言葉が入ります。それぞれに当てはまることばとして最適なものを次から1つ選び、記号で答えなさい。

ア　なぜなら　　イ　たとえば　　ウ　加えて　　エ　あるいは　　オ　ところが

問二　［Ⅱ］（26行目）に入る文として最適なものを次から1つ選び、記号で答えなさい。

ア　池の中にいるおたまじゃくしは成長して蛙になるので、早くつかまえるべきだ

イ　小さな池で生きてきた蛙は、大きな池での快適さを知らずに死んでしまう

ウ　蛙は産み落とされた池の大きさによって、要領のよしあしが決まってくる

エ　大きな池の小さな蛙になるよりも、小さな池の大きな蛙になるほうがよい

オ　大きな池と小さな池では蛙の数が違うので、その分体の成長具合も変わる

問三　［Ⅲ］（28行目）に、「井の中の蛙」の後につづく言葉を入れて、ことわざを完成させなさい。

問四　――線①「同じ成績だったAさんとBさん、その後二人の成績は変化するでしょうか?」（9行目）とありますが、この問いに対する答えを45字程度で本文から探し、最初の10字を答えなさい。

このように、同じ八〇点だったとしても、肯定的な有能感を形成したり、否定的な有能感を形成したりするのは、私たちの有能感が、他者との関係の中でかたちづくられるものであることを物語っています。

最初に紹介した例では、Aさんにとってはまわりの優れた生徒たちが、Bさんにとっては自分よりもできない生徒たちが、自己評価の判断基準（心理学の専門用語では「準拠枠《じゅんきょわく》」）となったために、Aさんは否定的な有能感を形成し、逆にBさんは肯定的な有能感を形成したのです。

同じ能力であっても、どのような集団に所属するかで、有能感が異《こと》なってくるわけです。

なぜ「井の中の蛙効果」が生じるのか、その理由は、私たちがさまざまな人と一緒《いっしょ》に生きているからに他なりません。

（外山美樹『勉強する気はなぜ起こらないのか』より）

※1　マーシュ…アメリカの心理学者、神経科学者。

※2　マイケル・ホワイト…オーストラリアのソーシャルワーカー、家族療法士《りょうほうし》。

何をやっても無駄《むだ》だ」という否定的な有能感を形成するとやる気が低下するのです。これはみなさんの実感ともあっているでしょう。

※2マイケル・ホワイトという心理学者による研究では、人間は誰《だれ》でもこの肯定的な有能感を感じることによって、次なる行動に向かっていくやる気を持ち続けることがわかっています。

有能感は、やる気だけではなく、実際の行動においても良い結果をもたらす重要な要因になります。いかに、肯定的な有能感を形成することができるのかが、やる気を左右する重要なポイントであるといってもよいでしょう。

有能感の大切さを理解してもらったところで、話を「井の中の蛙効果」に戻《もど》しましょう。

では、なぜ、「井の中の蛙効果」といった一見すると違和感《いわかん》のある現象が生じるのでしょうか。

能力が同じである人が、レベルの高い集団に所属していると、否定的な有能感を形成しやすく、レベルの低い集団に所属していると、肯定的な有能感を形成しやすいのはなぜでしょうか?

私たちは社会から孤立《こりつ》して生きているわけではありません。私たちはいろいろなタイプの人の中で、さまざまに影響を受けあい、いろいろな人と比較をしながら、自分自身を評価、判断し、有能感を形成しています。

Ⅳ、学校のテストで八〇点をとったとしましょう。このときに、九〇点以上をとっている友だちがまわりに多ければ、あなたは否定的な有能感を形成しやすくなります。

一方で、まわりの友だちが五〇点くらいしかとっていなければ、肯定的な有能感を形成しやすくなります。まわりの友だちと比べて、「自分はできる!」と思うからです。

よりも劣《おと》った生徒たちとの比較のために有能感が高まる現象のことをいいます。

心理学者のマーシュ※1が行った四四校の高校生七七二七名を対象にした調査では、同じ能力（成績）の高校生において、所属している高校の偏差値が高くなればなるほど、その人の有能感が低くなることが示されています。

ここでは、集団の例として「高校」を取りあげましたが、もちろん、高校に限らず、学校単位だけではなくクラス単位だったり、大学にも当てはまる現象です。さらには、この現象は勉強だけに当てはまるわけではありません。高校までは野球がうまくて注目を集めていた選手が、野球がとても強い大学（あるいは実業団）に入学（入団）して、自分よりも優れた選手を目《ま》の当たりにすることで有能感が低下し、すっかりやる気を失い、最終的には能力以下の成績しか収めることができなかったという例も、よく見られます。

このように、「井の中の蛙効果」といった不思議な現象がいろいろなところで見られることは、心理学のさまざまな研究を通して確認されています。（中略）

なお、「自分は勉強ができる」とか「自分は勉強が得意である」という認識を、心理学では、「有能感が高い」とか、「肯《こう》定的《ていてき》な有能感を形成している」と言います。

反対に、「自分は勉強ができない」とか「自分は勉強が苦手である」については、「有能感が低い」とか、「否定的な有能感を形成している」と言います。

ここで有能感について説明してきたのは、有能感と「やる気」とは大きな関係があるからです。「自分は勉強ができる」という肯定的な有能感を形成するとやる気が高まります。一方で「自分は勉強ができない、だからここでは仮に一年後、高校二年生の時に、どうなったかを示してみたいと思います。

Ａさんは、よくできる生徒ばかりの高校だったため、まわりの友だちも優秀《ゆうしゅう》な人たちばかりでした。そのため、その優秀な友だちと自分を比較《ひかく》してしまい、自分は本当はあまり勉強ができないのではないかと落ち込んでしまい、勉強に対するやる気を失い、最終的には成績は悪くなっていってしまいました。

一方のＢさんは、そこまで成績が良くない生徒が集まる高校なので、他の生徒と比べて成績が良いほうでした。自分よりも成績が悪い友だちと自分を比べて、「自分は勉強ができるんだ」と自信をつけます。そこから勉強に対するやる気もあがり、成績がさらに良くなり、一年後にはＡさんよりも成績が良いというふうに変化しました。

高校入試の際には、二人の成績は同じだったのに、Ａさんよりも偏差値が高くない高校に入学したＢさんのほうが、最終的に良い成績を収めたのです。この現象は、一見すると不思議だと思いませんか？　それならばそもそも偏差値の高い高校を目指す必要はないことになります。

こうした現象は、［Ⅱ］という意味で、心理学では「井の中の蛙《かわず》効果」と呼ばれています。冒頭《ぼうとう》で紹介《しょうかい》した「鶏口となるも、牛後となるなかれ」とも似た意味です。

ちなみに、「井の中の蛙（［Ⅲ］）」という格言もありますが、こちらは、狭《せま》い世界に閉じ込もっている井戸の中の蛙は、広い世界があることを知らないで、いばったり自説が正しいと思いこんでいたりすることを意味しており、心理学で用いられる「井の中の蛙効果」とは少しニュアンスが異なっているので、注意してください。

あらためて、学術的に説明すると、心理学で用いられる「井の中の蛙効果」は、同じ成績の生徒であっても、レベルの高い集団に所属していると、優秀な生徒たちとの比較のために②有能感が低下し、レベルの低い集団に所属していると、自分

三 次の文章を読んで、あとの問いに答えなさい。(字数制限のある問いは、句読点や記号も1字に数えます。)

突然《とつぜん》ですが、「鶏口《けいこう》となるも、牛後《ぎゅうご》となるなかれ」という格言を知っていますか?

これは、一般的には、牛は鶏《とり》よりも秀《ひい》でているという考えから、「優《すぐ》れた集団の後ろにつくよりは、弱小集団でもトップになったほうがよい」というたとえになります。

心理学では、この格言が実際にあてはまるような現象が観察されています。

ここに、AさんとBさんがいるとします。

AさんとBさんは、高校入学直前までは、ほとんど同じ成績でした。[I]、Aさんは偏差値《へんさち》の高い進学校に入学したのに対して、Bさんはたまたま高校受験で失敗してしまい、Aさんとは異なる、偏差値がそれほど高くはない高校に入学することになりました。こういうことは、現実にもよく起こることですね。

さて、ここでみなさんに質問です。①同じ成績だったAさんとBさん、その後二人の成績は変化するでしょうか? 一見すると、偏差値が高い高校に入学したAさんのほうが成績が良くなるように思えます。

高校受験に失敗して、学業レベルがそれほど高くない高校に入学したBさんは、たいそう落ち込《こ》んだに違《ちが》いありません。Bさんを含《ふく》めた私たちの多くが、偏差値の高い高校に入学したほうが、成績をあげるのに何らかの形で有利に働くと考えているからです。

さて、その後、この二人の成績はどのように変化したのでしょうか。もちろん数カ月後に変化することもあれば、一年、二年先のこともあるでしょう。

問五　━━線「まのぬけた声」（43行目・111行目）とありますが、この声に対する恭介の心情を次のように説明しました。（　）に当てはまる言葉を、解答らんに指定した字数で本文中からぬき出しなさい。

大島先生の「まのぬけた声」はいつも恭介を（　1　）させてきたが、二つ目の「まのぬけた声」はその声さえもいつか（　2　）に変わるだろうと思わせるひびきがあり、今を大切に生きようという気持ちへと恭介を向かわせている。

問六　本文と一致《いっち》する文を次から1つ選び、記号で答えなさい。

ア　恭介は野村さんに対して腹を立てている時に「あいつ」と呼ぶことで、野村さんへの不信感があることが読み取れる。

イ　「とん汁をつぐ」場面から、恭介は野村さんに好意をよせているものの、素直になれていないことが読み取れる。

ウ　「ジャングルに住んだら」と恭介が思うことから、今の生活にひどく疲《つか》れてしまい、勉強から逃げ出したいことが読み取れる。

エ　恭介は、大島先生から職員室に呼び出されて「すまなかったね」とあやまられたことから、大島先生への安心感を覚えていることが読み取れる。

オ　「僕だって、今の僕ではなくなってしまうかもしれない」から、恭介が自分の性格を変えたいと思っていることが読み取れる。

問七　恭介にとって、ジャングルとはどのような場所ですか。最適なものを次から1つ選び、記号で答えなさい。

ア　理想郷　　イ　故郷　　ウ　現世　　エ　前世　　オ　来世

問三　本文全体から、読み取れる恭介の人物像の説明として最適なものを次から1つ選び、記号で答えなさい。

ア　ものごとを否定的に言ってしまう、ぶっきらぼうな人物。
イ　本性をかくして意思疎通《いしそつう》をするミステリアスな人物。
ウ　言いたいことをたまにしか言えない、気分屋な人物。
エ　自分が一番正しいと思いこんでいる、がんばり屋な人物。
オ　ジャングルへの移住に想いをはせる、むじゃきな人物。

問四　――線④「教室の中は、ガラスごしの日ざしがあかるい」(109行目)という表現には、どのような効果がありますか。最適なものを次から1つ選び、記号で答えなさい。

ア　教室がキラキラしていることと、恭介の野村さんに対する気持ちとを重ねさせる効果。
イ　ガラスからさす太陽の光のように、恭介が今後強く生きようと決心させる効果。
ウ　ジャングルだけでなく、教室も心地よい場所であることに気づいたことを暗示させる効果。
エ　教室のあかるさを強調することで、恭介にジャングルへ逃げることを促《うなが》す効果。
オ　空間を美しくして、今後恭介と野村さんが離《はな》れ離《ばな》れにならないことをイメージさせる効果。

①「ぶっちょうづら」

ア　血の気がひいて、青ざめた顔つき
イ　不機嫌《ふきげん》にふくれた顔つき
ウ　他をさげすみ、あざ笑う顔つき
エ　気がぬけてぼんやりした顔つき
オ　迷いがなく、一点に集中した顔つき

②「きまり悪い」

ア　ルールをやぶって反省すること
イ　何となくはずかしいこと
ウ　腹を立てて、人に強く当たること
エ　緊張《きんちょう》をかくして取りつくろうこと
オ　きげんをそこねること

問二　――線③「サイン帖のことが頭をはなれなかった」（94行目）とありますが、その理由として当てはまらないものを次から2つ選び、記号で答えなさい。

ア　野村さんのサイン帖に書かれた他の人からのメッセージから、どんな言葉がふさわしいかを考えたから。
イ　野村さんに対して書かないと言ったはずのサイン帖が下駄箱に入っていたので、書くべきかを迷うから。
ウ　中学に行くと、さまざまな変化が起こって、野村さんとの関係がくずれるかもしれないから。
エ　サイン帖を書きたい気持ちと書きたくない気持ちがどちらも心にあり、気分が晴れないから。
オ　本当は野村さんにサイン帖を書きたいという気持ちが本人にばれてしまい、恥ずかしくてたまらないから。

野村さんへ。
俺たちに明日はない。　暮林恭介

いつか観《み》た映画の題名は、そっくりそのまま今の恭介の気持ちだった。

次の日、恭介がサイン帖をわたすと、野村さんは、

「ありがとう」

と言ってにっこり笑った。机のひきだしにしまってある自分のサイン帖のことが、恭介の頭をかすめた。あいつの下駄箱に入れておいたら、あいつは何て書いてくれるだろう。女の子だから、やっぱり思い出とか、お別れとか、書くんだろうか。

恭介は、首のあたりがくすぐったいような気がした。④教室の中は、ガラスごしの日ざしがあかるい。

「おはよう。みんないるかぁ」

教室に入ってきた大島先生が、いつものようにまのぬけた声で言う。もう三月が始まっていた。

（江國香織『つめたいよるに』より）

問一　——線①「ぶっちょうづら」（9行目）と——線②「きまり悪そうに」（「きまり悪い」）（15行目）の意味として最適なものを次から1つ選び、記号で答えなさい。

ぱらぱらとページをめくり、恭介はびくんとして手をとめた。あいつのだ。あいつのサイン帖だ。どのページもみんな、なみちゃんへ、で始まっている。なみちゃんというのは野村さんの名前だった。恭介は、すのこをがたがたとけって校庭にとびだした。冬の透明《とうめい》な空気の中を、思いきり走る。かばんがかたかた鳴る。

家にとびこんで、ただいま、と一声どなると、恭介は階段をかけあがり、自分の部屋に入った。かばんの中からサイン帖をだす。野村さんのサイン帖。一ページずつ、たんねんに読む。おなじような言葉ばかりが並んでいた。卒業、思い出、別れ、未来。

「おもしろくもないや」

声にだしてそう言って、恭介はノートを机の上にぽんとほうった。

その日はそのあとずっと、③サイン帖のことが頭をはなれなかった。夕食のあいだも、おふろのあいだも、テレビをみているあいだも、恭介は頭のどこかでサイン帖のことを考えていた。みんなの前で、僕は書かないよって言ったんだ。書けるわけがないじゃないか。それなのにこっそり下駄箱に入れるなんて、絶対、書いてなんかやるもんか。恭介はいつもより少し早く、自分の部屋にひきあげた。

ドアをあけると、机の上の白いノートがまっさきに目にとびこんでくる。あーあ。やっぱり僕はジャングルに住みたい。ジャングルには卒業なんてないもんな。そりゃあ、中学にいけばいいこともあるかもしれない。あいつよりかわいい子がいて、大島よりぼんやりした教師がいるかもしれない。でも、それはあいつじゃないし、大島じゃない。僕だって、今の僕ではなくなってしまうかもしれない。恭介は机の前にすわり、青いサインペンで、ノートに大きくこう書いた。

「わかりません」

「そうだよな。ずいぶん前のことだし」

「はぁ」

「去年の春に、遠足に行ったろ。あのとき買い食いしたのは暮林くんだけじゃないって、わかってたんだ。代表でおこられてもらったんだよ。すまなかったね」

「はぁ」

「話はそれだけだ。もうじき卒業だから、きちんと言っておきたくてね。じゃ、気をつけて帰れよ」

「……はい」

いったいなんなんだ。へんなやつ。恭介は下駄箱《げたばこ》でくつをはきかえながら、まだ心臓がドキドキしていた。もちろん、遠足のときのことは恭介もよくおぼえていた。

僕と、高橋と、清水と、それから三組のやつらも何人かいっしょに、アイスクリームを買い食いした。集合の時、僕だけがおこられた。——でも、そんな昔のこともういいよ。教師があやまるなんて、気持ちわるい。ちぇっ、大島ともあと一ヵ月のつきあいだと思うとせいせいする。

大島先生の言葉や態度は、いつも恭介をイライラさせる。すまなかったね、なんて。もうじき卒業だから、なんて。

「あれ」

下駄箱の奥《おく》に、白い表紙のノートが入っている。サイン帖だった。

「誰のだろう」

物でいうならバンビだ、と恭介は思う。三年生の時にはじめていっしょのクラスになって、四年生は別々で、五年生、六年生とまたいっしょになった。野村さんについて恭介が知っていることといえば、保健委員で、とん汁が嫌いで、女子にしては足がはやい、ことくらいだった。今朝あんなことがあったから、今日は一日、誰《だれ》も恭介にサイン帖を持ってこなかった。もちろん野村さんもだ。恭介はベッドからおりて、机のひきだしをあけた。青い表紙のサイン帖が入っている。ちぇっ、恭介はひきだしをしめて、もう一度ベッドに横になった。

中学にいったら生活がかわるだろうなぁ、と恭介は思った。勉強だってしなくちゃいけないし、先生だって大島みたいなのんきなやつじゃないにきまっている。野球とか基地ごっこばかりをやっているわけにはいかなくなる。クラスのみんなもばらばらになってしまう。あいつなんか私立にいってしまうから、なおさら会えない。あーあ。ジャングルに住みたい。ジャングルに住んだら、と恭介は考える。勉強もない、家もない、洋服も着ない。穴をほってその中で暮らそう。ライオンとゴリラを飼おう。狩《か》りをして、その獲物《えもの》を食べればいい。皮をはいで毛布にしよう。となりのほら穴にあいつが住んでいて、僕《ぼく》があいつの分も狩りをしてやる。僕とあいつのほかには人間は誰もいなくて、猿《さる》とか、へびとか、しまうまとか、ペットっぽくない動物だけが住んでるといい。

恭介が大島先生に呼びだされたのは、次の日のほうかごだった。職員室はストーブがききすぎていてあつい。大島先生は今まで生徒を呼びだしたことなど一度もなかったので、恭介は少しドキドキした。

「わざわざ呼びだしたりして悪かったね」

先生が言った。

「何の用だと思う」

つぐ。みんなステンレスのお盆《ぼん》を持って一列にならぶ。あと三人、あと二人、あと一人。恭介はドキドキした。あいつの番だ。

「少しにして」

あいつが言う。恭介は、なるべく豚肉《ぶたにく》の多そうなところを、じゃばっと勢いよくつぐ。なみなみとつがれたとん汁をみて、あいつはまゆをしかめた。

「少しにしてって言ったでしょ」

「せんせーっ、野村さんが好き嫌《きら》いします」

恭介が声をはりあげると、大島先生はまのぬけた声でこたえる。

「それはよくないなぁ。野村さん、がんばって食べてごらん」

野村さんは、大きな目できゅっと、恭介をにらみつけた。

お母さんが、恭介のちゃわんに、くたくたに煮《に》えたすきやきのにんじんを入れた。

「好き嫌いしてると背がのびないわよ」

実際、恭介は背が低かった。野村さんは女子の中でまん中より少し小さく、その野村さんとならんで、ほとんどおなじくらいだった。

「もういらないよ。ごちそうさまっ」

恭介ははしをおいて、二階にあがった。部屋に入るとベッドの上に大の字に横になる。野村さんの顔がうかんでくる。動

「ちぇっ、何だよ」

恭介はどすんと席にすわった。机の上に、一時間めの教科書と、ノートと、ふでばこをだす。ちぇっ、あいつも見ていた。ななめ前の方から、暮林くんのいじわる、という顔をして、恭介を見ていた。一時間めは算数だった。担任の大島は男らしくない、と恭介は思う。たとえば今日だって、

「問五、暮林くん、やってみてくれるかな」

なんて言う。

「問五、暮林やれ」

がふつうだと思う。恭介は立ちあがった。

「わかりませーん」

と言う。算数はきらいじゃないけれど、今朝はなんとなくいやな気分だったし、わかりません、と言えば先生が自分でやってくれることがわかっていた。

「わからないのかぁ。問四の応用なんだけどなぁ」

先生は頭をかきながら、黒板に問題をといてみた。

「これは基礎《きそ》だからね。これがわからないと中学に行って苦労するぞ」

給食は、あげパンと、とん汁と、牛乳とみかんだった。恭介は給食当番で、かっぽう着を着て給食をとりにいく。

「やった。とん汁だ」

恭介は、今までとん汁の日に給食当番になったことが一度もなかった。教室のうしろに立って、一人一人の器にとん汁を

「もうすぐ、卒業式ね」

すきやきのなべにお砂糖をたしながら、お母さんが言った。

「そうしたら、恭介も中学生か」

お父さんが言った。

「まだだよ。まだ二月だから小学生だよ」

「でも、もうすぐじゃないか。入学手続きだってすませたんだろ」

「うん」

恭介は①ぶっちょうづらのまま、しらたきを口いっぱいにほおばった。

今朝、学校に行ったら、女の子たちがサイン帖をまわしていた。もうすぐおわかれだね、とか、さみしいね、とか、そんなことばかり話していた。ひとりが、恭介のところにもサイン帖を持ってきた。

「俺《おれ》、書かないよ」

「どうして」

「だって、さみしくねぇもん」

女の子は②きまり悪そうにそこに立っていた。

「何だよ。書きたくないんだからいいだろ」

「もういいわよ。暮林《くればやし》くんになんかたのまない」

女の子はサイン帖をかかえたまま、小走りで自分の席にもどった。みんなの視線が恭介にあつまる。

2024年度 横浜女学院中学校

【国語】〈A入試〉(五〇分)〈満点：一〇〇点〉

一 次の文章の――線①～④のカタカナを漢字に、漢字をひらがなにしなさい。また、文章中の漢字の間違《まちが》いを1か所ぬき出し、正しい漢字に直しなさい。

学校の授業で落語を聞いた。こっけいで①ドクソウ的な話を、軽快に流れていく時間は心地よかった。国民が聞くに②重宝すると感じた。放果後に調べてみたところ、落語は江戸時代からつづく古典芸能だそうだ。それがなくなってしまわないよう、③後世にも④デンショウしていきたい。

二 次の文章は、小学校卒業をひかえた六年生がサイン帖《ちょう》を話題にする場面です。サイン帖とはクラスメイトに渡して、自分へのメッセージを書いてもらう紙のことです。これを読んで、あとの問いに答えなさい。(字数制限のある問いは、句読点や記号も1字に数えます。)

夕食のあいだじゅう、恭介《きょうすけ》はきげんが悪かった。きげんの悪い時、恭介はいつも思う。僕はジャングルに住みたい。

2024年度 横浜女学院中学校 ▶解説と解答

算 数 ＜Ａ入試＞（50分）＜満点：100点＞

解 答

1 (1) 2 (2) $\frac{1}{2}$ (3) $\frac{1}{20}$ (4) 40 2 (1) 1.6km (2) 293 (3) 400ｇ (4) 27本 (5) 60度 (6) $33.2cm^2$ 3 食料品，約42％増加 4 (1) 36枚 (2) 20番目 (3) 12番目 5 (1) 120通り (2) 48通り (3) 420通り 6 (1) $90cm^2$ (2) 0.5倍 (3) 3.6秒後と9.6秒後

解 説

1 四則計算

(1) $\frac{1}{7}\times(10+20\div5)=\frac{1}{7}\times(10+4)=\frac{1}{7}\times14=2$

(2) $1-\left(\frac{1}{3}+\frac{4}{15}\right)\div1\frac{1}{5}=1-\left(\frac{5}{15}+\frac{4}{15}\right)\div\frac{6}{5}=1-\frac{9}{15}\times\frac{5}{6}=1-\frac{1}{2}=\frac{2}{2}-\frac{1}{2}=\frac{1}{2}$

(3) $\frac{1}{2}+0.4\div0.5-0.5\div0.4=\frac{1}{2}+\frac{4}{5}-\frac{5}{4}=\frac{10}{20}+\frac{16}{20}-\frac{25}{20}=\frac{1}{20}$

(4) $16+\{186\div(14-8)-7\}=16+(186\div6-7)=16+(31-7)=16+24=40$

2 比の性質，整数の性質，濃度《のうど》，倍数算，角度，面積

(1) 1kmは1000mだから，640mは0.64kmであり，0.64km：□km＝2：5となる。また，$A:B=C:D$のとき，$B\times C=A\times D$となるので，□×2＝0.64×5となる。よって，□＝0.64×5÷2＝3.2÷2＝1.6(km)と求められる。

(2) 6で割っても8で割っても5余る数は，最も小さい数が5で，その後は，6と8の最小公倍数である24ごとにあらわれる。そこで，このような数は，5＋24×□と表すことができる(□は整数)。300÷24＝12余り12より，このような数で300に最も近い数は，5＋24×12＝293とわかる(293の次の数は，293＋24＝317なので，293の方が近い)。

(3) (食塩の重さ)＝(食塩水の重さ)×(濃度)より，濃度が5％の食塩水600ｇに含《ふく》まれている食塩の重さは，600×0.05＝30(ｇ)とわかる。また，食塩水に水を加えても食塩の重さは変わらないから，水を加えた後の食塩水の重さを□ｇとすると，□×0.03＝30(ｇ)と表すことができる。よって，□＝30÷0.03＝1000(ｇ)と求められるから，加える水の重さは，1000－600＝400(ｇ)である。

(4) 鉛筆《えんぴつ》をあげる前とあげた後で，姉と妹が持っている鉛筆の本数の和は変わらない。そこで，あげる前の比とあげた後の比の和をそろえると，右の図1のようになる。よって，そろえた比の，9－5＝4にあたる本数が12本になるから，そろえた比の1にあたる本数は，12÷4＝3(本)とわかる。したがって，姉が最初に持っていた鉛筆の本数は，3×9＝27(本)である。

図1

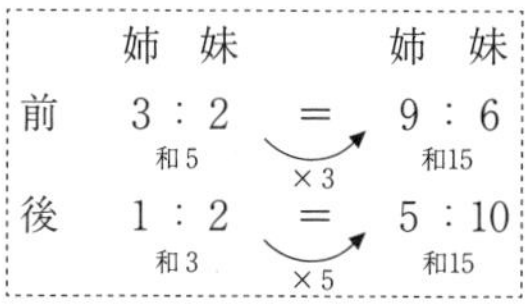

(5) 下の図2で，三角形ECDに注目すると，角ECD＋角CDE＝角DEAという関係があるので，

角ECDの大きさは，134－52＝82(度)とわかる。同様に，三角形ABCに注目すると，角CAB＋角ABC＝角ACDという関係があるから，角ABC(＝角x)の大きさは，82－22＝60(度)と求められる。

図2

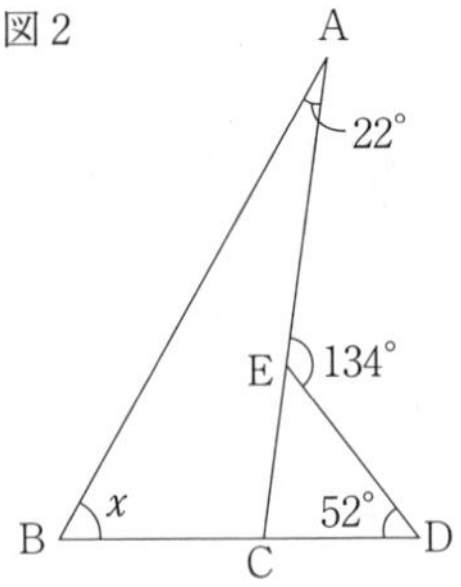

図3

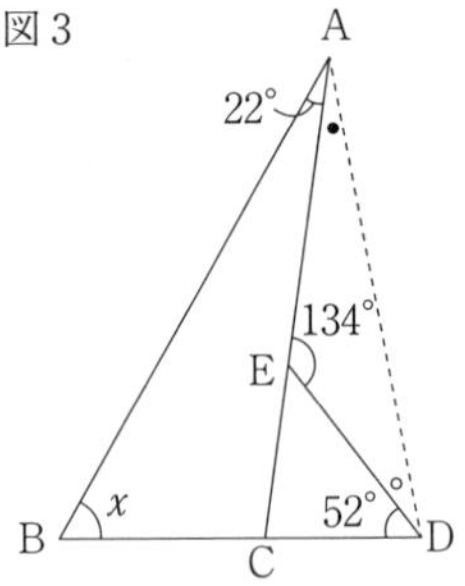

〔**ほかの解き方**〕 右上の図3で，三角形AEDの内角の和は180度なので，●印と○印の角の大きさの和は，180－134＝46(度)である。よって，角BADと角BDAの大きさの和は，46＋22＋52＝120(度)だから，角ABD(＝角x)の大きさは，180－120＝60(度)と求めることもできる。

(6) 右の図4で，アとイのおうぎ形の半径はどちらも，12÷2＝6(cm)なので，ウとエのおうぎ形の半径はどちらも，8－6＝2(cm)とわかる。よって，アとイのおうぎ形を合わせると半径6cmの半円になり，ウとエのおうぎ形を合わせると半径2cmの半円になるから，ア，イ，ウ，エの面積の合計は，6×6×3.14÷2＋2×2×3.14÷2＝18×3.14＋2×3.14＝(18＋2)×3.14＝20×3.14＝62.8(cm^2)と求められる。また，長方形ABCDの面積は，8×12＝96(cm^2)なので，色のついた部分の面積は，96－62.8＝33.2(cm^2)である。

図4

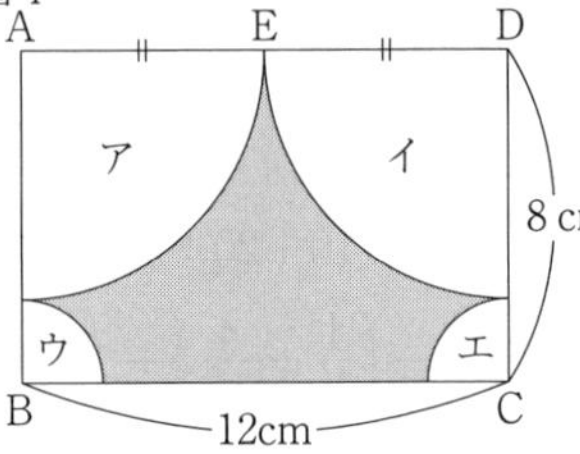

3 グラフ―割合と比

食料品は520百億円から738百億円になったから，738÷520＝1.419…(倍)である。また，電気機器は810百億円から1364百億円になったので，1364÷810＝1.683…(倍)となる。さらに，精密機器は146百億円から219百億円になったので，219÷146＝1.5(倍)とわかる。よって，増加の割合が最も小さいのは食料品である。また，食料品が増加した割合は，1.419－1＝0.419，0.419×100＝41.9(%)より，小数第1位を四捨五入すると42%となる。

4 図形と規則

(1) タイルの枚数は，1番目は1(＝1×1)枚，2番目は4(＝2×2)枚，3番目は9(＝3×3)枚，4番目は16(＝4×4)枚である。よって，N番目のタイルの枚数は(N×N)枚と表すことができるから，6番目のタイルの枚数は，6×6＝36(枚)とわかる。

(2) 1番目の周囲の長さは，3＋4＋5＝12(cm)である。2番目，3番目，4番目の周囲の長さは，これを2倍，3倍，4倍したものなので，N番目の周囲の長さは(12×N)cmと表すことができる。よって，12×N＝240(cm)より，N＝240÷12＝20(番目)と求められる。

(3) タイル1枚の面積は，3×4÷2＝6(cm^2)だから，面積が864cm^2になるのは，タイルの枚数が，864÷6＝144(枚)のときである。よって，144＝12×12より，12番目の図形とわかる。

5 場合の数

(1) アには5通り，イには残りの4通り，ウには残りの3通り，エには残りの2通り，オには残りの1通りの色をぬることができる。よって，全部で，5×4×3×2×1＝120(通り)とわかる。

(2) 5つの部分を4色でぬり分けるから，2つの部分に同じ色をぬることになる。そのような2つの部分の組み合わせは，アとオ，イとエの２通りある。アとオに同じ色をぬる場合，アとオには４通り，イには残りの３通り，ウには残りの２通り，エには残りの１通りの色をぬることができるので，$4 \times 3 \times 2 \times 1 = 24$(通り)のぬり方がある。イとエに同じ色をぬる場合も同様だから，全部で，$24 \times 2 = 48$(通り)となる。

⑶　５色でぬる場合は120通りである。また，４色でぬる場合，５色の中から４色を選ぶ方法(使わない１色を選ぶ方法)は５通りあり，どの場合も48通りのぬり方があるので，４色でぬる場合は，$48 \times 5 = 240$(通り)となる。次に，３色でぬる場合は，アとオ，イとエにそれぞれ同じ色をぬることになる。このとき，アとオには５通り，イとエには残りの４通り，ウには残りの３通りの色をぬることができるから，$5 \times 4 \times 3 = 60$(通り)のぬり方がある。２色以下でぬり分けることはできないので，全部で，$120 + 240 + 60 = 420$(通り)と求められる。

6　平面図形―図形上の点の移動，辺の比と面積の比

⑴　三角形ABDの底辺をBD，三角形ADCの底辺をDCとすると，この２つの三角形の高さは同じだから，面積の比は底辺の比と等しく，BD：DC＝６：18＝１：３となる。また，２つの三角形の面積の和は120cm²なので，三角形ADCの面積は，$120 \times \frac{3}{1+3} = 90$(cm²)とわかる。

⑵　点Ｐは４秒間で，$2 \times 4 = 8$(cm)動くから，４秒後には右の図１のようになる。ここで，三角形APCの底辺をAP，三角形PDCの底辺をPDとすると，この２つの三角形の高さは同じだから，面積の比は底辺の比と等しく，AP：PD＝８：(12－８)＝２：１となる。また，２つの三角形の面積の和は90cm²なので，三角形APCの面積は，$90 \times \frac{2}{2+1} = 60$(cm²)とわかる。よって，三角形APCの面積は三角形ABCの面積の，$60 \div 120 = 0.5$(倍)である。

図１

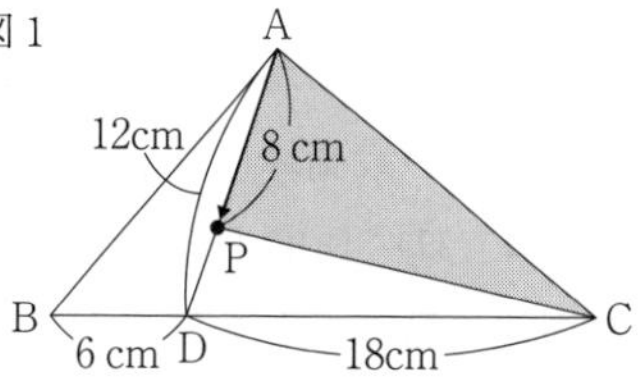

⑶　１回目は右の図２のように点ＰがAD上にあり，三角形APCの面積が54cm²のとき，三角形PDCの面積は，$90 - 54 = 36$(cm²)になる。すると，三角形APCと三角形PDCの面積の比は，54：36＝３：２だから，AP：PD＝３：２となり，APの長さは，$12 \times \frac{3}{3+2} = 7.2$(cm)と求められる。よって，１回目は，$7.2 \div 2 = 3.6$(秒後)である。次に，２回目は右の図３のように点ＰがDC上にあり，三角形APCの面積が54cm²のとき，三角形ADPの面積は36cm²になる。すると，三角形ADPと三角形APCの面積の比は，36：54＝２：３なので，DP：PC＝２：３となり，DPの長さは，$18 \times \frac{2}{2+3} = 7.2$(cm)とわかる。したがって，２回目は点Ｐが，$12 + 7.2 = 19.2$(cm)動いたときだから，$19.2 \div 2 = 9.6$(秒後)と求められる。

図２

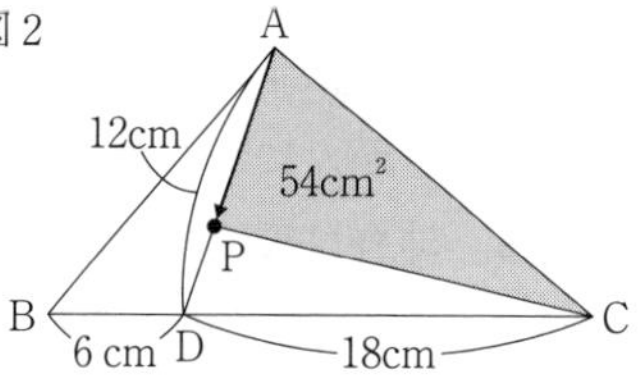

図３

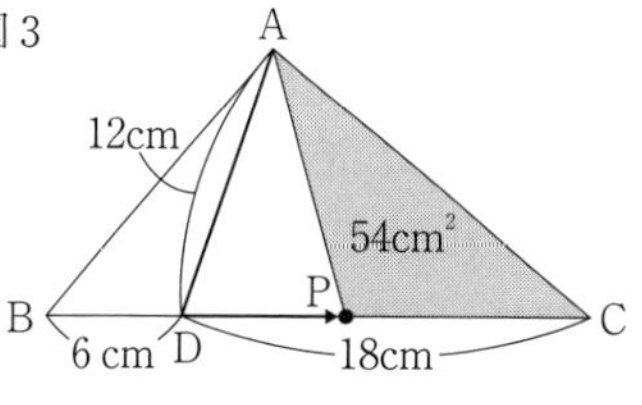

社　会　＜Ａ入試＞(30分)＜満点：60点＞

解　答

1　**問１**　(ウ)　**問２**　(エ)　**問３**　(ア)　**問４**　①　(a)　②　(ア)　③　(イ)　**問５**　(エ)

問6　(エ)　問7　(イ)　**2**　問1　(エ)　問2　(イ)　問3　(ウ)　問4　勘合貿易　問5　(ア)　問6　オランダ　問7　(エ)　問8　ペリー　問9　日米修好通商条約
3　問1　①　(エ)　②　(ウ)　問2　(イ)　問3　①　(オ)　②　(エ)　問4　①　(イ)　②　(ア)　問5　①　(エ)　②　(例)　情報に信頼性があるかどうかを確認する。　**4**　問1　(イ)　問2　(例)　執権と管領はどちらも将軍を補佐する役職だが，執権は事実上の将軍としてふるまうことができたため，管領に比べて権力が強かった。

解説

1　日本にある世界自然遺産を題材とした地理の問題

問1　世界遺産条約は，貴重な文化財や自然環境《かんきょう》など，人類が共有すべき「顕著《けんちょ》な普遍《ふへん》的価値」を持つ物件を守るため，1972年にUNESCO（ユネスコ，国連教育科学文化機関）総会で採択《さいたく》されたものである。なお，(ア)は世界貿易機関，(イ)は国連貿易開発会議，(エ)は世界保健機関の略称《りゃくしょう》である。

問2　知床《しれとこ》は2005年に世界自然遺産に登録された地域で，知床半島とその沿岸地域が対象となっている((エ)…○)。なお，(ア)は屋久《やく》島，(イ)は白神山地，(ウ)は小笠原《おがさわら》諸島の説明である。

問3　千葉県は，北部には海沿いの低地や下総台地など標高の低い土地が，南部には丘陵《きゅうりょう》が広がっている。おおむね標高は低いため，山地に分類されるのは限られた地域だけになっている。なお，千葉県の最高峰は愛宕《あたご》山（408m）で，千葉県は標高500m以上の地点がない唯一《ゆいいつ》の都道府県でもある。

問4　①　(a)は日本最北端に位置する択捉《えとろふ》島である。択捉島は日本固有の領土であるが，現在は周辺の島々とともにロシアによる実効支配が続いており，北方領土と呼ばれている。なお，(b)の国《くな》後《しり》島と(c)の色丹《しこたん》島は，択捉島，歯舞《はぼまい》群島とともに北方領土である。(d)は利尻島である。　②　北海道の道庁所在地は札幌である。ビールや乳製品などの食料品工業がさかんなことでも知られる。　③　石狩平野は，夏の高温を生かして稲作がさかんである。もともと泥炭《でんたん》地が広がっていたが，第二次世界大戦後，ほかの土地から土を運んでくる客土によって土壌《どじょう》を改良し，稲作がいっそうさかんになった。

問5　沖合に暖流の黒潮（日本海流）と寒流の親潮（千島海流）がぶつかる潮目があることなどで漁業がさかんな銚子《ちょうし》港の水揚《みずあげ》量は全国第１位であった（2000年）。なお，水揚量29千ｔは稚内《わっかない》，48千ｔは長崎，100千ｔは石巻である。

問6　木曽《きそ》ひのき（長野県），秋田すぎ（秋田県），津軽ひば（青森県）の３つを天然の三大美林と呼ぶのに対し，吉野すぎ（奈良県），天竜すぎ（静岡県），尾鷲《おわせ》ひのき（三重県）の３つは人工の三大美林と呼ばれる。

問7　水俣病は，熊本県南部の八代《やつしろ》海沿岸地域で1950年代に発生が確認された公害病である。工場排水《はいすい》にふくまれていた有機水銀（メチル水銀）を取りこんだ魚介類を食べたことを原因とするもので，多くの水銀中毒患者が出た。裁判によって企業側の責任が認められている。

2　人々の生活と水の関わりをテーマとした歴史の問題

問1　894年，朝廷は遣唐使を派遣することを決め，菅原道真を遣唐大使に任命した。しかし，菅原道真は，航海の危険や，唐（中国）の国内が乱れていることなどを理由として派遣の停止を建議し，認められた。

問2　平清盛は大輪田泊《とまり》（現在の神戸市）を修築し，そこを根拠《こんきょ》地として，宋（中国）に金・水銀・

硫黄《いおう》などを輸出して，宋銭や陶磁器などを輸入する貿易を行い，大きな利益をあげた。

問３　写真の神社は広島県にある厳島《いつくしま》神社である。安芸《あき》国の一宮であった神社で，平安時代末期に平氏の保護を受け，壮麗《そうれい》な社殿が築かれた。なお，(ア)の豊国神社は京都市や名古屋市など各地にある豊臣秀吉をまつる神社で，「とよくにじんじゃ」とも呼ばれる。(イ)の出雲《いずも》大社は島根県出雲市にある神社，(エ)の箱根神社は神奈川県箱根町にある神社である。

問４，問５　14世紀後半，倭寇と呼ばれる海賊《かいぞく》による被害に苦しめられた明(中国)は，室町幕府にその取り締《し》まりを求めた。第３代将軍を務めた足利義満はこれに応じるとともに，明との間で正式な国交を開き，1404年に朝貢貿易を開始した。資料Ⅰは，正式の貿易船であることを証明するために用いられた勘合と呼ばれる合い札で，これを用いたことから明との貿易は勘合貿易とも呼ばれた。

問６　キリスト教の広がりをおそれた江戸幕府は，1624年のスペイン船に続き，1639年にはポルトガル船の来航を禁止した。幕府はキリスト教を布教せず主に貿易を行うことを条件に，ヨーロッパの国ではオランダだけに貿易を許し，1641年，平戸にあったオランダ商館を長崎の出島に移して，いわゆる鎖国体制を完成させた。

問７　江戸時代，西廻《まわ》り航路を利用して主に蝦夷《えぞ》地(北海道)の産物を大阪(大坂)まで運んだ船は，北前船と呼ばれる。なお，(ア)の樽廻船《たるかいせん》と(ウ)の菱垣《ひがき》廻船は江戸時代に主に江戸と大阪間で物資の輸送を行った船である。(イ)の朱印船は江戸時代初期，幕府から朱印状という渡航許可証を与《あた》えられ，東南アジアなどに渡って交易を行った船である。

問８　1853年，アメリカの東インド艦隊《かんたい》司令長官であったペリーは，４隻《せき》の軍艦を率いて浦賀(神奈川県)に来航し，開国を求める大統領の親書を浦賀奉行に提出した。翌1854年，再び来航したペリーは，江戸幕府と日米和親条約を結んで日本を開国させた。

問９　1858年，江戸幕府の大老井伊直弼は，アメリカ総領事ハリスとの間で日米修好通商条約を結び，神奈川(横浜)など５港を開いて貿易を開始することなどを定めた。幕府はその後，イギリス・フランス・ロシア・オランダとも同様の条約を結んだ(安政の五か国条約)。これらの条約は，外国人に領事裁判権を認め，日本に関税自主権のない不平等な内容のものであった。

3　国際社会における日本の役割を題材とする公民総合問題

問１　①　国際連盟が全会一致制をとっていたためになかなか議決が行えなかったことに対する反省から，国際連合の総会の議決では多数決制を採用している((ア)…×)。他国への侵略《しんりゃく》などを行った国に対して，国際連盟は経済制裁を科すことしかできなかったが，国際連合では安全保障理事会の決議にもとづき軍事制裁も科すことができるようになっている((イ)…×)。1956年10月，日本は日ソ共同宣言に調印してソ連との国交を回復したことで，それまでソ連の反対でかなわなかった日本の国際連合への加盟が実現した((ウ)…×)。　②　国連児童基金(UNICEF，ユニセフ)は1946年12月に設立された国連機関で，子どもの権利や命を守るための活動を行っている。なお，(ア)はNGO(非政府組織)である国境なき医師団，(イ)は国連機関である国連難民高等弁務官事務所(UNHCR)，(エ)は国連の主要機関の１つである国際司法裁判所の説明である。

問２　自国が攻撃《こうげき》を受けた場合に反撃できる権利を個別的自衛権，同盟国などの密接な関係にある他国が攻撃を受けた場合に自国が攻撃を受けたときと同様に反撃することができるとする権利を集団的自衛権という。これまで平和主義を原則とする日本は，個別的自衛権は認められるが，集団的自衛権は認められないとする立場をとってきた。しかし，2014年に安倍内閣(当時)は集団的自衛権の限定的行使を認める閣議決定を行った。

問３　①　基本的人権について，日本国憲法では第11条と第97条で「侵《おか》すことのできない永久の権利」としているが，大日本帝国憲法では法律の範囲内で認められる権利であった（ｙ…×）。　②　日本国憲法の改正は，衆参両院がそれぞれ総議員の３分の２以上の賛成で改正案を可決した場合に国会がこれを発議し，国民投票で有効投票の過半数が賛成することで成立し，天皇が国民の名でこれを公布する。

問４　①　PM2.5とは，大気中に存在する黄砂などの粒子《りゅうし》状物質のことで，温室効果ガスと直接の関係はない。また，京都議定書は1997年に京都で開かれた気候変動枠組《わくぐみ》条約第３回締約《ていやく》国会議で調印されたものであり，2015年に調印されたのはパリ協定である((ア)…×)。脱炭素社会とは，二酸化炭素をはじめとする温室効果ガスの排出量から，植林や森林管理などによる吸収量を差し引いて，合計を実質的にゼロにする社会のことであるので，「酸素」ではなく「二酸化炭素」などが正しい((ウ)…×)。2022年に施行されたプラスチック資源循環促進《じゅんかんそくしん》法により，ストローやスプーンなどの使い捨てプラスチック製品を有料化することや，プラスチック製品を再利用することなどの取り組みについて定められた。また，プラスチックの再利用やリサイクルへの取り組みには，環境省や経済産業省，市町村などの行政側と事業者，消費者をふくめた多方面からの努力が求められている((エ)…×)。　②　天皇が行う国事行為には内閣による助言と承認が必要とされ，内閣が責任を負うことが日本国憲法第３条に規定されている((ア)…×)。

問５　①　知る権利とは，国民は国家権力などによる制限を受けることなく情報収集を行うことができるとするもので，日本国憲法が規定する幸福追求権（第13条）や表現の自由（第21条），生存権（第25条）などを根拠として主張されるようになった新しい人権である。具体的には，行政機関が持つ情報の公開を求める情報公開制度の実現が求められるようになり，1980年代には条例でこれを認める地方公共団体が現れるようになった。そして，1999年には国の行政機関に対して国民が情報公開を請求する権利があり，請求があった場合，国は原則としてこれに応じる義務があるとする情報公開法が制定された。　②　ソーシャルメディアとは，インターネットを利用して個人や企業などが情報を発信・交換する媒体《ばいたい》のことで，そのうち，ソーシャル・ネットワーキング・サービス（SNS）とは，利用者どうしが交流できるwebサイト上の会員制サービスである。新聞・雑誌・テレビ・ラジオなどの既存のメディアと異なり，双方向のコミュニケーションができることが最大の特徴であり，新たな人間関係や社会関係をつくることができるといった利点もあるが，不確かな情報や誤った情報，悪意による情報が拡散したり，トラブルが発生したりする危険性もある。情報を得るときには，伝えられる情報が公的な機関から発信されたものかを確かめたり，複数の情報を比べたりすることで，その情報が信頼できるものであるか，注意する必要がある。

4　鎌倉幕府と室町幕府の仕組みについての問題

問１　【Ｘ】の御家人の取り締まりや軍事などを担当する機関は，侍所である。また，【Ｙ】の国ごとに設置された国内の御家人の統率などを行う機関は，守護である。

問２　鎌倉幕府における執権と室町幕府における管領は，どちらも将軍の補佐役として幕府の政務をとり仕切る役職であるが，執権の方が強い権力を持っていた。これは，鎌倉幕府の将軍は，特に源氏の将軍が３代で絶え，京都から公家や皇族を将軍に迎えるようになって以降，実権を持たず，執権の地位を独占した北条氏が事実上の最高権力者として幕政を動かしていたことによる。これに対して管領は，足利氏の一族である細川・斯波《しば》・畠山《はたけやま》の三氏が交代で務めたことや，室町幕府においては有力守護による合議で重要案件が決定されることが多かったため，執権のように強い権力を持つことはなかった。

理　科　＜Ａ入試＞（30分）＜満点：60点＞

解　答

1 ⑴　ウ　⑵　エ　⑶　ア　⑷　（記号，名称の順に）**ダイズ**…エ，子葉　**イネ**…ク，胚乳　⑸　炭水化物　⑹　（例）**性質**…大きな実　**理由**…発芽に必要な分以上に大きな実をつくるにはそれだけ大きなエネルギーが必要であるため。　2 ⑴　湿球　⑵　100％　⑶　85％　⑷　29℃　⑸　38.5℃　⑹　31.85℃　⑺　①　低くなる　②　（例）黒色は光を吸収しやすいが，白色は反射しやすいため。　3 ⑴　**A**　うすい塩酸　**B**　アンモニア水　**C**　食塩水　⑵　①　緑　④　赤　⑶　ＢとＤ　⑷　Ｄ　4 ⑴　(a)　60ｇ，15cm　(b)　30ｇ，30cm　(c)　15ｇ，60cm　⑵　エ

解　説

1 植物のつくりとはたらきについての問題

⑴　根から吸収した水などが通る管である道管の集まりと，葉でできた栄養分が通る管である師管の集まりの間のつくりを形成層という。イネ科の植物のように，発芽のときに子葉を１枚出す植物を単子葉類といい，単子葉類は形成層をもたない。また，植物は光のエネルギーを利用して，水と二酸化炭素からでんぷんと酸素をつくる。植物が行うこのようなはたらきを光合成という。

⑵　トウモロコシは単子葉類なので，エのように発芽のときに子葉を１枚出す。なお，アはアサガオ，イはインゲンマメ，ウはヘチマなどの子葉である。

⑶　単子葉類の根は，アのようにくきの先から土中に枝分かれしている。このような根をひげ根という。

⑷　発芽のための養分をダイズは子葉に蓄《たくわ》え，イネは胚乳《はいにゅう》に蓄えている。アは幼芽，イは胚じく，ウは幼根，エは子葉，オは種皮，カはえい，キは種皮，クは胚乳，ケは胚である。

⑸　イネに多く含《ふく》まれる栄養素は炭水化物，ダイズに多く含まれる栄養素はタンパク質である。

⑹　解答例のほかにも，たとえば，すべての実が同時期に熟すように品種改良をした場合，実が熟すころに大雨や洪水《こうずい》，暴風などの自然災害《さいがい》が発生すると，多くの実を収穫《しゅうかく》できなくなってしまうというデメリットがある。また，実が落ちにくくなると，動物などに実や種を遠くまで運んでもらえず，生息範囲《はんい》を広げることができなくなることなどが考えられる。

2 湿度《しつど》と暑さ指数についての問題

⑴　水は蒸発するときに周囲から熱をうばう。このため，水で湿《しめ》らせたガーゼを球部に巻いた湿《しつ》球《きゅう》温度計の示度の方が乾球《かんきゅう》温度計の示度より低くなる。

⑵　湿度が100％のときは，湿球温度計のガーゼから水が蒸発できないため，湿球と乾球の示度の差は０になる。

⑶　表より，乾球の示度が28℃，乾球と湿球の示度の差が２℃になるところの値が湿度になる。よ

って，このときの湿度は85％と読み取れる。

⑷　気温が28℃で，乾球と湿球の示度の差が２℃だから，湿球の示度は，28－２＝26(℃)となる。したがって，このときの暑さ指数(WBGT)は，0.7×26＋0.2×40＋0.1×28＝29(℃)である。

⑸　表より，気温が30℃，湿度が92％のときの乾球と湿球の示度の差は１℃と読み取れる。よって，このときの湿球の示度は，30－１＝29(℃)である。ここで，黒球温度を□℃とすると，0.7×29＋0.2×□＋0.1×30＝31が成り立ち，これより，□＝38.5(℃)になる。

⑹　それぞれの示度が⑸と同じときの屋内のWBGTは，0.7×29＋0.3×38.5＝31.85(℃)と求められる。

⑺　太陽からの熱を黒色は吸収しやすいが，白色は反射しやすい。したがって，黒球温度計の示度は，球部を白色で塗装《とそう》した場合の方が低くなる。

3　水溶液《すいようえき》の性質についての問題

⑴　実験１～実験６でわかったことをまとめると，下の表のようになる。BTB溶液と反応させると黄色になるのは酸性の水溶液で，炭酸水かうすい塩酸があてはまる。このうち刺激臭《しげきしゅう》があるのはうすい塩酸だから試験管Ａにはうすい塩酸，試験管Ｅには炭酸水が入っているとわかる。炭酸水は気体の二酸化炭素が溶《と》けているので，小さな気泡《きほう》が絶えず出ている。次に，赤色リトマス紙を青色に変え，BTB溶液と反応させると青色になるのはアルカリ性の水溶液で，アンモニア水か水酸化ナトリウム水溶液があてはまる。このうち刺激臭があるのはアンモニア水だから試験管Ｂに入っているのがアンモニア水，試験管Ｄに入っているのが水酸化ナトリウム水溶液である。水を蒸発させたとき白い固体が残るのは，固体が溶けている食塩水と水酸化ナトリウム水溶液で，試験管Ｄに水酸化ナトリウム水溶液が入っているので，試験管Ｃには食塩水が入っているとわかる。よって，残りの試験管Ｆに入っているのはアルコール水溶液となる。

	A	B	C	D	E	F
赤色リトマス紙		青色に変化		青色に変化		
BTB溶液	黄色	青色	（　①　）色	青色	黄色	（　①　）色
水を蒸発			白い固体			
気泡					絶えず出る	
におい	刺激臭	刺激臭				

⑵　①　BTB溶液と反応させると，中性の水溶液は緑色に変化する。　④　フェノールフタレイン溶液をアルカリ性の水溶液に加えると赤色に変化し，酸性，中性の水溶液に加えても変化しない。

⑶　フェノールフタレイン溶液で色が変わるのはアルカリ性の水溶液なので，試験管Ｂと試験管Ｄが選べる。

⑷　⑴の解説を参照のこと。

4　かっ車のはたらきについての問題

⑴　(a)　(a)で用いられているかっ車を定かっ車といい，定かっ車を用いると，加える力の向きを変えることはできるが，おもりを引き上げるために必要な力の大きさや，糸を引くきょりは変わらない。よって，60ｇの力で15cm引く必要がある。　(b)　(b)で用いられているかっ車を動かっ車といい，(b)のような動かっ車を用いると，加える力の向きを変えることはできないが，おもりを引き

上げるために必要な力の大きさはおもりの重さの$\frac{1}{2}$になり，糸を引くきょりはおもりを引き上げるきょりの２倍になる。したがって，点Ａを，$60\times\frac{1}{2}=30$(g)の力で，15×２＝30(cm)引く必要がある。　(c)　(c)では動かっ車を２つ用いているので，おもりを引き上げるために必要な力の大きさはおもりの重さの，$\frac{1}{2}\times\frac{1}{2}=\frac{1}{4}$(倍)になり，糸を引くきょりはおもりを引き上げるきょりの，２×２＝４(倍)になる。したがって，点Ａを，$60\times\frac{1}{4}=15$(g)の力で，15×４＝60(cm)引く必要がある。

⑵　動かっ車を用いると引き上げる力を小さくすることができるが，定かっ車を用いても引き上げる力の大きさは変わらない。また，(b)，(c)より，引き上げる力が小さくなると，糸を引くきょりはおもりが持ち上がるきょりよりも長くなることがわかる。

国　語　<Ａ入試>（50分）<満点：100点>

解　答

一　①，④　下記を参照のこと。　②　ちょうほう　③　こうせい　**誤字**…果　**正字**…課　二　**問１**　①　イ　②　イ　**問２**　イ，オ　**問３**　ア　**問４**　ウ　**問５**　**１**　イライラ　**２**　思い出　**問６**　イ　**問７**　ア　三　**問１**　Ⅰ　オ　Ⅳ　イ　**問２**　エ　**問３**　大海を知らず　**問４**　Ａさんよりも偏差値が　**問５**　⑴　自信　⑵　オ　⑶　（例）（有能感は）他者から影響を受けたり，他者と比較したりしながら，自分自身を評価・判断し，形成される。　**問６**　エ　**問７**　（例）　高校受験にＡさんは成功し，Ｂさんは失敗したことも理由だと思う。志望校に合格してＡさんは満足し，その後は勉強をなまけたが，不合格だったＢさんはくやしさをばねに努力し，成績がのびたのではないだろうか。

●漢字の書き取り

一　①　独創　④　伝承

解　説

一　漢字の書き取りと読み，誤字の訂正

①　人のまねをせず，自分ひとりで考えて新しくつくり出すこと。　②　使うのに便利であること。　③　今より後の時代。　④　受けついで伝えていくこと。　「放果後」の「果」は「課」の誤字である。「放課後」は，学校などで，その日の決められた勉強が終わった後の時間。

二　出典：江國香織《えくにかおり》「僕《ぼく》はジャングルに住みたい」（『つめたいよるに』所収）。小学校卒業をひかえた恭介《きょうすけ》は，イライラした気持ちを持てあましている。

問１　①「ぶっちょうづら」はきげんの悪い，ふくれた顔つきのこと。　②「きまりが悪い」は，何となくはずかしいようす。

問２　サイン帖《ちょう》について「僕は書かない」と恭介が言ったのは，野村《のむら》さんではない女子に対してなので，イは本文に当てはまらない。ぼう線③のある段落では，サイン帖のことをずっと考える一方で，「絶対，書いてなんかやるもんか」とも思っており，恭介には野村さんのサイン帖に書きたい気持ちと書きたくない気持ちの両方があると考えられるので，「サイン帖を書きたい気持ち」が野村さんに知られたとは断定できず，オも当てはまらない。

問３　サイン帖を書くように頼まれたときにぶあいそうに断ったり，算数の時間に指名されたときに気分が乗らないため，わからないと答えたりしているので，恭介はものごとに「否定的」な，「ぶっきらぼうな人物」といえる。

問４　中学校生活を想像するとき，恭介は「ジャングルに住みたい」と思っているので，自分の理想をジャングルの生活に重ねていると考えられる。ぼう線④の直前では，野村さんに笑顔を向けられ，野村さんなら自分のサイン帖に何と書くかと想像して恭介は照れているので，ジャングルだけでなく，今自分がいる教室も居心地のよい場所だったと気づいたことがうかがえる。続く大島《おおしま》先生の声も，貴重な今を形づくるひとつの要素としてえがかれている。

問５　**１**　職員室に呼び出された後，恭介は，「大島先生の言葉や態度」にはいつも「イライラ」させられると思い返している。　**２**　大島先生の「まのぬけた声」を聞いたときすら「今を大切に生きようという気持ち」になると説明文にあるように，大島先生の声を聞けるのも今だけで，いつか「思い出」に変わるだろうと恭介が感じていることがわかる。

問６　野村さんに「とん汁をつぐ」番が回ることをドキドキして待っているのは，野村さんへの好意ゆえだが，野村さんの希望にわざと反してなみなみとついでいるのだから，好意を素直に表せていないといえる。したがって，イが合う。

問７　恭介は，ジャングルに住んだら，勉強したり洋服を着たりといった面倒《めんどう》なことをする必要もなく，自由きままに生活できると考えている。卒業もないので今の環境《かんきょう》が変わることもなく，自分と野村さんのほかには自分の好む動物だけが住んでいる理想の世界を想像しているので，アがよい。

三　**出典：外山美樹《とやまみき》『勉強する気はなぜ起こらないのか』**。やる気とも大きく関わる有能感の形成について，「井の中の蛙《かわず》効果」が生じるのは，私たちが社会の中で生きているからだと述べられている。

問１　**Ⅰ**　前には，高校入試の際のＡさんとＢさんの成績はほぼ同じだったとある。後には，「Ａさんは偏差値《へんさち》の高い進学校に」，Ｂさんは「偏差値がそれほど高くない高校に入学」したと続く。同じような成績だったのに進路は明暗を分けたという結果が続くので，意外な内容が後に来るときに使う「ところが」が入る。　**Ⅳ**　前には，私たちは「いろいろな人と比較《ひかく》しながら自分自身を評価，判断し，有能感を形成」するとある。後にはその例として，テストで八〇点を取ったとき，周囲に九〇点以上の人が多い場合と五〇点くらいの人が多い場合での，形成される有能感のちがいが述べられている。よって，例をあげるときに使う「たとえば」がよい。

問２　「井の中の蛙効果」の意味が入るが，これは，次の文に「『鶏口《けいこう》となるも，牛後《ぎゅうご》となるなかれ』とも似た意味」だとあるので，二番目の段落にある「優《すぐ》れた集団の後ろにつくよりは，弱小集団でもトップになったほうがよい」に注目する。「優れた集団の後ろ」が「大きな池の小さな蛙《かえる》」，「弱小集団」のトップが「小さな池の大きな蛙」にあたるので，エが選べる。

問３　「井の中の蛙大海を知らず」は，“せまい知識や考えにとらわれ，広い世界を知らずにいる”という意味。

問４　この後，高校入学後の二人のやる気と成績の変化が述べられ，六つ後の「高校入試の際には～」で始まる段落にはそのまとめとして，「Ａさんよりも偏差値が高くない高校に入学したＢさんのほうが，最終的に良い成績を収めた」と書かれている。

問５　⑴「有能感」は，レベルの高い人たちと自分を比較したときに低下し，レベルの低い人たちと自分を比較したときに高まるものである。よって，優秀《ゆうしゅう》な友だちと自分を比べると失われるが，成績が悪い友だちと比べると高まる「自信」がぬき出せる。　⑵「有能感」は「自信」に似た意味で，自分には能力があるという感覚や意識をいうので，対義語は，自分は人より劣《おと》っているという感覚である「劣等感《れっとうかん》」になる。　⑶　空らんⅣの直前の文からまとめる。有能感は，他者から影響《えいきょう》を受けたり，他者と比較したりしながら，「自分自身を評価，判断し」，形成されるといえる。

問６　本文の最後のほうに，有能感は他者との関係の中で形成されると書かれている。そのため，「自己評価の判断基準」が優秀な生徒だったＡさんと，自分より劣った生徒だったＢさんとでは形成される有能感にちがいが生じ，Ａさんは否定的，Ｂさんは肯定的《こうていてき》な有能感を形成したのである。よって，エがよい。

問７　高校受験でＡさんは合格し，Ｂさんは不合格だったことが二人の大きなちがいである。志望校合格を目標にしていたＡさんは目標を達成して満足してしまい，その後はあまり勉強に身が入らなくなったが，Ｂさんはくやしさから，大学受験では失敗したくないといっそう勉強にはげんだため，一年後にはＡさんより成績が良くなったということも考えられる。

Dr.福井の 入試に勝つ！ 脳とからだのウルトラ科学

意外！　こんなに役立つ“替え歌勉強法”

病気やケガで脳の左側（左脳）にダメージを受けると，字を読むことも書くことも，話すこともできなくなる。言葉を使うときには左脳が必要だからだ。ところが，ふしぎなことに，左脳にダメージを受けた人でも，歌を歌う（つまり言葉を使う）ことができる。それは，歌のメロディーが右脳に記憶されると同時に，歌詞も右脳に記憶されるからだ。ただし，歌詞は言葉としてではなく，音として右脳に記憶される。

そこで，右脳が左脳の10倍以上も記憶できるという特長を利用して，暗記することがらを歌にして右脳で覚える“替え歌勉強法”にトライしてみよう！

歌のメロディーには，自分がよく知っている曲を選ぶとよい。キミが好きな歌手の曲でもいいし，学校で習うようなものでもいい。あとは，覚えたいことがらをメロディーに乗せて替え歌をつくり，覚えるだけだ。メロディーにあった歌詞をつくるのは少し面倒かもしれないが，つくる楽しみもあって，スムーズに暗記できるはずだ。

替え歌をICレコーダーなどに録音し，それを何度もくり返し聞くようにすると，さらに効果的に覚えることができる。

音楽が苦手だったりして替え歌がうまくつくれない人は，かわりに俳句（川柳）をつくってみよう。五七五のリズムに乗って覚えてしまうわけだ。たとえば，「サソリ君，一番まっ赤は，あんたです」（さそり座の１等星アンタレスは赤色――イメージとしては，運動会の競走でまっ赤な顔をして走ったサソリ君が一番でゴールした場面）というように。

Dr.福井（福井《ふくい》一成《かずしげ》）…医学博士。開成中・高から東大・文Ⅱに入学後，再受験して翌年東大・理Ⅲに合格。同大医学部卒。さまざまな勉強法や脳科学に関する著書多数。

2024 年度 横浜女学院中学校

【算　数】〈B入試〉（50分）〈満点：100点〉

注　意

1　3 ～ 6 については途中式や考え方も書きなさい。

2　円周率は3.14とする。

1 次の計算をしなさい。

(1)　$1234 + 2341 + 3412 + 4123$

(2)　$0.8 \div 0.25 - (1.1 - 0.11) \times 2\frac{2}{3}$

(3)　$\left(3\frac{2}{5} - 1\frac{1}{5} + 2\frac{3}{10}\right) \div 0.75$

(4)　$0.75 \times \left\{\frac{19}{12} - \left(0.04 + \frac{24}{25}\right) \div 3\right\}$

2 次の各問いに答えなさい。

(1) あるクラスの中で，メガネをかけている人は全体の12%で，メガネをかけていない人は22人います。このクラスは何人いますか。

(2) 時速60㎞で走る車が，50mを走るのにかかる時間は何秒ですか。

(3) 右の図の時計は，何時何分を表していますか。
ただし，時計は正しい向きを向いているとは限りませんが，午前であることとします。

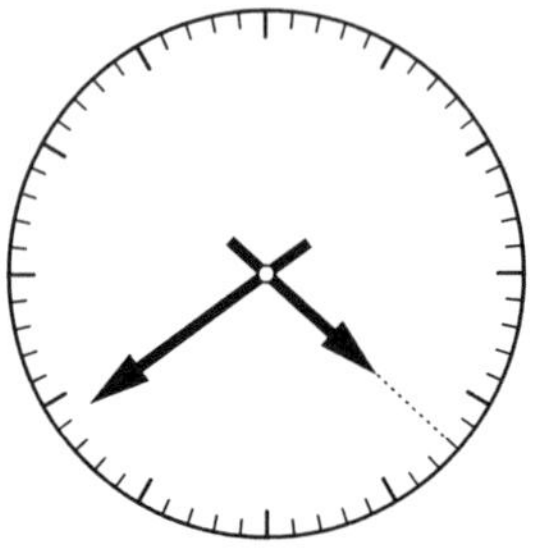

(4) 1 × 2 × 3 × 4 × 5 × 6 × 7 × 8 × 9 × 10 ＝ 3628800です。
3628800の約数のうち，一の位が1である数は3つありますが，それらをすべて足すといくつになりますか。

(5) 右の図は，正方形と正五角形を組み合わせた図形です。
角xの大きさは何度ですか。

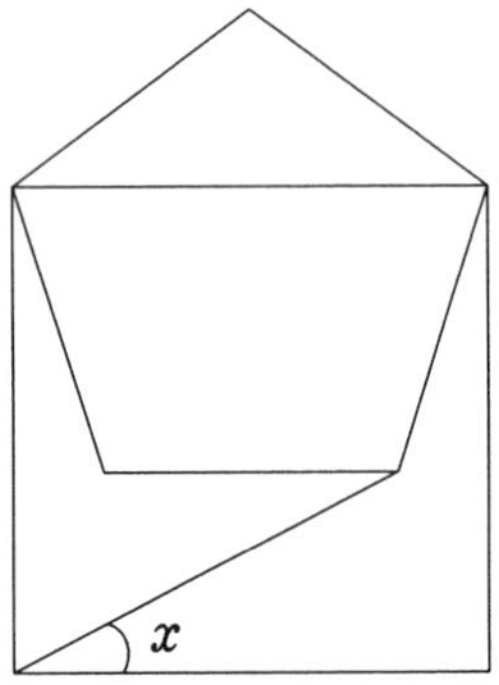

(6) 右の図は，2つの正方形を組み合わせた図形です。色のついた部分の面積は何cm^{2}ですか。

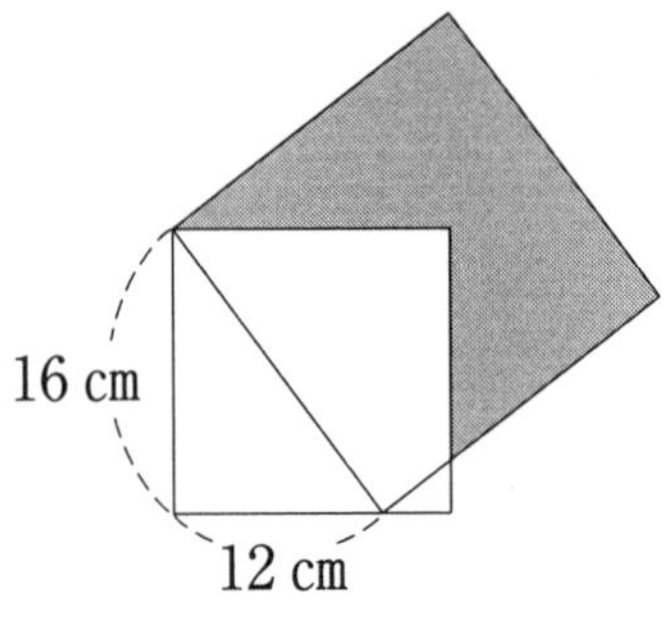

3 次の３つの国のうち，人口密度が最も高かったのは，どの国で，千km^2あたり，約何万人住んでいましたか。

次のグラフを見て答えなさい。ただし，小数第１位を四捨五入して答えなさい。

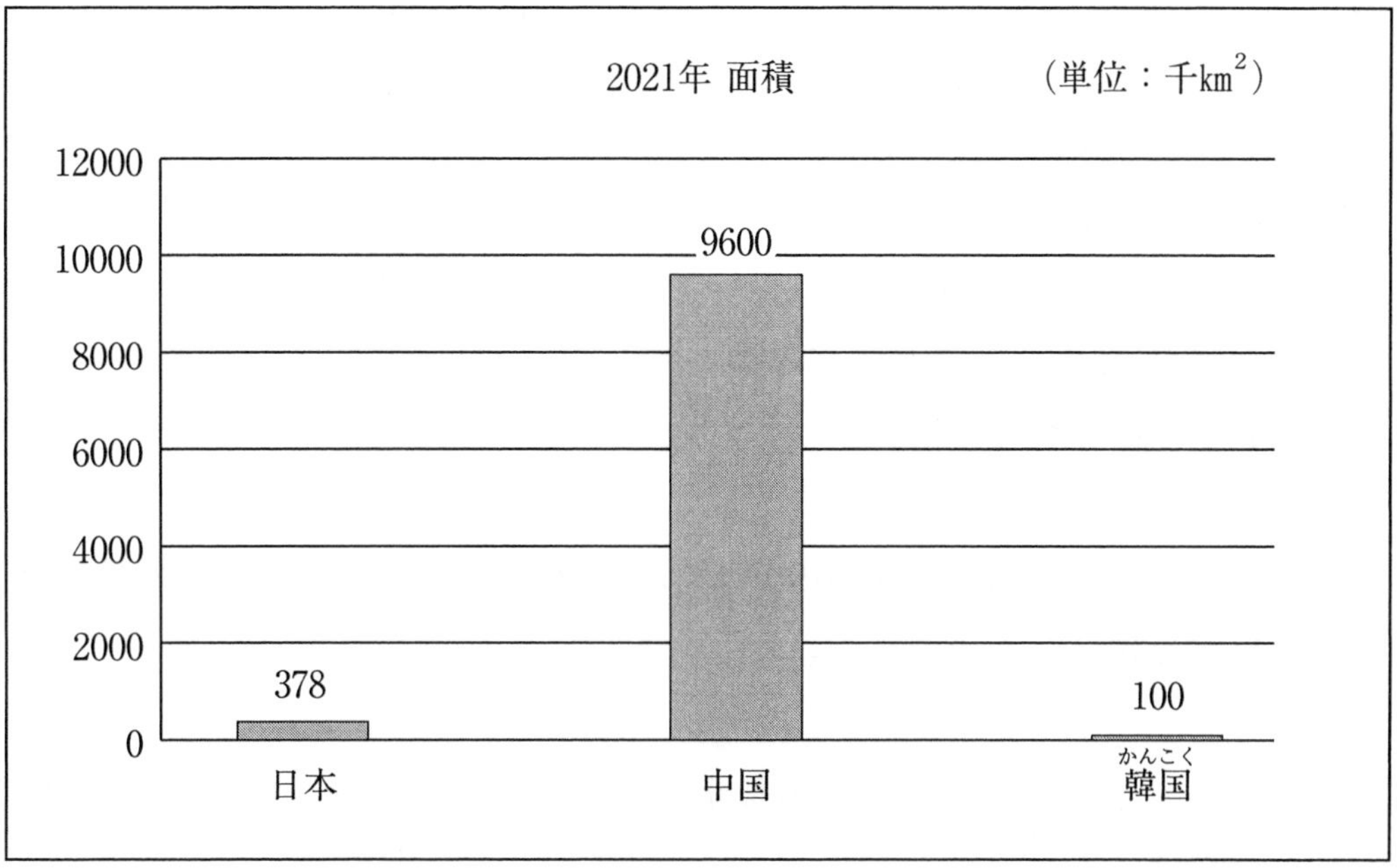

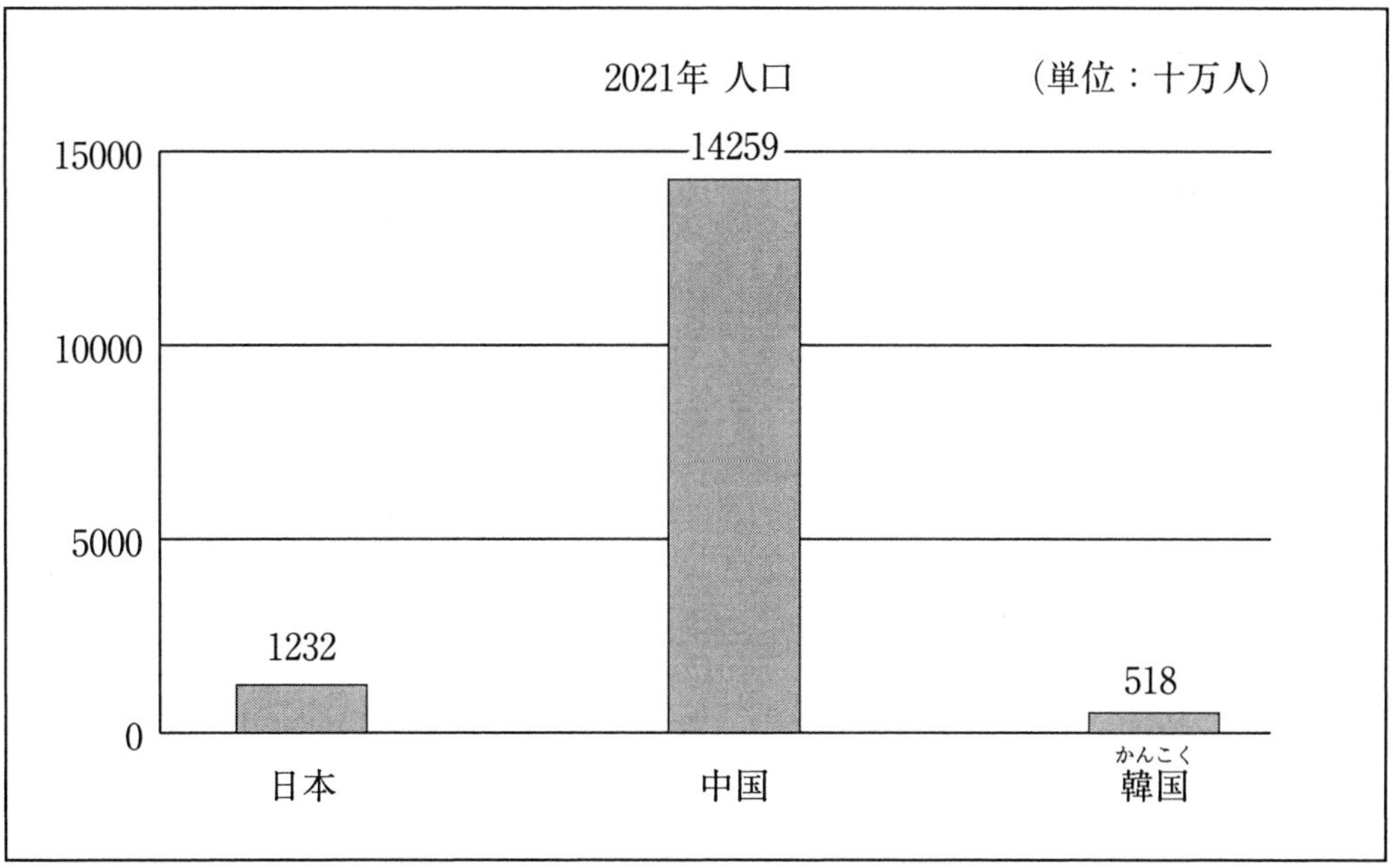

（UN Demographic Yearbookより）

4 次の表のように，ある規則で数字を並べたものを考えます。この表で，2マス×2マスの正方形をスクエアと呼ぶことにします。

例えば，図で太線のスクエアについて，左上の数字は9，右上の数字は13，左下の数字は14，右下の数字は19です。

次の各問いに答えなさい。

1	2	4	7	11	16	…
3	5	8	12	17		
6	9	13	18			
10	14	19				
15	20			⋱		
21						
⋮						

(1) 左上の数字が20であるスクエアについて，左下の数字はいくつですか。

(2) 右上の数字と左下の数字の和が99であるスクエアについて，左上の数字と右下の数字の和はいくつですか。

(3) 左上，右上，左下，右下の4つの数字の和が999であるスクエアについて，右上の数字はいくつですか。

5 右の図のように，A, B, C, D, E, Fのマスがあり，初め，Aのマスにコマが置いてあります。

さいころを振って出た目の数だけ矢印の方向にコマを進めます。

ただし，さいころは1から6の目が1つずつあります。

このとき，次の問いに答えなさい。

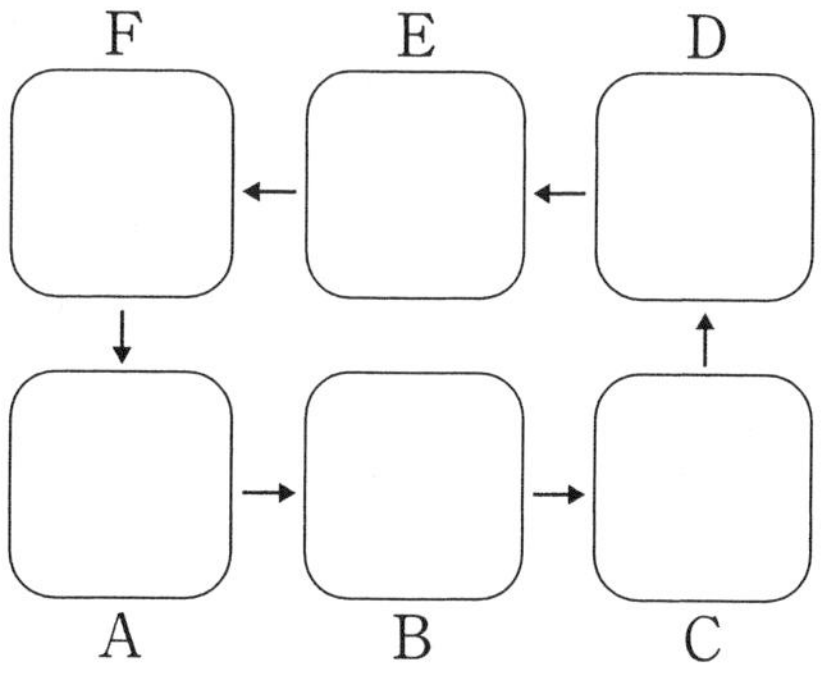

図

(1) さいころをちょうど2回振って初めてAのマスに止まりました。さいころの目の出方は何通りありますか。

(2) コマがちょうど1周してAにもどってきました。さいころの目の出方は何通りありますか。

(3) コマがちょうど2周してAにもどってきました。途中Cのマスに2回止まったとすると，さいころの目の出方は何通りありますか。

6 図1のような直角三角形を2つ用意して，図2のように並べます。

図2において，辺BCの上に，BF = 1cmとなるように点Fを取り，そこから直線AEに垂直な直線を引いて交わる点をGとします。

このとき，次の各問いに答えなさい。

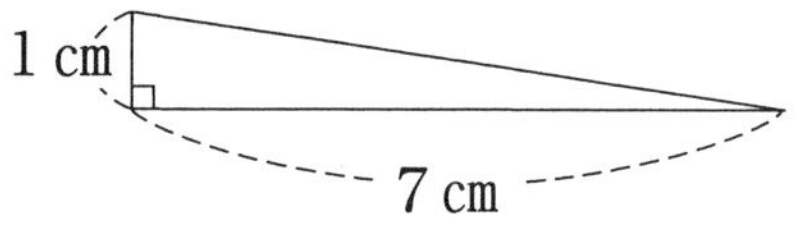

図1

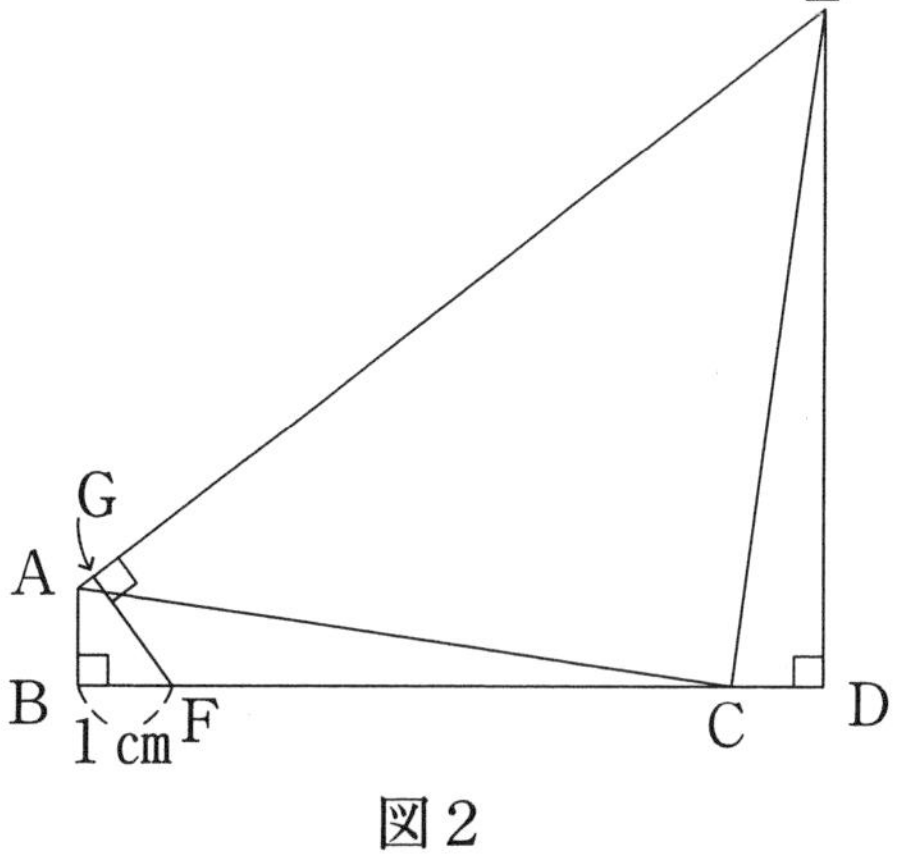

図2

(1) 台形ABDEの面積は何cm^2ですか。

(2) AEの長さは何cmですか。

(3) AGの長さは何cmですか。

【社　会】〈Ｂ入試〉（30分）〈満点：60点〉

1　次の世界地図や図を見て、それぞれの問いに答えなさい。

問1　次の表Ⅰは米、小麦の生産量上位３国を表しています。Aの国は、ニューデリーを首都とする国で、季節風の影響で稲作が盛んであり、Bの国は、モスクワを首都とする国で、つめたく、涼しい気候を活かした小麦栽培が盛んです。それぞれA・Bに当てはまると考えられる国を、地図Ⅰ中の（ア）～（エ）からひとつ選んで記号で答えなさい。

地図Ⅰ

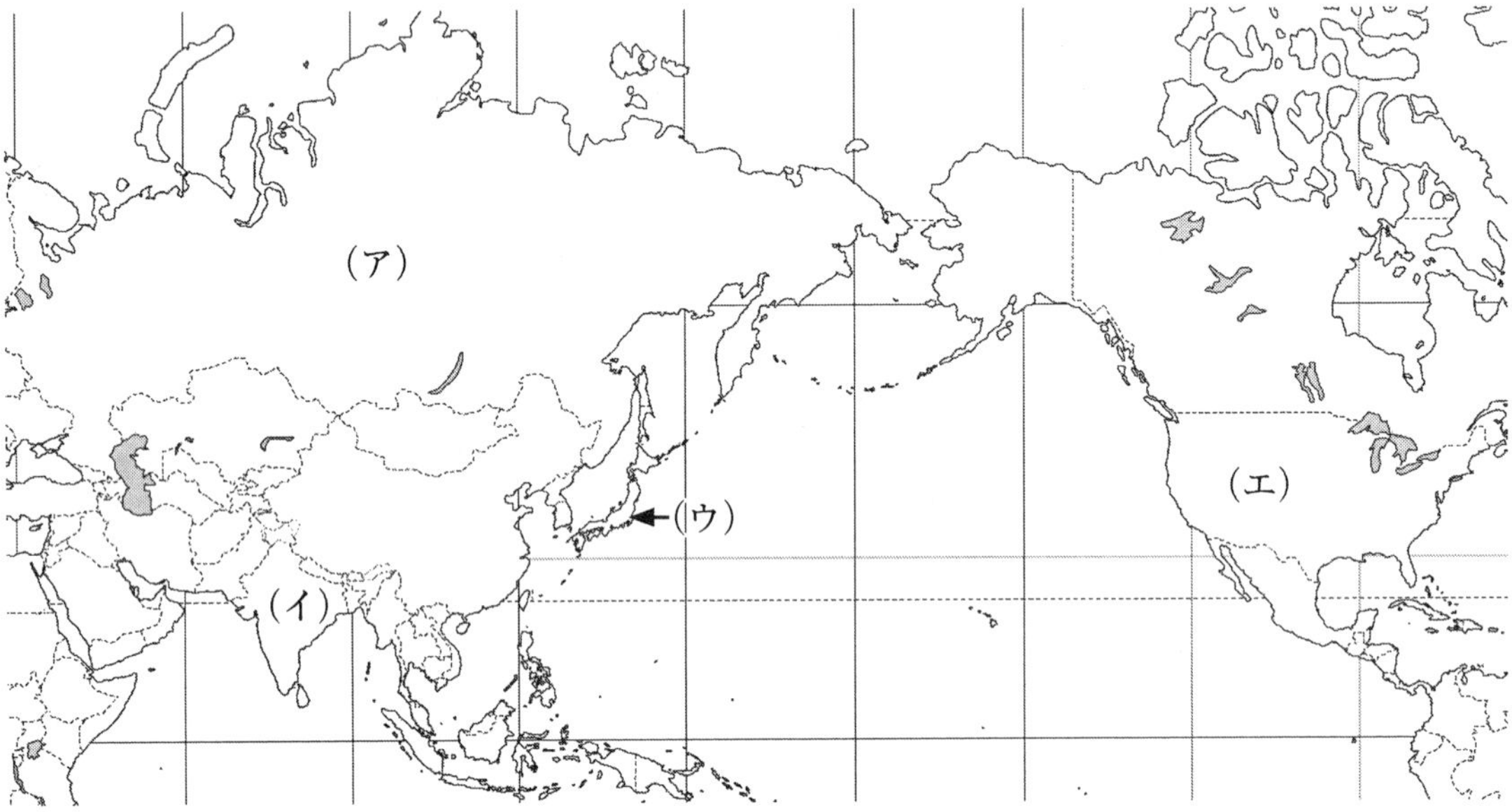

表Ⅰ

	米の生産量（2020）			小麦の生産量（2020）	
1位	中国	211,860	1位	中国	134,250
2位	A	178,305	2位	A	107,590
3位	バングラデシュ	54,906	3位	B	85,896

単位…1000トン

世界国勢図会2022／23

問２　次の表Ⅱは世界の米の輸出量を表したものです。［問１］の表Ⅰでは中国が生産量の第１位であるにもかかわらず、表Ⅱより輸出量は少ないことが分かります。生徒愛さんはその理由を以下のように説明しています。説明の空らんに当てはまる内容として正しいものを、次の（ア）～（エ）からひとつ選んで記号で答えなさい。

表Ⅱ

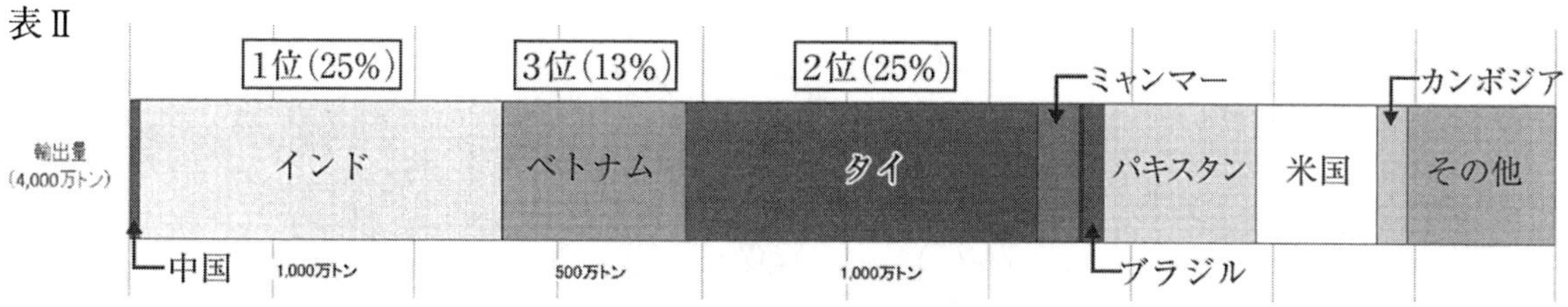

「世界のコメ需要の現状」農林水産省

生徒愛さん…国内での（　　）が大きくなるから、米の輸出量が少ないのだと思います。

（ア）消費量に対する生産量
（イ）生産量に対する消費量
（ウ）農村労働者に支払われる給料
（エ）プラスチックごみの生産量

問３　地図Ⅱ中のXの国の雨温図と首都の組み合わせとして正しいものを、次の（ア）～（エ）からひとつ選んで記号で答えなさい。

地図Ⅱ

【雨温図】

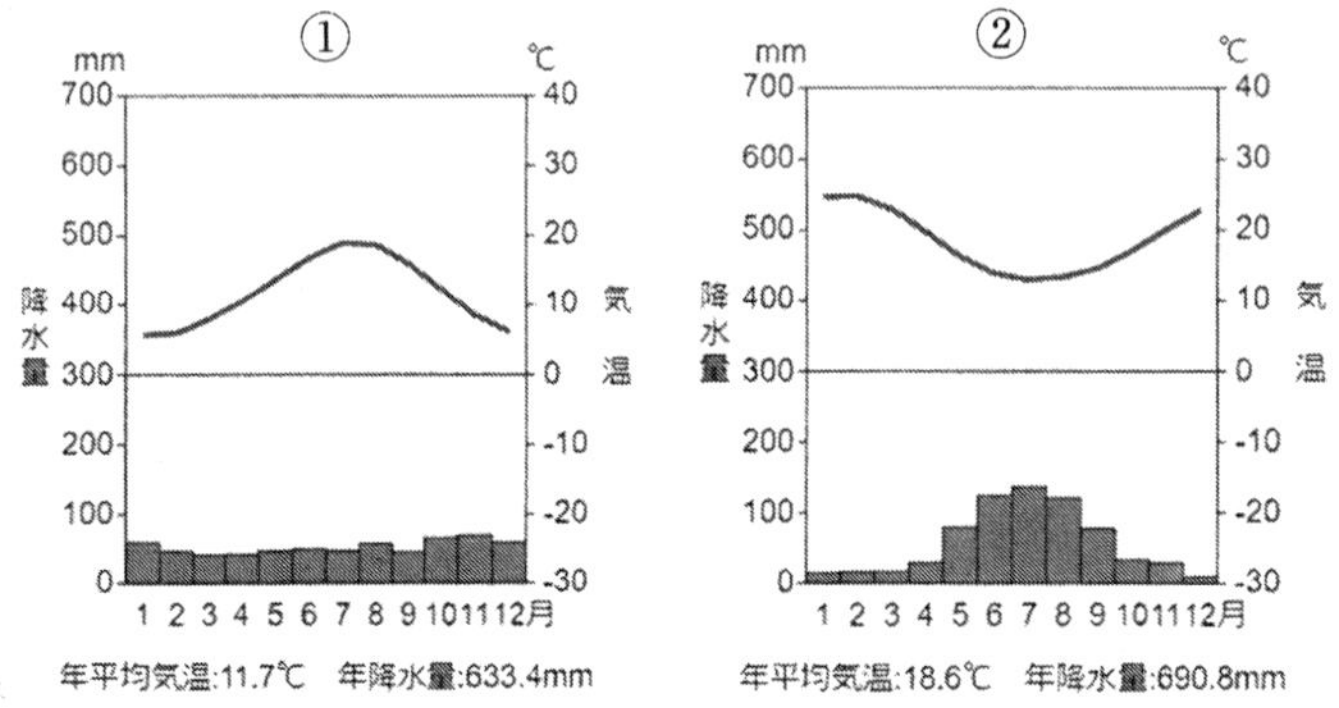

気象庁

（ア）雨温図①　首都ロンドン　　（イ）雨温図①　首都パリ

（ウ）雨温図②　首都ロンドン　　（エ）雨温図②　首都パリ

問４　次の説明文は地図Ⅱ中の、Ａ～Ｄのいずれかの国の説明です。説明文は、Ａ～Ｄのどこの国の説明をしているのか、正しいものを地図Ⅱ中のＡ～Ｄからひとつ選んで記号で答えなさい。

> 説明文
>
> 首都はベルリンであり、ヨーロッパで最も工業が発展している国です。第二次世界大戦後、２つの国に分けられていましたが、1990年に統一をはたしました。

問５　グローバル化によって、ヒトだけではなく、モノ、カネ、情報の移動が国境を越えて、自由に地球上を飛び交うようになりました。貿易における２国間関係について①～③それぞれの問いに答えなさい。

①　表Ⅲは2020年の日本からみた日中間の主要貿易品に占める中国の割合を示したものです。例えば、日本が輸入する通信機のうち68.4％は中国から輸入されていると読み取ることができます。空らん（　Ｘ　）に当てはまる品目として正しいものを、次の（ア）～（エ）からひとつ選んで記号で答えなさい。

表Ⅲ

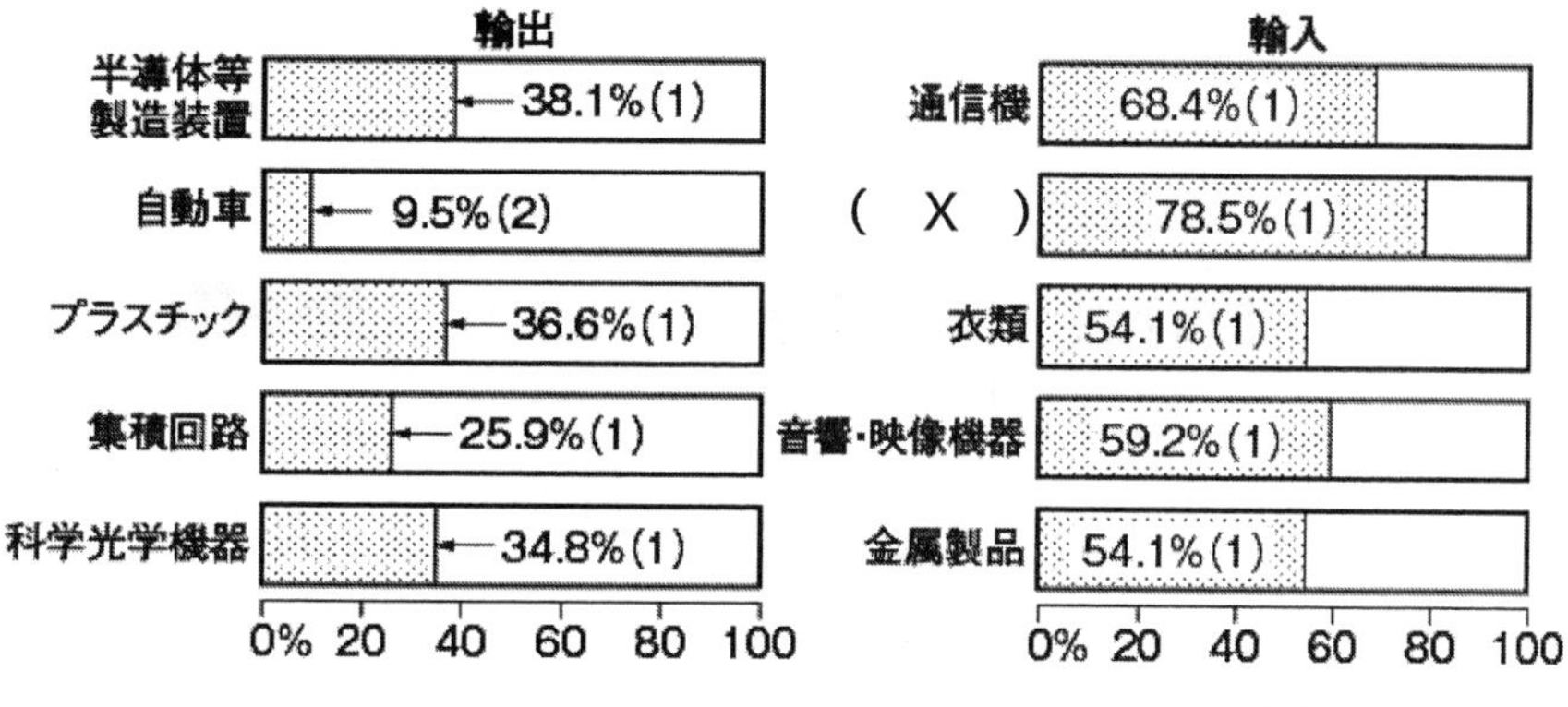

日本国勢図会2022／23より

（ア）家具　　（イ）医薬品　　（ウ）コンピュータ　　（エ）野菜

② 表Ⅳは2020年の日本からみた日米間の主要貿易品に占める米国の割合を示したものです。空らん（　X　）に当てはまる品目として正しいものを、次の（ア）～（エ）からひとつ選んで記号で答えなさい。

表Ⅳ

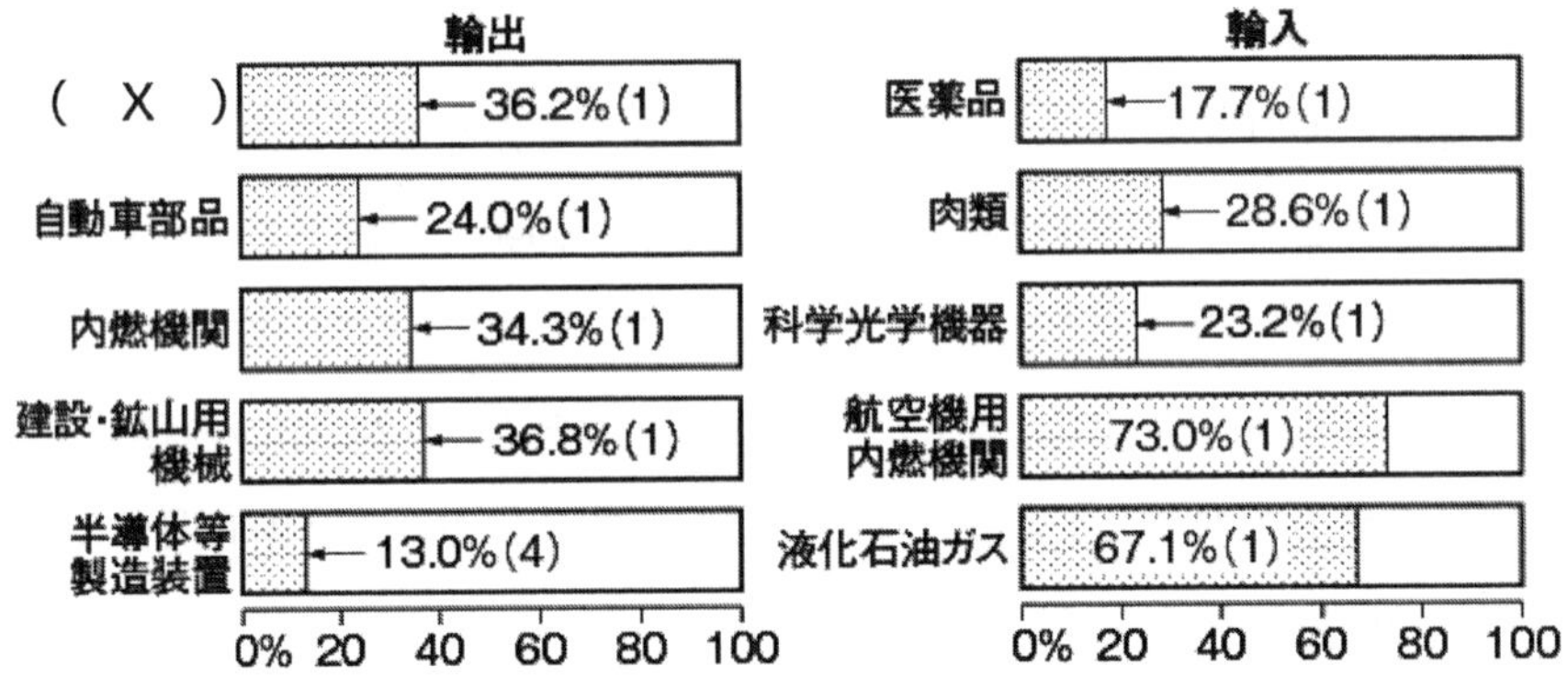

日本国勢図会2022／23より

（ア）自動車　　（イ）大豆　　（ウ）とうもろこし　　（エ）プラスチック

③ 日本はこれまで、原料や燃料を輸入し、製品に作り変えて輸出する貿易を行ってきました。以下の図のようなこの貿易形態《ぼうえきけいたい》のことを何貿易というか。漢字２字で答えなさい。

図

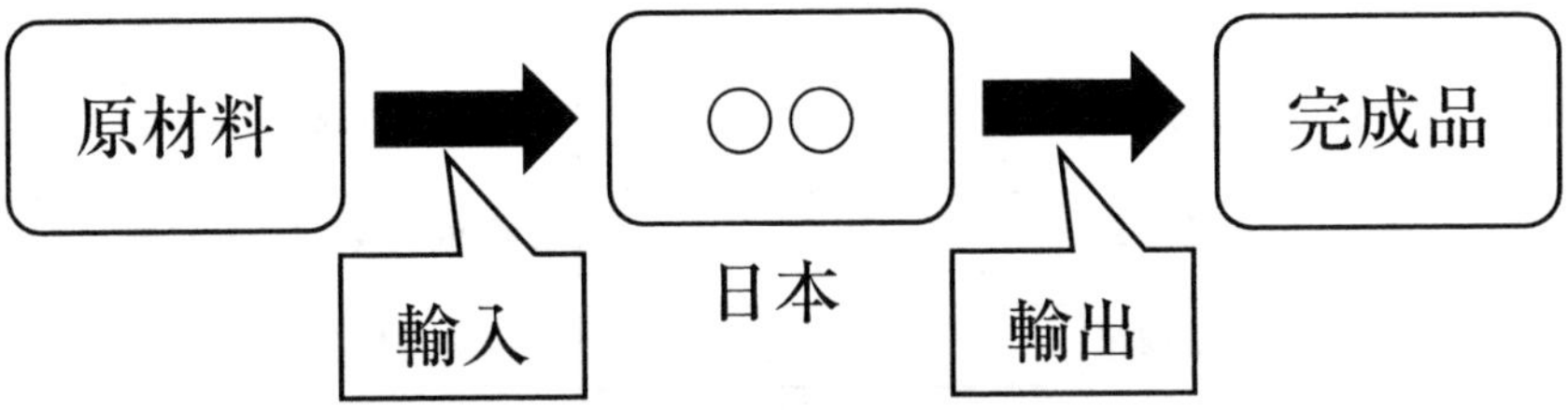

問6　次の文章は、毎日新聞「15歳のニュース」2023年4月8日の記事です。空らん(　X　)に当てはまる語をアルファベットで答えなさい。

〔タイトル〕 **15歳のニュース　(　X　)　欧州《おうしゅう》に拡大　英国加盟へ**

自由貿易の取り決めである(　X　)に英国が参加する。現在参加している日本など11カ国が3月31日、英国の加盟を認めることで合意した。この協定が2018年にスタートしてから、新たな加盟が認められるのは初めて。自由貿易を推し進める(　X　)が、アジア太平洋地域から欧州に拡大することの意義は大きい。

2　「祭り」とは神さまに感謝やお願いをするために行う儀式《ぎしき》です。また、夏に開催《かいさい》される「祇園祭《ぎおんまつり》」では疫病《えきびょう》や水害を払うために願ったのが始まりとされ、現在でも多くの人が参加し、例年賑《にぎ》わいを見せています。以下の問いに答えなさい。

問1　奈良時代は疫病の流行や、朝廷内部の勢力争いなど、不安定な世の中でした。そこで、仏教の力に頼り、国を安らかに治めるために国分寺や国分尼寺が建てられました。これらの建設を主導した当時の天皇として正しいものを、次の(ア)～(エ)からひとり選んで記号で答えなさい。

(ア)聖武天皇　　(イ)桓武天皇　　(ウ)後白河天皇　　(エ)推古天皇

問2　京都で毎年7月に開催される「祇園祭」は平安時代に疫病と厄災《やくさい》がなくなるように願ったことが起源《きげん》とされています。この頃、日本では伝教大師《でんきょうだいし》とも呼ばれる人物が、比叡山延暦寺《ひえいざんえんりゃくじ》を建て仏教の改革を行いました。その人物とその人の広めた宗派の組み合わせとして正しいものを、次の(ア)～(エ)からひとつ選んで記号で答えなさい。

(ア)最澄 ― 天台宗　　(イ)最澄 ― 真言宗
(ウ)空海 ― 天台宗　　(エ)空海 ― 真言宗

問3　平安時代中頃になると、かな文字が発明され多くの文学作品が生み出されました。『枕草子』の作者名を答えなさい。

問4　下記の資料Ⅰに描かれているものは鎌倉時代に武士の訓練で行われた流鏑馬《やぶさめ》です。武士の訓練として行われた流鏑馬は、後に祭りとなりました。この時代に、鎌倉幕府３代執権として政治を行った人物名を、次の（ア）～（エ）からひとつ選んで記号で答えなさい。

［資料Ⅰ］

(千代田之御表　流鏑馬上覧)

（ア）北条時宗　　（イ）北条泰時　　（ウ）源義経　　（エ）源頼朝

問5　鎌倉幕府を滅ぼし、天皇中心の政治「建武の新政」を行った人物名として正しいものを、次の（ア）～（エ）からひとつ選んで記号で答えなさい。

（ア）宇多天皇　　（イ）清和天皇　　（ウ）後醍醐天皇　　（エ）持統天皇

問６　下記の資料Ⅱは江戸時代の画家歌川広重によって描かれた端午《たんご》の節句《せっく》に関する浮世絵です。この資料ではこいのぼりが手前に大きく描かれ、奥では魔よけの旗《はた》が描かれています。この画家が活躍した江戸時代の文化として正しいものを、次の（ア）～（エ）からひとつ選んで記号で答えなさい。

［資料Ⅱ］

（名所江戸百景　水道橋駿河台）

（ア）化政文化　　（イ）元禄文化　　（ウ）国風文化　　（エ）天平文化

問７　京都で行われる祭りに「時代祭」と呼ばれる祭りがあります。この祭りは明治時代に始まり、現在でも行われています。祭りが始まった19世紀後半は、内閣制度が整い第一回帝国議会が開始された時期です。日本で最初の憲法は1889年に発布されます。この憲法の名称を答えなさい。

問８　下記の資料Ⅲは［問７］の頃の、東アジアの様子を表した風刺画《ふうしが》です。1894年にＡとＢの国で起こった戦争を何というか、次の（ア）～（エ）からひとつ選んで記号で答えなさい。

［資料Ⅲ］

（魚釣り遊び、ビゴー『中学生の歴史』帝国書院）

（ア）日露戦争　　（イ）日英戦争　　（ウ）日清戦争　　（エ）西南戦争

問９　下記の資料Ⅳは大正時代に富山県で始まったある出来事に関するものです。シベリア出兵を見越《みこ》して、商人による米の買い占めや売り惜しみの結果、物価が上がり庶民《しょみん》の生活が苦しくなったことで起こりました。この出来事を何というか、漢字３字で答えなさい。

［資料Ⅳ］

十三日　天候如昨。
昨夜就眠後、神戸市□□□、益猖獗、放火焼鈴木商店、神戸新聞社外数箇所。郵便局亦危之急報、陸続到来。今朝九時半、特訪寺内首相于官邸、詳論形勢急迫、講対応策之緊要。其要如左。
・一　名古屋、京都、大阪三市之騒擾、雖頗激甚、以陸軍兵之鎮圧不失機、幸不到放火縦横之甚、独神戸市出兵遅緩、陥于無警備之状体、不可不深注意、
・二　今回之騒擾、概係大阪朝日新聞販売区域、如同紙社会主義的扇動与有力者、且憲政員及社会主義者、亦存煽動之形跡、不可不追窮精探。
・三　米価之騰貴、既害社会之安寧、不放任尋常之手段、宜急設強制買収平価供給之法、以救済下流人民之窮乏。……後略……

（大正７年８月13日　「田健治郎関係文書　24」国立国会図書館、一部白抜き）

3 以下は、2023年4月22日の毎日新聞の記事です。この記事は、なるほドリの質問に記者の人が答える形式です。記事を読み、以下の問いに答えなさい。

なるほドリ（以下Q）：統一地方選が実施《じっし》されているね。投票率が下がっていると聞いたけど？

記者（以下A）：9日（2023年4月）投開票された統一選前半戦での9道府県知事選の投票率は46.78%、41道府県議選は41.85%といずれも過去最低を更新しました。知事選で最も投票率が高かったのは島根県の54.96%、最も低かったのは神奈川県の40.35%。統一選は(A)選挙経費《けいひ》の節約や(B)地方選挙に対する関心を高めることを目的に始まった仕組みですが、投票率は近年、低下傾向のようです。

Q：どうして下がっているの？

A：今回の知事選では、(C)国政選挙のように与野党が対決する構図となったものは限られました。政党同士が論戦を繰《く》り広げる場面があまり見られず、関心が高まらなかったとの見方があります。ある自治体担当者は「議員のなり手不足もあって有権者が選びたくなる候補が減り、政治が遠い世界の話になっている」と指摘《してき》します。

Q：国政選挙ほど重要じゃないのかな？

A：首長や地方議員を選ぶ地方選は、生活に密着《みっちゃく》した事柄が争点になることが多く、非常に重要な選挙です。各地の選挙管理委員会などは関心を持ってもらおうと投票率向上策を講《こう》じていますが、結果が伴《ともな》っていないのが実情《じつじょう》です。

Q：どうしたらいいの？

A：低投票率は、強固《きょうこ》な組織票を持つ政党などに有利に働くと言われています。しかし、選挙は私たち自身で代表を選び、自分たちの意見を政治に反映させるためにあります。地域によっては23日に統一選後半戦と、衆参の補欠選挙があります。

問１　下線部（A）に関して、①・②それぞれの問いに答えなさい。

①　次回の衆議院議員を選ぶ総選挙は令和７年を予定しています。その際の選挙方法として正しいものを、次の（ア）～（エ）からひとつ選んで記号で答えなさい。

（ア）任期は６年ごとで各都道府県を各選挙区とした選挙区選挙と全国を一つの選挙区として当選者を出す比例代表選挙が行われる。

（イ）任期は６年ごとで全国を289の選挙区に分け各選挙区から一名が当選する小選挙区選挙と比例代表選挙が行われ重複《ちょうふく》立候補が可能である。

（ウ）任期は４年ごとで各都道府県を各選挙区とした選挙区選挙と全国を一つの選挙区として当選者を出す比例代表選挙が行われる。

（エ）任期は４年ごとで全国を289の選挙区に分け各選挙区から一名が当選する小選挙区選挙と比例代表選挙が行われ重複立候補が可能である。

②　現代の日本の選挙には原則があります。選挙の原則として誤っているものを、次の（ア）～（エ）からひとつ選んで記号で答えなさい。

（ア）誰に投票したかという投票の秘密は守られなければならない。

（イ）有権者が直接自分の票を投票しなければならない。

（ウ）一人で投票できる票数は１票である。

（エ）年間120万円納税している人のみ選挙権がある。

問２　下線部（B）に関して、以下の地方自治の図を見ながら①～③のそれぞれの問いに答えなさい。

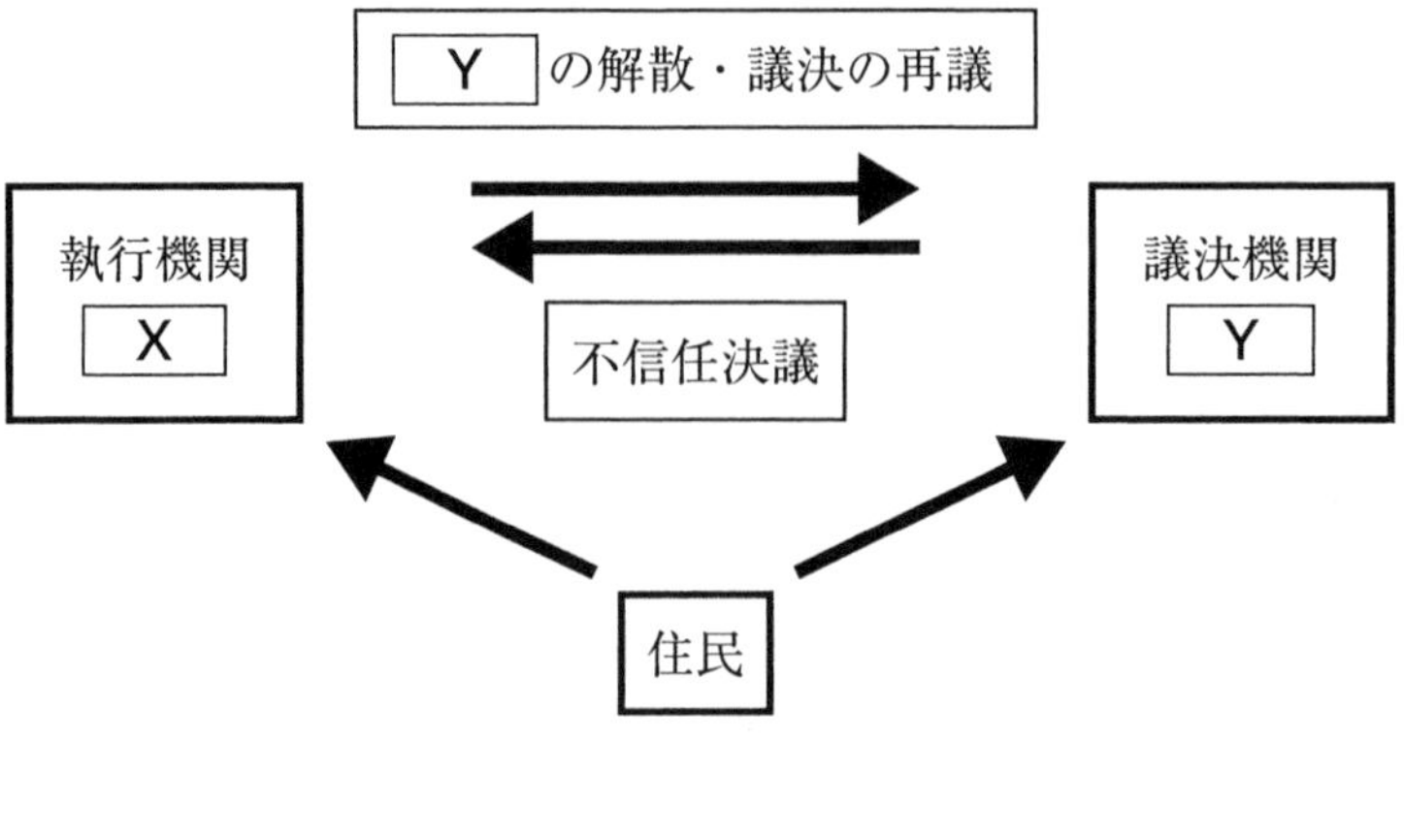

① 地方自治の仕組みについて空らん [X]・[Y] に当てはまる語句を、次の（ア）～（エ）からひとつ選んで記号で答えなさい。

（ア）内閣　（イ）首長　（ウ）市町村議会・都道府県議会　（エ）監査委員

② 代表者などを介《かい》さずに住民が意思決定に参加する政治体制を何というか答えなさい。

③ 地方自治は国政よりも住民たちが自分たちの住む地域に自分たちの声をより反映することができます。このことからイギリスの政治学者ブライスは地方自治を「[Z] の学校」と呼びました。空らん [Z] に当てはまる語句として正しいものを、次の（ア）～（エ）からひとつ選んで記号で答えなさい。

（ア）社会主義　（イ）憲法　（ウ）民主主義　（エ）資本主義

問３　下線部（C）に関して日本では三権分立によって国民の基本的人権を守っています。三権分立のひとつを担《にな》う裁判所について①～③のそれぞれの問いに答えなさい。

① 誤審《ごしん》を防ぐために１つの事件について上訴《じょうそ》し、複数回裁判を受けることができます。この仕組みを何というか答えなさい。

② 裁判官についての説明として誤っているものを、次の（ア）～（エ）からひとつ選んで記号で答えなさい。

（ア）裁判官は世論に沿《そ》わない判決を下した場合、辞めさせられる。
（イ）2009年から裁判員６人、裁判官３人で構成する裁判員制度が導入された。
（ウ）最高裁判所の裁判官は内閣が任命し、天皇が認証《にんしょう》する。
（エ）最高裁判所の長官は内閣が指名し、天皇が任命する。

③ 最高裁判所の裁判官が任命された直後と10年ごとの衆議院の総選挙の時に受けるものを、次の（ア）～（エ）からひとつ選んで記号で答えなさい。

（ア）弾劾裁判　（イ）国民投票　（ウ）再審　（エ）国民審査

4　下の図はＡ国とＢ国の国内情報を示しています。以下の問いに答えなさい。

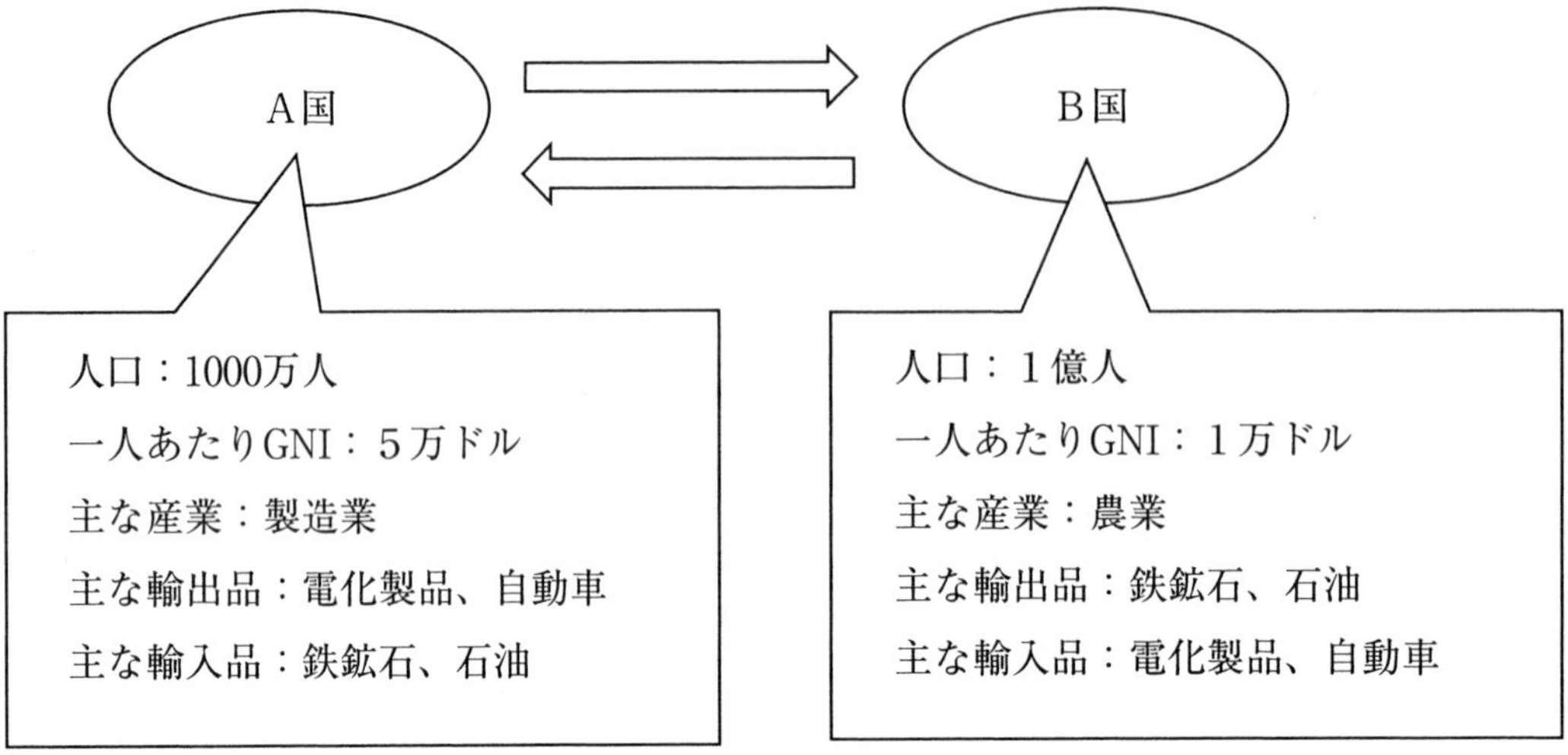

※GNI（国民総所得）は国民が１年間に新しく得た所得のことで、国民の所得の大きさ（国民の豊かさ）をしめしています。

問１　Ａ国とＢ国の貿易のように、先進国と発展途上国が行う貿易形態を何と呼ぶか、漢字２字で答えなさい。

問２　国内情報をもとに、鉄鉱石と石油の価格が上昇した場合、それぞれの国にとってどのような悪影響が想定できるかＡ・Ｂ両国の産業や資源についてふれながら説明しましょう。

【理　科】〈Ｂ入試〉(30分)〈満点：60点〉

〈編集部注：実物の試験問題では，**2**の図の約半分はカラー印刷です。〉

1　次の文章を読んで、以下の問いに答えなさい。

ヒトが食事によって摂取《せっしゅ》する栄養素のうち三大栄養素と呼ばれるのはデンプン、タンパク質、脂肪《しぼう》の３種であり、これらは口から入った後に各種消化液によって分解され最終的に小腸で吸収される。

それぞれの栄養素の分解の過程は以下の通りである。

デンプンはまず、だ液に含まれる（　①　）のはたらきによって麦芽糖に分解される。この麦芽糖はその後、すい液に含まれるマルターゼのはたらきによって分解され（　②　）になる。

タンパク質は胃液に含まれる（　③　）や、すい液に含まれるトリプシンのはたらきによって（　④　）に分解される。

脂肪はすい液に含まれる（　⑤　）のはたらきによって（　⑥　）とモノグリセリドに分解される。

(1)　文中の空欄《らん》①～⑥に当てはまる語句を答えなさい。

タンパク質が分解されて最終的にできる（④）は１種類の物質ではなく、グリシン、アラニン、グルタミン酸、ロイシンなど、あわせて20種類ある物質の総称である。

アラニン	アルギニン	アスパラギン	アスパラギン酸	システイン
グルタミン	グルタミン酸	グリシン	ヒスチジン	イソロイシン
ロイシン	リシン	メチオニン	フェニルアラニン	プロリン
セリン	トレオニン	トリプトファン	チロシン	バリン

表　タンパク質の分解によってできる（④）　20種類

これらが多数つながってできているのがタンパク質であり、具体的に20種類のうちどれがどの順番でつながっているかによってタンパク質にもさまざまな種類ができる。

ここでは例として３～５個の（④）がつながってできる物質について考えてみよう。

⑵　グリシン、アラニン、グルタミン酸が１つずつあり、これらをつなげて物質を作るさまを考えよう。

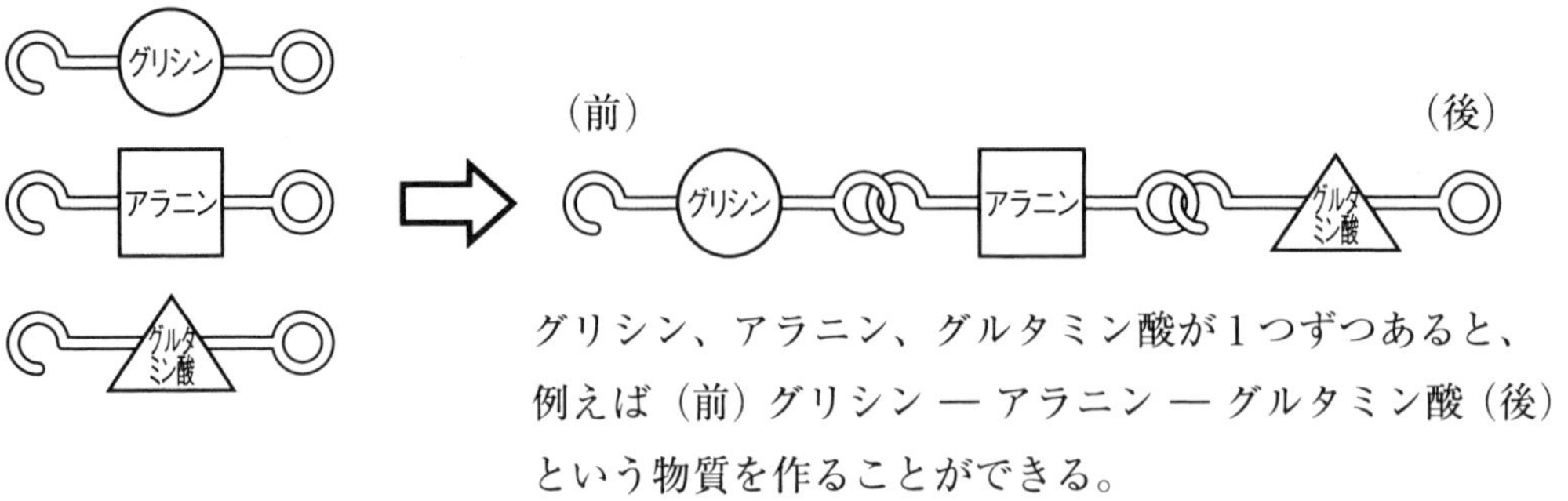

図１

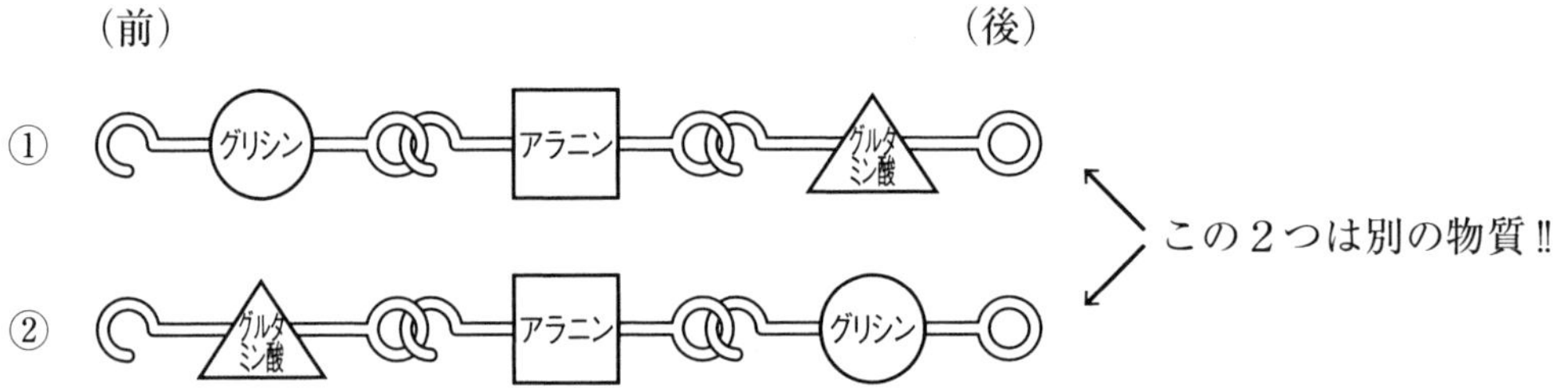

図２

このとき、グリシン、アラニン、グルタミン酸が１つずつの計３つをすべてつなげて作ることができる物質は全部で何通りあるか答えなさい。

(3) グリシン、アラニン、グルタミン酸が1つずつと、ロイシンが2つの合わせて5個の(④)がある。

これらをすべてつなげて作ることができる物質は全部で何通りあるか答えなさい。ただし、2つあるロイシンは区別がつかないものとする。

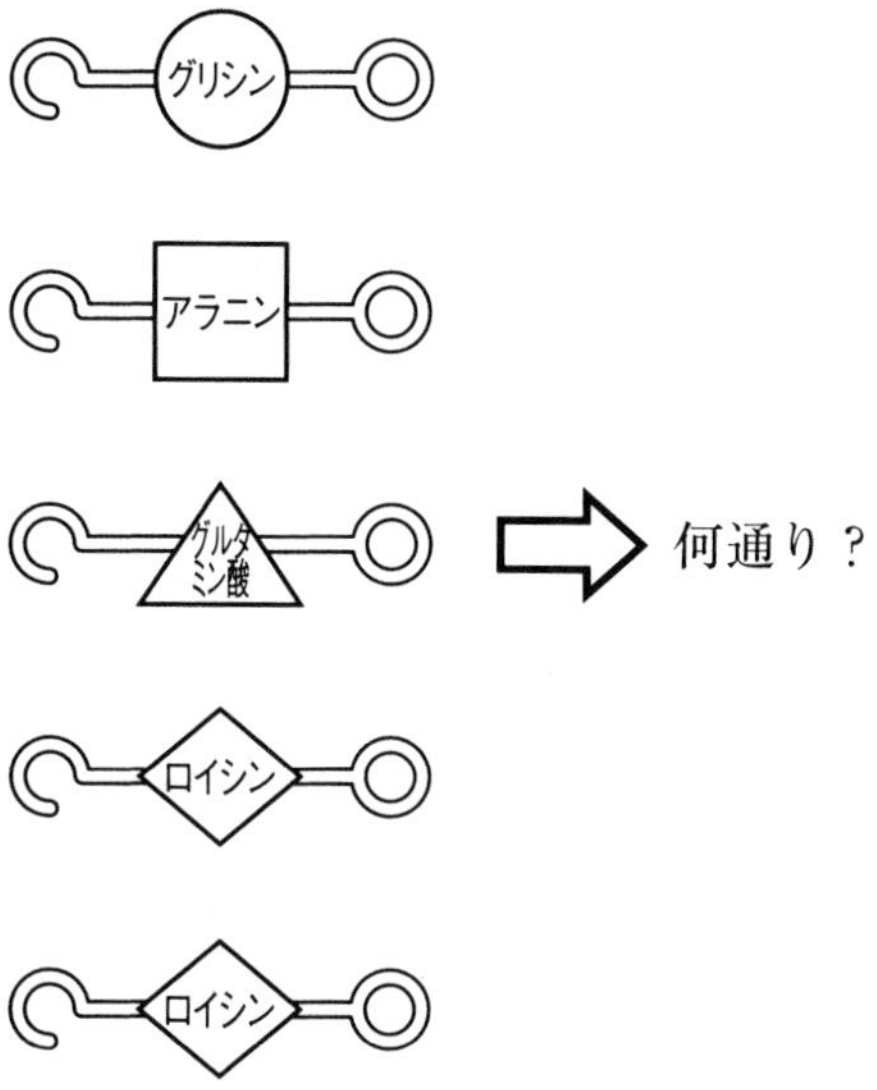

図3

2 日本では夏から秋にかけて台風の被《ひ》害のニュースがよくみられる。台風とは、北西太平洋または南シナ海に存在し、なおかつ低気圧域内の最大風速がおよそ17m／s以上の熱帯低気圧のことである。台風は巨大な渦《うず》であり、「目」を中心に、その周りを壁雲《かべぐも》と呼ばれる背の高い積乱雲に囲まれている。また、壁雲の周りはスパイラルバンドと呼ばれる積乱雲がらせん状に連なっている。

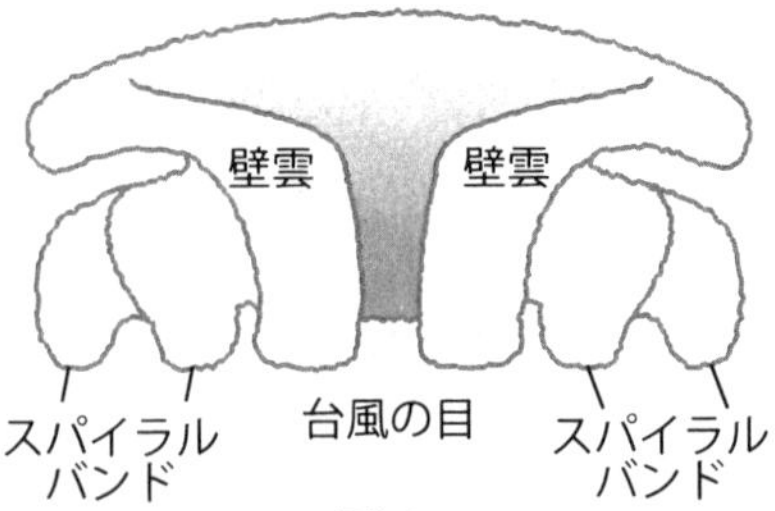

図１

図２

(1) 高気圧や低気圧などの風は、地球の自転の影響を受けて渦を巻いている。地球が図２のように自転していることでできる①北半球での低気圧の渦②南半球での高気圧の渦の風向きとして最も適切なものを以下のア～エからそれぞれ選び、記号で答えなさい。ただし、選択肢は上空からみたときの図である。

ア　イ　ウ　エ

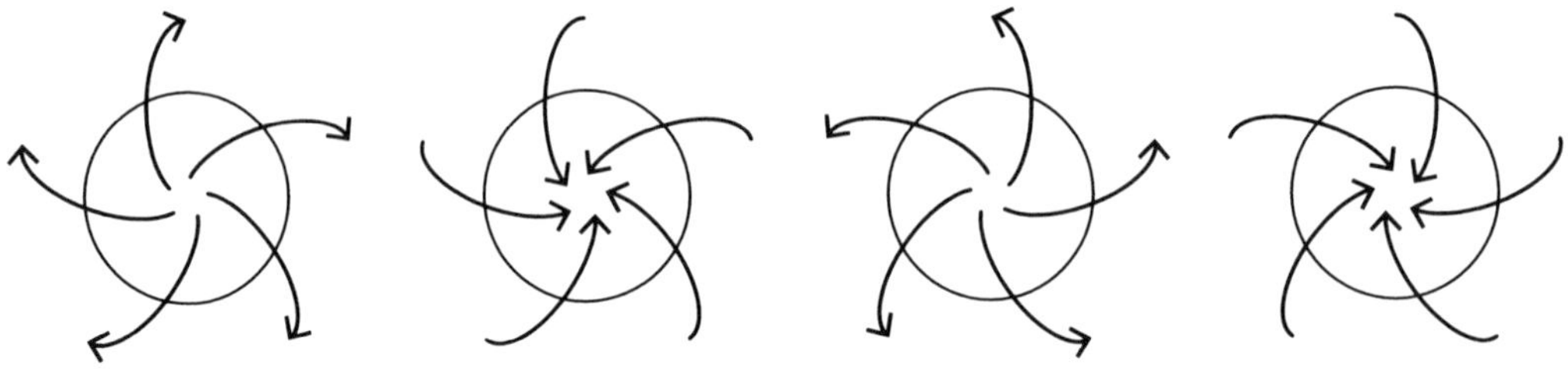

(2) 次の台風を説明する文章の中から最も適切なものを以下のア～エから１つ選び、記号で答えなさい。

ア．台風は基本的には軸《じく》対称な構造をもつが、時計回りの渦に移動の効果が重なるため、進行方向右側の方が風が強くなることが多い。

イ．台風は基本的には軸対称な構造をもつが、時計回りの渦に移動の効果が重なるため、進行方向左側の方が風が強くなることが多い。

ウ．台風は基本的には軸対称な構造をもつが、反時計回りの渦に移動の効果が重なるため、進行方向右側の方が風が強くなることが多い。

エ．台風は基本的には軸対称な構造をもつが、反時計回りの渦に移動の効果が重なるため、進行方向左側の方が風が強くなることが多い。

台風はそれ自身で移動する力は弱く、上空の風に流されて移動している。図3は各月の台風の主な経路を、図4は地球上の大気の流れを表している。

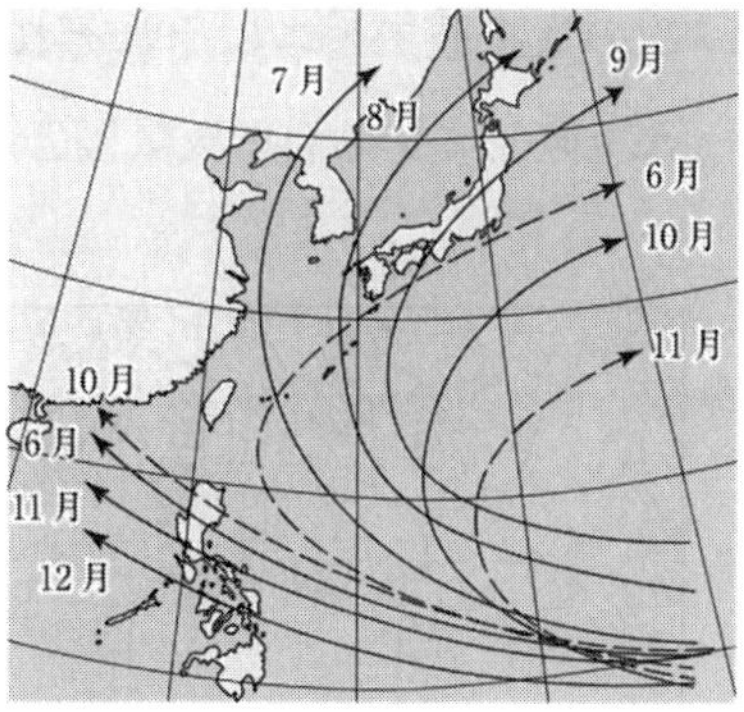

図3

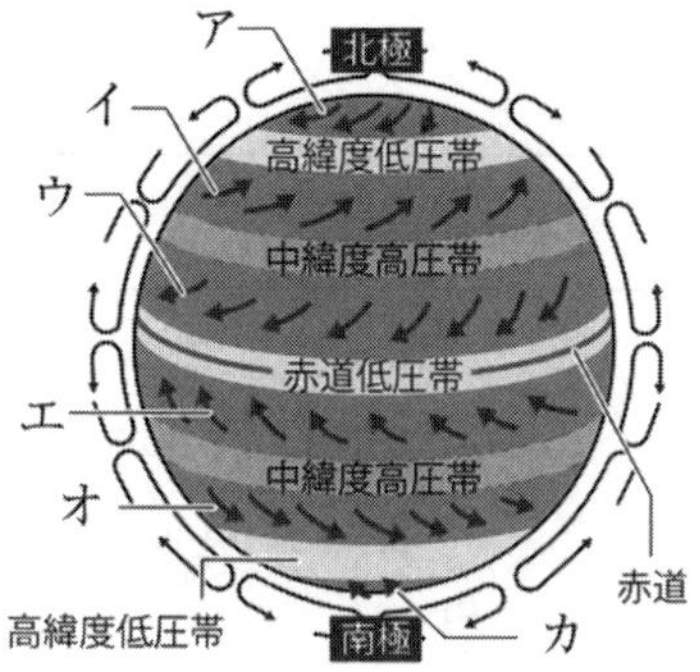

図4

(3) 図3をみると、台風はどの月でも発生してからまず北西に進んでいる。このとき台風の移動に最も影響を与えている風を図4のア～カから1つ選び、記号で答えなさい。

(4) 図3をみると、7月8月の台風は北西に進んだのち、日本列島を避けるように大きくカーブしている。これは太平洋高気圧が勢力を強めているからである。太平洋高気圧の渦の向きを(1)の選択肢ア～エから1つ選び、記号で答えなさい。

(5)　次の選択肢ア～エはそれぞれ2023年のある日の天気図を表している。日本列島に台風が上陸している日の天気図として最も適するものを１つ選び、記号で答えなさい。

ア

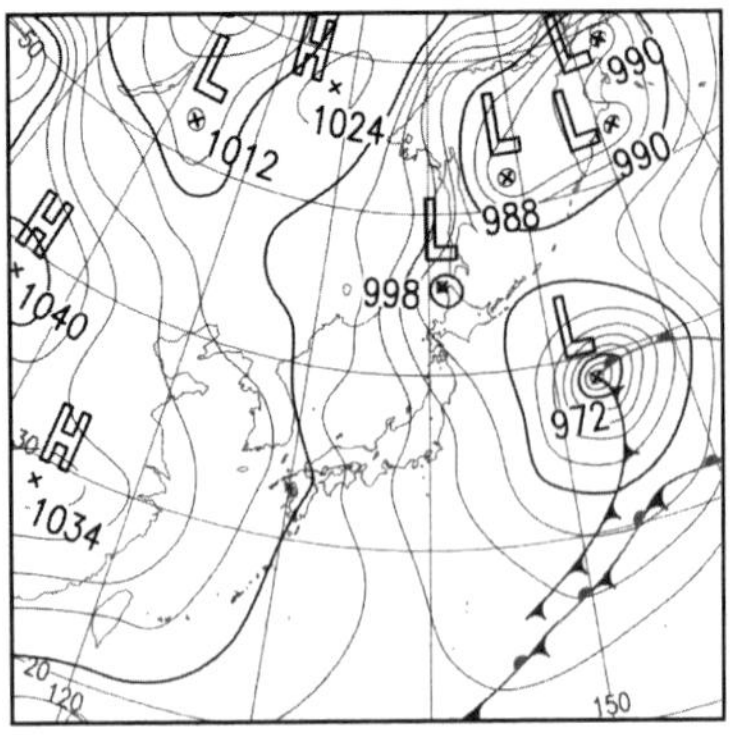

イ

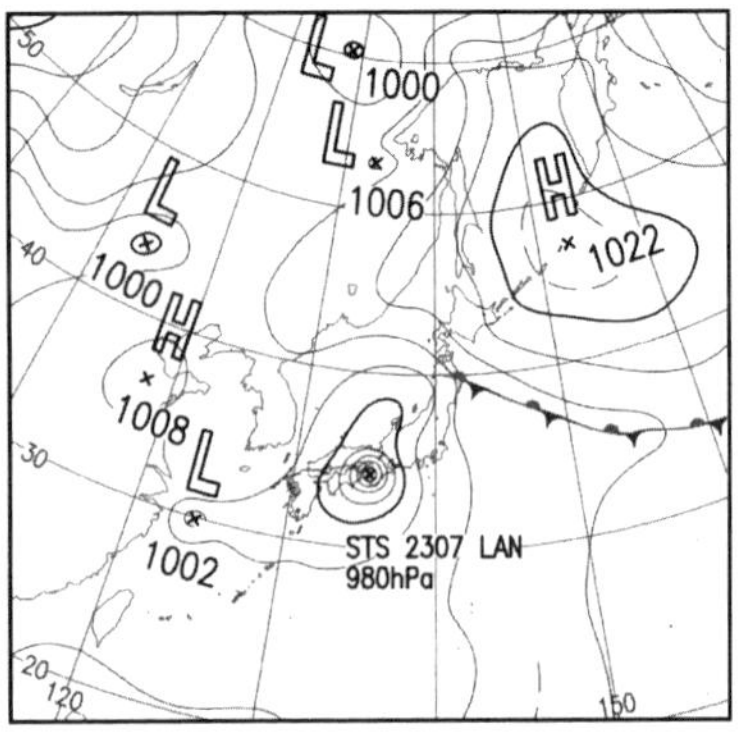

ウ

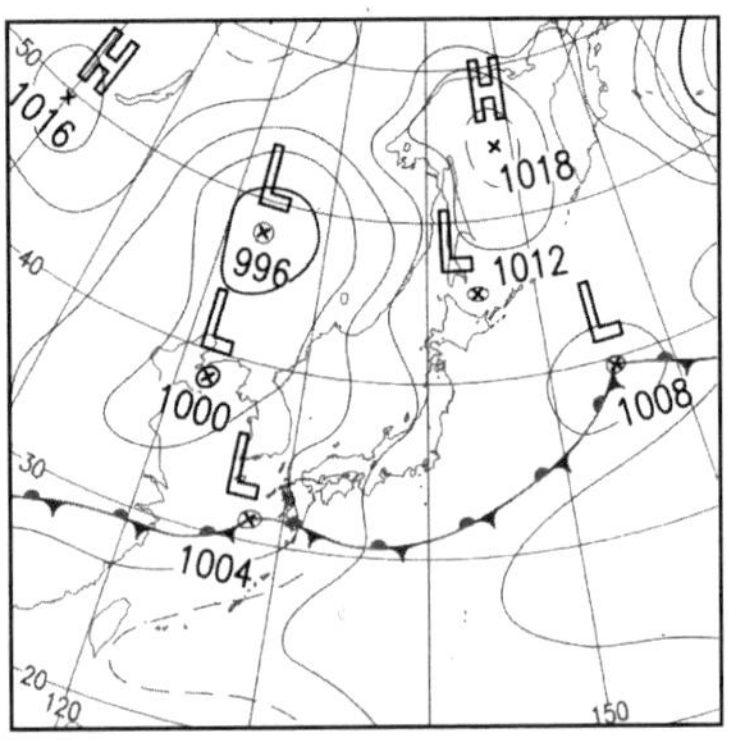

エ

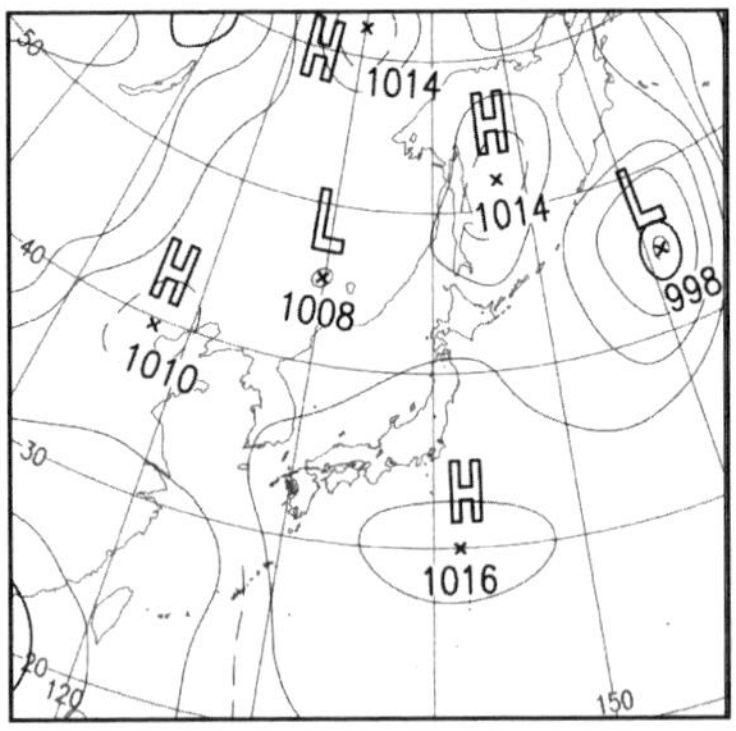

出典：気象庁HP

(6)　図５は2011年から2020年までに発生した台風の経路を示している。台風は水温が高く、水蒸気が豊富な熱帯の海洋上で多く発生するが、図５をみると赤道上では発生していない。水温が高い赤道上で台風が発生しないのはなぜか答えなさい。

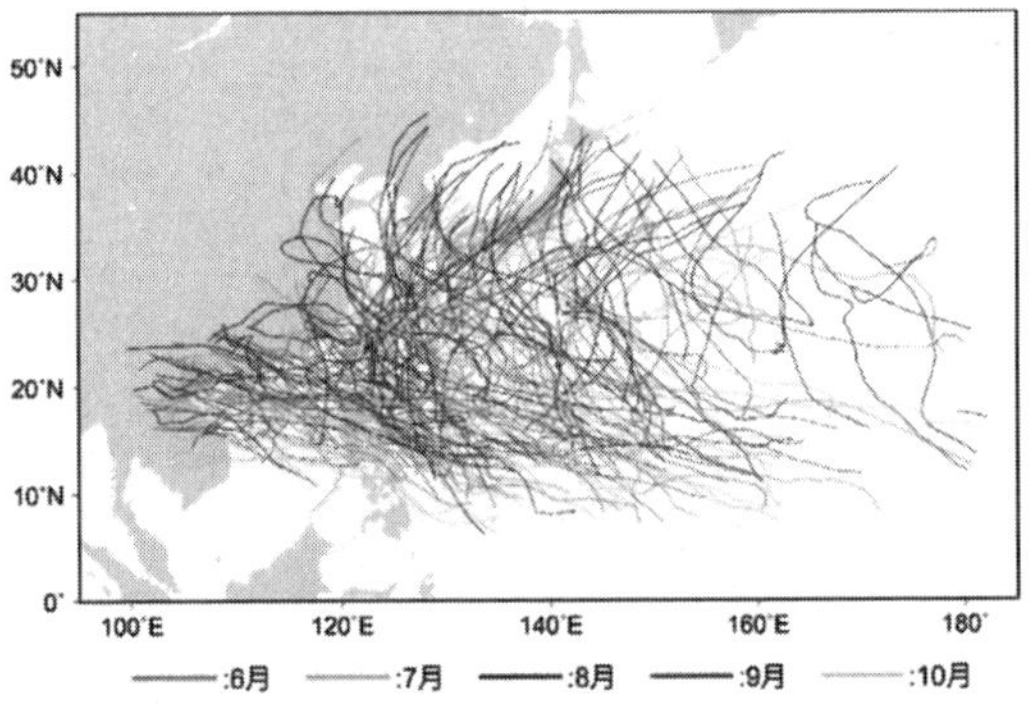

図５

出典：JCDP

〈編集部注：(6)の図はカラーのものを弊社ホームページに掲載しています。
右の二次元コードからもアクセス可能です。〉

3　下の表はそれぞれの温度でミョウバン 10gを溶《と》かすとちょうど飽和水溶液《ほうわすいようえき》になる水の量を表している。以下の問いに答えなさい。答えが小数点第２位以下まで生じる数字になる場合は小数点第２位を四捨五入して小数点第１位まで答えなさい。

温　度（℃）	0	20	40	60	80
水の量（ｇ）	175	88	42	17.5	3

(1)　上の表からミョウバンは水の温度が上がるほど溶かすことができる量が（　　　　）ことがわかる。
　（　）内に当てはまる語句を答えなさい。

(2)　20℃のときミョウバン 20ｇを溶かすには水の量が最低でも何ｇ必要か答えなさい。

(3)　20℃の水44ｇに溶かすことのできるミョウバンの量は何ｇか答えなさい。

(4)　40℃のときミョウバン５ｇを溶かすには水の量が最低でも何ｇ必要か答えなさい。

(5)　40℃の水226.8ｇにミョウバン 100ｇをいれてよくかき混ぜると、溶け残りは何ｇ生じるか答えなさい。

(6)　60℃の水150ｇにミョウバン 80ｇを溶かした後、この液体を40℃まで冷やしたときに生じる溶け残りは何ｇか答えなさい。

(7)　横軸を温度、縦軸を水100ｇに溶ける重さにしてグラフを書いたとき、どのようなグラフになるか以下のア～エから１つ選び、記号で答えなさい。
　ア．右下がり　　イ．右上がり　　ウ．横ばい　　エ．円状

(8)　以下の選択肢のなかから正しいものを１つ選び、記号で答えなさい。
　ア．０℃のときに水100ｇに溶けるミョウバンの量はおよそ６ｇである。
　イ．20℃のときに水100ｇに溶けるミョウバンの量はおよそ88ｇである。
　ウ．水の温度と溶けるミョウバンの量の関係は正比例している。
　エ．水の温度と溶けるミョウバンの量の関係は反比例している。

4 以下の問いに答えなさい。

(1) 下図において点Aから出た光が鏡で反射して点Bまで届いたとする。このときに光が通った道すじとして最も適切なものを図中のア～エから1つ選び、記号で答えなさい。

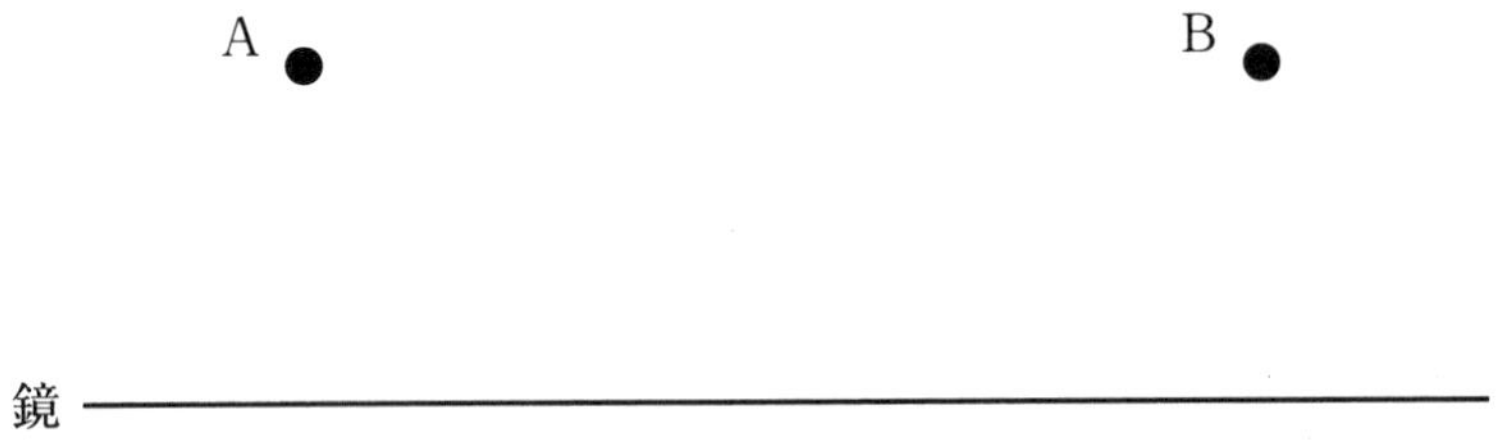

図1

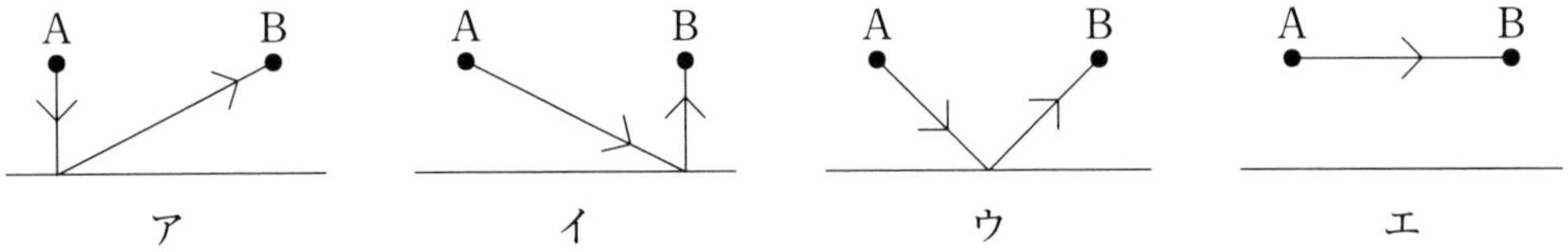

(2) 下図において点Aから出た光が、まずは鏡1で反射し、次に鏡2で反射して点Bまで届いたとする。このときに光が通った道すじとして最も適切なものを、以下のア～エから1つ選び、記号で答えなさい。

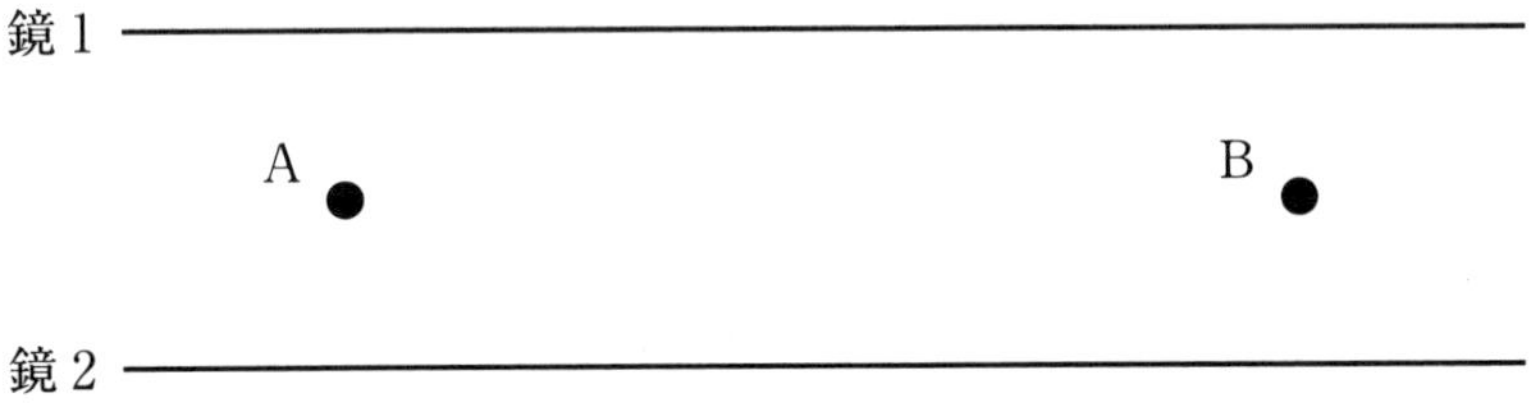

図2

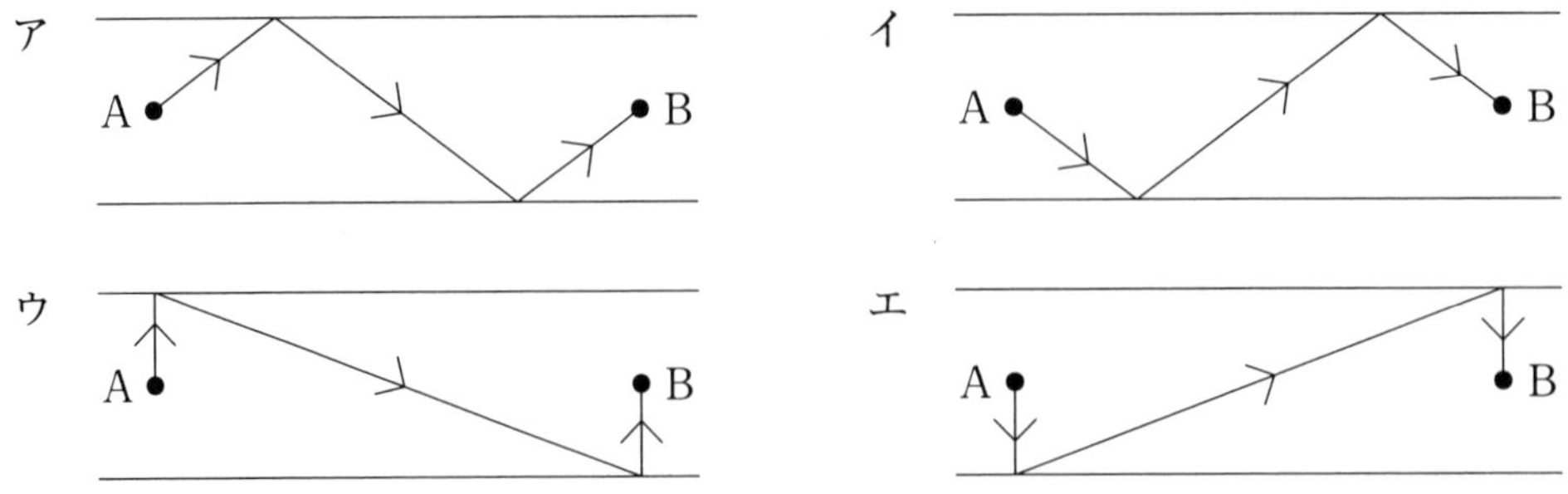

普段、鏡について考えるとき、鏡に入った光はすべて反射するものとして考えることが多い。しかし実際には、鏡に入った光のうち一部の光しか鏡では反射しない。

入ってきた光のうち、反射した光の割合を反射率といい、一般的な鏡では90％程度である。

また、反射率は鏡以外のさまざまな物質に対しても計算することができる。例えば、新聞紙の反射率は40～50％であり、杉の木材の反射率は30～50％である。

(3) (1)の鏡の反射率が90％であるとする。点Ｂに届いた光は点Ａから出た時点と比べて何倍の明るさになっているか答えなさい。

(4) (2)の鏡１の反射率が90％、鏡２の反射率が80％であるとする。点Ｂに届いた光は点Ａから出た時点と比べて何倍の明るさになっているか答えなさい。

(5) 反射率90％の鏡を２枚向かい合せて、その間で往復するように何度も光を反射させる。反射した光の明るさが一番最初の光の明るさの半分以下になるのは、何回目の反射のときか答えなさい。

反射率が90％の物質に光を当てると、入った光のうち10％は反射されない。この10％は多くの場合、物質に吸収され熱に変化する。

このため、多くの場合、反射率が低い物質ほど光を当てたときに温まりやすいことになる。

(6) 白い物質と黒い物質とを比較したときに、反射率がより低いのはどちらであると考えられるか。理由とともに述べた以下のア～エから、最も適切なものを１つ選び、記号で答えなさい。

ア．白い物質と黒い物質とでは白い物質の方が光によって温まりやすいので、白い物質の方が反射率が低いことがわかる。

イ．白い物質と黒い物質とでは白い物質の方が光によって温まりやすいので、黒い物質の方が反射率が低いことがわかる。

ウ．白い物質と黒い物質とでは黒い物質の方が光によって温まりやすいので、白い物質の方が反射率が低いことがわかる。

エ．白い物質と黒い物質とでは黒い物質の方が光によって温まりやすいので、黒い物質の方が反射率が低いことがわかる。

地球などの星にとっての反射率に相当するものをアルベドという。つまり、地球から反射する光が地球に入る光の何倍であるかがアルベドである。

地球の表面は、土、岩、コンクリート、植物、水、氷、雲などさまざまなものでおおわれており、それぞれの物質の反射率が異なるため、地球表面をおおっている物質の比率が変わるとアルベドも変化する。

反射しなかった分は吸収され熱に変わるというのはアルベドにおいても変わらないため、基本的には地球のアルベドが減ると地球は暑くなることになる。

(7) 地球のアルベドを変化させる要因を具体的に1つ挙げなさい。また、それによって地球が暑くなるか寒くなるかを答えなさい。

問七　本文の《Ａ》（33行目）～《Ｄ》（39行目）のどこかに、次の一文が入ります。最適な箇所を答えなさい。

どうやらほんとうに私が最後の生徒だったらしい。

問八　――線⑤「胸が高鳴っている」（63行目）とありますが、この理由として最適なものを次より1つ選び、記号で答えなさい。

ア　今まで歌わせようと、動機を無視して指導してきたが、自主的に同級生が歌う姿に感動し、これからは注意をしなくて済むと思ったから。

イ　ガン、ガン、ガンと耳の奥で鳴る音により、絶対音感を持っていることに気づき、自分で自分の感覚がわからなくなったから。

ウ　マラソンのせいもあり身体に限界を迎えている中、ようやく同級生たちの歌う姿を見ることができ、大きな達成感を得ているから。

エ　同級生たちが学校一足の遅い私を励ますために声を合わせたことで、歌のはじまりに立ち合うことができたから。

オ　歌のはじまりがどのようなものか今までわからなかったが、同級生の歌う姿を見て、新たな解釈を得たことに高まりを覚えているから。

問九　「私」が合唱コンクールのときにとらえていた歌と、「私」のマラソン中にクラスメイトが歌った歌はどのような違いがありますか。100字で記述しなさい。

問三　――線②「その日が近づくにつれ憂鬱になる」(13行目)とありますが、それはなぜですか。適当でないものを次より1つ選び、記号で答えなさい。

ア　苦しいだけの個人競技など、なぜ学校行事として存在しているのかも理解できないから。

イ　私自身の運動能力が並外れて悪いため、走ることに対して抵抗を感じるから。

ウ　学校周辺の七キロ弱という、運動部ですら鍛えていないと厳しいコースを走るから。

エ　ラストのグラウンド一周には他の生徒がすでにゴールしてしまい、一人で走るのがきついから。

オ　サボろうと思っても、家に母がおり一日中顔をつきあわせることになるから。

問四　［Ⅱ］(29行目)に入る語として最適なものを次より1つ選び、記号で答えなさい。

ア　すいすい　　イ　ひょいひょい　　ウ　がたがた　　エ　ゆらゆら　　オ　のろのろ

問五　――線③「ススキに呼ばれる」(30行目)とありますが、この箇所にはある表現技法が使われています。同じ表現技法を使っているものとして適当でないものを次より1つ選び、記号で答えなさい。

ア　空が泣いている　　イ　鳥が歌っている　　ウ　チャイムが鳴る

エ　太陽が笑っている　　オ　ペンが走る

問六　――線④「不意」(31行目)とありますが、この「意」と同じ意味のものを次より1つ選び、記号で答えなさい。

ア　意義　　イ　文意　　ウ　極意　　エ　意訳　　オ　意思

る。同級生たちが私に向かって――おそらくは学校一、足の遅《おそ》い私を励《はげ》ますために――いつのまにか声を合わせたように。その自然な感情の高まりこそが歌だったんじゃないか。足を引きずり涙を拭《ぬぐ》いながら私は走っている。歌声が大きくなる。

あと少しで、ゴールだ。

(宮下奈都『よろこびの歌』より)

問一 ――線①「私は今日のこともぼんやりの膜にくるんで忘れてしまおうと思った」(5行目)とありますが、この箇所《かしょ》の説明として最適なものを次より1つ選び、記号で答えなさい。

ア 合唱コンクールの結果が納得いかず、次の行事に向けて前向きな気持ちに切り替えようとしている。
イ 合唱コンクールの結果が納得いかず、記憶に残す価値もないといら立ちの感情を隠せないでいる。
ウ 合唱コンクールのことを、日ごろ過ごしてきたような何気ない日々の思い出として捉えようとしている。
エ 合唱コンクールのことを、普段過ごしてきたはっきりしない日常の内の一日として忘れようとしている。
オ 合唱コンクールのことを、落ち着いた毎日の出来事としていつか思い出すための材料にしようとしている。

問二 [Ⅰ](10行目)に入る語として最適なものを次より1つ選び、記号で答えなさい。

ア そんなことない　イ あたりまえだ　ウ やってみないとわからない
エ 人それぞれだ　オ 例外もある

かすかな旋律《せんりつ》をとらえる。どこからか、歌が聞こえる、ような気がする。最初はひとつの声。か細い、頼《たよ》りない旋律だったのが、次第に声が集まって大きく力強くなっていく。幻聴《げんちょう》？　ではない。荒《あら》い息と心臓の鼓動《こどう》と耳鳴りと、それらを超えて歌が聞こえる。何の歌だかわからなかった。ただ、いつか聞いたことのある歌だと思った。顔を上げて、あたりを見る。足がふらつき、視界が揺《ゆ》れる。その隅《すみ》に、ジャージの一団がかたまっているのが見える。ふたり、三人、と集まってくる。まんなかにいるのは短パンの小柄《こがら》な生徒だ。

はっとした。まさか、と思う。これはもしかして、あの歌、だろうか。あの、私たちが合唱コンクールで歌った歌。最後までうまく歌えなくて、それどころかクラスが全然まとまらず、わずかな自信までなくしていた。あのときの歌とは、まるで別の歌に聞こえる。でも、たしかにあの歌だ。こんな歌だったのか。こんなに素朴《そぼく》で、いきいきと生きるよろこびを歌った歌だったとは。若草が薫《かお》り、雲雀《ひばり》が舞《ま》う空の下で、若い田舎娘たちが裸足《はだし》で戯《たわむ》れながら歌を歌っている。トラックを走りながら、目の前にその光景が浮かぶようだ。

私はまったく考え違いをしていた。歌わせよう、歌わせようとした。技巧《ぎこう》を重視して、歌う動機も気持ちも置き去りにした。薄暗《うすぐら》い教室で、譜面《ふめん》から目を離《はな》さず、注意ばかり飛ばして歌わせる歌では決してなかった。聴《き》かせよう、感動させようと歌う歌でもない。これは、まぎれもなく彼女たちの歌、そして私たちの歌だ。

足が震《ふる》えそうだ。⑤胸が高鳴っている。マラソンのせいばかりではない。曇《くも》る目に、原さんが映っている。牧野《まきの》さんも柴《しば》崎《さき》さんも、中溝《なかみぞ》さんもいる。歌のはじまりに私たちは立ち会っている。ここにいるみんなが、何もなかったこの場所に歌のはじまるところを確かに見た。

もともと、歌のはじまりはこういうものだったのかもしれない。よろこびや、祈《いの》りや、確かに届けたい思いを調べに乗せ

きるくらいはっきりとわかった。《Ａ》

土手の上に佇《たたず》んでいると、遠くから威勢《いせい》のいい自転車が来るのが見えた。見えたと思うまにぐんぐんこちらへ近づいてくる。《Ｂ》乗っているのは小ぶりの入道のような男だ。危険を感じて土手の端《はし》に寄ったのに、私をめがけて突き進んでくる。立ちすくむ私の真ん前で、自転車は急ブレーキをかけた。驚《おどろ》いていると、走れえ、と自転車の入道が怒鳴《どな》った。《Ｃ》どこかで見たような顔だと思ったら、明泉《めいせん》の先生だったらしい。慌《あわ》てて走り出す私のすぐ後ろを、走れ、走れ、と自転車で追いかけてくる。もう走れないんだよう、と口の中だけでいって、半分泣きそうになりながら土手から歩道へ下りて走る。足が痛い。脇腹も痛い。学校まではまだ遠い。息が上がり、心臓が飛び出しそうだ。先生はどこまでもついてくる。《Ｄ》

校門をくぐると、すでに備品の後片づけをしている生徒や先生が目に入る。私のすぐ横を伴走《ばんそう》していた自転車がそこでようやく止まる。

「ファイトファイト！　もう一息だ！」

かろうじてうなずいてみせる。足がもう前に出ない。まだこれからグラウンドを一周しなければならないなんてつらすぎる。自転車置き場の横を過ぎ、体育館の裏手を通り、やっとグラウンドが見えてくる。ジャージの生徒たちが散らばっている。その明るい場所へ、私は一向に近づいていかないような気がする。走っているのか歩いているのか自分でもわからない。足は上がっているのか、地を這《は》っているだけなのか。それより、この心臓はだいじょうぶなのか。耳か、頭か、もしかすると目の奥《おく》が、ガン、ガン、ガン、と規則正しく鳴っている。このガンはラ。ドレミファソラ、の、ラだ。そんなことがわかったってなんにもならない。絶対音感なんてどこかへ行ってしまえ。

汗だくになって走りながら、私の目はトラックの茶色しか見ていない。私の耳は、ガン、ガン、ガン、――と、それかららい。ほとんどの生徒がゴールしてしまい、あちこちにすわって談笑《だんしょう》している前を、ひとりで最後まで走る。体力的にも精神的にもきつい一周だ。

　サボろうか、どうしようか、迷いながらも結局は登校した。たしか去年もこうだった。休もうと思っていたのに、朝、母の顔を見て気が変わった。家にいて母と一日じゅう顔をつきあわせているよりは、マラソン大会のほうがましだと思ったのだ。いつもの行事と同じようにぼんやりとやり過ごせばいいだけだ。――とはいえ、走るのはやっぱりつらかった。今年もサボらなかったことを後悔するのだろう。空を見上げ、ため息をつくと、思いがけず息が白い。寒い朝だった。

　スタートした時点ですでに足が重かった。ガンバロウ、と肩《かた》を叩《たた》いてくれた佐々木さんがはるか前方へ飛び出していく。ジャージ姿の生徒たちに混じって短パンの元気な子がいると思えば意外にも原さんだ。校門を出たあたりで私はもう最後尾《さいこうび》のグループにいた。早くも息が上がっている。脇腹《わきばら》が痛い。どう足掻《あが》いてもこのままビリを走ることになるだろう。すぐに私は走るのをあきらめて、脇腹をさすりながら早足で歩く。あっというまに周りに誰もいなくなった。ときどき前方にジャージを見たけれど、すぐにまた見えなくなってしまう。住宅地を抜け、橋の傍《かたわ》らで折れて川沿いを走る。歩く。走る。歩くほうが多い。息が苦しい。

　何をやっているんだろうと思う。今ごろは歌を歌っているはずじゃなかったか。こんなところを息を切らして歩いたり走ったりする代わりに、音楽と取っ組みあっていたかった。肩で息をして歩く。もはや早足とさえいえない。［Ⅱ］と足を進めながら、見上げた土手にススキが風に吹かれていた。③ススキに呼ばれるように、ふらふらと川のほうへ道を外れる。荒い息を整えながら、低い土手を上る。向こうは灰色の大きな川だ。その流れを眺《なが》めるうちに、④不意に自分が今どこにいるのかわからなくなってしまう。今の私は音楽からずいぶん遠い場所に立っている。そのことだけは、手で触《ふ》れることがで

三　次の文章を読んで、あとの問いに答えなさい。（字数制限のある問いは、句読点や記号も1字に数えます。）

まとまらないまま合唱コンクールに出た。歌は一本調子だし、緊張《きんちょう》したのかピアノはいつも以上にミスばかりだし、こんなに恥《は》ずかしい舞台《ぶたい》には二度と立ちたくないと思ったほどだ。

拍手《はくしゅ》はまばらで、もちろん賞には入らず、舞台を降りて体育館の客席に戻った私たちには満足感のかけらもなかった。クラスの一体感など生まれようもない。それでも、ともかく終わった。これで、あの歌とはお別れだ。受験と合唱コンクール、ふたつも綾《あや》のついたあの歌を、もう歌うこともないだろう。体育館に並べられた椅子《いす》にすわり、①私は今日のこともぼんやりの膜《まく》にくるんで忘れてしまおうと思った。それであとはまたぼんやりとした日々に戻《もど》れるだろう。

私の望みどおり、ぼんやりはすぐにこの手に戻ってきた。合唱コンクールとその前後の、苛立《いらだ》ちも恥《はじ》もいざこざも、すべてなかったことのように穏《おだ》やかな日々。そのうちにまた次の行事がやってくるのだ。——マラソン大会だ。次は、初冬のマラソン大会だった。

合唱コンクールに負けず劣《おと》らずマラソン大会も人気がない。【 I 】と思う。ただ走るだけで苦しいばかり、しかもまったくの個人競技だ。どうしてこんなものが学校行事として存在しているのか理解ができない。そんなふうに感じるのは私の運動神経が並外れて悪いからで、もしかしたらマラソン大会を楽しみにしている人も中にはいるのだろうか。

②その日が近づくにつれ憂鬱《ゆううつ》になる。正門を出発して住宅地を抜《ぬ》け、大きな橋のたもとに出たら川べりの道を戻ってくる。七キロ弱のコースになる。運動部でよほど鍛《きた》えてでもいない限り、走り通せるわけがない。しかも、やっと学校に戻ってきてもそこが終点ではない。ゴールを盛り上げるためか、グラウンドをさらに一周することになっている。あの一周が特につ

問六　――線③「苦労は買ってでもせよ」(29行目)の意味を説明したものとして最適なものを次より1つ選び、記号で答えなさい。

ア　やりたくないことや苦しいことを進んで行う変わった人も世の中にはいる。
イ　どうせお金を払うならば、価値のある方を選択したほうがよい。
ウ　本来お金では買えない苦労を、意図的にお金を払い経験するべきである。
エ　楽なことばかり優先するのではなく、困難なことでもあえて選択するべきである。
オ　苦労を経験することは、物事に対する情熱の表れ以外の何ものでもない。

問七　――線④「その程度のことはとりあえずクリアしてほしい」(36行目)とありますが、なぜクリアしてほしいのですか。40字以内で書きなさい。

問八　本文の内容として最適なものを次より1つ選び、記号で答えなさい。

ア　勉強を一生懸命しなければならないのは、自ら決めたゴールを達成することで喜びを味わえるからである。
イ　我々は早くから「文系」「理系」を決め、常に先のことを考えながら行動していくべきである。
ウ　学ぶことは苦労と喜びを同時に味わうことができ、この喜びは脳が感じるものの中で最も深い喜びである。
エ　脳のうまい使い方とは、自分にとって適切なレベルの課題設定を行い、それをクリアすることである。
オ　理想と情熱を持ち合わせていても、猛勉強をして正しいことを主張しなければ、未来は切りひらけない。

問三　福沢諭吉の書いたものとして最適なものを次より1つ選び、記号で答えなさい。

ア『枕草子』　イ『論語』　ウ『おじいさんのランプ』　エ『銀河鉄道の夜』　オ『学問のすゝめ』

問四　――線①「あなたももっと努力すれば私のようになれますよ」(21行目)とありますが、この発言からは白洲次郎のどのような考え方を読みとることができますか。最適なものを次より1つ選び、記号で答えなさい。

ア　相手がどんな立場であれ、思っていることは全て口に出すべきだという考え。
イ　立場にとらわれることなく、自らが正しいと思ったことを主張するという考え。
ウ　自らの立場を最大限に利用し、言いたいことだけを言うという考え。
エ　相手の立場が自分より上の時は、反抗せず素直に相手に従うという考え。
オ　自分の立場をある程度わきまえ、正しいことを言い張ろうという考え。

問五　――線②「世相」(25行目)の「相」の意味と同じものを次より1つ選び、記号で答えなさい。

ア　相当　イ　相談　ウ　相続　エ　人相　オ　相伝

この国にはしょせん、オバマ大統領みたいな人は出ない、と諦《あきら》めてはいないだろうか。そんなことはない。

理想と情熱さえあれば、政治家だろうが、企業家《きぎょうか》だろうが、科学者だろうが、小説家だろうが、素晴らしい人物に絶対なれる。理想も情熱もなくしてしまった、だらしない大人たちに任せておくことはない。ぜひ、はちきれんばかりの理想と情熱をもって、君たちがこれからの世界を切り開いていってほしい。

（茂木健一郎『何のために「学ぶ」のか』より）

問一 [I]（11行目）に入る語として最適なものを次より1つ選び、記号で答えなさい。

ア　また　　イ　しかし　　ウ　おそらく　　エ　そして　　オ　または

問二 福沢諭吉の学問への「情熱」を説明したものとして最適なものを次より2つ選び、記号で答えなさい。

ア　目の前のオランダ語の勉強に励むあまり、居留地に行くまでまともに睡眠をとったことがなかった。

イ　「適塾」にて「蘭学」の勉強に熱心になっていた結果、一年ほど枕を使って寝ることを忘れていた。

ウ　オランダ語の知識を試そうと街に出たが、看板で見た文字が読めず、その場ですぐに切りかえ、質問をした。

エ　時間をかけて学んだオランダ語が必要ないと知った翌日から、今までやってきたことをすぐにやめた。

オ　今まで猛勉強していた「蘭学」が役に立たないことを知った翌日から、気を取り直し英語の勉強を始めた。

入って、いい会社に就職すれば将来は保証される――もう、そんな時代ではない。一生、勉強し続けなければ、先はないと思ったほうがいい。

もちろん、がんばって志望校に合格することは大切だ。でも、それがゴールだとはくれぐれも思わないでほしい。クリアすべき第一関門でしかない。だから逆にいえば、④その程度のことはとりあえずクリアしてほしい。

もう一つ、ぜひ言っておきたいのは、君たちの世代で「文系」「理系」という言葉を死語にしてほしい。僕は理学部を出た後に法学部に学士入学した。だから文系も理系も両方やった。大学四年間は、文系・理系どちらかを選んで勉強したってかまわない。でもそれは、たった四年間の話だ。

むしろ、最先端《さいせんたん》の学問であればあるほど、文系・理系なんて分け隔《へだ》ては意味がない。脳科学を研究するには音楽のこともわからなければいけないし、哲学だってもはや脳科学を無視して研究することはできないだろう。

この世界を理解するのに文系も理系もない。そんなのは、便宜的《べんぎてき》に設けられた壁《かべ》にすぎない。ましてや、大学を卒業して一〇年もたって、「私は文系ですから」「理系ですから」なんて言い訳しているのは、ちゃんちゃらおかしい。

学ぶことは苦労であると同時に喜びでもある。そして学ぶ喜びは、脳が感じる喜びの中で、最も深い喜びなのだ。だからドーパミンがたくさん出る。

脳のうまい使い方とは、できるだけドーパミンを出すこと。どうすればいいか。自分にとって無理めの課題を設定して、それをクリアすること。劣等感《れっとうかん》は持たない。模試の判定や偏差値《へんさち》は、他人と比較《ひかく》するための物差しではなく、自分の進歩の目安として使う。そして情熱を持って苦労する。

それさえ忘れなければ、未来は明るい。今この国に足りないもの、それは理想と情熱だ。だから危機を乗り越えられない。

字架《じか》にかけられた。あれがパッション。バッハの有名な『マタイ受難曲』の原題が〝Matthäus-Passion〟（マシューズ＝パッション）。情熱とは苦労することから生まれる。

今、白洲次郎《しらすじろう》という人が改めて注目されている。戦後すぐ、日本がアメリカの統治《とうち》下にあったころ、吉田茂《よしだしげる》首相の側近として貿易庁（現在の経済産業省）長官を務め、米軍の占領《せんりょう》機関であるＧＨＱ（General Headquarters）と対等に渡り合った人物だ。白洲次郎はイギリスのケンブリッジ大学に留学し、英語がペラペラだった。あまりにも上手なので、ＧＨＱのホイットニーという人が「英語うまいですね」と言ったら、白洲次郎はなんと答えたか。「①あなたももっと努力すれば私のようになれますよ」とアメリカ人に向かって言い返した。圧倒的《あっとうてき》に立場の強い相手に対しても決してぺこぺこせず、正しいと思ったことは主張し、言うべきことは断固として言う。こういう日本人は、当時も今も珍しい。

白洲次郎という人は実業家だったが、昭和一五（一九四〇）年、事業をすべてなげうって古い農家を購入《こうにゅう》し、そこを「武《ぶ》相荘《あいそう》」と名づけて農業にいそしんだ。戦争に突入していく②世相の中、日本の敗戦を予期したからだ。ところが戦後、吉田茂に頼まれてＧＨＱとの交渉役を果たし、そこで先の発言が出てくる。こういう生き方もある、ということを覚えておいてほしい。

白洲次郎がなぜ人気があるのかというと、今の日本人にないまぶしさと情熱があるから。なぜそんなに情熱があったのかといえば、それはもう、苦労したから以外の何ものでもない。「③苦労は買ってでもせよ」と昔からことわざにいうのは、ゆくゆくは自分のためになるからなのだ。

勉強に苦労する。何のために苦労するのか？　いい大学に入るため？　そうじゃない。大学入試などで人間の価値は決まらない。肝心《かんじん》なのは、大学に入ってから後のことだ。大学で何を勉強するか。社会に出て何を身につけるか。いい大学に

二　次の文章を読んで、あとの問いに答えなさい。（字数に制限のある問いは、句読点や記号も1字に数えます。）

福沢諭吉《ふくざわゆきち》という人がいた。慶応義塾《けいおうぎじゅく》大学の創設者で、その顔は一万円札を見ればわかる。彼は幕末に緒方洪庵《おがたこうあん》が開いた「適塾《てきじゅく》」で勉強した。ある日、風邪《かぜ》をひいたから寝ようと思って枕《まくら》を探したが、どこにもない。そのときハッと気づく。もう一年くらい枕を使って寝たことがなかった、と。勉強しているうち、いつのまにかそのままゴロンと横になって床《ゆか》に寝ていた。起きるとまた机に向かう。そのくらい、寝ては覚め、寝ては覚めの猛勉強《もうべんきょう》を繰《く》り返していた。

福沢諭吉がそんなに猛勉強していたのは「蘭学《らんがく》」といって、オランダ語。横浜に外国人居留地ができたと聞いて、オランダ語の知識を試してみようと、出かけて行った。ところが街の看板を見ても、何が書いてあるのかさっぱりわからない。聞けば、どうやらそれは英語というものらしい。今や世界では、オランダ語ではなく英語が大事になっている、とそのとき初めて福沢諭吉は知ったのだ。

一年間、枕を使って寝たことがないほどの猛勉強をして、それがある日突然《とつぜん》、まったく役に立たないことがわかる。そのダメージたるや、大変なもの。福沢諭吉も当然、落ち込んだ。

［Ⅰ］、立ち直るのも早かった。翌日には気を取り直して英語の勉強を始めたという。まさしく学問への「情熱」が為《な》せる業《わざ》だ。

福沢諭吉のことを考えたら、受験や就職に失敗するなんて、ちっともたいしたことじゃない。情熱さえあれば簡単に乗り越《こ》えられる。

「情熱」を英語で“passion”というが、別の意味もある。それは「受難」。苦労する、ひどい目にあうこと。キリストが十《じゅう》

2024年度 横浜女学院中学校

【国　語】〈B入試〉（五〇分）〈満点：一〇〇点〉

一　次の文章の――線①～④のカタカナを漢字に、漢字をひらがなにしなさい。また、文章中の漢字の間違《まちが》いを1か所ぬき出し、正しい漢字に直しなさい。

道ばたにひっそりとさく①雑草の花に、心を②ウたれるときがある。しかし野生の値物が花をさかせるのは、人間に見てもらうためではない。こん虫を呼び寄せて③カフンを運ばせるためである。

美しい花びらやあまい香りも、その色や形に全て合理的な理由があるのである。決して④何気なくさいているわけではない。

2024年度

横浜女学院中学校　▶解　答

※　編集上の都合により，Ｂ入試の解説は省略させていただきました。

算　数　＜Ｂ入試＞（50分）＜満点：100点＞

解　答

1 (1)　11110　(2)　0.56　(3)　6　(4)　$\frac{15}{16}$　2 (1)　25人　(2)　3秒　(3)　1時24分　(4)　103　(5)　27度　(6)　246cm^2　3 韓国，約52万人　4 (1)　27　(2)　100　(3)　249　5 (1)　5通り　(2)　32通り　(3)　512通り　6 (1)　32cm^2　(2)　10cm　(3)　0.2cm

社　会　＜Ｂ入試＞（30分）＜満点：60点＞

解　答

1 **問1**　**A**　(イ)　**B**　(ア)　**問2**　(イ)　**問3**　(ア)　**問4**　A　**問5**　①　(ウ)　②　(ア)　③　加工　**問6**　TPP　2 **問1**　(ア)　**問2**　(ア)　**問3**　清少納言　**問4**　(イ)　**問5**　(ウ)　**問6**　(ア)　**問7**　大日本帝国憲法　**問8**　(ウ)　**問9**　米騒動　3 **問1**　①　(エ)　②　(エ)　**問2**　①　**X**　(イ)　**Y**　(ウ)　②　直接民主制　③　(ウ)　**問3**　①　三審制　②　(ア)　③　(エ)　4 **問1**　南北(垂直)　**問2**　(例)　A国は自国に資源がないので，輸入するさいに支払う貿易額が増えてしまう可能性がある。B国は資源の価格が上昇することで利益を得られるが，一人あたりのGNIの値が小さいため，資源の輸出による収入を得られる人と得られない人の格差が大きくなる可能性がある。

理　科　＜Ｂ入試＞（30分）＜満点：60点＞

解　答

1 (1)　①　アミラーゼ　②　ブドウ糖　③　ペプシン　④　アミノ酸　⑤　リパーゼ　⑥　脂肪酸　(2)　6通り　(3)　60通り　2 (1)　①　イ　②　ウ　(2)　ウ　(3)　ウ　(4)　ア　(5)　イ　(6)　(例)　地球の自転による影響がないため。　3 (1)　(例)　増える　(2)　176g　(3)　5g　(4)　21g　(5)　46g　(6)　44.3g　(7)　イ　(8)　ア　4 (1)　ウ　(2)　ア　(3)　0.9倍　(4)　0.72倍　(5)　7回目　(6)　エ　(7)　(例)　**要因**…反射率の高い南極の氷や北極付近の氷がとけること。　**結果**…アルベドが減るので地球が暑(くなる)

国　語　＜Ｂ入試＞（50分）＜満点：100点＞

解　答

一　①　ざっそう　②，③　下記を参照のこと。　④　なにげ　**誤字**…値　**正字**…植

二　**問1**　イ　**問2**　イ，オ　**問3**　オ　**問4**　イ　**問5**　エ　**問6**　エ　**問7**　（例）　がんばって志望校に合格することはゴールではなく，第一関門でしかないから。　**問8**　ウ

三　**問1**　エ　**問2**　イ　**問3**　オ　**問4**　オ　**問5**　ウ　**問6**　オ　**問7**　D　**問8**　エ　**問9**　（例）　合唱コンクールの時の歌は技巧を重視して，歌う動機も気持ちも置き去りになった楽しくないものだったが，マラソン中に歌われた歌は素朴でいきいきと生きるよろこびを感じさせ，歌のはじまりを思わせるものだった。

●漢字の書き取り

一　②　打(たれ)　③　花粉

Memo

Memo

2023 年度

横浜女学院中学校

【算　数】〈A入試〉(50分)〈満点：100点〉

注　意

1　3～6については途中式や考え方も書きなさい。

2　円周率は3.14とする。

1　次の計算をしなさい。

(1)　$8 + 15 \times 4 - 72 \div 9$

(2)　$1.2 \times \left\{ 3 - \left(1\frac{2}{3} \div 2 + 1 \right) \right\}$

(3)　$\left(\frac{1}{3} - \frac{1}{4} \right) + \left(\frac{1}{4} - \frac{1}{5} \right) + \left(\frac{1}{5} - \frac{1}{6} \right)$

(4)　$3.3 + 0.27 \div 0.01 \times 0.3$

2 次の各問いに答えなさい。

(1) ちょうど16年前は兄と母の年れいの和が，私の年れいのちょうど5倍でした。今は兄と母の年れいの和が，私の年れいのちょうど3倍です。ちょうど16年前の私の年れいは何才ですか。

(2) 次の □ にあてはまる数を答えなさい。
濃《のう》度10％の食塩水150gに濃《のう》度 □ ％の食塩水を100g加えると濃《のう》度12％の食塩水になる。

(3) 101から200までの整数のうち，3の倍数でも5の倍数でもある数は何個ありますか。

(4) あるジョギングコースを1周するのにAさんは15分，Bさんは20分かかります。AさんとBさんが同時にスタート地点から同じ方向に走り出しました。AさんがBさんに初めて追いつくのは，2人がスタートしてから何分後ですか。

(5) 右の図は正八角形です。角xの大きさは何度ですか。

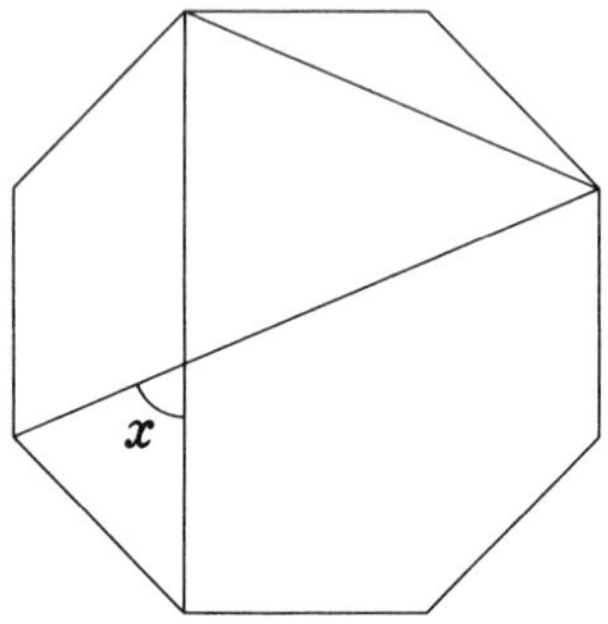

(6) 右の直角三角形ABCにおいて，辺AB，辺BCそれぞれのまわりに直角三角形ABCを回転させてできる2つの図形の体積のうち，大きい方の体積は何cm^3ですか。

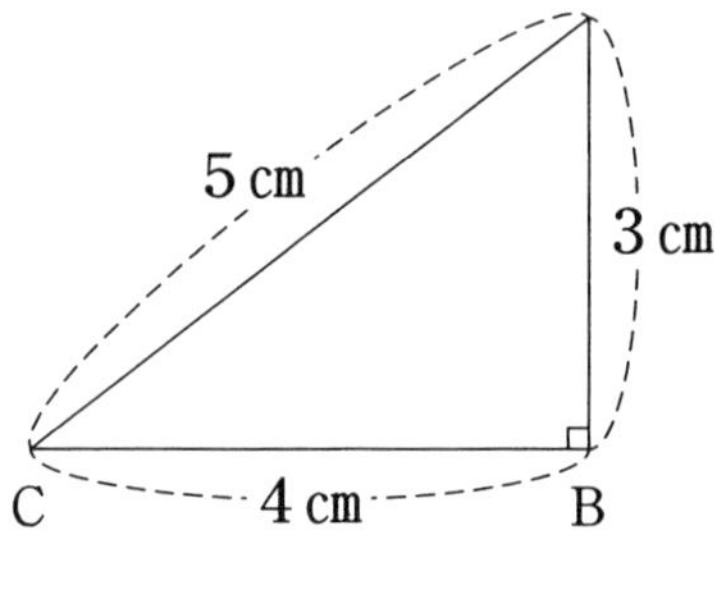

3 下のグラフは３か国における2018年と2019年の国際観光収入（外国人観光客による収入）を比較《かく》したものです。３か国の中で国際観光収入の減少率が最も大きかった国はどこで，約何％ですか。小数第２位を四捨五入して答えなさい。

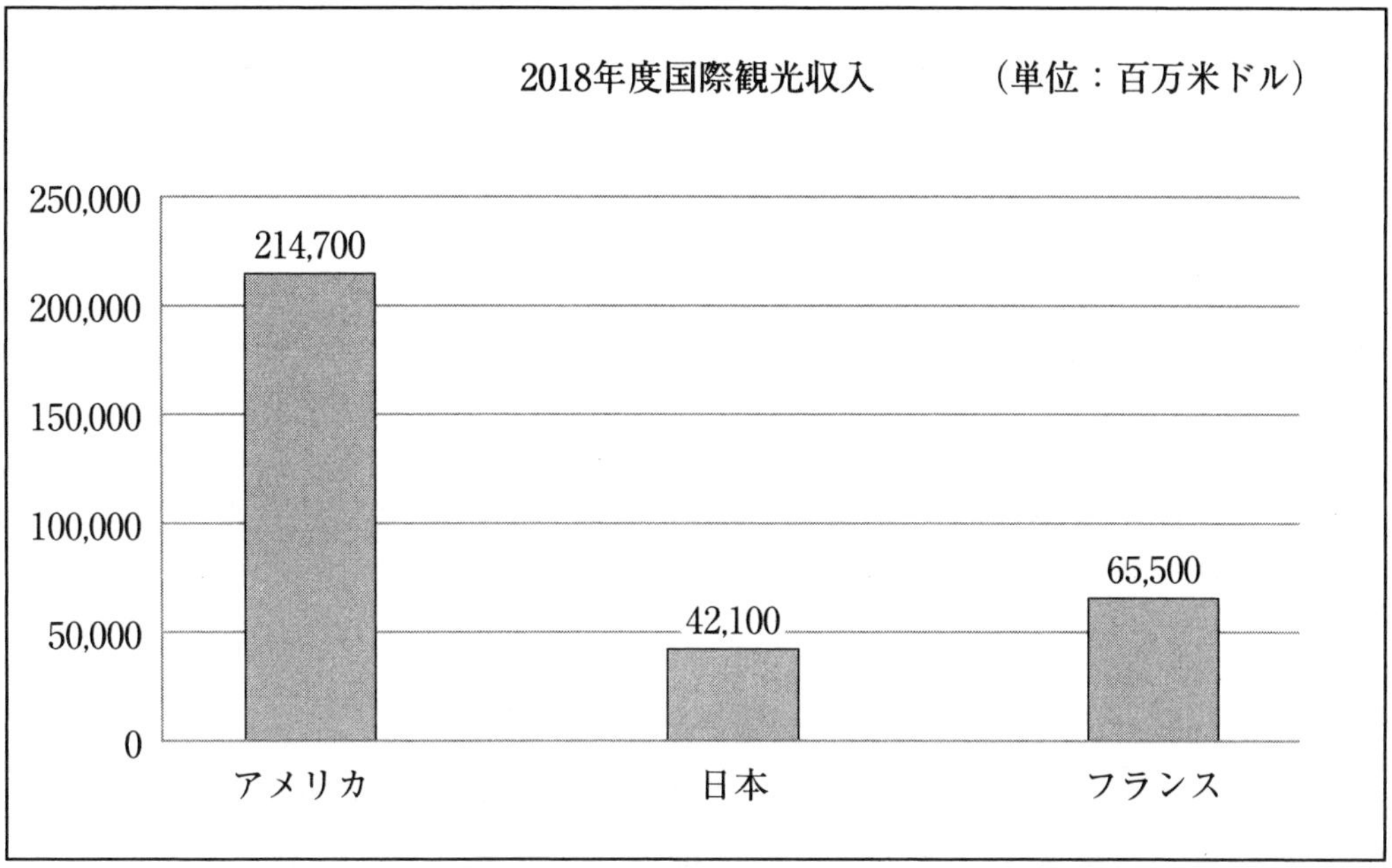

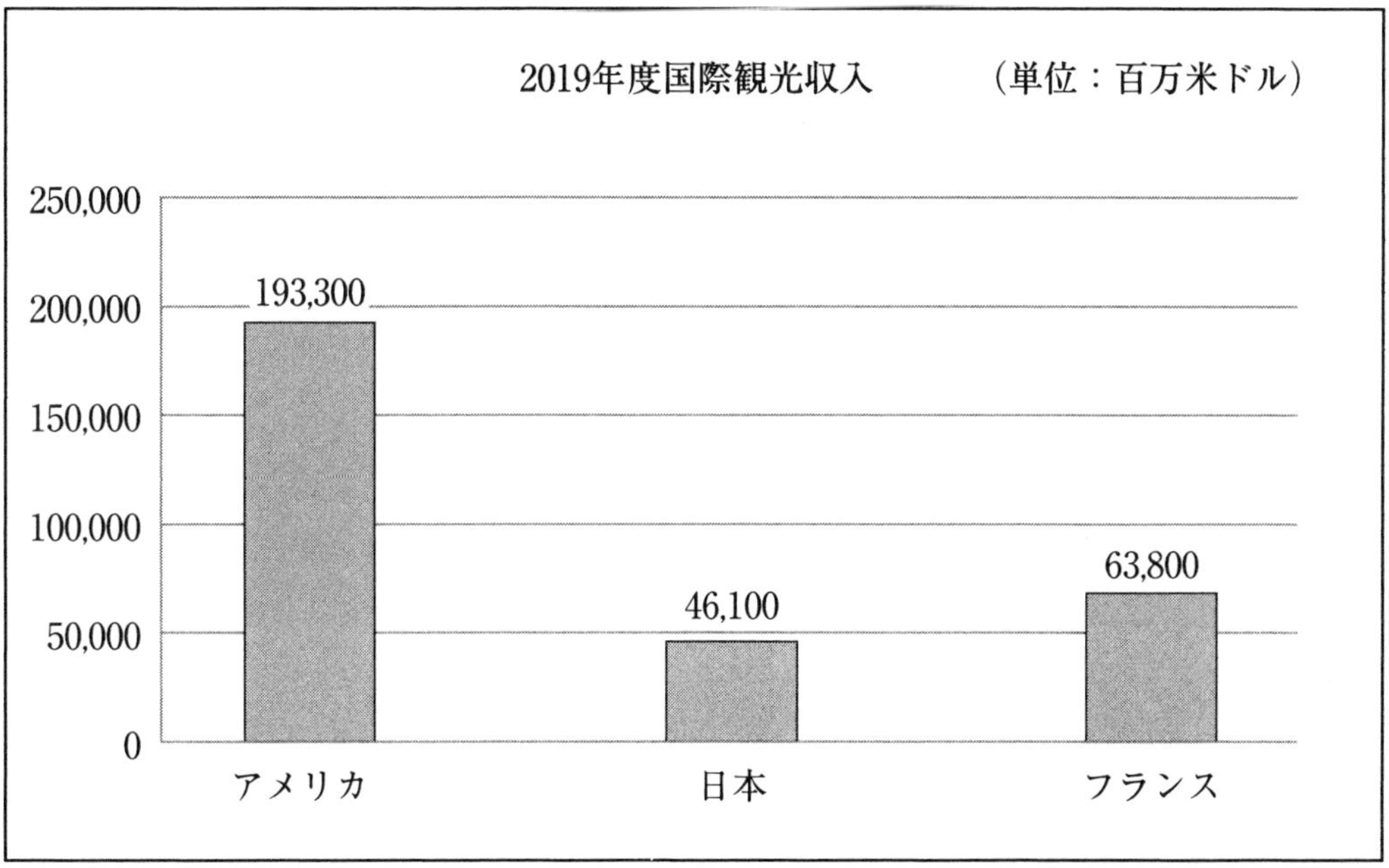

国土交通省観光白書より作成

4 分数がある規則に従って次のように並んでいます。

$\frac{1}{2}$, $\frac{1}{3}$, $\frac{2}{3}$, $\frac{1}{4}$, $\frac{2}{4}$, $\frac{3}{4}$, $\frac{1}{5}$, $\frac{2}{5}$, $\frac{3}{5}$, $\frac{4}{5}$, $\frac{1}{6}$, ……

このとき，次の各問いに答えなさい。

(1) はじめの分数から数えて20番目に並んでいる分数はいくつですか。

(2) $\frac{2}{9}$は，はじめの分数から数えて何番目の分数ですか。

(3) はじめの分数から数えて100番目に並んでいる分数はいくつですか。

5 4枚のカード[0]，[1]，[2]，[3]があります。この4枚のカードから3枚を並べて3けたの整数をつくるとき，次の問いに答えなさい。

(1) 0以外の3枚のカードで整数をつくるとき整数は全部で何通りできますか。

(2) 整数は全部で何通りできますか。

(3) 310より小さい数は何通りできますか。

6　下の図の１辺の長さが10㎝の正六角形のまわりにそって半径２㎝の円Oが転がりながら１周して元の位置に戻《もど》ります。

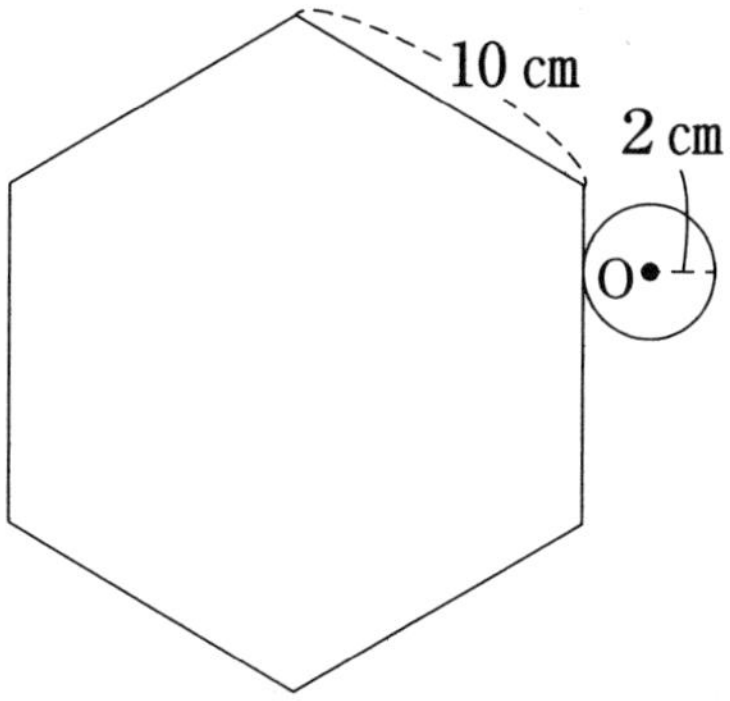

このとき，次の各問いに答えなさい。

(1)　点Oが通ったあとの長さは何㎝ですか。

(2)　円Oが通ったあとの面積は何㎠ですか。

(3)　円Oが通ってできる図形の，最も外側の周の長さは何㎝ですか。

【社　会】〈A入試〉(30分)〈満点：60点〉

〈編集部注：実物の試験問題では，1問2の写真はカラー印刷です。〉

1　次の文章は、朝日小学生新聞2022年4月18日の記事である。この記事を読んで、各問いに答えなさい。

＊＊＊＊＊＊＊＊＊＊＊＊＊＊＊＊＊＊＊＊＊＊＊＊＊＊＊＊＊＊＊＊＊＊＊＊＊＊＊

ローカル線ピンチ　どう守る？

JR西日本、17路線で赤字

【ニュース】　地方の鉄道は利用する人が減って赤字が続いています。JR西日本は11日、利用客が減っている芸《げい》備《び》線（岡山、広島県）などローカル線（地方路線）の収支を初めて公表しました。対象の17路線30区間はすべて赤字でした。今後はバスにかえるなどの話し合いを沿線の自治体と進めたい考えです。将来的には、(A)廃線につながる可能性もあります。国土交通省も2月、地方の鉄道の見直しについて、会議を立ち上げました。

全国的に地方鉄道の赤字が課題となっていますが、新しい取り組みを始める鉄道会社や自治体もあります。

【各地の取り組み】

●富山地方鉄道富山港線（(B)富山市）

2006年に廃線になったJR富山港線の路線を、乗り降りしやすい次世代型路面電車（LRT）にしました。「(C)コンパクトシティー」をめざしています。開業後、利用客は1.8倍になりました。

＊＊＊＊＊＊＊＊＊＊＊＊＊＊＊＊＊＊＊＊＊＊＊＊＊＊＊＊＊＊＊＊＊＊＊＊＊＊＊

問1　下線部（A）に関して、ローカル線（地方路線）が廃線になるとどのような影響がでると考えられるか。次の文章の（　　　　　）に適する文章として誤っているものを（ア）～（エ）からひとつ選んで記号で答えなさい。

「ローカル線が廃線になると、赤字経営に苦しむ路線が減り、JR西日本の経営が改善に向かう面がある一方で、（　　　　　）可能性がある。」

（ア）高齢者の日用品の買い出しが不便になったり、外出の機会が減る

（イ）学校が廃校になる

（ウ）その地域の人口が減る

（エ）独占禁止法に違反する

問2　次の地図Ⅰは、北陸４県の地図である。下線部（B）の「富山市」に関して、次の地図Ⅰをみて、①～④それぞれの問いに答えなさい。

地図Ⅰ

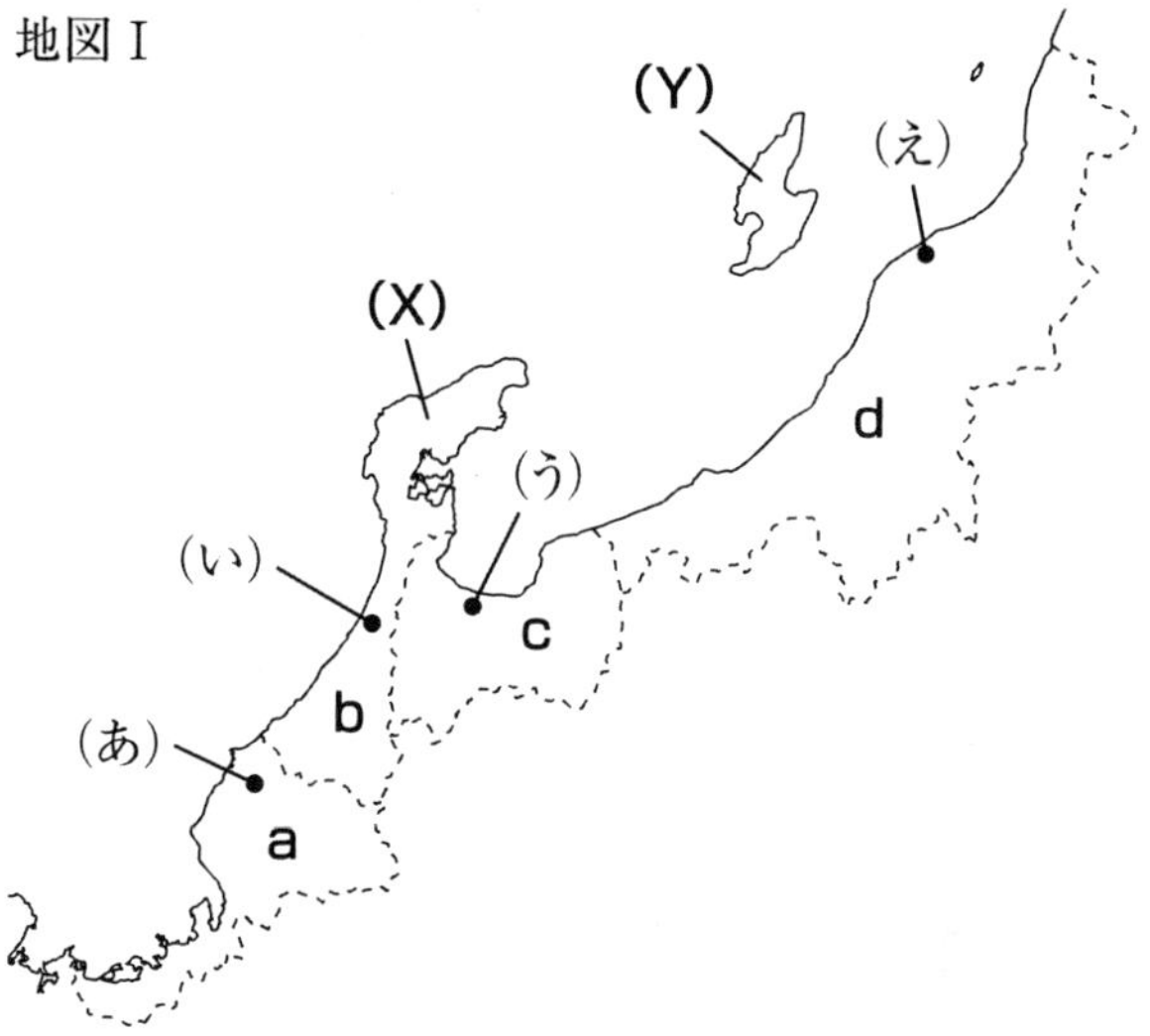

①　地図Ⅰの（あ）～（え）から、「富山市」に位置しているものをひとつ選んで記号で答えなさい。

②　地図Ⅰ中の（X）の半島名、（Y）の島名を答えなさい。

③　地図Ⅰの**a**～**d**の県についての文章として誤っているものを次の（ア）～（エ）からひとつ選んで記号で答えなさい。

（ア）**a**の県は越前がにが有名である。

（イ）**b**の県は世界遺産の白神山地がある。

（ウ）**c**の県は黒部ダムがある。

（エ）**d**の県は信濃川が流れている。

④　次の文章と写真Ｅ・Ｆは地図Ⅰ中の**a**～**d**のどの県の説明か。**a**～**d**からひとつずつ選んで記号で答えなさい。

Ｅ

この２枚の写真は後ろの山の形が一緒なので、同じ位置から撮影したと判断できます。９月の写真は一面収穫前の水田ですが、2月の写真は一面雪で覆《おお》われていて、この地域の伝統産業である「小千谷縮《おぢやちぢみ》」の雪さらしが行われています。また、この県は「魚沼産コシヒカリ」という銘柄米《めいがらまい》で有名です。

Ｆ

この写真は加賀藩の城下町であった町にある「ひがし茶屋街」で、昔ながらの街並みが残っています。加賀藩の保護によって発展した加賀友禅《かがゆうぜん》や金箔《きんぱく》を貼り付けて作る伝統工芸品などが、地域の文化として受け継がれています。これらは観光資源となり、北陸新幹線などを利用して多くの観光客が訪れています。

問3　下線部（C）に関して、「コンパクトシティー」とは何か、またどのような利点があるのか、次の富山市の観光公式サイト「TOYAMA　NET」の富山地方鉄道市内電車（路面電車）の説明文と写真もヒントにして、誤っているものを、次の（ア）～（エ）からひとつ選んで記号で答えなさい。

「富山駅の南側を走る市内電車（路面電車）には、中心市街地を回る環状線《かんじょうせん》の他、富山大学や富山地方鉄道南富山駅を結ぶルートがあり、市民や観光客の足として活躍しています。富山駅と富山市中心市街地を巡回《じゅんかい》する環状線は、まちなかを一周約28分で巡ることができます。環状線の車両には、先進的、現代的なデザインの「セントラム」等が採用され、低床《ていしょう》で乗りやすく、大きな窓からは雄大な立山連峰《たてやまれんぼう》や富山城《じょう》址《し》など、富山ならではの街並みを楽しむことができます。」

TOYAMA　NET 「フォトライブラリー」より

（ア）コンパクトシティーとは、公共交通を軸に、行政や商業、住宅などの都市機能を中心地に集める富山市の政策である。中心市街地の活性化をめざしている。

（イ）コンパクトシティーとは、公共交通機関を遠方まで伸ばすことにより、行政機能や商業施設を郊外型に分散させ、都市の密集化を防ぐための政策である。

（ウ）行政機関や商業施設などを集め、乗り降りしやすい次世代型路面電車により、自動車に乗れない高齢者などの生活の助けとなることを構想している。

（エ）公共交通機関の利用を促進することで、二酸化炭素排出抑制《よくせい》をめざすことにもつながり、富山市は内閣府が推進する「SDGs未来都市」に選定されている。

問4　公共施設、ガス・水道、道路・線路、電話・電気など、日々の生活を支える生活基盤を（　　　　）というが、ローカル線を含めた「鉄道」もその一つであるといった考え方がある。一度にたくさんの人や荷物を運ぶことができるため、山間地の住民や特に高齢者の生活を支えている面も見逃せない。企業経営ではマイナスとなる赤字であるが、簡単に切り捨てるべきではないといった考え方もある。（　　　　）に当てはまる語句を、カタカナで答えなさい。

2　山脈や河川などの自然環境は地域の発展を促進《そくしん》または制限してきました。歴史的に見て海に囲まれ、山脈がたくさんある日本列島は大陸からの影響を受けつつも、独自の文化圏を形成してきました。日本列島の地図とＡ～Ｅの説明文をもとに各問いに答えなさい。

Ａ．周囲を越後山脈と関東山地に囲まれた関東平野は日本で最も広い面積を持つ平野で、大規模農業に適した地域であり、鎌倉幕府と江戸幕府がそれぞれ拠点《きょてん》を構えた場所である。

Ｂ．日本海の西の入り口に位置する対馬は、朝鮮半島と日本列島の交易の中継地《ちゅうけいち》として栄えてきた。戦略的《せんりゃくてき》に重要な位置にあるこの島は度々征服《せいふく》されてきた。

Ｃ．瀬戸内海は多くの島がある多島海《たとうかい》で、周囲を山脈に囲まれていることから穏《おだ》やかな海と言える。そのため、海上交易が非常に盛んな地域である。

Ｄ．紀伊半島の中部に位置し、奈良盆地の南に位置する地域は古くから「吉野」と呼ばれ、歴史的に都（京都）の近くに位置するため、都文化の影響を受けた。

Ｅ．東シナ海に面する沖縄は中国大陸と九州の中間に位置しているため、古くから貿易の中継地として栄えてきた。また日中の文化が流入した結果、独特の琉球文化を形成してきた。

問１　説明文Ａの鎌倉幕府を開いた武将の名前と鎌倉の場所の組み合わせとして正しいものを、次の（ア）～（エ）からひとつ選んで記号で答えなさい。

（ア）源頼朝＝a　　（イ）源義経＝a　　（ウ）源頼朝＝b　　（エ）源義経＝b

問２　説明文Ａの江戸幕府の初代将軍と最後の将軍の組み合わせとして正しいものを、次の（ア）～（エ）からひとつ選んで記号で答えなさい。

（ア）家光＝慶喜　　（イ）家光＝綱吉　　（ウ）家康＝吉宗　　（エ）家康＝慶喜

問３　説明文Ｂの対馬の歴史について説明した文として誤っているものを、次の（ア）～（エ）からひとつ選んで記号で答えなさい。

（ア）文永の役で元軍は対馬を拠点に博多湾に侵攻した。

（イ）承久の乱で鎌倉幕府の打倒に失敗した後鳥羽上皇は、対馬に流刑《るけい》にされた。

（ウ）1905年（明治38年）、東郷平八郎が率いた日本の連合艦隊《かんたい》は、ヨーロッパ方面から派遣されたロシアのバルチック艦隊を対馬沖の日本海海戦で破った。

（エ）江戸時代、朝鮮通信使は対馬藩を経由して江戸の徳川将軍を訪れるようになった。豊臣秀吉の朝鮮出兵以降、冷え込んでいた日本と朝鮮の関係が改善するきっかけとなった。

問４　説明文Ｂの対馬の位置を前のページの地図のア～オからひとつ選んで記号で答えなさい。

問５　説明文Ｃの瀬戸内海について、平将門が関東で反乱を起こしていた時期に、かつては伊予《いよ》の役人だった人物が、瀬戸内海の「海賊《かいぞく》」と手を結び反乱を起こした。その人物名を漢字４字で答えなさい。

問６　説明文Ｃの瀬戸内海に面している厳島神社は、平安時代に平清盛とつながりが深い神社である。厳島神社の写真として正しいものを、次の（ア）～（エ）からひとつ選んで記号で答えなさい。

（ア）

（イ）

（ウ）

（エ）

問７　説明文Ｄの「吉野」には南北朝時代に京都の「北朝」に対して「南朝」の拠点が置かれていた。①南朝の初代天皇と②北朝に仕えた武将の組み合わせとして正しいものを、次の（ア）～（エ）からひとつ選んで記号で答えなさい。

（ア）①後醍醐天皇＝②足利尊氏　　（イ）①天武天皇＝②楠木正成

（ウ）①天智天皇＝②北畠顕家　　（エ）①嵯峨天皇＝②新田義貞

問８　説明文Ｅの沖縄の歴史の順番を考えたとき、古いものからならべたものとして正しいものを、次の（ア）～（エ）からひとつ選んで記号で答えなさい。

（ア）琉球王国→沖縄戦→廃藩置県　　（イ）琉球王国→廃藩置県→沖縄戦

（ウ）廃藩置県→琉球王国→沖縄戦　　（エ）沖縄戦→琉球王国→廃藩置県

問9　説明文Eの沖縄に関して、1972年に沖縄返還《へんかん》を実現させた当時の首相を次の（ア）～（エ）からひとり選んで記号で答えなさい。

（ア）鳩山一郎　　（イ）池田勇人　　（ウ）佐藤栄作　　（エ）田中角栄

3　以下の文章を読み、各問いに答えなさい。

2022年度一般会計の(A)歳出総額は107兆5964億円で、10年連続で過去最大を更新しました。歳出の約3割に当たる36兆9260億円は新たに国債を発行して賄《まかな》われ、これによりこれまでに発行してきた国債の残高は1000兆円を突破《とっぱ》する見通しです。(B)1960年代の高度経済成長期の始めまでは国債に頼らない、(C)国家財政が均衡《きんこう》もしくは黒字財政を維持していました。しかし、1970年代の石油危機をきっかけに(D)経済の急成長が鈍《にぶ》り、財政赤字に陥《おちい》るようになりました。このような財政危機に対し(E)政府は税収の増加に取り組んできました。今後どのようにして財政再建を成し遂《と》げるかは大きな課題です。

問1　下線部（A）に関して以下のグラフは歳出に関するものです。グラフを参考にして①～③のそれぞれの問いに答えなさい。

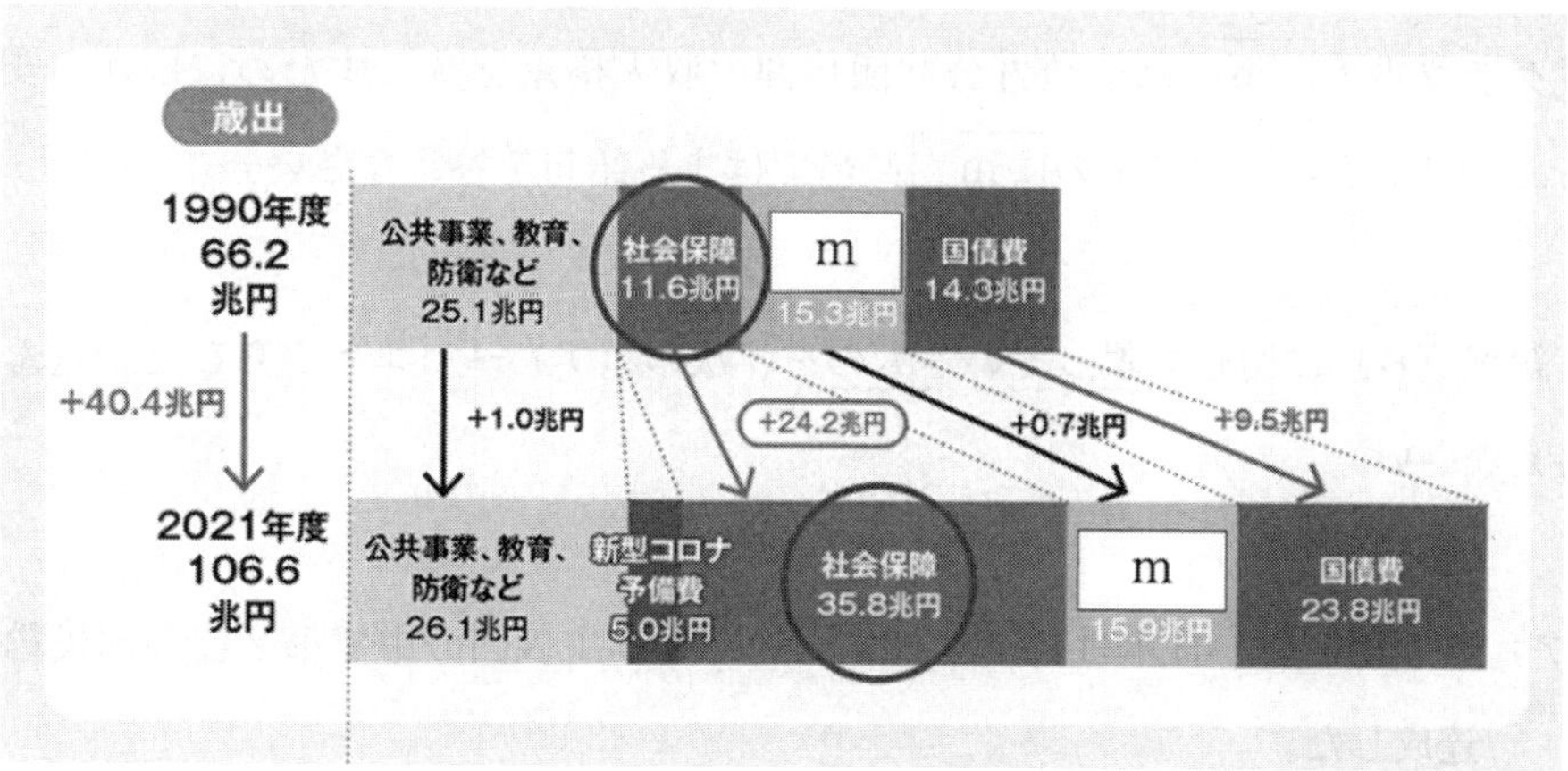

「財務省HP」より

① グラフから読みとれることとして、正しい文の組み合わせを、次の（ア）～（キ）からひとつ選んで記号で答えなさい。

x．2021年度の歳出の国債費の割合は1990年度よりも増加している。
y．1990年度と2021年度を比較すると歳出の額は３倍になっている。
z．2021年度は新型コロナウイルスの流行により予備費が組まれた。

（ア） x　　（イ） y　　（ウ） z
（エ） x．y　　（オ） x．z　　（カ） y．z　　（キ） x．y．z

② 社会保障に関して述べた文として誤っているものを、次の（ア）～（エ）からひとつ選んで記号で答えなさい。

（ア） 日本の社会保障制度は憲法第25条生存権に基《もと》づき定められた制度である。
（イ） 日本の社会保障費の増加は少子高齢化が一つの要因と言われている。
（ウ） 日本の社会保障制度は社会衛生、社会保険、社会福祉、公的扶助《こうてきふじょ》の４つの柱から成り立っている。
（エ） 日本の社会保障制度と税などを一元的に管理するシステムである、マイナンバー制度が開始された。

③ グラフ中の[m]は、地方公共団体間の収入格差を減らすために国から支給されるお金である。グラフ中の[m]に当てはまる語句を答えなさい。

問２ 下線部（B）に関して誤っているものを、次の（ア）～（エ）からひとつ選んで記号で答えなさい。

（ア） この期間に、日本はアメリカについで資本主義国の中で第２位の国民総生産を達成した。
（イ） この期間には、公害が日本各地で発生した。
（ウ） この期間に、東京オリンピックが開催《かいさい》され、開催を機に高速道路が開通した。
（エ） この期間に、農水産業などの第一次産業の比重が上がった。

問３　下線部（C）に関して、日本の予算案の議決権を持っている機関を、次の（ア）～（エ）からひとつ選んで記号で答えなさい。

（ア）内閣　　（イ）国会　　（ウ）裁判所　　（エ）宮内庁

問４　下線部（D）に関して、日々、生活の中で様々な要因によって物の値段は変化します。物の値段が継続的に下落《げらく》することを何と呼ぶか、カタカナで答えなさい。

問５　下線部（E）に関して①～③のそれぞれの問いに答えなさい。

①　所得税は所得が高い人ほど税率が高い方式が採られている。この制度を何というか、漢字で答えなさい。

②　間接税に関して述べた正しい文の組み合わせとして正しいものを、次の（ア）～（キ）からひとつ選んで記号で答えなさい。

x．間接税は所得の少ない人ほど負担する割合が高くなる税である。
y．間接税は納税者と負担者が同じ税である。
z．間接税は消費税などに代表される。

（ア）x　　（イ）y　　（ウ）z
（エ）x．y　　（オ）x．z　　（カ）y．z　　（キ）x．y．z

③　2021年度の一般会計の歳入の中で一番収入が多い税を、次の（ア）～（エ）からひとつ選んで記号で答えなさい。

（ア）消費税　　（イ）法人税　　（ウ）所得税　　（エ）関税

4 次の文章を読み、各問いに答えなさい。

総務省は令和４年７月29日、全国の自治体が令和３年度に受け入れたふるさと納税の寄付総額が前年度比1.2倍の8302億円だったと発表した。寄付件数は同1.3倍の4447万件で、いずれも過去最高を更新。利用者数が拡大し、寄付総額は16年度から５年で約３倍になった。

ふるさと納税とは生まれた故郷や応援したい自治体に寄付ができる制度である。寄付金のうち2,000円を超える部分については「所得税の還付《かんぷ》[1]」あるいは「 X の控除《こうじょ》[2]」が受けられる。自治体に対して寄付金の使い道を指定でき、地域の名産品などの返礼品を受け取ることが出来る。

令和３年度に寄付額が最多だったのは北海道紋別《もんべつ》市（前年度は２位）で152億円。２位は宮崎県都城《みやこのじょう》市（同１位）で146億円、３位は北海道根室《ねむろ》市（同３位）で146億円であった。

[1] 還付：もとの持ち主に返すこと

[2] 控除：一定の金額を差し引くこと

問１　文中の X に入る税として正しいものを、次の（ア）～（エ）からひとつ選んで記号で答えなさい。

（ア）消費税　　（イ）法人税　　（ウ）住民税　　（エ）相続税

問２　以下の表１は令和４年度総務省発表のふるさと納税の受入額及び受入件数（都道府県別）の上位５団体と下位５団体を表したもの、表２は控除額の多い団体の上位５団体である。ふるさと納税の制度によって自治体に生じるメリットとデメリットを以下の表を参考にしてそれぞれ答えなさい。

表１　令和３年度　ふるさと納税受入額上位５市区町村・下位５市区町村

順位	上位受入額（単位：百万円）		下位受入額（単位：円）	
1	北海道　紋別市	15,297	高知県　奈半利町	0
2	宮崎県　都城市	14,616	東京都　御蔵島村	0
3	北海道　根室市	14,605	愛知県　飛鳥村	16,000
4	北海道　白糠町	12,522	東京都　青ヶ島村	65,000
5	大阪府　泉佐野市	11,347	兵庫県　播磨町	70,000

総務省　ふるさと納税に関する現況調査結果（令和４年度実施）

表２　令和４年度　税控除額上位５市区町村

団体名	税控除額（単位：百万円）	控除適用者数
神奈川県　横浜市	23,009	340,749
愛知県　名古屋市	14,315	195,648
大阪府　大阪市	12,359	211,140
神奈川県　川崎市	10,291	161,579
東京都　世田谷区	8,396	117,483

総務省　ふるさと納税に関する現況調査結果（令和４年度実施）

【理　科】〈A入試〉(30分)〈満点：60点〉

〈編集部注：実物の試験問題では，1(5)の写真はカラー印刷です。〉

1　以下の問いに答えなさい。

(1)　以下のア～クの生物から昆虫《こんちゅう》として適切なものを**4つ**選び、記号で答えなさい。

ア．カタツムリ　　イ．アオダイショウ　　ウ．ミドリムシ　　エ．アブラムシ

オ．セミ　　カ．カブトムシ　　キ．クモ　　ク．ゲンゴロウ

(2)　昆虫の特徴《とくちょう》として**誤っているもの**を以下のア～エから1つ選び、記号で答えなさい。

ア．頭・胸・腹の3つに分かれている　　イ．あしは6本である

ウ．気門を使って呼吸を行っている　　エ．胸に2対、腹に1対あしをもっている

(3)　昆虫の中には幼虫と成体で生息環境《かんきょう》を大きく変えるものがいる。当てはまるものを以下のア～エの昆虫の中から1つ選び、記号で答えなさい。

ア．タガメ　　イ．トンボ　　ウ．バッタ　　エ．カマキリ

(4)　昆虫の口はその用途によってさまざまな形をしている。

下図のような口を持つ昆虫は、どのような食事を行うと考えられるか。「**なめる・かむ・すう**」のいずれかで答えなさい。

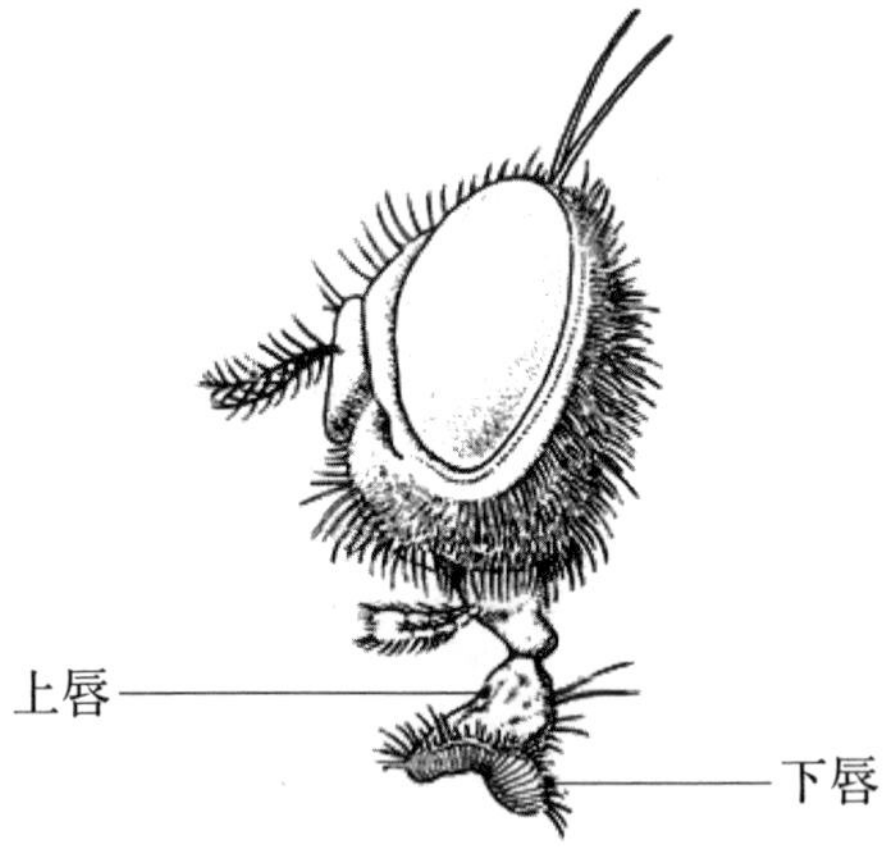

(5) アゲハチョウ初期の幼虫の写真として適切なものを以下のア～エから１つ選び、記号で答えなさい。

ア

イ

ウ

エ

(6) アゲハチョウの幼虫のように、動物が周囲にある物や他の動植物に似た形、色彩《しきさい》をもつことを何というか。

(7)　糖尿病《とうにょうびょう》の患者《かんじゃ》に使われる医療用針《いりょうようはり》は、ある研究者が、昆虫のカに刺《さ》されても痛みを感じにくいということに注目してつくったものである。カの針を観察したところ、１本ではなくとても細い複数の針を持ち、そのうちの２本はギザギザの構造をしていることが分かった。ギザギザの方向に沿って針を刺すことで痛みを軽減し、一方の針に沿わせて２本目を入れることで同じ断面積をもつ１本の針よりも抵抗《ていこう》が少なくなる。このような特徴を模してつくられた針は、毎日採血をして血糖値《けっとうち》をはからなければならない糖尿病患者の負担を減らしている。

この例のように、地球上の生物の特徴を模して、人間の技術に取り入れることをバイオミメティクスという。バイオミメティクスを利用した製品を考えてみよう。

クモの巣・クモの糸・クモ本体のいずれかの特徴を利用した製品を自由に考え、解答らんに合わせて書きなさい。

商品名【　　　　　　　　　　　　　　】

どのような特徴に注目したのか

という特徴を利用した、　考えた商品は何か

です！

セールスポイント

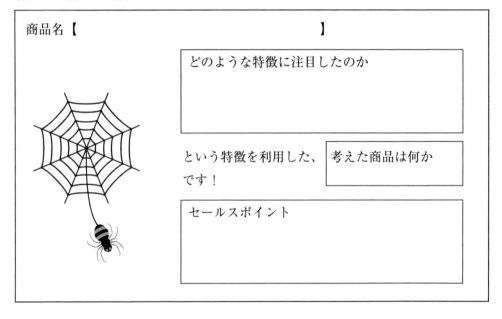

2 夏の暑い日に、晴れていたのにせまい範囲で、突然降る激しい雨のことを局所的大雨（ゲリラ豪《ごう》雨《う》）といい、近年多く見られるようになった。これについて以下の問いに答えなさい。

(1) このような大雨を降らす雲は何とよばれているか。最も適切なものを以下のア～エから１つ選び、記号で答えなさい。

ア．積乱雲　　イ．乱層雲　　ウ．高層雲　　エ．巻雲

(2) このような大雨が降る前に起こる現象として最も適切なものを以下のア～エから１つ選び、記号で答えなさい。

ア．熱い風が吹き、体感的に熱く感じる。

イ．冷たい風が吹き、体感的に涼しく感じる。

ウ．吹いていた風がとまり、無風状態になる。

エ．風向きが目まぐるしく変化し、風が強くなる。

(3) 局所的大雨はどのぐらいの長さ降り続けることが多いか。最も適切なものを以下のア～エから１つ選び、記号で答えなさい。

ア．１時間ぐらい　　イ．５～10時間ぐらい　　ウ．１日ぐらい

エ．３日ぐらい

(4) このような大雨が発生するしくみを説明した文として最も適切なものを以下のア～エから１つ選び、記号で答えなさい。

ア．太陽の強い光によって地表付近の空気が温められて、下降気流が発生しやすくなるため。

イ．太陽の強い光によって上空付近の空気が温められて、下降気流が発生しやすくなるため。

ウ．太陽の強い光によって地表付近の空気が温められて、上昇気流が発生しやすくなるため。

エ．太陽の強い光によって上空付近の空気が温められて、上昇気流が発生しやすくなるため。

(5) 雲のでき方を調べるために、右図のような装置をつかって、実験を行った。まず、フラスコの内側を水でぬらし、線香の煙を少し入れ、ピストンをすばやく引き、フラスコ内の様子を観察した。そのあと、ピストンをすばやく押し、フラスコ内の様子を観察した。実験結果として正しいものを以下のア～エから１つ選び、記号で答えなさい。

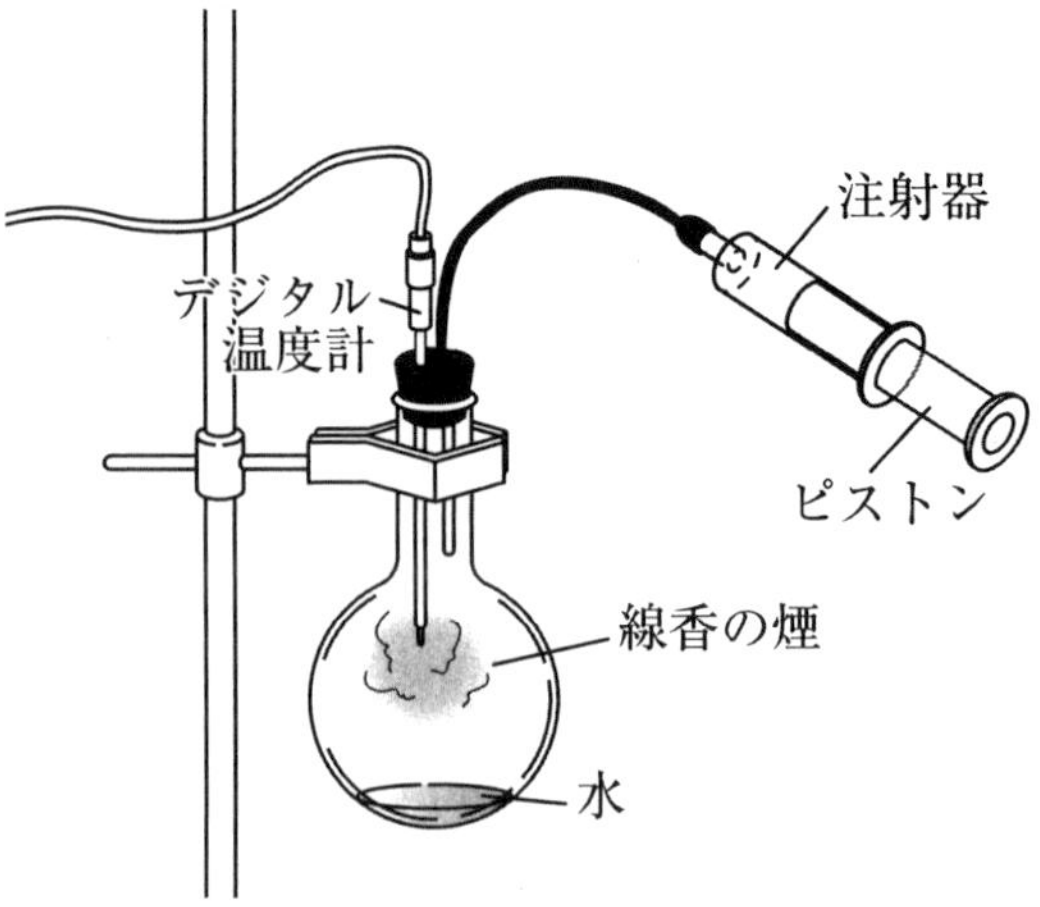

ア．ピストンをすばやく押すと、フラスコ内の温度が上がり、白くくもった。

イ．ピストンをすばやく押すと、フラスコ内の温度が下がり、白くくもった。

ウ．ピストンをすばやく引くと、フラスコ内の温度が上がり、白くくもった。

エ．ピストンをすばやく引くと、フラスコ内の温度が下がり、白くくもった。

(6) 近年台風による大雨の被害も増えている。台風に関する説明として正しいものを以下のア～オからすべて選び、記号で答えなさい。

ア．台風の中心付近にできる雲のない部分を台風の目とよぶ。

イ．台風の目は、一般的に勢力が強いほどはっきり見える。

ウ．台風の中心から南西方向に伸びる前線を寒冷前線という。

エ．台風の勢力が弱まると、通常、温帯低気圧に変化する。

オ．日本付近に近づいた台風が北東に進むことが多いのは、主に夏の季節風の影響である。

(7) (6)に関して、日本における台風の地表付近の風の吹き方を表した図として正しいものを以下のア～エから１つ選び、記号で答えなさい。

ア

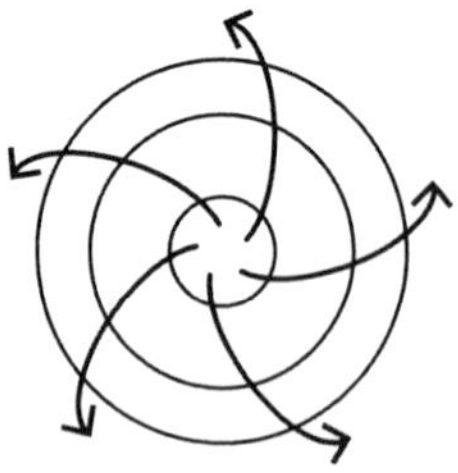

イ

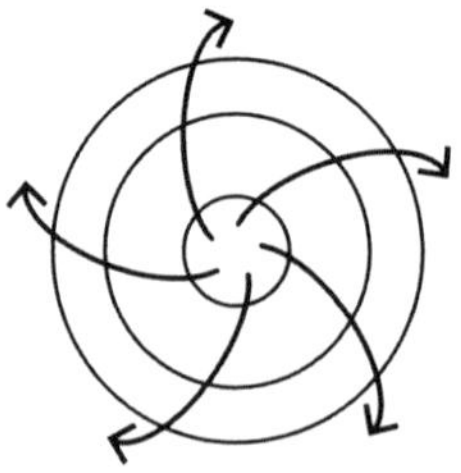

ウ

エ

3 物質の分類に関する以下の問いに答えなさい。

(1) 以下のA～Dの気体には、共通した特徴をもつ3つの気体と、その特徴をもたない1つの気体が含まれている。①**その特徴をもたない1つの気体**を「気体」のA～Dから、②**3つの気体が共通してもち、残りの1つがもたない特徴**として最も適切なものを「共通する特徴」のア～エからそれぞれ1つずつ選び、記号で答えなさい。

気体：A　アンモニア　　B　酸素　　C　二酸化炭素　　D　水素

共通する特徴：ア．空気より重い　　イ．においがない　　ウ．水にとけない

エ．無色である

(2) (1)の気体A～Dをつくる方法として適切なものを以下のア～エからそれぞれ1つずつ選び、記号で答えなさい。

ア．石灰石にうすい塩酸を加える

イ．二酸化マンガンにうすい過酸化水素水（オキシドール）を加える

ウ．鉄にうすい塩酸を加える

エ．塩化アンモニウムと水酸化カルシウムの混合物を加熱する

(3) 火のついた線香を近づけたとき、線香が炎《ほのお》を上げて燃える気体を(1)の気体A～Dから1つ選び、記号で答えなさい。

(4) (1)の気体A～Dの中で、水上置換《ちかん》法で集めることが可能な気体は何種類あるか、数字で答えなさい。

4 以下の問いに答えなさい。

(1) てこは支点、力点、作用点の３つからなる。図１～４中にあるＡ点はそれぞれ何点か答えなさい。

図１

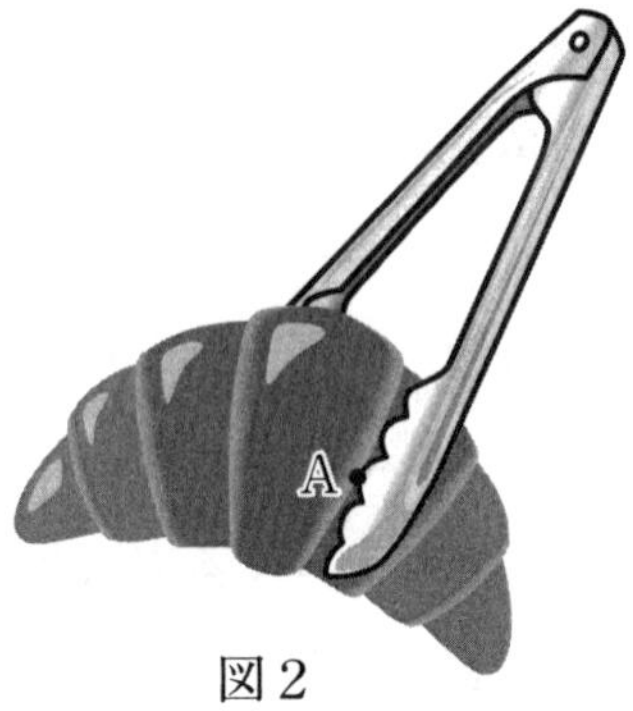

図２

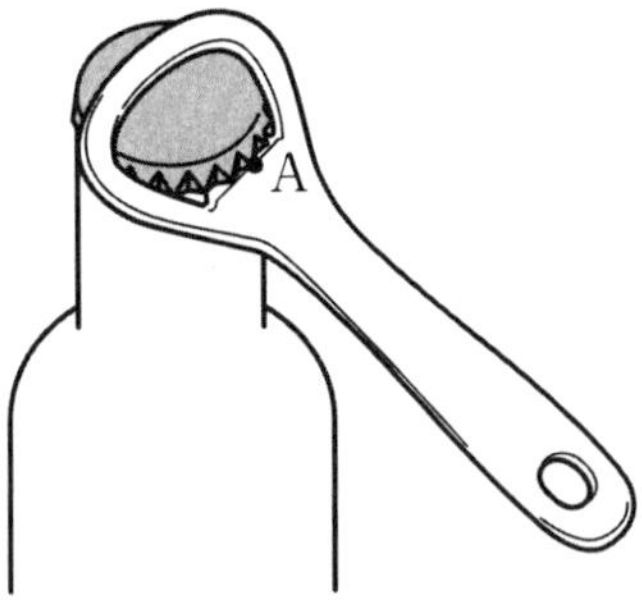

図３

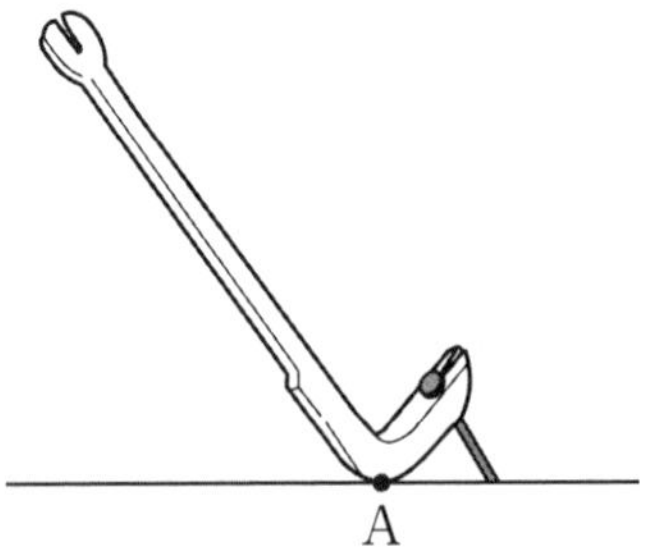

図４

(2) 軽くてのび縮みしない糸をつかって、軽くて変形しない棒に大きさの無視できるおもりを図５～７のようにつるしたところ、どの棒も水平を保ってつりあった。図中の①～④に当てはまる数値を答えなさい。

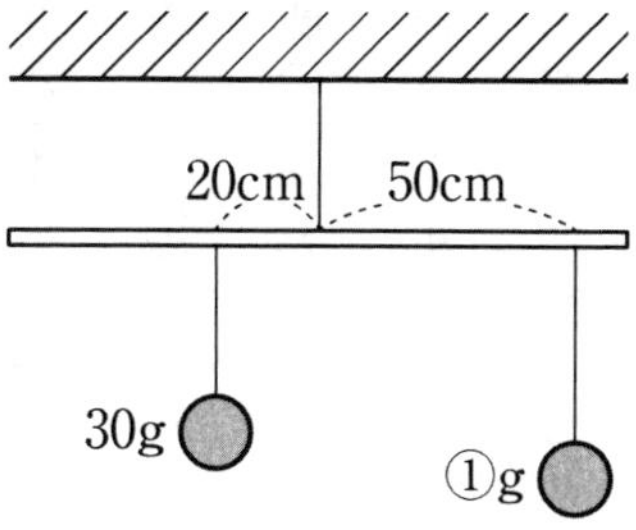

図５

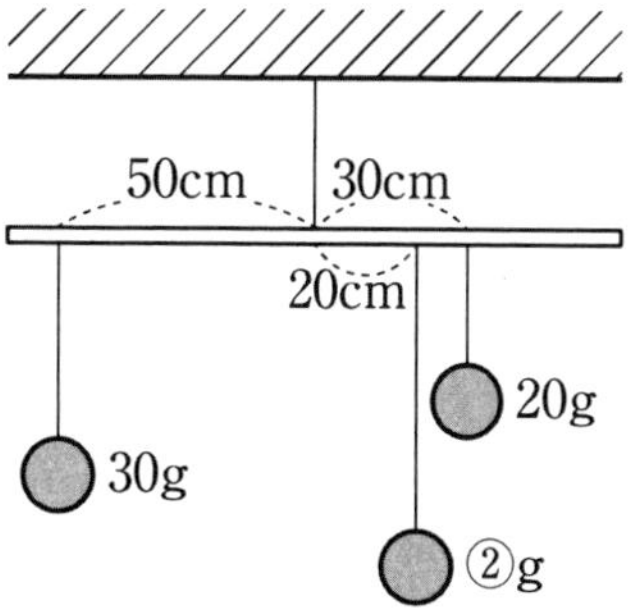

図６

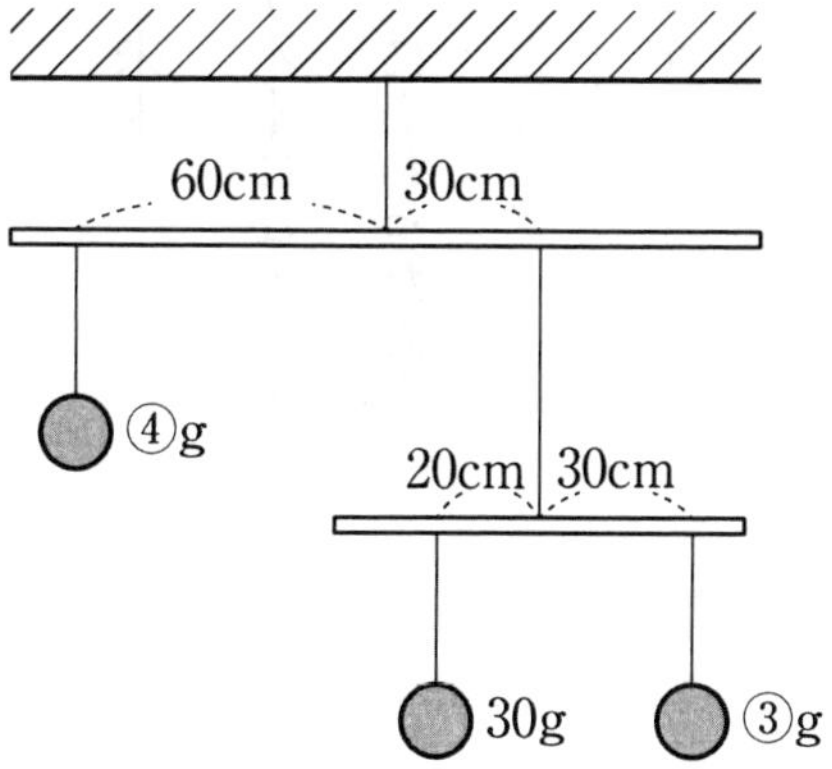

図７

問八　——線⑤「来るべき未来」(43行目)とありますが、どのような未来だと考えられますか。適当なものを次の中から1つ選び、記号で答えなさい。

ア　人間が予想できる中で最も幸せな未来。
イ　ロボット技術が進みすぎて人間が不幸になる未来。
ウ　人間の生活が予測もつかないほどに変わった未来。
エ　ロボットを生産する仕事がなくなる未来。
オ　ロボットが技術的特異点を分かっている未来。

問九　これからは人間とロボットがともに生きてゆかなければならなくなると予想されますが、あなたの家に第3段階のロボットがやってきたら、あなたの生活にどのような良い点と悪い点とがでてくると思いますか。あなたの考えを100字以内で書きなさい。

問四　C （33行目）に入る語として適当なものを次の中から1つ選び、記号で答えなさい。

ア　かろうじて　　イ　あっけない　　ウ　一進一退の　　エ　はかない　　オ　奇妙《きみょう》な

問五　――線②「『手』」（34行目）とありますが、本文と同じ用法で用いている文を次の中から1つ選び、記号で答えなさい。

ア　今、いそがしくて手がはなせない。　　イ　ほしかった本を、やっと手に入れた。

ウ　手に汗《あせ》にぎる勝負だった。　　エ　きたない手を使って勝利する。

オ　かばんを手に取って家を出る。

問六　――線③「『これを最後に人間との対局を終える』」（37行目）とありますが、どのような結果が出て、これからどうしようとしていますか。40字以内で説明しなさい。

問七　――線④「『アンドロイド』レベルと呼んでもよいだろう」（40行目）とありますが、何がどういう状態になることですか。そのことが書かれている表現を探して、解答らんに合う形で本文中から10字でぬき出しなさい。

問一　A（7行目・14行目・21行目）に共通して入る語として適当なものを次の中から1つ選び、記号で答えなさい。

ア　したがって　　イ　たとえば　　ウ　なぜなら　　エ　ところが　　オ　そもそも

問二　――線①「これが『人工知能による救命』になるのかどうかは疑問の余地もある」（13行目）というのは、なぜですか。説明として適当なものを次の中から1つ選び、記号で答えなさい。

ア　ステイシーさんがiPhoneをこっそりとあやつって動かしていたかもしれないから。

イ　ジアーナちゃんがいつもSiriを使っていたわけではないから。

ウ　ジアーナちゃんが助かったのはSiriのおかげとは言いきれないから。

エ　ステイシーさん自身が娘を助けたと主張しているから。

オ　『デイリーメール』の伝え方が少し大げさなものだから。

問三　B（23行目）に当てはまる適当な表現を次の中から1つ選び、記号で答えなさい。

ア　勝るとも劣《おと》らない　　イ　はるかに及《およ》ばない　　ウ　わざと負けている

エ　勝負にならない　　オ　挑戦的《ちょうせんてき》である

第2段階から第3段階になると、④「アンドロイド」レベルと呼んでもよいだろう。

アメリカのカーツワイルは、このように技術が飛躍的に進化する地点をシンギュラリティ（技術的特異点）と呼んでいる。

彼《かれ》によれば、技術的特異点とは、「テクノロジーが急速に変化し、それにより甚大《じんだい》※7な影響《えいきょう》がもたらされ、人間の生活が後戻《もど》りできないほどに変容してしまうような、⑤来《きた》るべき未来のことだ。それは理想郷でも地獄《じごく》でもないが、ビジネス・モデルや、死をも含《ふく》めた人間のライフサイクル※8といった、人生の意味を考えるうえでよりどころとしている概念《がいねん》※9が、このとき、すっかり変容してしまうのである」（『ポスト・ヒューマン誕生』）。そして、今まさにロボット技術は技術的特異点に達しようとしていると、彼は主張している。

（遠藤薫『ロボットが家にやってきたら…　——人間とＡＩの未来』より）

※1　自律的…自分で立てたルールに従って、自分のことは自分でやっていくこと。
※2　Siri…シリ。アップル社のコンピュータ製品に組み込まれているバーチャルアシスタントのこと。
※3　iPhone…アイフォン。アップル社が開発・販売しているスマートフォンのこと。
※4　膨大な遺産…ここでは、過去の人が残した非常に大きな業績。
※5　ＣＥＯ…最高経営責任者のこと。
※6　汎用ＡＩ…特定の目的に限定されず、いろいろな方面に用いることができるＡＩ（人工知能）のこと。
※7　甚大…程度がきわめて大きいこと。
※8　ライフサイクル…誕生から死までをえがく周期のこと。
※9　概念…物事の「何たるか」という意味内容。

「人工知能とロボットの頭脳戦」としては、すでにチェス、将棋《しょうぎ》において、人工知能が人間に［Ｂ］ことを示す結果が出ていた。

１９９７年、アメリカのＩＢＭ社の「ディープ・ブルー」が世界王者カスパロフ氏に勝利をおさめた。チェスをめぐる人間とロボットの闘《たたか》いは、18世紀の「チェス指し人形ターク」までさかのぼることができる。それが遂《つい》にこのとき、人間が敗れたのだ（ただし、これは真の意味での「人工知能の勝利ではない」という説もある）。

２０１２年には、チェスよりも難しいと考えられていた将棋の世界で、引退後の故米長邦雄《よねながくにお》永世棋聖《えいせいきせい》が将棋ソフト「ボンクラーズ」に敗北した。

そしていよいよ、最大の難関とされる（予測する必要のある手数が、他のゲームに比べて飛躍的《ひやくてき》に多い）囲碁《いご》での決戦が行われたのである。

試合前の予想では、「人工知能が人間の棋士に勝つにはあと10年はかかる」といわれていた。しかし結果は、初戦から第三戦まで「アルファ碁」が勝負を制し、人工知能の［Ｃ］ストレート勝ちとなった（もっとも、これによってＡＩが人間並みに考えられているか、といえばそうではない、とＡＩの専門家たちは言っている。ＡＩ自身が②「手」を編《あ》みだしているわけではないからだ）。

さらに、２０１７年5月、中国浙江省《せっこう》烏鎮《うちん》《ウーヂエン》で、ＡＩ「アルファ碁」と世界最強とされる中国の柯潔《かけつ》九段との三番勝負が行われ、ＡＩ「アルファ碁」が3戦全勝した。「アルファ碁」を開発したディープマインド社のデミス・ハサビスＣＥＯ※5は③「これを最後に人間との対局を終える」と表明し、「今後はアルファ碁の技術を生かして「汎用《はんよう》※6ＡＩ」の開発を加速させる」（『朝日新聞』２０１７年5月28日）と述べた。

第1の段階には、まあ、すでに達《たっ》しているだろう。お掃除《そうじ》ロボットや、しゃべるスマホのSiri《シリ》※2などだ。

[A]、2016年6月6日付けのイギリスの新聞『デイリーメール』は、「Siriが赤ちゃんの命を救う」という見出しの記事を載《の》せている。

ステイシー・グリーソンさんは、ある日、1歳《さい》になる娘《むすめ》のジアーナちゃんが、真《ま》っ青《さお》な顔で息をしていないことに気づいた。ステイシーさんはあわてて娘を抱《だ》き上げ、気道をチェックした。そのとき、カーペットの上に落ちているiPhone《アイフォン》※3が目に入った。ステイシーさんはとっさに、「ヘイ、Siri、救急車を呼んで!」と叫《さけ》んだ。Siriは消防署に通報したが、救急車が到着《とうちゃく》する前に、ジアーナちゃんの呼吸はもどった。

①これが「人工知能による救命」になるのかどうかは疑問の余地もあるが、今後ますますこの段階のロボットたちは増えていくに違《ちが》いない。[A]、無人運転してくれる自動車や、受付で案内をしてくれるロボットなどは実用化の段階に入っている。

しかし、第1段階と第2段階のあいだはとてつもなく遠い。

もっとも、「新しいアイディア」とは何かを定義することは難しい。「それまで誰《だれ》も考えつかなかったような新しい考え（作品）」といっても、生まれたての赤ちゃんが考え出したものでない限り、その人が生きているなかで、人類の膨大《ぼうだい》※4な遺産《いさん》（の一部）を吸収し、それらを組み替《か》え直したのが「新しいアイディア」と呼ばれるものだと考えることができるからだ。とすれば、実際にはすでにある程度、実現していると考えることさえできるかもしれない。

[A]、2016年3月、人工知能ソフト「アルファ碁《ご》」と、当時、世界最強とも評価された韓国《かんこく》のプロ棋士《きし》・李《イ》九段との五番勝負が行われた。

問七　――線④「こんなところに来てまで、この言葉を投げかけられるなんて」(85行目)とありますが、「宏敦」が同じような経験をしていたことが分かる1文をぬき出し、始めの5字を書きなさい。

問八　本文中の［F］(88行目)～［I］(101行目)のどこかに、次の1文が入ります。適当な個所《かしょ》を記号で答えなさい。

> そのときもオヤジとはすさまじい言い合いになったよ。

三　次の文章を読んで、あとの問いに答えなさい。(字数制限のある問いは、句読点や記号も1字に数えます。)

ロボットが人間を超《こ》えるか否《いな》か、ということには、いくつかの段階がある。

1　ロボットが自律※1的に判断して行動する
2　ロボットが自律的に思考し、新しいアイディアを生み出す
3　ロボットが感情を持つ
4　ロボットが自己再生産する(ロボット同士で子どもをつくる)「生命体」となる

① 「一応、フルート以外、音はでます。トランペットが一番得意かな」
② 「……ピアノとバイオリンですけど」
③ 「物心ついてから去年くらいまでですかね」

ア　C―①　D―③　E―②
イ　C―①　D―②　E―③
ウ　C―②　D―①　E―③
エ　C―②　D―③　E―①

問六　――線③「頭に血が上って言葉がでてこない」(71行目)のは、「宏敦」がどう思っているからですか。適当なものを次の中から1つ選び、記号で答えなさい。

ア　三田村先生の言い方が嫌《いや》な感じで、もう話をしてもむだだと思ったから。
イ　自分が本当に思っていたことに気付いてくれて、うれしかったから。
ウ　野球部をやめた心の痛みを考えない三田村先生を、尊敬できないと思ったから。
エ　三田村先生の言葉にはげしく怒《いか》りながら、音楽の思いについては図星だったから。
オ　自分がもう何もできないことに絶望していて、全てがどうでもよくなっていたから。

問二　[A]（17行目）に入る語として適当なものを次の中から1つ選び、記号で答えなさい。

ア　しょんぼりした　　イ　ふてくされた　　ウ　ひからびた　　エ　ふっきれた　　オ　かがやいた

問三　[B]（23行目）に当てはまる語として適当なものを次の中から1つ選び、記号で答えなさい。

ア　だから　　イ　また　　ウ　そして　　エ　でも　　オ　ところで

問四　――線②「自分でもなにを言っているのかわからない」（37行目）と思ったのは、なぜですか。適当なものを次の中から1つ選び、記号で答えなさい。

ア　宏敦が怒《おこ》っていることに気付いて混乱してしまったから。
イ　宏敦と話すのが久しぶりでうれしくてたまらなかったから。
ウ　三田村先生のために何とか宏敦を入部させたかったから。
エ　宏敦を好きな気持ちに気付かれないようにごまかしたから。
オ　三田村先生を利用して宏敦をさそったことがばれるとまずかったから。

問五　[C]（45行目）、[D]（47行目）、[E]（52行目）に当てはまるせりふの組み合わせとして適当なものを次の中から1つ選び、記号で答えなさい。

「とにかく音楽の道に進むのはイヤだから」

「おまえ、もう十一月だぞ。いまさら公立の普通科《ふつうか》へ行くっていっても、名門校は受けられない」

「いいじゃん、地元に行けば。交通費もかかんないし」

もっとも音大附属に行かなかったのは、音楽に限界を感じたからだけじゃないけれど……。


（赤澤竜也『吹部！』より）

※1　即興…この場面では、その場で楽譜《がくふ》を見ずに演奏をすること。
※2　木管、金管…木管楽器、金管楽器のこと。木管楽器には、フルート・クラリネット・オーボエなどがあり、金管楽器には、トランペット・ホルン・チューバなどがある。
※3　吹部…吹奏楽部を略した呼び名。管楽器を主体として演奏される音楽の部活動。

問一　――線①「自分の家庭に不満があったわけじゃないけど、うらやましいと思ったことはある」（10行目）とありますが、「鏑木さん」はどういう理由でこのように思ったのですか。適当なものを次の中から1つ選び、記号で答えなさい。

ア　宏敦が運動だけではなく音楽も優秀だったから。
イ　宏敦のおかあさんが優しく、料理もうまかったから。
ウ　宏敦の家ではみんな楽器が演奏できて華やかな感じだったから。
エ　鏑木さんの家の雰囲気があまり良くなかったから。
オ　鏑木さんの家が貧しくて楽器が買えなかったから。

ショックで固まってしまった。

ある意味、オレの人生をねじ曲げた魔法《まほう》のフレーズだったから。

中学に入ってから、急にバイオリンのコンクールで勝てなくなってきた。 F

もちろん入賞はしていたけど、トップの座からはすべり落ちた。評価の際、必ず盛り込《こ》まれていたのが「あと少し」という表現だ。

オヤジとのつきっきりのトレーニングは以前にも増して厳しいものになってきた。小さいころは何時間練習しても苦痛じゃなかったのに、このころからイヤでイヤでしかたなくなってきて……。 G

レッスンにも身が入らず、休みがちになっていた。

高い月謝を払《はら》っていながらサボり続けるオレにオヤジはキレた。

「いったいなにをやっているんだ。一日楽器から離れると、取り戻すのに何日かかるのか知ってるだろう。音楽の道はそんなに生やさしいもんじゃないぞ。心を入れ替《か》えろ」

オヤジに刃向《はむ》かったのは生まれて初めてだった。

「いつまでも上から命令すんじゃねえよ。イヤになったんだよ、音楽が。ほっといてくれ」

なにかが足りないと言われても、その「なにか」が「なに」なのかわからない。「なにか」をどうやったら得られるのか誰も教えてくれない。 H

推薦《すいせん》で音大附属へ進むことは決まってたんだけど、中三の秋になって気が変わった。 I

「あんたには関係ないから」

「そんなに感情をむき出しにするってことは、やっぱり音楽が気になってるってことだよ。未練あるんじゃないの?」

③頭に血が上って言葉がでてこない。

「あっ、わかった。ヘタすぎて恥《は》ずかしいんだ」

「そんなんじゃねえよ」

思わずヤツの首を絞《し》めたくなる。

「じゃ、一回やってみてよ。はい」

いきなりトランペットを差し出してきた。

受け取らずにいると、

「できないの? できないんだ。やっぱヘタなんだ。ふーん、楽器やってたなんて口だけだったんだね」

と言いながらトランペットを押しつけてくるもんだから、つい手に取ってしまう。

「なんでもいいよ。吹いてみて」

しばらくためらったものの、一度吹けば解放されるのだと思い直し、ひととおりクラシックやジャズのソロを吹いてみる。

ひさしぶりだったけど、そんなにわるい音ではない。

するとあの教師はこんなことを言いやがった。

「うまいんだけどね。ちょっとなにかが足りないかも」

④こんなところに来てまで、この言葉を投げかけられるなんて。

「音色は好きですけど」

そう聞くやいなや、肩にまわしていた腕《うで》は、ヘッドロックに変わった。

「やめろよ、なにすんだよ。離《はな》せよ、きもちわりーな」

「いや、絶対に離さない。もうあんたとは絶対に別れないんだから。もう絶対に別れてなんかやんない。逃げられると思って？　離さないわよ」

（中略）

「ざけんじゃねーよ。離せよ、このヤロー」

からみつく腕を振りほどこうとしたものの、小柄《こがら》なオッサンは意外に力が強かった。

相手が教師なので手荒《てあら》なまねをするわけにもいかない。しかたなくヤツの言うままついていくことにする。

音楽準備室に入るや開口一番こう言った。

「ねえ、いっしょに音楽やろうよ」

「冗談《じょうだん》じゃねえ。やるわけねーじゃねーか。もうやめたんだよ」

野球に嫌《きら》われたからやっぱり音楽に戻るなんて、オレのなかではありえねえ。

オッサンはあいかわらず笑みをたたえたまましばらく押《お》し黙《だま》ったあと、

「なんか、すごくイラついてない？」

②自分でもなにを言っているのかわからない。

そのときのこと。背後から大きな声で呼ばれたのでなおさらビックリしてしまった。

「鏑木《かぶらぎ》さーん、その人も経験者なの？」

振りかえるといつの間にやらミタセンが満面の笑《え》みを浮《う》かべて立っている。

「いや、あの、経験者といえば、楽器はできると思うんですけど。野球部やめたばっかで、えーと、やっぱりムリみたいなんで……」

むろんわたしの言葉などてんで聞いてはおらず、親しげに西大寺の肩《かた》へ手をまわすと、

「楽器はなにやってた？」

「 C 」

「え、どれくらいやってたの？」

「 D 」

「すげー、音楽エリートじゃん。いーね いーね」

「つーか、この人、誰？」

「ウチの顧問の三田村《みたむら》先生」

「ねえねえ、金管とか木管とかはやったことある」

「 E 」

「オーボエは？」

一度、吹部《すいぶ》※3のことを話してみようかな。

翌日の放課後、西大寺の教室の前まで行ってみた。

[B] やっぱりムリ。

いまさら会話をするキッカケが見つからない。

音楽準備室に戻《もど》ろうと思い直しUターンしたところ、背の高い男子に思いっきりぶつかってしまった。

「あっ、ごめんなさい」

反射的に頭を下げてから相手を確認すると西大寺だった。

「ああ、おまえか」

四年振りくらいの会話とは思えないほど低いテンションの不機嫌《ふきげん》な声に、いやがうえにも動揺《どうよう》が増し、

「あ、西大寺、あの、あのね」

思わず声がうわずってしまう。

「いや、あの、西大寺が野球部やめたって聞いたから………」と口走ったところ、より一層みけんにシワを寄せ、

「おめえに関係ねーだろ」

とりつく島もない。

「そーだよね。あの、ごめんね。あの、いま吹部が楽器できる人探してて、顧問《こもん》の先生がホントうるさくて、それでとりあえず西大寺にも声だけかけとこうかと、いや、ムリだっつーのは最初っからわかってて」

仲良しだった。幼稚園《ようちえん》のとき、通りをはさんだ一軒家《いっけんや》に越《こ》してきたときからの付き合い。日曜日になると、よく遊びに行ったものだ。

花壇《かだん》はしっかりと手入れしてあって、季節ごとにいろんな花が咲《さ》き乱れてたな。

「うちは宏敦と武浩《たけひろ》の男ふたりだから、女の子が来てくれると華《はな》やかになるわ。いつでも遊びにきてね」と言ってくれたおかあさんの作ったロールキャベツはおいしかった。

おとうさんは関東フィルハーモニー管弦楽団《かんげんがくだん》のオーボエ奏者で、おかあさんも音大のピアノ科出身という音楽一家だけに、家を訪ねると即興《そっきょう》※1でいろんな曲を演奏してくれた。①自分の家庭に不満があったわけじゃないけど、うらやましいと思ったことはある。とにかく明るくて優雅《ゆうが》な雰囲気《ふんいき》だったから。

クラシック界の神童と呼ばれた西大寺宏敦は、小さいころからさまざまなコンクールで極めて優秀《ゆうしゅう》なせいせきを収めていた。

ピアノとバイオリンを習っていたが、家にはいろんな楽器が転がっていて、木管※2、金管ともに吹《ふ》いているのを見たことがある。

その一方、運動神経もずば抜《ぬ》けていたので、中学に入ると親に隠《かく》れて野球部の助っ人《すけと》としても活躍《かつやく》するようになった。

中学校の半ばくらいから、少し神経質な様子になってくる。小さいころは快活だったのに、いつも　A　感じを醸《かも》し出していた。でも反抗期《はんこうき》なんだろうと思っていたし、音大附属《おんだいふぞく》の高校に進学するものと疑ってもいなかったんだけど……。

まさか浅川高校でいっしょになるとは想像だにしなかった。いまでは廊下《ろうか》ですれ違《ちが》ってもお互《たが》い気づかない振《ふ》りをするような間柄《あいだがら》になってしまっている。

2023年度 横浜女学院中学校

【国　語】〈A入試〉（五〇分）〈満点：一〇〇点〉

一　次の文章の――線①～④のカタカナを漢字に、漢字をひらがなにしなさい。また、文章中の漢字の間違《まちが》いを1か所ぬき出し、正しい漢字に直しなさい。

先週、家族みんなで焼き肉を食べに行った。父は、①内臓の部位を好んでいた。母は、②ジュクセイされたもも肉が気に入ったようだ。姉は食べ過ぎてしまったので家に返ってから、救急箱に入っていた③胃腸薬を飲んだ。私のお気に入りは④ホネ付きカルビである。

二　次の文章を読んで、あとの問いに答えなさい。（字数制限のある問いは、句読点や記号も1字に数えます。）

西大寺《さいだいじ》宏敦《ひろあつ》が野球部をやめたと耳にした。

家は近所で幼なじみ。小学校から高校までずっといっしょだ。

ただしこの四年ほどは、口すら利《き》いていない。

2023年度

横浜女学院中学校　▶解説と解答

算　数　＜A入試＞（50分）＜満点：100点＞

解　答

1 (1) 60　(2) $1\frac{2}{5}$　(3) $\frac{1}{6}$　(4) 11.4　2 (1) 8才　(2) 15%　(3) 7個　(4) 60分後　(5) 67.5度　(6) 50.24cm^3　3 アメリカ，約10.0%　4 (1) $\frac{5}{7}$　(2) 30番目　(3) $\frac{9}{15}$　5 (1) 6通り　(2) 18通り　(3) 14通り　6 (1) 72.56cm　(2) 290.24cm^2　(3) 85.12cm

解　説

1 四則計算，計算のくふう

(1) $8+15\times4-72\div9=8+60-8=60$

(2) $1.2\times\left\{3-\left(1\frac{2}{3}\div2+1\right)\right\}=\frac{6}{5}\times\left\{3-\left(\frac{5}{3}\times\frac{1}{2}+1\right)\right\}=\frac{6}{5}\times\left\{3-\left(\frac{5}{6}+1\right)\right\}=\frac{6}{5}\times\left(3-1\frac{5}{6}\right)$
$=\frac{6}{5}\times\left(\frac{18}{6}-\frac{11}{6}\right)=\frac{6}{5}\times\frac{7}{6}=\frac{7}{5}=1\frac{2}{5}$

(3) $\left(\frac{1}{3}-\frac{1}{4}\right)+\left(\frac{1}{4}-\frac{1}{5}\right)+\left(\frac{1}{5}-\frac{1}{6}\right)=\frac{1}{3}-\cancel{\frac{1}{4}}+\cancel{\frac{1}{4}}-\cancel{\frac{1}{5}}+\cancel{\frac{1}{5}}-\frac{1}{6}=\frac{1}{3}-\frac{1}{6}=\frac{2}{6}-\frac{1}{6}=\frac{1}{6}$

(4) $3.3+0.27\div0.01\times0.3=3.3+27\times0.3=3.3+8.1=11.4$

2 年れい算，濃度《のうど》，倍数，旅人算，角度，体積

(1) 16年前の私の年れいを①とすると，16年前の兄と母の年れいの和は⑤になる。また，16年間で，私の年れいは16才増え，兄と母の年れいの和は，16×2＝32(才)増えるから，今の兄と母の年れいの和は(⑤＋32)才，今の私の年れいは(①＋16)才となる。よって，⑤＋32＝(①＋16)×3と表せるので，⑤＋32＝③＋48，⑤－③＝48－32，②＝16より，①＝16÷2＝8(才)と求められる。つまり，16年前の私の年れいは8才である。

(2) できた食塩水の重さは，150＋100＝250(g)である。よって，(食塩の重さ)＝(食塩水の重さ)×(濃度)より，できた食塩水に含《ふく》まれている食塩の重さは，250×0.12＝30(g)とわかる。そのうち，濃度10%の食塩水150gに含まれていた食塩の重さは，150×0.1＝15(g)だから，濃度がわからない食塩水100gに含まれていた食塩の重さは，30－15＝15(g)と求められる。したがって，この食塩水の濃度は，15÷100＝0.15，0.15×100＝15(%)である。

(3) 3と5の最小公倍数は，3×5＝15なので，101から200までの15の倍数の個数を求めればよい。200÷15＝13余り5より，1から200までには13個あり，100÷15＝6余り10より，1から100までには6個あるから，101から200までには，13－6＝7(個)ある。

(4) ジョギングコース1周の長さを15と20の最小公倍数の60とすると，Aさんの速さは毎分，60÷15＝4，Bさんの速さは毎分，60÷20＝3となる。また，AさんがBさんに初めて追いつくのは，AさんがBさんよりも1周，つまり60多く走ったときである。AさんはBさんよりも1分間に，4－3＝1多く走るので，AさんがBさんに初めて追いつくのは，60÷1＝60(分後)とわかる。

(5)　N角形の内角の和は，$180\times(N-2)$で求められるから，八角形の内角の和は，$180\times(8-2)=1080$(度)であり，正八角形の１つの内角は，$1080\div8=135$(度)とわかる。右の図１で，ACとEDは平行なので，角xの大きさは角BEDの大きさと等しい。また，正八角形はBEを軸《じく》とする線対称《せんたいしょう》な図形だから，角BEDと角BEFの大きさは等しい。よって，角BED(＝角x)の大きさは，$135\div2=67.5$(度)と求められる。

図１
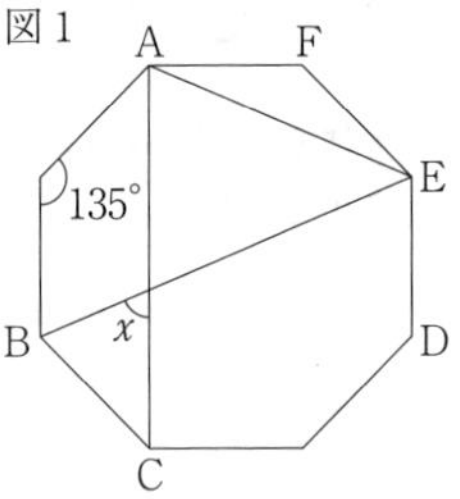

(6)　右の図２の三角形ABCを辺ABの周りに回転させると，底面の円の半径が４cmで高さが３cmの円すいができる。よって，その円すいの体積は，$4\times4\times3.14\times3\div3=16\times3.14$(cm^3)とわかる。また，辺BCの周りに回転させると，底面の円の半径が３cmで高さが４cmの円すいができる。その円すいの体積は，$3\times3\times3.14\times4\div3=12\times3.14$(cm^3)なので，大きい方の体積は，$16\times3.14=50.24$(cm^3)である。

図２
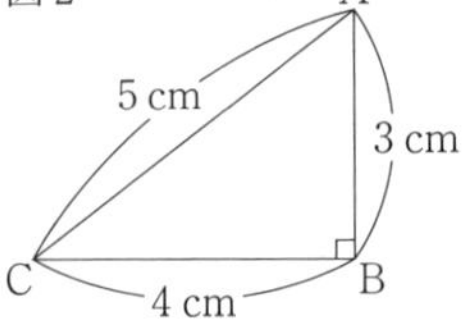

3　グラフ―割合と比

日本は2018年よりも2019年の方が多いから，アメリカとフランスだけを比べればよい。アメリカは2018年から2019年にかけて，$214700-193300=21400$(百万米ドル)減少している。これは2018年の，$21400\div214700\times100=9.96\cdots$(%)にあたるので，アメリカの減少率は約10.0%である。同様に計算すると，フランスは，$65500-63800=1700$(百万米ドル)減少していて，これは2018年の，$1700\div65500\times100=2.59\cdots$(%)にあたるから，フランスの減少率は約2.6%と求められる。よって，減少率が最も大きかったのはアメリカであり，約10.0%である。

4　数列

(1)　右のように組に分けて考える。$1+2+3+4+5=15$より，５組までに並んでいる個数の合計が15個とわかるから，20番目の分数は６組の，$20-15=5$(番目)の分数である。また，６組には分母が，$6+1=7$の分数が小さい順に並んでいるので，５番目の分数は$\frac{5}{7}$とわかる。

(１組)　$\frac{1}{2}$
(２組)　$\frac{1}{3}$，$\frac{2}{3}$
(３組)　$\frac{1}{4}$，$\frac{2}{4}$，$\frac{3}{4}$
(４組)　$\frac{1}{5}$，$\frac{2}{5}$，$\frac{3}{5}$，$\frac{4}{5}$
……　………………

(2)　$\frac{2}{9}$は，$9-1=8$(組)の２番目の分数である。また，７組までに並んでいる個数の合計は，$1+2+\cdots+7=(1+7)\times7\div2=28$(個)だから，８組の２番目の分数ははじめから数えて，$28+2=30$(番目)と求められる。

(3)　$1+2+\cdots+13=(1+13)\times13\div2=91$より，13組までに並んでいる個数の合計は91個とわかる。よって，はじめから100番目の分数は14組の，$100-91=9$(番目)の分数である。また，14組には分母が，$14+1=15$の分数が小さい順に並んでいるから，９番目の分数は$\frac{9}{15}$とわかる。

5　場合の数

(1)　百の位には{1，2，3}の３通り，十の位には残りの２通り，一の位には残りの１通りのカードを並べることができる。よって，３けたの整数は，$3\times2\times1=6$(通り)できる。

(2)　０を使うときも，百の位には{1，2，3}の３通りのカードを使うことができる。また，十の位には，百の位で使ったカードの残りに０を加えた３通り，一の位には，百の位と十の位で使ったカードの残りの２通りを並べることができる。よって，３けたの整数は，$3\times3\times2=18$(通り)できる。

(3)　310以上の整数は，310，312，320，321の４通りある。よって，全体からこの４通りをひくと，310より小さい数は，18－４＝14(通り)とわかる。

6　平面図形―図形の移動，長さ，面積

(1)　点Oが通ったあとの線は，右の図の太実線のようになる。曲線部分を集めると半径が２cmの円周になるから，曲線部分の長さの合計は，２×２×3.14＝12.56(cm)とわかる。また，直線部分の長さの合計は，10×６＝60(cm)なので，合わせると，12.56＋60＝72.56(cm)となる。

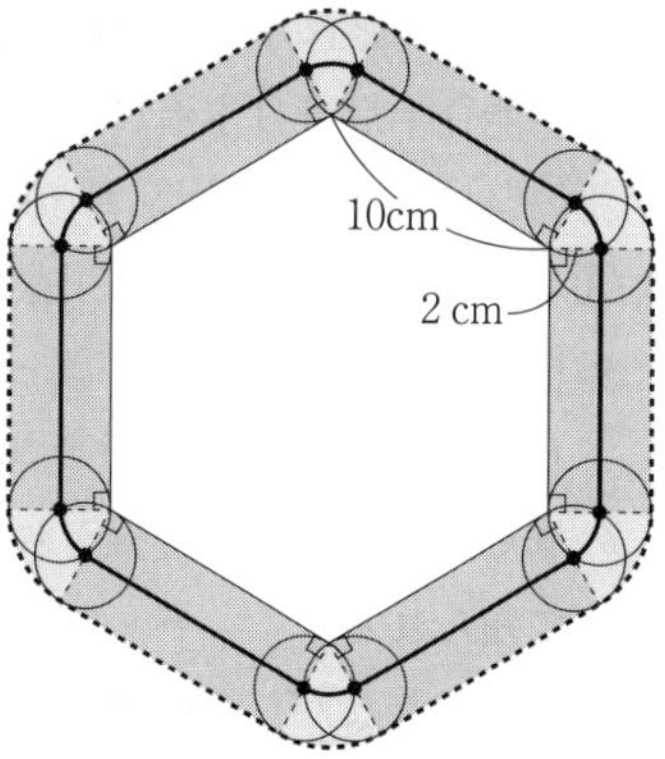

(2)　円Oが通ったあとの図形は，右の図のかげをつけた部分である。うすいかげの部分を集めると，半径が，２×２＝４(cm)の円になるので，うすいかげの部分の面積の合計は，４×４×3.14＝50.24(cm²)と求められる。また，濃《こ》いかげの部分の面積の合計は，10×４×６＝240(cm²)だから，合わせると，50.24＋240＝290.24(cm²)とわかる。

〔ほかの解き方〕　図のようなとき，円が通ったあとの図形の面積は，(円の直径)×(円の中心が動いたあとの線の長さ)で求めることができる。よって，(1)の結果を利用すると，(２×２)×72.56＝290.24(cm²)と求めることもできる。

(3)　図の太点線の長さを求めればよい。曲線部分を集めると半径が４cmの円周になるので，曲線部分の長さの合計は，４×２×3.14＝25.12(cm)とわかる。また，直線部分の長さの合計は(1)と同様に60cmだから，合わせると，25.12＋60＝85.12(cm)となる。

社　会　＜A入試＞（30分）＜満点：60点＞

解　答

1　**問1**　(エ)　**問2**　①　(う)　②　(X)　能登(半島)　(Y)　佐渡(島)　③　(イ)　④　E　d　F　b　**問3**　(イ)　**問4**　インフラ(インフラストラクチャー)　**2**　**問1**　(ア)　**問2**　(エ)　**問3**　(イ)　**問4**　エ　**問5**　藤原純友　**問6**　(ウ)　**問7**　(ア)　**問8**　(イ)　**問9**　(ウ)　**3**　**問1**　①　(オ)　②　(ウ)　③　地方交付税交付金　**問2**　(エ)　**問3**　(イ)　**問4**　デフレーション(デフレ)　**問5**　①　累進課税(制度)　②　(オ)　③　(ア)　**4**　**問1**　(ウ)　**問2**　**メリット**…(例)　税収の確保が難しい自治体は，税収の確保につながる。(自治体に対して関心を持ってくれる人が増え，観光につながる。)　**デメリット**…(例)　都市部の税収が減ってサービスの質が低下してしまう。(返礼品になるものがない地域ではふるさと納税を活用することができずに格差がうまれてしまう。)

解　説

1　ローカル線を題材とした総合問題

問1　鉄道が廃線《はいせん》になれば，自動車の利用が難しい高齢者にとって移動手段が失われることになる。

また，交通が不便になることで人口の流出が増え，その結果，子どもが減って学校が廃校になるなどの事態がおこりかねない。(エ)の独占《どくせん》禁止法は，ある商品の市場が１つの企業によって独占され，自由競争が失われることを防ぐための法律であるから，鉄道の廃線とは直接の関係はない。

問２　①　地図Ⅰの(あ)は福井市，(い)は金沢市(石川県)，(う)は富山市，(え)は新潟市である。　②　**X**　能登《のと》半島は日本海につき出た石川県北部の半島で，大部分が丘陵《きゅうりょう》地帯となっている。　**Y**　新潟県に属する佐渡島は，択捉《えとろふ》島・国後《くなしり》島・沖縄島につぐ日本で４番目に大きい島である。

③　ａは福井県，ｂは石川県，ｃは富山県，ｄは新潟県。白神山地は青森県と秋田県にまたがる世界自然遺産だから，(イ)が誤っている。　④　**E**　小千谷縮《おぢやちぢみ》は新潟県中部の小千谷市周辺で生産される麻織物で，国の重要無形文化財に指定され，ユネスコ(UNESCO，国連教育科学文化機関)の無形文化遺産にも登録されている。また，同県中南部の魚沼地方は銘柄《めいがら》米のコシヒカリの産地として知られる。　**F**　写真の「ひがし茶屋街」は石川県の県庁所在地である金沢市に位置する観光地で，昔ながらの町並みを生かしたさまざまな店が並んでおり，人気の観光スポットとなっている。

問３　コンパクトシティーとは，都市の中心部を再開発し，行政機関や商業施設など生活に必要な施設や機能を一定の範囲内に集めることで，住民が効率のよい暮らしをすることができるようにした政策のこと。(イ)は都市の拡大をめざした政策であるから，コンパクトシティーの構想とは正反対のやり方になる。

問４　人々の日常生活を支える生活基盤《きばん》のことをインフラ(インフラストラクチャー)といい，具体的には公共施設や道路，鉄道，港湾，ダム，上下水道，電気，ガス，電話などを指している。

2　**自然環境を題材とした歴史の問題**

問１　鎌倉幕府を開いたのは源頼朝《みなもとのよりとも》。義経《よしつね》は頼朝の弟で，源氏の大将として活躍《かつやく》して壇ノ浦《だんのうら》(山口県)で平氏を滅ぼしたが，頼朝と対立し，最後は平泉(岩手県)で自害に追いこまれた。鎌倉の位置はａ(神奈川県)で，ｂは京都である。

問２　江戸幕府の初代将軍は徳川家康《とくがわいえやす》。1867年に大政奉還《たいせいほうかん》を行い，最後の将軍となったのは第15代の徳川慶喜《よしのぶ》である。なお，家光は第３代，綱吉は第５代，吉宗は第８代の将軍。

問３　承久《じょうきゅう》の乱(1221年)の後，後鳥羽《ごとば》上皇が流されたのは隠岐《おき》(島根県)であるから，(イ)が誤っている。

問４　対馬(長崎県)はエで，九州の北に位置している。なお，アは択捉《えとろふ》島(北海道)，イは利尻《りしり》島(北海道)，ウは隠岐島，オは五島列島(長崎県)である。

問５　939年，伊予《いよ》(愛媛県)の役人だった藤原純友《すみとも》は，瀬戸内海一帯で海賊《かいぞく》を率いて乱を起こした(藤原純友の乱)。

問６　厳島《いつくしま》神社(広島県)は広島湾の厳島(宮島)に位置し，平安時代末期に平清盛が一族の繁栄《はんえい》を願い，守り神としてあつく信仰した神社である。この神社は海の中に建つ(ウ)の鳥居が有名で，1996年12月に世界文化遺産に登録された。なお，(ア)は江戸城(東京都)，(イ)は日光東照宮(栃木県)，(エ)は鶴岡八幡宮(神奈川県)である。

問７　14世紀に建武の新政を行ったが，京都を追われて吉野(奈良県)にのがれ，南朝を開くことになったのは後醍醐《ごだいご》天皇。京都に別の天皇を立て北朝を開き，征夷《せいい》大将軍となったのは足利尊氏《あしかがたかうじ》である。なお，天智天皇と天武天皇はともに７世紀後半に，嵯峨《さが》天皇は９世紀初めに，それぞれ在位した天皇。楠木正成《くすのきまさしげ》，北畠顕家《きたばたけあきいえ》，新田義貞《にったよしさだ》はいずれも南朝方の武将である。

問8　15世紀前半に現在の沖縄に成立した琉球《りゅうきゅう》王国は，17世紀初めに薩摩《さつま》藩(鹿児島県)の支配を受けるようになり，明治時代に入ると，新政府は1872年に琉球藩を置いた。1879年，政府は先に行っていた廃藩置県を推し進め，琉球藩を廃止して沖縄県を設置し，日本に併合した(琉球処分)。沖縄戦は第二次世界大戦末期の1945年4～6月に行われた地上戦である。

問9　1971年6月，佐藤栄作内閣はアメリカとの間で沖縄返還協定に調印。翌72年5月，沖縄の日本への復帰が実現した。

3　日本の財政を題材とした政治の問題

問1　①　x　国債《こくさい》費とは，政府が過去に発行した国債の返済や利子の支払いのための費用のこと。歳出に占《し》める国債費の割合は，1990年度が21.6%，2021年度が22.3%と増加しているので正しい。　y　1990年度の歳出額は66.2兆円，2021年度の歳出額は106.6兆円であるから，約1.6倍に増えているので正しくない。　z　予備費とは，予期しない事態や状況の変化などに備えるために組みこまれる費用のこと。2021年度においては，前年から広まった新型コロナウイルス感染症《しょう》への対策にあてるために予備費が組まれたので正しい。　②　日本の社会保障制度は，社会保険，社会福祉，公的扶助《ふじょ》，公衆衛生の4つの柱からなるが，(ウ)は「社会衛生」とあるので誤っている。　③　地方公共団体間の収入格差を減らすために国から支給されるのは地方交付税交付金。同じように国から自治体に支給される国庫支出金とは異なり，使いみちは自由である。

問2　高度経済成長が続いた1960年代には，第二次産業(鉱工業や建設業など)・第三次産業(商業や運輸業，サービス業など)の比重が上がり，第一次産業(農林水産業など)の比重は下がったから，(エ)が誤っている。

問3　予算は内閣が作成し，国会での審議・議決を経て決定される。

問4　物価が継続的に下落する現象はデフレーション(デフレ)，継続的に上昇する現象はインフレーション(インフレ)という。一般に，好景気のときにはインフレに，不景気のときにはデフレになりやすい。

問5　①　所得(収入)が高い人ほど税率が高くなる制度は累進課税《るいしんかぜい》とよばれる。日本では所得税や相続税などに取り入れられている。　②　x　消費税のような間接税の税率は一定であるが，同じ金額の税を払うということは，所得の少ない人ほど負担する割合は大きいことになるので正しい。　y　税を納める義務のある人と実際に負担する人が同じであるのが直接税，異なるのが間接税であるので正しくない。消費税は，納税者は商品を販売した業者であるが，負担者はその商品を購入した消費者ということになる。　z　消費税は1989年4月に導入された間接税なので正しい。　③　2021年度の一般会計税収のうち，一番割合が大きいのは消費税で33.2%，ついで所得税(30.6%)，法人税(14.7%)の順となっている。統計資料は『日本国勢図会』2022／23年版による。

4　ふるさと納税についての問題

問1　ふるさと納税で支払う寄付金のうち，2000円を超える部分については所得税の還付か，住民税の控除《こうじょ》を受けることができる。

問2　表1からは，ふるさと納税の受入額の上位の自治体には地方都市が多いこと，その一方で，受入額の下位は地方の山間部や島しょ部の町村で占められていることがわかる。また，表2からは，控除額が多い，つまりふるさと納税を利用した人が多い自治体の上位は大都市で占められていることがわかる。つまり，ふるさと納税には，税収の少ない地方都市においては寄付により多くの収入を得ることができるというメリットがあり，さらに，特産品を返礼品にすることでその自治体に関心を持ってくれる人が増え，観光客の増加といった効果につながる可能性もあると考えられる。しかし，魅力《みりょく》のある返礼品を用意することが難しい農山村などではこの制度を活用できず，かえって財政の格差を拡大することも想像できる。また，制度を利用する都市部の自治体にとっては，本来得られるはずの税収が減少することになるので，行政サービスの低下などにつながるというデメリットが考えられる。

理 科 ＜Ａ入試＞（30分）＜満点：60点＞

解 答

[1] (1) エ，オ，カ，ク　(2) エ　(3) イ　(4) なめる　(5) イ　(6) ぎたい　(7) (例) **商品名**…スパイダーシルク　**どのような特徴に注目したのか**…クモの糸は伸縮性と強度に優れている点。　**考えた商品**…手術用の縫合糸　**セールスポイント**…伸び縮みすることで、患者の痛みが軽減すること間違いなし！　[2] (1) ア　(2) イ　(3) ア　(4) ウ　(5) エ　(6) ア，イ，エ　(7) エ　[3] (1) ① A　② イ　(2) **A** エ　**B** イ　**C** ア　**D** ウ　(3) B　(4) 3種類　[4] (1) **図1**…力点　**図2**…作用点　**図3**…作用点　**図4**…支点　(2) ① 12　② 45　③ 20　④ 25

解 説

[1] 昆虫《こんちゅう》についての問題

(1) ア～クのうち，昆虫はアブラムシ，セミ，カブトムシ，ゲンゴロウである。なお，カタツムリは軟《なん》体動物，アオダイショウはヘビのなかまでは虫類，ミドリムシはプランクトンのなかま，クモはクモ類に属する。

(2) 昆虫のあしは胸に3対ついている。

(3) トンボの幼虫はヤゴとよばれ，水中に生息し，成体は羽を持ち陸上に生息している。なお，タガメは一生を通して水中に生息し，バッタとカマキリは一生を通して陸上に生息している。

(4) 図はハエの口で，くさったものなどをなめるのに適したつくりになっている。

(5)，(6) アゲハチョウの幼虫は，イのように黒色と白色のまだら模様をしている。幼虫がこのような色をしているのは，鳥のふんに似せることで，鳥から自身を守るためと考えられている。また，アゲハチョウが5令幼虫になると，食べ物であるミカン科の植物の葉にまぎれやすいように緑色に変化する。このように，動物が周囲にあるものや他の動物に似た形，色彩《しきさい》をもつことを，ぎたいという。

(7) クモの遺伝子を使って蚕《かいこ》につくらせた絹を，スパイダーシルクといい，強度が鋼鉄製のワイヤーと同じくらい強い絹糸と，伸縮性が高いクモの糸の両方の性質を持っている。この性質を利用して，手術用の縫合糸《ほうごうし》などに使われている。

[2] 局所的大雨(ゲリラ豪雨《ごうう》)についての問題

(1) せまい範囲に突然激しい雨を降らす雲は，垂直方向に発達した積乱雲である。

(2)　大雨が降る前には，空が暗くなり急に冷たい風が吹《ふ》くことが多い。

(3)　積乱雲は水平方向にはあまり広がっていないので，局所的大雨は長く降り続くことはなく，約1時間ぐらいでやむことが多い。

(4)　ふつう夏に降る局所的大雨は，太陽の強い光によって地表付近の空気が温められて，急激な上昇《じょうしょう》気流が発生しやすくなることが原因で降る。

(5)　決まった体積の空気に含《ふく》むことのできる水蒸気の量には限りがあり，その量は温度が低いほど小さくなる。ピストンをすばやく引くとフラスコ内の気圧が下がり，温度が下がる。このため，フラスコ内の空気に含みきれなくなった水蒸気が細かい水のつぶに変化して白くくもる。逆に，ピストンをすばやく押《お》すとフラスコ内の気圧が上がり，温度が上がるので，フラスコ内の水のつぶが水蒸気に変化して，白いくもりは消える。なお，線香の煙《けむり》は，水蒸気が水てきになりやすくするための核《かく》の役目として入れてある。

(6)　台風の中心付近では下降気流が発生しているため，雲がない台風の目とよばれる部分ができ，台風の勢力が強いほど下降気流も強くなるため，台風の目ははっきり見える。台風のエネルギー源は温かくしめった空気なので，気温の高い海上で発達する。しかし，台風が上陸するとしめった空気が供給されなくなるから勢力が弱まり，通常，温帯低気圧に変化する。なお，台風が前線をともなうことはなく，日本付近に近づいた台風が北東に進むことが多いのは偏西風《へんせいふう》の影響《えいきょう》である。

(7)　台風は低気圧が発達したものだから，エのように，中心に向かって反時計回りに風が吹き込んでいる。

3　気体の性質についての問題

(1)　4つの気体に当てはまる特徴《とくちょう》を示すと，右の表のようになる。これより，3つの気体に共通した特徴は，「においがない」で，その特徴をもたない気体はアンモニアとわかる。

	アンモニア	酸素	二酸化炭素	水素
空気と比べた重さ	軽い	重い	重い	軽い
におい	ある	ない	ない	ない
水へのとけ方	とける	とけにくい	少しとける	とけにくい
色	ない	ない	ない	ない

(2)　アンモニアは，塩化アンモニウムと水酸化カルシウムの混合物を加熱すると発生し，酸素は二酸化マンガンにうすい過酸化水素水(オキシドール)を加えると発生する。また，二酸化炭素は石灰石にうすい塩酸を加えると発生し，水素は鉄などの金属にうすい塩酸を加えると発生する。

(3)　火のついた線香を近づけたとき，線香が炎《ほのお》を上げて燃えるのは，その気体にものが燃えるのを助けるはたらきがあるからである。そのようなはたらきをもつ気体は酸素である。

(4)　水上置換《ちかん》法は，発生した気体を水と置き換《か》えて集める方法なので，水にとけにくい気体を集めるのに適している。したがって，上の表より，酸素，水素が当てはまり，そのほかに，水に少しとける二酸化炭素も水上置換法で集めることができる。

4　てこのつりあいについての問題

(1)　てこの3点のうち，てこを支えているところを支点，てこに力を加えるところを力点，ものに力がはたらくところを作用点という。それぞれの道具のてこの3点は，下の図のようになっている。

(2)　①～④のおもりの重さをそれぞれ□gとする。　①　30×20＝□×50の関係が成り立ち，□

＝600÷50＝12(g)となる。　② 30×50＝□×20＋20×30の関係が成り立ち，□＝(1500－600)÷20＝45(g)になる。　③ 30×20＝□×30の関係が成り立ち，□＝600÷30＝20(g)である。　④ □×60＝(30＋20)×30の関係が成り立ち，□＝1500÷60＝25(g)と求められる。

図1

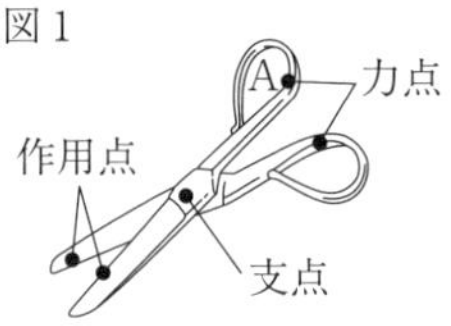

図2

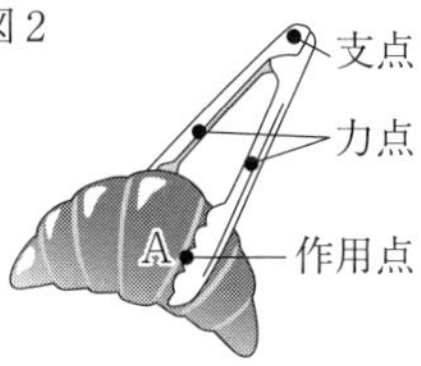

図3

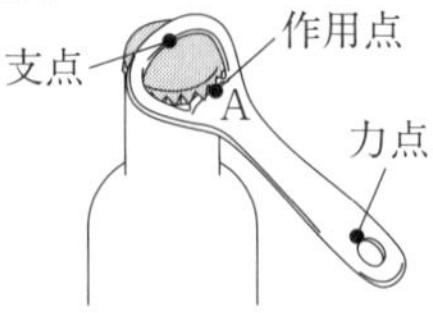

図4

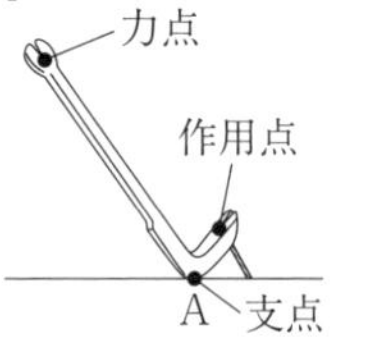

国語 ＜A入試＞（50分）＜満点：100点＞

解答

一 ① ないぞう　②，④ 下記を参照のこと。　③ いちょう　**誤字**…返(って)　**正字**…帰(って)　二 **問1** ウ　**問2** イ　**問3** エ　**問4** ア　**問5** エ　**問6** エ　**問7** 評価の際，　**問8** Ⅰ　三 **問1** イ　**問2** ウ　**問3** ア　**問4** イ　**問5** エ　**問6**（例）アルファ碁が人間に全勝した結果が出て，今後は汎用AIを開発しようとしている。　**問7** ロボットが感情を持つ(状態)　**問8** ウ　**問9**（例）感情を持つロボットに仕事をさせる場合，良い点は人間をよりよく理解してくれ，話し相手にもなる点だろう。悪い点は，そのロボットのきらいな仕事や苦手な仕事をたのんだときには，いやがるかもしれない点だ。

●漢字の書き取り

一 ② 熟成　④ 骨

解説

一 漢字の読みと書き取り，誤字の訂正

① 胸や腹の中にあって，さまざまなはたらきをしている臓器。　② 十分に熟してうまみの出た状態になること。　③ 胃と腸。　④ 音読みは「コツ」で，「骨格」などの熟語がある。誤字は「返って」で，「帰って」が正しい。「返」は，“借りたものをかえす”，“手紙をかえす”という意味の字。「帰」は，“もどる”という意味の字。

二 出典は赤澤竜也《あかざわたつや》の『吹部《すいぶ》！』による。音大附属《ふぞく》高校に進学するはずだった宏敦《ひろあつ》は地元の高校に進学したが，吹奏楽部にさそわれて演奏すると，「なにかが足りないかも」と言われてしまう。

問1 直後に「とにかく明るくて優雅《ゆうが》な雰囲気《ふんいき》だったから」と理由が書かれている。前には，宏敦の父親はオーボエ奏者，母親は音大のピアノ科出身で，訪問するとその場でいろいろな曲を演奏してくれるとあり，後には，宏敦自身も，様々な楽器の演奏ができたことが書かれているので，ウが選べる。

問2 小さいころは快活だったが，中学校の半ばごろから宏敦は神経質そうになり，反抗期《はんこうき》なのだろうと鏑木《かぶらぎ》さんは思っていたとある。よって，不満を持ち，反抗したりやけになったりするようすをいうイが合う。

問３　今は宏敦と親しくしていないが，吹奏楽部に一度さそってみようかと鏑木さんが考えて，教室の前まで行ったことが前に書かれている。だが，「やっぱりムリ」だと直後にあきらめているので，前のことがらに対し，後のことがらが対立する関係にあることを表す「でも」がよい。

問４　宏敦を吹奏楽部にさそうのはやはりやめようと思ったところで宏敦にぶつかってしまい，不《ふ》機嫌《きげん》そうな応対をされて動揺《どうよう》し，鏑木さんは声がうわずっている。部活動のことを話し始めてみたが，いっそう宏敦がいらいらしたようすをみせたため，混乱してしまっているのだから，アが合う。

問５　Ｃ　何の楽器をやっていたのかという質問に対する答えなので，②が入る。　Ｄ　楽器をやっていた期間を聞かれたのだから，③が合う。　Ｅ　金管楽器や木管楽器の経験を聞かれて答えているので，①がよい。

問６　「頭に血が上る」は，“かっとなる”という意味。三田村《みたむら》先生の言葉に怒《いか》りを感じているが，音楽に未練があって，気になっているのでは，という指摘《してき》は的中していたので，「オレ」は何も言えなかったのである。

問７　投げかけられた「この言葉」とは，「なにかが足りない」という言葉である。この言葉になやまされるようになったのは，バイオリンのコンクールで勝てなくなってきたころだったことが「評価の際，必ず盛《も》り込《こ》まれていたのが『あと少し』という表現だ」という一文でわかる。

問８　もどす文には「そのときも」とあるので，宏敦が父親と「すさまじい言い合い」になったのが二回目以降である箇所《かしょ》に入れればよい。レッスンをさぼって父親にしかられたときに「生まれて初めて」反抗したとあるので，もどす文は，次に反抗した内容である音楽の道に進むのをこばんだことが書かれている直前の[Ⅰ]に入る。

[三] **出典は遠藤薫《えんどうかおる》の『ロボットが家にやってきたら…　人間とAIの未来』による。**ロボット技術の進化を四段階に分け，それぞれの内容を現状とからめて説明している。

問１　「自律的に判断して行動する」第１段階のロボットの例が，一つ目と二つ目の空らんＡの後にあげられている。三つ目の空らんＡの前には，第２段階の「新しいアイディア」を生み出すロボットも実現しているともいえるとあり，後にはその例として「アルファ碁《ご》」があげられている。よって，具体的な例をあげるときに用いる「たとえば」が入る。

問２　ジアーナちゃんが息をしていないことに気づいたステイシーさんに言われてSiri《シリ》は救急車を呼んだが，救急車が到着《とうちゃく》する前にジアーナちゃんの呼吸はもどったのだから，ジアーナちゃんが助かったのはSiriが救急車を呼んだおかげだとは必ずしも言えない。よって，ウがふさわしい。

問３　空らんＢのある段落に続く二段落には，チェスと将棋《しょうぎ》において，人工知能が人間に勝った例があげられている。この結果は，人工知能が人間と互角《ごかく》またはそれ以上に強いことを示しているといえる。「勝るとも劣らない」は，同等以上であるようす。

問４　当初は，人工知能は当分人間の棋士《きし》には勝てないだろうと予想されていたのに，結果的には人工知能の圧勝《あっしょう》だった。よって，予想に反して貧弱な内容で物足りないようすを表す「あっけない」が入る。

問５　この場合の「手」は，やり方のことなので，エが選べる。なお，アの「手がはなせない」の「手」は，仕事のこと。イの「手に入れる」の「手」は，所有のこと。ウの「手に汗にぎる」の

「手」は，手のひらのこと。オの「手に取る」の「手」は，身体の手のこと。

問6　ぼう線③の「これ」は，アルファ碁が人間に全勝した「中国の柯潔《かけつ》九段との三番勝負」を指す。アルファ碁を開発した会社のCEOは，これを受けて，今後は「『汎用《はんよう》AI』の開発を加速させる」と述べている。

問7　ぼう線④のように言えるのは，第３段階に到達したロボットのことである。本文の最初にあるように，第３段階は，「ロボットが感情を持つ」状態である。

問8　直前にあるように，来《きた》るべき未来とは，「テクノロジーが急速に変化し，それによって甚大な影響《えいきょう》がもたらされ，人間の生活が後戻《あともど》りできないほどに変容してしまうような」未来である。

問9　第３段階のロボットとは，「感情を持つ」ロボットである。これをふまえ，自分の生活の中にそのようなロボットが現れたらどういうことが起こるかを想像し，良い点と悪い点に分けて具体的に書けばよい。

2023
年度

横浜女学院中学校

【算　数】〈B入試〉(50分)〈満点：100点〉

注　意

1　3～6については途中式や考え方も書きなさい。

2　円周率は3.14とする。

1 次の計算をしなさい。

(1) $17 + \{7 \times (9 - 2) - 29\} \div 2$

(2) $3 \times 36 + 4 \times 9 \times 5 + 12 \times 3 \times 2$

(3) $\left(3.225 - \frac{1}{8} - \frac{1}{10}\right) \div 0.3 - 0.25 \times 5\frac{1}{7} \times 0.7$

(4) $1 - \left(\frac{1}{3} + \frac{1}{9} + \frac{1}{27} + \frac{1}{81}\right)$

2 次の各問いに答えなさい。

(1) あるクラスの生徒の人数は39人です。このうち，犬を飼っている生徒は21人，猫《ねこ》を飼っている生徒は24人，どちらも飼っている生徒は10人です。どちらも飼っていない生徒は何人ですか。

(2) 周囲が720mの池の周りを，同じ地点から反対方向にＡさんは分速75mで，Ｂさんは分速45mで同時に出発しました。ＡさんとＢさんが初めて出会うのは出発してから何分後ですか。

(3) 底面積が18㎠，体積が288㎤の三角柱の高さは何㎝ですか。

(4) $\frac{7}{34}$，$\frac{43}{119}$ の両方にかけてどちらも整数になる数のうち，最も小さい数はいくつですか。

(5) 右の図は長方形の紙を折り返した図です。角xの大きさは何度ですか。

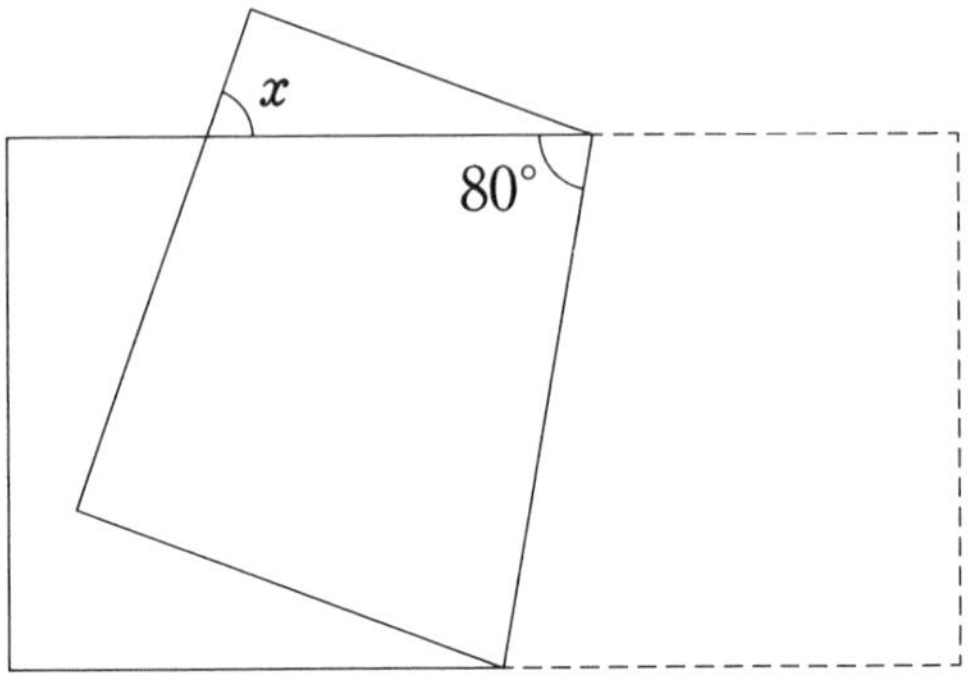

(6) 右の図のように半径３㎝の同じ大きさの円４つがすきまなく重ならないように並んでいます。色のついた部分の面積は何㎠ですか。

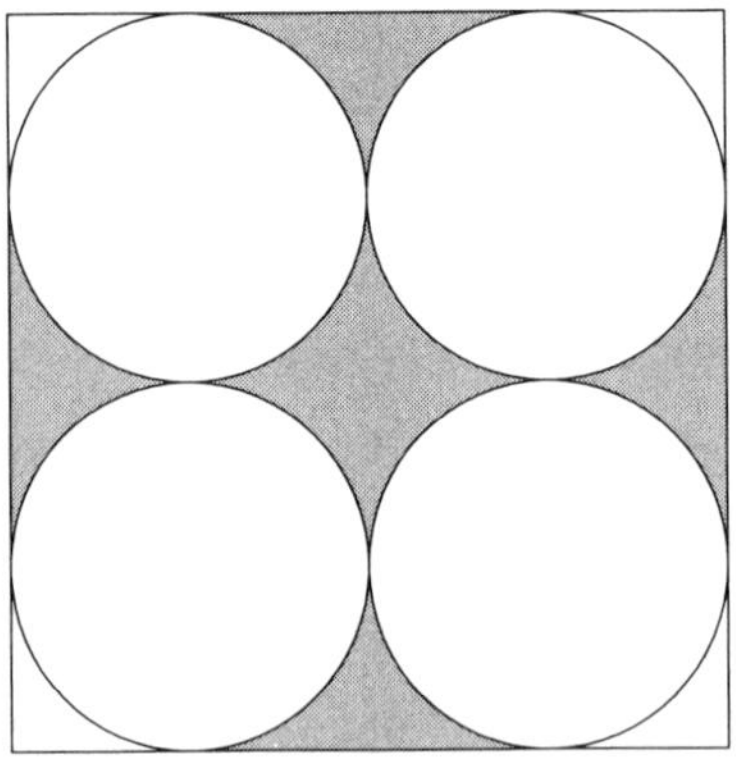

3 下のグラフは４都県の2002年度と2022年度の人口を表しています。４都県の中で人口の増加率が２番目に大きかった都県はどこで，約何％ですか。小数第２位を四捨五入して答えなさい。

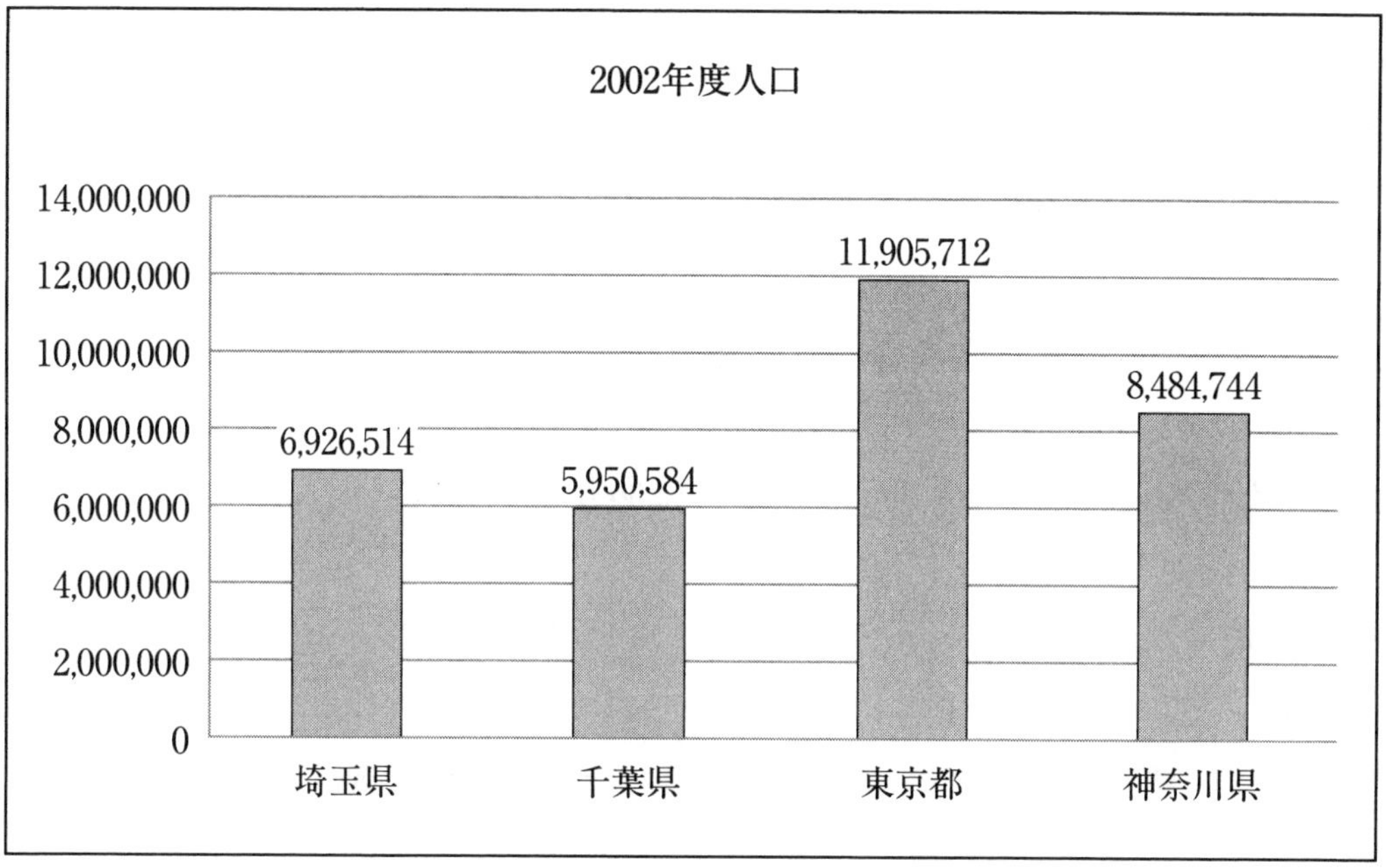

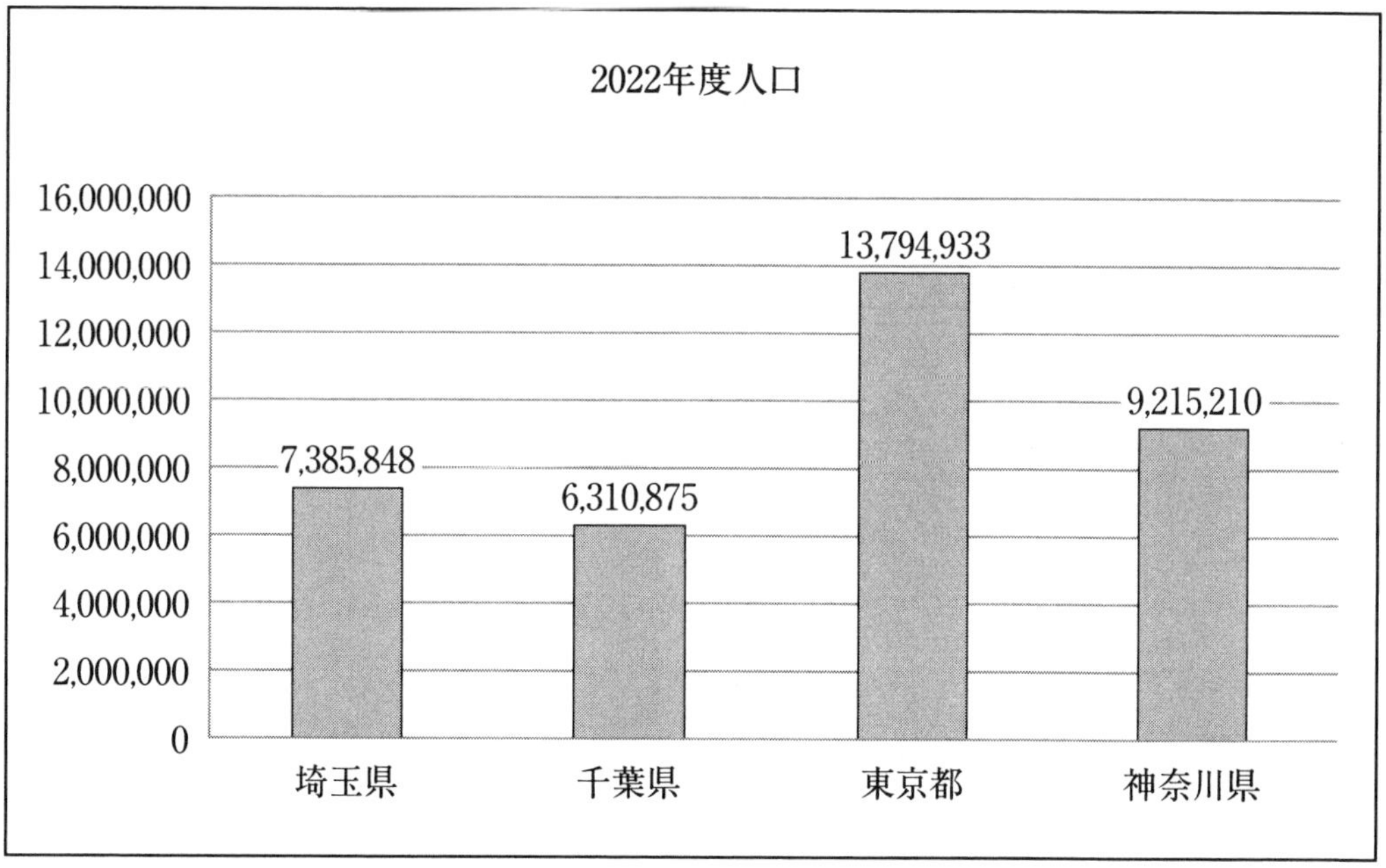

総務省住民基本台帳における人口調査より作成

4 次のように，ある規則にしたがって整数を並べます。

｜1｜，｜2，3｜，｜4，5，6｜，｜7，8，9，10｜，……
第1グループ　第2グループ　第3グループ　第4グループ

例えば，8は第4グループの最初から2番目の数です。
このとき，次の各問いに答えなさい。

(1) 第5グループの最後の数は15です。第6グループの最後の数はいくつですか。

(2) 83は第何グループの，最初から何番目にありますか。

(3) 第3グループのすべての数の和は次のように計算することとします。

4 + 5 + 6 = 15

このとき，第8グループのすべての数の和はいくつですか。

5 下の図の①～⑤の部分を赤・青・黄・緑・紫《むらさき》の5色のうち何色かを使ってぬり分けます。となり合う部分には異なる色をぬることにします。

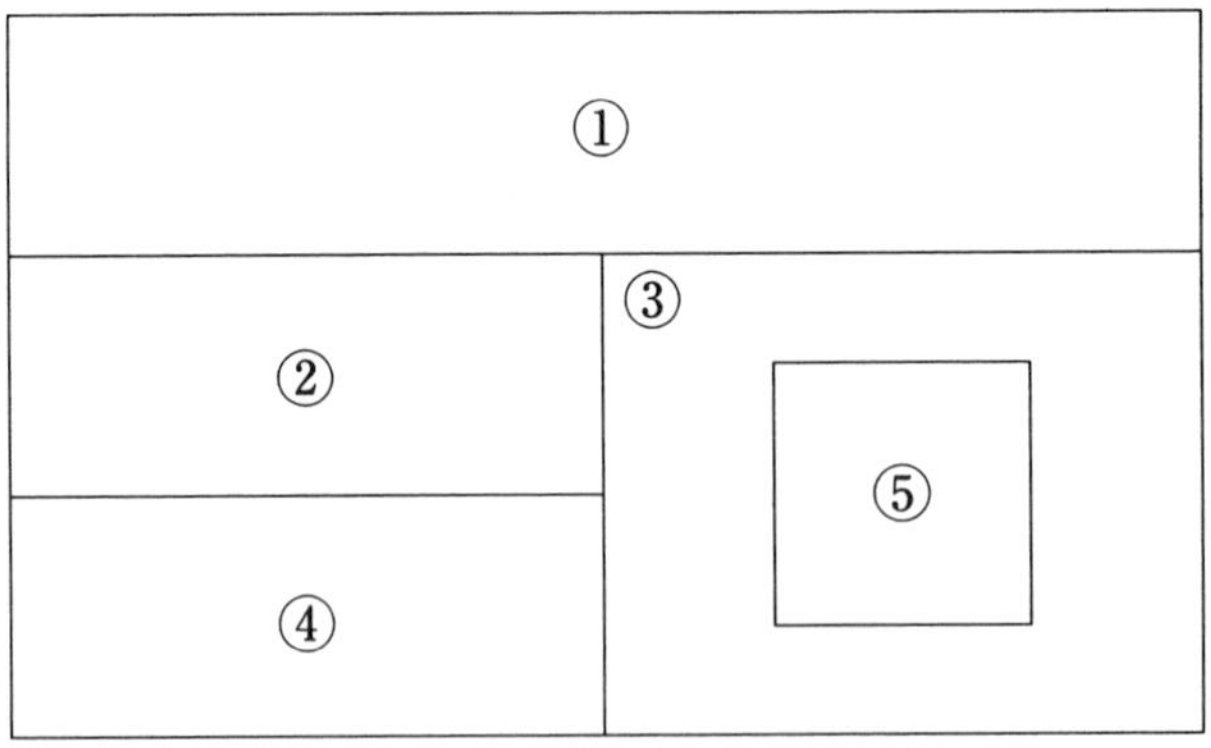

このとき，次の各問いに答えなさい。

(1) 赤・青・黄の3色を使ってぬり分けるとき，ぬり方は何通りですか。

(2) 赤・青・黄・緑の４色すべてを使ってぬり分けるとき，ぬり方は全部で何通りですか。

(3) ぬり分け方は全部で何通りですか。

6 図のように長方形と台形が並んでいます。長方形は秒速２㎝で右へ移動するものとします。

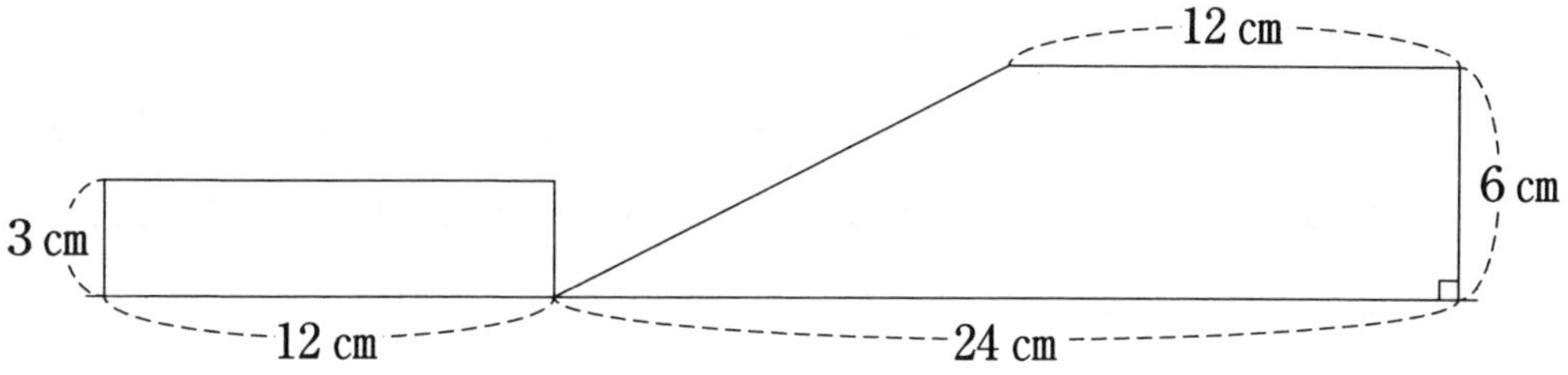

このとき，次の各問いに答えなさい。

(1) 移動しはじめてから６秒後の長方形と台形が重なった部分の面積は何㎠ですか。

(2) 重なった部分の面積が台形の面積の$\frac{1}{3}$となるのは移動しはじめて何秒後から何秒後までですか。

(3) 重なった部分の面積が９㎠となるのは移動しはじめて何秒後と何秒後ですか。

【社　会】〈B入試〉（30分）〈満点：60点〉

〈編集部注：実物の試験問題では，1の問５の地図はカラー印刷です。なお，カラーのものを弊社のホームページに掲載してあります。右のＱＲコードからもアクセス可能です。〉

1　次の文章は、毎日新聞「15歳のニュース」2022年３月５日の記事である。この記事を読み、各問いに答えなさい。

＊＊

15歳のニュース　温暖化「人間が原因」 IPCC報告、対策にも「限界」

国連の「気候変動《きこうへんどう》に関する政府間《せいふかん》パネル」（IPCC）第２作業部会《さぎょうぶかい》は28日、「人間が原因の地球温暖化が広範囲に悪影響を与えている」と初めて断定した第６次報告書を公表した。約78億人とされる世界人口の４割強にあたる33億～36億人が対応困難な状況《じょうきょう》にあるという。被害軽減《ひがいけいげん》のための対策に限界があることも指摘。「気候危機」が一刻《いっこく》の猶予《ゆうよ》もないほど深刻化していることを改めて示した。

（中略）

日本にも影響

日本も例外ではない。2021年の年平均気温は、平年値（1991～20年の平均）より0.61度高く、1898年の統計開始以降3番目に高かった。(A) 気温や海水温の上昇《じょうしょう》による農水産物への影響《えいきょう》も表れている。主食のコメへの影響はすでに出ており、暑さで米粒《こめつぶ》が白くにごってくだけやすくなる「白未熟粒《しろみじゅくりゅう》」の被害が相次いでいる。

一方、毎年各地で被害をもたらしている(B) 水害についても、国土交通省は過去の実績に基づく治水から、気候変動の将来予測に基づく対策に重点を移している。

■KEY　WORDS

【気候変動に関する政府間パネル（IPCC）】

地球温暖化とその影響、対策などについての科学的知見《かがくてきちけん》や、温室効果《おんしつこうか》ガス算定方法《さんていほうほう》の指《し》針《しん》を各国政府に提供するため、世界気象機関《せかいきしょうきかん》（WMO）と国連環境計画《こくれんかんきょうけいかく》（UNEP）が

1988年に設立した。現在、195カ国・地域が参加する。各国政府から推薦《すいせん》された科学者が、公表済みの研究成果を集めて分析・評価する。算定方法の最初の指針は95年に策定《さくてい》され、その後、改定を重ねている。5～7年ごとにまとめる影響予測などの報告書は、温暖化に関する交渉《こうしょう》や各国の対策の科学的根拠《かがくてきこんきょ》として使われる。2007年にノーベル平和賞を受賞した。

【第2作業部会】

IPCCには三つの作業部会があり、気候変動の科学的根拠などを担当する第1作業部会が2021年8月、温暖化は人間活動が原因と断定する報告書をまとめた。今回は気候変動の影響や被害軽減のための「適応策《てきおうさく》」などを担当する第2作業部会の報告書。第3作業部会は、温室効果ガス排出削減《はいしゅつさくげん》の選択肢《せんたくし》などを検討している。

＊＊＊

問1　下線部(A)に関して、次の文章は、水産庁ホームページ(平成29年水産白書)からのものである。文中の魚介類について、表Ⅰの(a)～(d)に当てはまる組み合わせとして正しいものを、次の(ア)～(エ)からひとつ選んで記号で答えなさい。

「気候変動は、地球温暖化による海水温の上昇等により、水産資源や漁業・養殖業《ようしょくぎょう》に影響を与えます。海水温の上昇が主要因と考えられる近年の現象として、ブリやサワラ等の分布域の北上があり、ブリについては、近年、北海道における漁獲量《ぎょかくりょう》が増加しています。また、沿岸資源については、九州沿岸で磯焼《いそや》けが拡大してイセエビやアワビ等の磯根資源《いそねしげん》が減少したり、瀬戸内海では南方系魚類であるナルトビエイの分布拡大によるアサリへの食害が増加したりしています。さらに、養殖業においては、陸奥湾《むつわん》でのホタテガイの大量斃死《たいりょうへいし》(突然大量に死ぬこと)や広島《ひろしま》湾でのカキの斃死率《りつ》の上昇、有明《ありあけ》海《かい》でのノリの生産量の減少等が報告されています。このような状況に対処するためには、例えば、分布域が北上した魚種については現地での利用を促進《そくしん》したり、ホタテガイの大量斃死を防ぐために、水温が20℃を超えた際に養殖施設《しせつ》を水温の低い下層に移すなどの対策を検討していくことが必要です。」

表Ⅰ　養殖物のおもな産地（2019年）

	%
海面養殖物	
（a）	鹿児島32、愛媛15
まだい	愛媛57、熊本13
（b）	青森68、北海道28
（c）	広島61、宮城13
こんぶ類	北海道73、岩手23
わかめ類	宮城41、岩手28
（d）	佐賀26、兵庫21
内水面養殖物	
うなぎ	鹿児島42、愛知26

『日本国勢図会ジュニア版
日本のすがた2022』より

（ア）（a）かき　（b）ぶり　（c）ほたてがい　（d）のり

（イ）（a）ぶり　（b）ほたてがい　（c）かき　（d）のり

（ウ）（a）ぶり　（b）かき　（c）のり　（d）ほたてがい

（エ）（a）のり　（b）ほたてがい　（c）かき　（d）ぶり

問２　下線部（A）に関して、日本の沿岸では水域環境の変化などにより魚が減ってきている。たくさんの魚を消費する日本においては、魚を外国から輸入するほか魚を増やす工夫をしている。魚や貝の卵をふ化させ、稚《ち》魚《ぎょ》（貝）を育て、その後、海や川に放流し、成長したものをとる漁業を何というか答えなさい。

問3　下線部(A)に関して、沿岸国が魚などの水産資源や、海底にある鉱産資源を利用する権利を持つ排他的経済水域が1970年代に定められた。この水域は日本において海岸線(低潮線)から何海里か数字で答えなさい。

問4　下線部(A)に関して、次の図Ⅰは都道府県別に見た農業産出額を示したものである。図Ⅰ中の［(ア)］～［(エ)］は「稲作」「畜産」「果樹栽培」「野菜栽培」のどれかが入る。［(ア)］と［(ウ)］に当てはまるものをそれぞれ答えなさい。

図Ⅰ

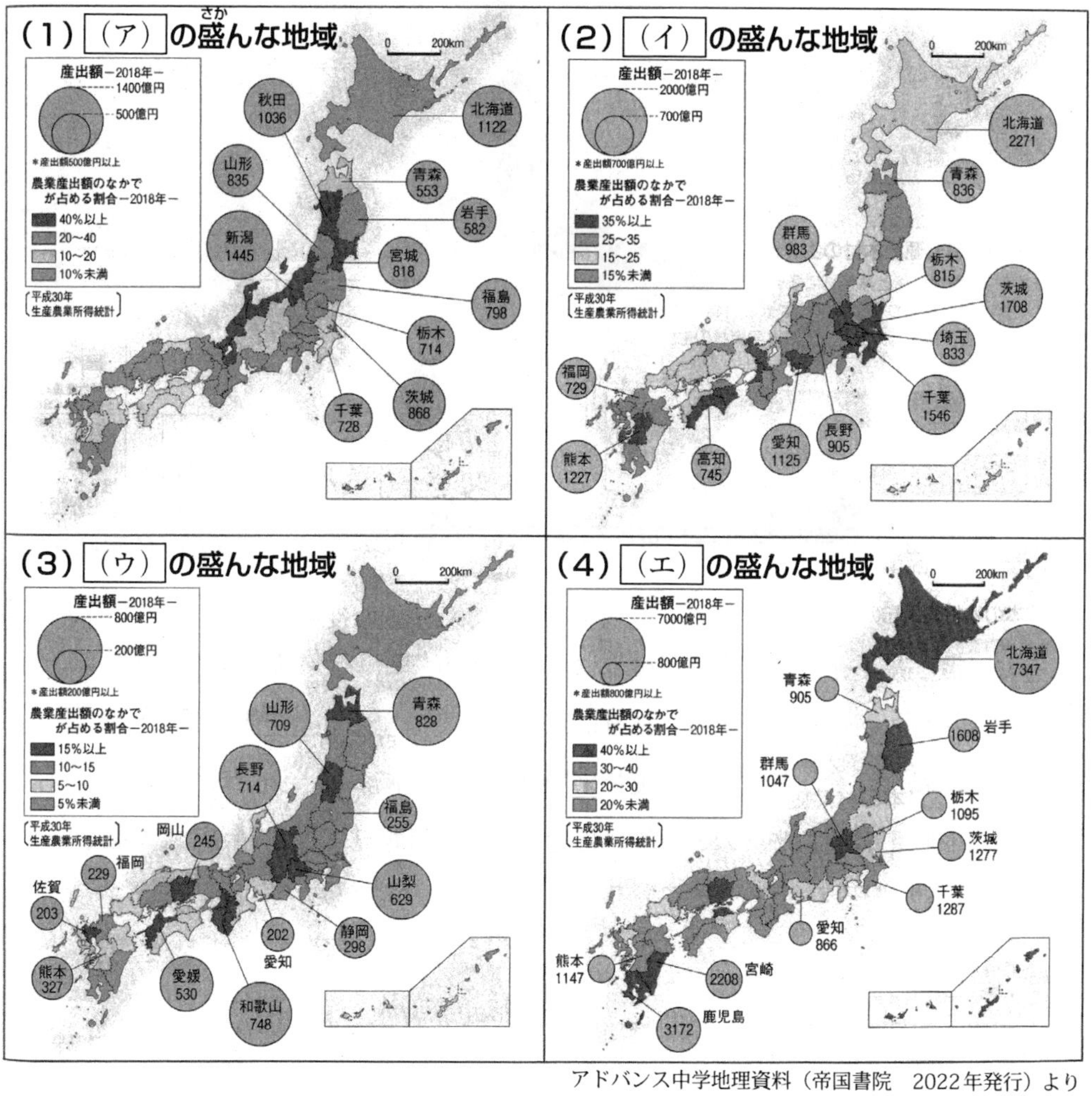

アドバンス中学地理資料(帝国書院　2022年発行)より

問５　下線部（A）に関して、次の図Ⅱと Ⅲは、農業・食品産業技術総合研究機構（農研機構）のWebサイト『地球温暖化と農林水産業』の子ども向けＱ＆Ａからの抜粋《ばっすい》である。図に関して①・②それぞれの問いに答えなさい。

①　図Ⅱは温暖化が進行し、現在より４度気温が上昇したときの米の収穫量の変化を表している。図Ⅱから予測されることとして誤っているものを、次の（ア）～（エ）からひとつ選んで記号で答えなさい。

図Ⅱ

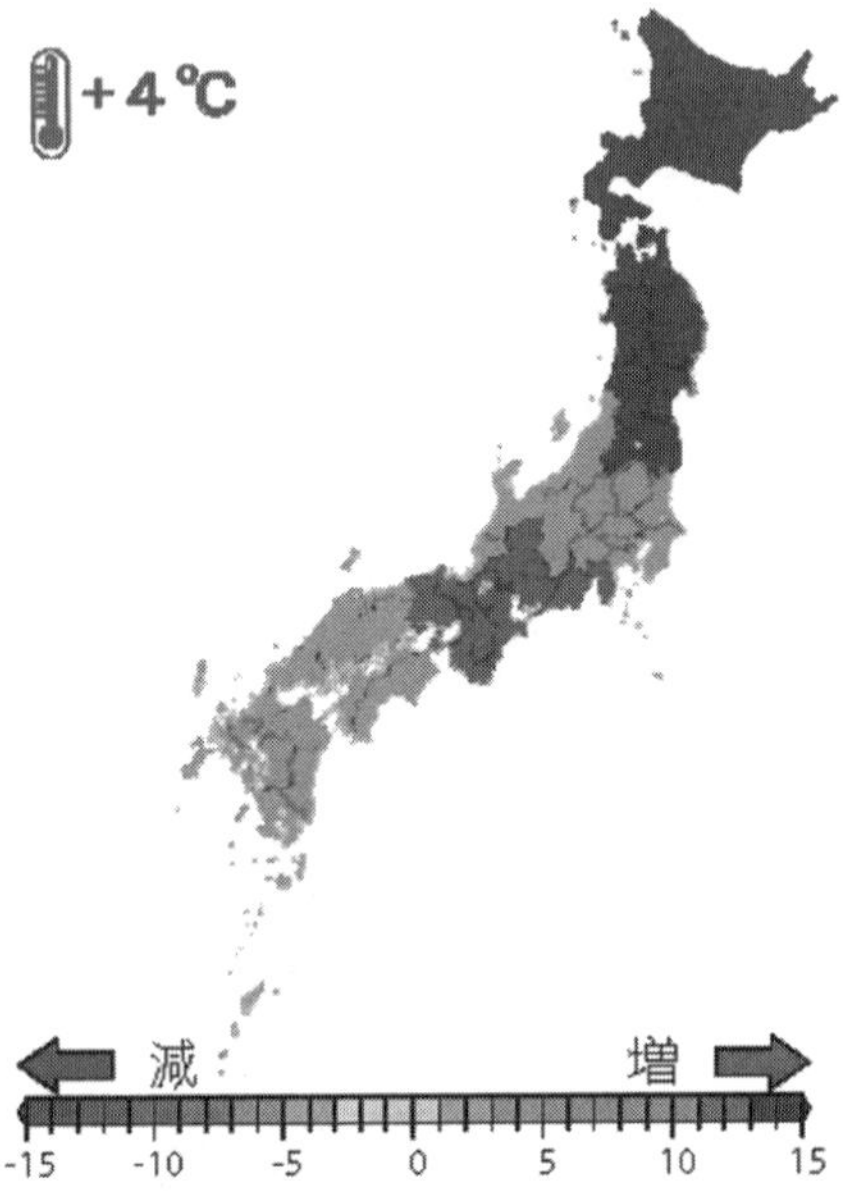

Webサイト「『地球温暖化と農林水産業』の子ども向けＱ＆Ａ」より
Ｑ：将来、米の収かく量はどうなるの？

（ア）温暖化が進むと、米の収穫量は北海道地方では増えると予測されている。

（イ）温暖化が進むと、米の収穫量は東北地方では増えると予測されている。

（ウ）温暖化が進むと、米の収穫量は関東地方では減ると予測されている。

（エ）温暖化が進むと、米の収穫量は近畿地方では増えると予測されている。

② 図Ⅲは現在と2060年代に現在より３度気温が上昇したときのりんごの収穫量を表している。図Ⅲを参考にして、日本のりんごの生産予測について正しいものを、次の（ア）～（エ）からひとつ選んで記号で答えなさい。

図Ⅲ

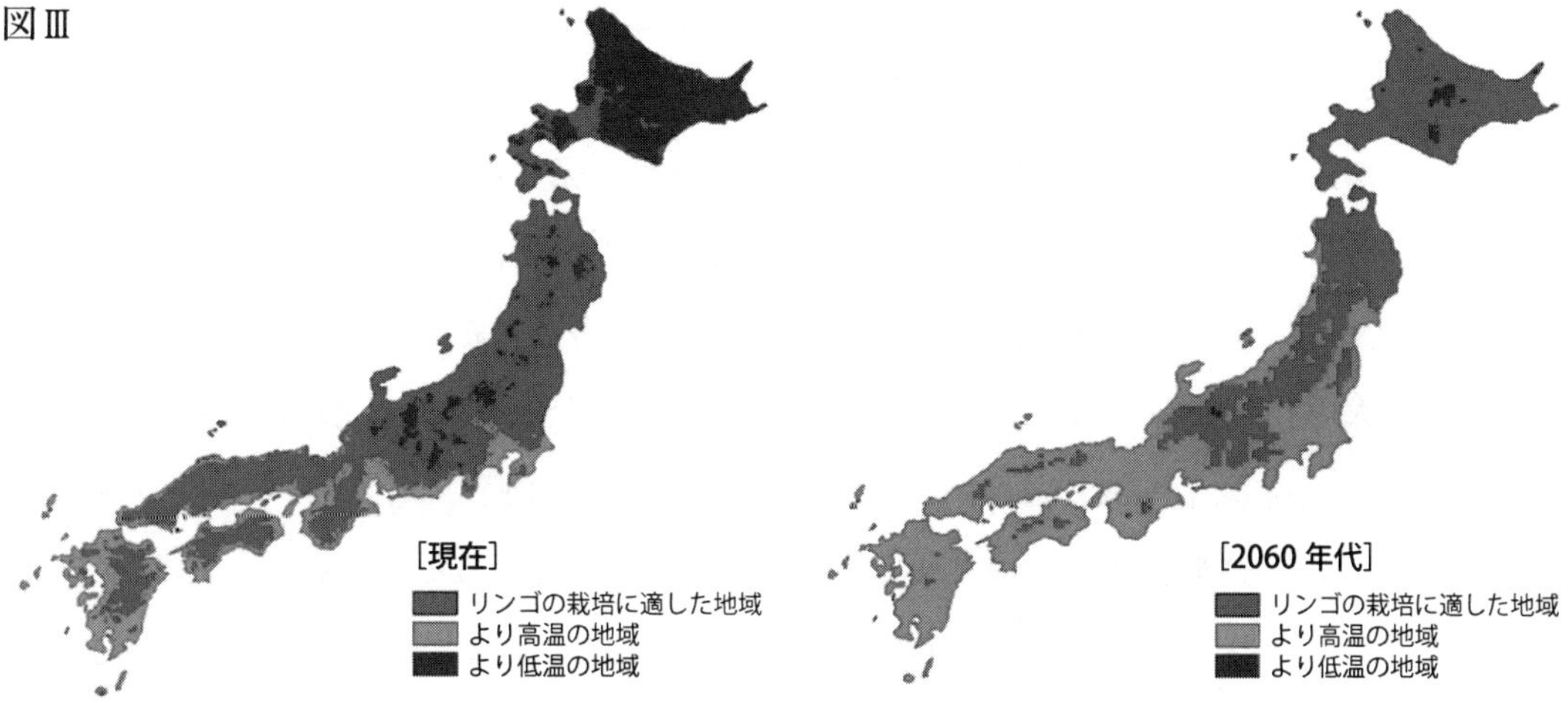

Webサイト「『地球温暖化と農林水産業』の子ども向けＱ＆Ａ」より
Ｑ：将来、りんごはどこで栽培されているの？

（ア）現在、都道府県別のりんごの収穫量の１位は長野県（2022年）であるが、図Ⅲより長野県では県内すべての地域が2060年代にりんごの栽培に適した地域ではなくなると予測される。

（イ）現在、都道府県別のみかんの収穫量１位の和歌山県は、2060年代にはりんごの生産に適した場所となることが予測されている。

（ウ）現在、気温が低くてりんごの栽培がしにくい北海道は、2060年代にはりんごの栽培に適した場所になると予測されている。

（エ）2060年代には、青森県や岩手県ではりんごの生産が全くできなくなると予測されている。

問６　下線部（B）に関して、近年、日本各地で「○○年に一度の」と表現されるような極端《きょくたん》な気象現象が起こっている。次の文章は農林水産省が令和２年12月に発行した「農業生産における気候変動適応ガイド　水稲編」の「Ⅰ農業生産活動における気候変動の影響」より、「身近に迫《せま》る気候変動」の一文である。このうち誤っている文章を、次の（ア）～（エ）からひとつ選んで記号で答えなさい。

（ア）「高温」…2018年夏、日本列島は記録的な猛暑《もうしょ》に見舞われ、熱中症による死亡者数は全国で1,500人を超えました。また、全国のアメダス地点における猛暑日の年間の延べ地点数が、過去最多を記録しました。

（イ）「大雨」…2022年７月は「令和２年７月豪雨」の発生を始め、東北地方、東日本太平洋側、西日本日本海側、西日本太平洋側では、1946年の統計開始以降、第１位の多雨と第１位の日照不足となるなど、顕著《けんちょ》な天候《てんこう》不《ふ》順《じゅん》となりました。（山陽・瀬戸内地域は通常は降水量が比較的少ない地域である）

（ウ）「台風」…2018年から2020年にかけ、日本列島には強い台風がいくつも上陸し、各地に甚大《じんだい》な被害が発生しました。地球温暖化の進行により日本が位置する高緯度帯では、今世紀末ごろには台風の移動速度が現在よりもおよそ10%程度遅くなることが予測されています。このことは、台風に伴う影響を受ける時間が長くなることを意味しています。

（エ）「暖冬」…2019年末から2020年にかけての冬季は、日本では統計開始以降最も気温の高い記録的な暖冬となりました。また降雪量も全国的に少なく、北日本日本海側と東日本日本海側では1962年冬の統計開始以降の最少記録を更新しました。

問７　下線部（B）に関して、災害が発生したときに、公的機関が被災者の救助や支援を行うことを公助というが、住民どうしが協力して助け合うことを何というか答えなさい。

2 歴史上、地震、津波、疫病《えきびょう》など自然環境の変化や、技術革新、戦争、反乱など人間がもたらした変化など、様々な「変化」を人類は経験してきた。変化を表す資料やグラフをもとに各問いに答えなさい。

問１　下の地図のように、縄文時代は現在よりも海面が約２～３メートル高かったと考えられている。その証拠に現在は陸地である場所から縄文時代の貝殻が多数発見されている。このことに関連して明治時代に動物学者モースが横浜＝新橋間で発見した貝塚を漢字２字で答えなさい。

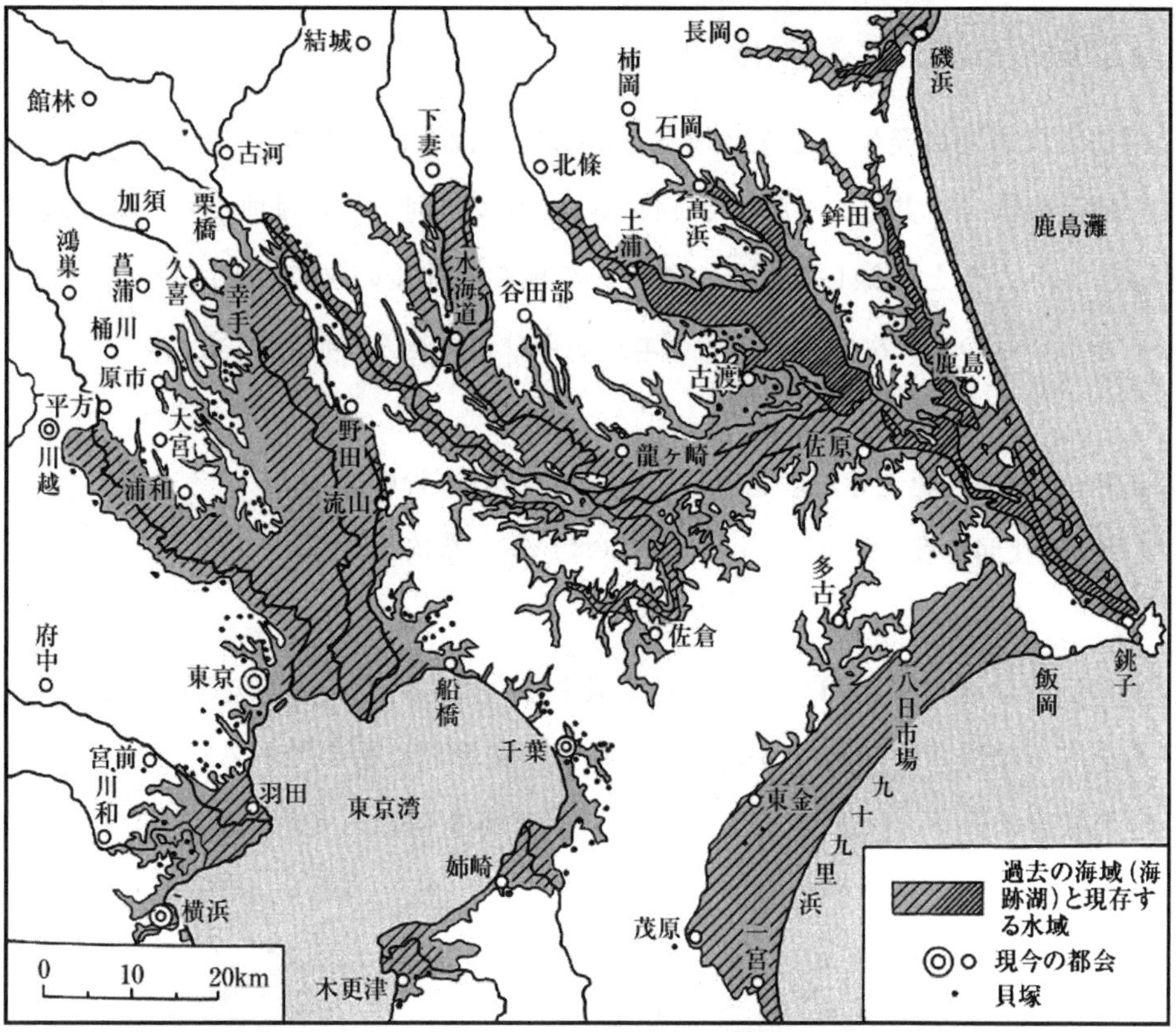

「葛飾区史　関東平野の旧海岸線　2022／6／8」より

問２　「問１」の縄文時代の海岸線を表した地図を見ると、東京◎の西側には貝塚が多数あることからこの地域は比較的海抜《かいばつ》が高いことがわかる。この地形を利用してこの辺りに幕府を開いた人物を漢字４字で答えなさい。

問３　下の写真は縄文時代に建てられた三内丸山遺跡である。この遺跡の所在地（都道府県）を、次の（ア）～（エ）からひとつ選んで記号で答えなさい。

（ア）北海道

（イ）青森県

（ウ）新潟県

（エ）大分県

問４　平安時代末期に発生した文治地震（1185年）は京都に大きな被害を与えた。この地震を鴨長明は『方丈記』のなかで「山はくずれて、河（川）は埋まり、海は傾いて陸を水浸しにした」と記録している。この文治地震の前後の50年以内に起こった出来事として正しいものを、次の（ア）～（エ）からひとつ選んで記号で答えなさい。

（ア）金閣寺（鹿苑寺）の建立　　（イ）白村江の戦い

（ウ）桶狭間の戦い　　（エ）鎌倉幕府の成立

問５　下の２枚の写真は1923年９月上旬に撮影《さつえい》されたものである。左下は横浜市街地の様子を、右下は浅草十二階（凌雲閣《りょううんかく》）の様子を撮影したものである。２枚とも市街地の大きな被害の様子を伝えている。この災害の名称を何というか、漢字５字で答えなさい。

問６　「問５」の２枚の写真が撮影された1923年は、下の（ア）～（エ）のどこに当てはまるか、ひとつ選んで記号で答えなさい。

大政奉還→（ア）→日清戦争→（イ）→日露戦争→（ウ）→世界恐慌→（エ）→高度経済成長

問７　下の棒グラフは過去100年間の日本の人口の変化を表している。この棒グラフでは1940年代前半に人口が横ばいになっていることがわかる。その理由を簡潔に説明しなさい。

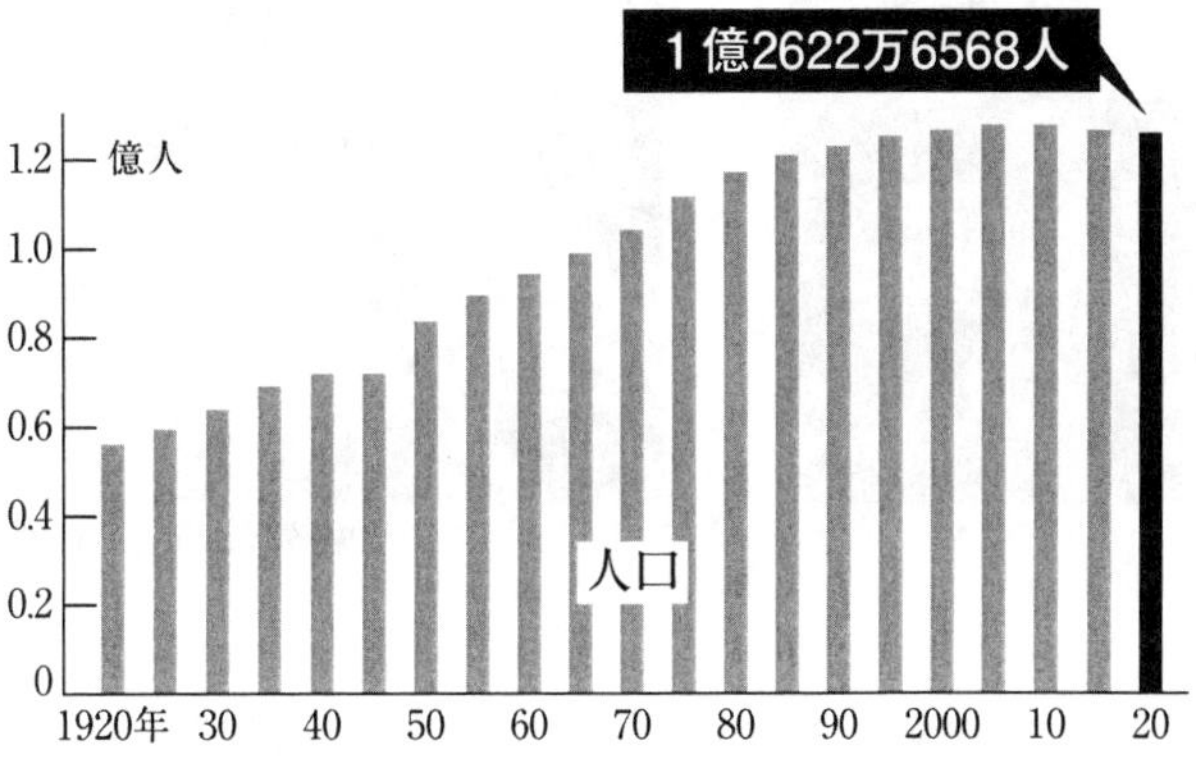

日本経済新聞　2021年６月25日より

問８　「問７」のグラフを見ると、1950年から2000年あたりまで日本の人口は増加し続けている。1950年から2000年までの50年で起こった出来事の順序として正しいものを、次の（ア）～（エ）からひとつ選んで記号で答えなさい。

（ア）サンフランシスコ講和条約調印→日米安保条約改定→東京オリンピック→日中共同声明

（イ）日中共同声明→サンフランシスコ講和条約調印→東京オリンピック→日米安保条約改定

（ウ）日米安保条約改定→サンフランシスコ講和条約調印→東京オリンピック→日中共同声明

（エ）東京オリンピック→日米安保条約改定→日中共同声明→サンフランシスコ講和条約調印

問９　次の２枚の写真は1977～1978年にかけて沖縄県で撮影されたものである。写真を比較すると、車両の進行方向が右側通行から左側通行に移行したことがわかる。沖縄県はなぜ1977年の時点まで右側通行を採用していたのか正しい理由を、次の（ア）～（エ）からひとつ選んで記号で答えなさい。

沖縄タイムス社　提供

（ア）県の面積が狭《せま》いためハンドル操作がしやすい右側通行を長らく採用していた。

（イ）アメリカによる統治下にあったため、日本復帰後もしばらくは、アメリカ本土と同じ右側通行を採用していた。

（ウ）沖縄県は韓国製自動車の輸入が多く、韓国本土と同じ右側通行を採用していた。

（エ）琉球王国の王尚泰《しょうたい》が右側通行を採用したため、沖縄県のみ右側通行を採用していた。

3 次の1～4は省庁の業務について述べた文である。以下の各問いに答えなさい。

1）廃棄物《はいきぶつ》の対策、公害規制、野生動植物保護などを実施するとともに、(A)地球温暖化、オゾン層の保護、リサイクル、化学物質、海洋汚染《おせん》の防止、森林・緑地・河川・湖沼の保全、放射性物質の監視測定などの対策を他の府省と共同して行っています。

2）「国民生活の保障・向上」と「経済の発展」を目指すために、社会福祉、社会保障、(B)公衆衛生の向上・増進と、働く環境の整備、職業の安定・人材の育成を総合的・一体的に推《すい》進《しん》します。

3）行政運営の改善、(C)地方行財政、(D)選挙、消防防災、情報通信、郵政行政など、国家の基本的仕組みに関わる諸制度、国民の経済・社会活動を支える基本的システムを所管《しょかん》し、国民生活の基盤に関わる行政機能を担《にな》います。

4）外務省は、外国政府との交渉および協力、国際連合その他の国際機関との協力および国際会議への参加、国際情勢に関する情報の収集および分析、海外における日本人の生命および身体の保護、旅券の発給、(E)世界の平和・安定・繁栄などへの貢献《こうけん》を担います。

問1　1）～3）の省庁の組み合わせとして正しいものを、次の（ア）～（カ）からひとつ選んで記号で答えなさい。

（ア）1）総務省　2）厚生労働省　3）環境省
（イ）1）総務省　2）環境省　3）厚生労働省
（ウ）1）厚生労働省　2）環境省　3）総務省
（エ）1）厚生労働省　2）総務省　3）環境省
（オ）1）環境省　2）総務省　3）厚生労働省
（カ）1）環境省　2）厚生労働省　3）総務省

問２　下線部（A）に関して、日本は2050年までに地球温暖化の原因となる二酸化炭素排出量がゼロの「［　　　　］社会」を目指しています。［　　　　］に適切な語句を漢字３字で答えなさい。

問３　下線部（B）に関して、「全ての人々が最高の健康水準に到達すること」を目的として1948年に設立された国連の専門機関をアルファベット３字で答えなさい。

問４　下線部（C）に関して、地方公共団体が行っている仕事の具体例として誤っているものを、次の（ア）～（エ）からひとつ選んで記号で答えなさい。

（ア）Ａ県は、労働場所の確保を目指した企業を呼びこむために、企業に支援金を給付しました。

（イ）Ｂ市は、町の環境を守るために、ごみの分別を徹底し、曜日ごとにごみの回収を行っています。

（ウ）Ｃ村は、子育て世代の移住を促すために、保育所の整備などの子育て支援政策を行いました。

（エ）Ｄ町は、町の国際化を進めるために、外国と条約を結んでいます。

問５　下線部（D）に関して①・②それぞれの問いに答えなさい。

①　比例代表制の特徴として正しいものを、次の（ア）～（エ）からひとつ選んで記号で答えなさい。

（ア）死票が多くなる。

（イ）大きな政党の候補者が当選しやすい。

（ウ）二大政党制になりやすい。

（エ）小さな政党でも議席を獲得しやすい。

②　ある日本の有権者の若者が「選挙に行っても社会は変わらない」という発言をしました。この有権者の若者が選挙に行かないことの問題点をひとつあげなさい。

問６　下線部（E）に関して、紛争の拡大の防止、選挙の監視など、国際の平和および安全を維持するため、国際連合が人員を現地に派遣して行う活動を何というか、アルファベット３字で答えなさい。

問７　１）～４）の行政機関は内閣の下に設置されている。内閣に関して①・②の問いにそれぞれ答えなさい。

①　文章として正しいものを、次の（ア）～（エ）からひとつ選んで記号で答えなさい。

（ア）内閣総理大臣は天皇が指名し、国会が任命する。
（イ）内閣総理大臣は国務大臣を自由に任免できる。
（ウ）国務大臣は全員が国会議員でなければならない。
（エ）内閣は最高裁判所長官を任免することができる。

②　内閣の意思を決定するために開かれる会議を何というか、漢字２字で答えなさい。

4 本校ではESD（持続可能な開発のための教育）の時間があります。昨年も高校１年生の国際チームは、日本におけるWFP（国連世界食糧計画）の公式支援窓口である国連WFP協会に行きました。次の問いに答えなさい。

問１　下記の17の持続可能な開発目標の達成のために国連WFPは、各国の政府に開発協力のための資金援助を求めています。この公的資金を何というか、アルファベット３字で答えなさい。

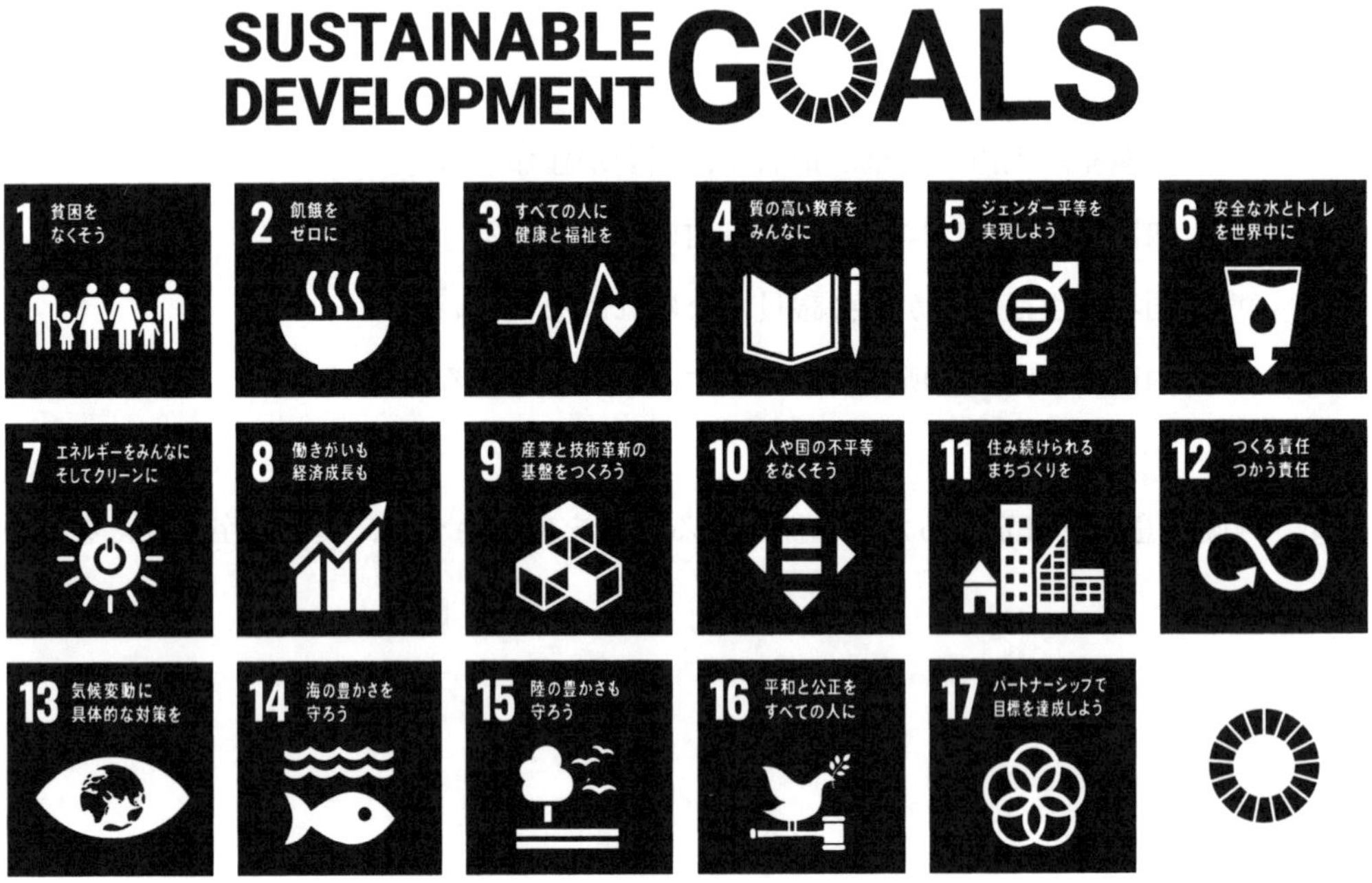

問２　国連WFPが特に目指している目標は「２（飢餓をゼロに）」と「17（パートナーシップで目標を達成しよう）」であるが、「２」と結びついている関連目標の１～17の数字を１つあげ、なぜその数字が「２」の目標と関連しているのかを説明しなさい。
※ただし「17」は除《のぞ》くこと。

【理　科】〈B入試〉(30分)〈満点：60点〉

1　次の文章を読んで、以下の問いに答えなさい。

ヒトの口や鼻から入った空気は肺の肺胞《ほう》と呼ばれる袋《ふくろ》に入り、空気中の酸素といらなくなった二酸化炭素が交換《かん》される。このはたらきを（　①　）という。せきつい動物の分類の中で、生まれたときから肺で（　①　）を行う動物はトカゲなどの（　②　）、鳥類、ヒトなどの（　③　）である。

酸素濃度《のうど》はこれらの動物の生命維持《いじ》に大きく関わっており、例えばヒトの場合、空気中の酸素濃度が18%を下回ると意識障害を引き起こすといわれている。それをふまえ小学校6年生のなでしこさんは、以下の実験を行った。空気の中には酸素21%、二酸化炭素0.04%、窒素《ちっそ》78%が存在していると考え、完全燃焼が起きたこととする。

【実験】

① ガラス鐘《しょう》ABCそれぞれの中で、ロウソクの火を燃やすと一定時間経過したのち、ロウソクの火が消えた。その際の気体の濃度を下図に示した。

② ガラス鐘Aには何もせず、ガラス鐘Bには植物を入れ、日光の当たる場所へ一定時間置いた。ガラス鐘Cは植物を入れたのちに暗所へ一定時間置いた。

③ ガラス鐘A・B・Cそれぞれにネズミを入れ一定時間置いた後再び酸素濃度を測定した。

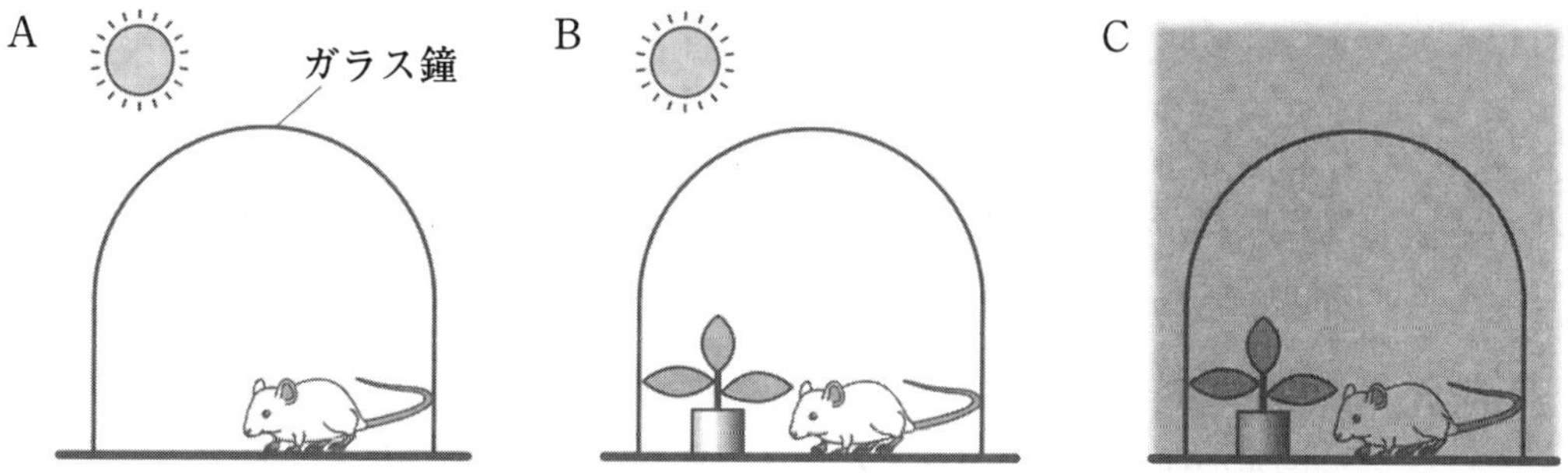

	実験前の濃度(%)	ロウソクが消えたときの濃度(%)
窒素	78	78
酸素	21	X
二酸化炭素	0.04	5.1
その他	0.96	0.96
合計	100	100

(1) 文章の空欄《らん》（ ① ）～（ ③ ）に入る適切な語句を答えなさい。

(2) 表の空欄Xに当てはまる数字を答えなさい。

(3) ガラス鐘A・B・Cのネズミの様子として、ネズミが元気であると考えられる順に、ガラス鐘ABCを並べかえなさい。

(4) (3)のように答えた理由を説明しなさい。

(5) ②の後ガラス鐘Bにロウソクを再び入れたとき、ロウソクの火はどうなるか。「**燃える・燃えない**」のどちらかを選び、書きなさい。

2 以下の問い【A】、【B】に答えなさい。

【A】次の会話は、なでしこさんが夏休みに星を観察するために、家族で神奈川県の星ヶ山（小田原市と湯河原《ゆがわら》町の境界に位置する。）付近を訪《おとず》れたときのものである。会話を読んであとの問いに答えなさい。

なでしこ「見て、満天の星空だよ！ お家で見るよりもたくさん星が出ているね。同じ神奈川県でもこんなに綺麗《きれい》に星が見えるんだね。」

お父さん「横浜市は、星を観察するには明るすぎるからね。A月はよく見えるけど星はあまり多くは見られないね。でも、見えないだけで、夜空にはたくさんの星があるんだ。」

なでしこ「すごいね。あの帯状に見える星の集まりが天の川だね。おりひめ星とひこ星はどこだろう。」

お父さん「おりひめ星の別名は（ ① ）、ひこ星の別名は（ ② ）というんだ。二つの星の間に天の川が見えるから、真上に見えるあの星たちだよ。」

なでしこ「本当だ！ おりひめ星とひこ星の他にもう一つ明るい星が見えるね。」

お父さん「あれは（ ③ ）だよ。三つの星を結んでできる三角形を“夏の大三角形”と呼ぶんだ。今の時間が21時過ぎだから、丁度よく見えているね。」

なでしこ「明るい星だね。今日の夕方にも、明るいB一番星が出ていたけど、夜になるとたくさんの星が見えて素敵だね。」

お父さん「そうだね。なでしこは、他にどんな星を知ってる？」

なでしこ「よく歌うから、ベテルギウスかな。お父さん、ベテルギウスはどこに見えるの？」

お父さん「なるほど、『ベテルギウス』という曲があるんだね(笑) お父さんは『さそり座の女』という曲が好きだな。今の時期だとさそり座のCアンタレスは見えるけど、ベテルギウスは見えづらいんだ。

ベテルギウスは“冬の大三角形”の一つで、オリオン座の星の一つだからね。」

なでしこ「残念だね。D季節によって見える星座が異なるってことだね。」

お父さん「そうなんだ。だから、さそり座とオリオン座は同じ空で観察することができないんだ。このことをギリシャ神話では、乱暴《らんぼう》者のオリオンを懲《こ》らしめるために女神が放ったサソリを恐れて、サソリが沈んだ頃にオリオンが姿を見せる。と言われているんだ。」

なでしこ「おもしろいね！ 今度は冬の星座も見に行きたいな～。また連れてきてね！」

(1) 下線部Aについて、最近では2022年11月８日に月全体が暗くなって見える皆既《かいき》月食が起こり、話題になった。月食は、太陽－地球－月のように並んだ時に起こるが、その理由として適切なものを以下のア～オから１つ選び、記号で答えなさい。

ア. 地球の公転によって地球の影が月の上を移動することで、太陽の光が月に直接当たらなくなるから。

イ. 地球の公転によって月の影が地球の上を移動することで、太陽の光が月に直接当たらなくなるから。

ウ. 月の公転によって地球が月の影の中を移動することで、太陽の光が月へ直接当たらなくなるから。

エ. 月の公転によって月が地球の影の中を移動することで、太陽の光が月に直接当たらなくなるから。

オ. 月の自転によって月が地球の影の中を移動することで、太陽の光が月に直接当たらなくなるから。

(2)　会話中の空欄①～③について、当てはまる語句の組み合わせとして最も適切なものを以下のア～オから１つ選び、記号で答えなさい。

ア．①－アルタイル　②－ベガ　③－デネボラ

イ．①－デネブ　②－アルタイル　③－ベガ

ウ．①－ベガ　②－アルタイル　③－デネブ

エ．①－デネブ　②－ベガ　③－アルタイル

オ．①－ベガ　②－アルタイル　③－デネボラ

(3)　下線部Ｂについて、一番星とは夕方に最初に輝《かがや》いて見え始める星のことをいい、その多くは惑星《わくせい》の１つの金星であることが知られている。惑星に関する以下のア～エの説明のうち、金星について述べたものを１つ選び、記号で答えなさい。

ア．地球よりも太陽に近い距離を公転しており、大気の構成では二酸化炭素を多く含んでいる。

イ．望遠鏡で観察すると、惑星の周りにはっきりと環（リング）を見ることができる。

ウ．地球よりも太陽から離れて公転しており太陽系の惑星の中で最も大きく、表面にはしま模様や巨大なうずが見える。

エ．太陽に一番近いところを公転しており、日の出前または日の入り後にしか見ることができない。

(4)　下線部Ｃについて、アンタレスやベテルギウスを観察すると赤色（オレンジ色）に輝いて見える。他にも青く見える星や白く見える星があるが、このように星の色が異なる原因として適切なものを以下のア～エから１つ選び、記号で答えなさい。

ア．星（天体）を構成する岩石の成分

イ．星（天体）の表面温度

ウ．地球上での観測点の標高

エ．地球表面を覆う大気の厚さ

(5)　下線部Ｄについて、その理由として最も適切なものを以下のア～オから１つ選び、記号で答えなさい。

ア．星座をつくる天体が公転しているため。

イ．太陽が自転しているため。

ウ．地球が自転しているため。

エ．太陽が公転しているため。

オ．地球が公転しているため。

(6)　なでしこさんは、夜中にもう一度星を見ようと、深夜２時過ぎにデッキへ出て空を見上げた。すると、21時ごろには、頭の真上にあったはずの夏の大三角形の位置が変化していることに気がついた。なでしこさんが見た星の動きとして適切なものを以下のア～オから１つ選び、記号で答えなさい。

ア．大きさはそのままで東の空へ移動していた。

イ．大きさはそのままで西の空へ移動していた。

ウ．大きさはそのままで南の空へ移動していた。

エ．アルタイルだけが地平線に隠れて見えた。

オ．星が少しずつ離れて大きな三角形となった。

【B】ベテルギウスと地球の距離は約500光年《こうねん》であるといわれている。

１光年は約９兆4600億km（キロメートル）である。ケタ数が多いので簡単にしてみると、100という数字は、10×10でできている。10を２つかけているので、「10^2」と表記することにする。1000という数字は、$10 \times 10 \times 10$でできている。10を３つかけているので、「10^3」である。

１兆は「1×10^{12}」、９兆4600億kmは「9.46×10^{12}km」と表すことができる。

(7)　500光年を問題文の方式に当てはめると、「$A \times 10^B$」光年になる。AとBに当てはまる数字を答えなさい。

(8)　500光年は何kmか。問題文の方式に当てはまる形で答えなさい。

3 金属の粉末を空気中で加熱すると、空気中の酸素と反応して金属の酸化物が生じる。たとえば、マグネシウムを加熱すると酸化マグネシウムが生じ、銅を加熱すると酸化銅が生じる。図は、マグネシウムと銅の質量と、酸化マグネシウムと酸化銅の質量との関係を表したものである。これについて、以下の問いに答えなさい。

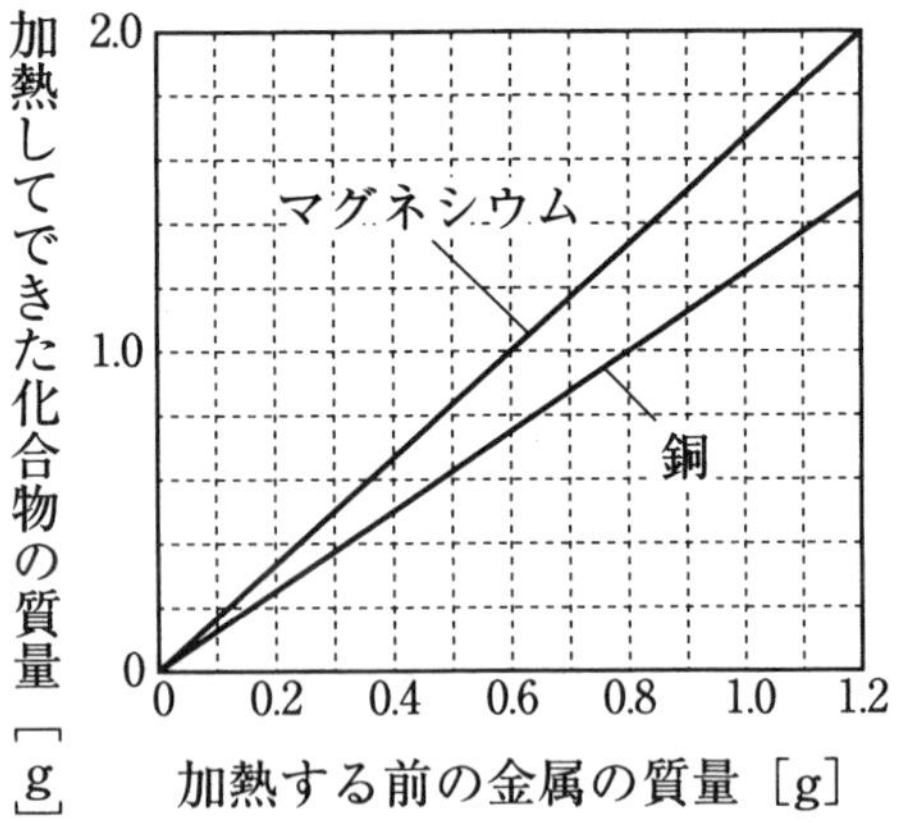

(1) 酸素が発生するものはどれか。以下のア～エから１つ選び、記号で答えなさい。

ア．二酸化マンガンにオキシドールを加える

イ．鉄に塩酸を加える

ウ．石灰石に塩酸を加える

エ．二酸化マンガンに塩酸を加える

(2) 酸化マグネシウムの色と酸化銅の色の組み合わせとして適切なものを以下のア～エから１つ選び、記号で答えなさい。

	酸化マグネシウム	酸化銅
ア	黒色	白色
イ	黒色	黒色
ウ	白色	白色
エ	白色	黒色

(3) 0.8gの銅粉末を十分に加熱したとき、結びついた酸素の重さは何gか答えなさい。

(4) 銅の質量と結びついた酸素の質量の比を最も簡単な整数比で答えなさい。

(5) 1.2gの銅粉末を加熱したところ、重さは1.4gになった。このとき、**反応せずに残っている銅粉末の重さ**は何gか答えなさい。

(6) 0.6gのマグネシウム粉末を十分に加熱したとき、結びついた酸素の重さは何gか答えなさい。

(7) マグネシウムの質量と結びついた酸素の質量の比を最も簡単な整数比で答えなさい。

(8) 15gのマグネシウム粉末を十分に加熱したときに反応した酸素の重さとある重さの銅粉末を十分に加熱したときに反応した酸素の重さが等しくなった。このとき、加熱前の銅粉末の重さは何gか答えなさい。

4 以下の問いに答えなさい。

図1のように平らで大きな鏡の前に点Aと点Bがあり、点Bに置いた物体を点Aで見たとする。このとき、鏡に映った像が点Cにあるように見えた。このとき、点Bから出た光は図中に示した道すじを通って点Aにたどりつく。この道すじの途中で光が鏡とぶつかる点を点Dとする。また、点Aおよび点Bは鏡から20cm離れた場所にあり、点Aと点Bは120cm離れているとする。

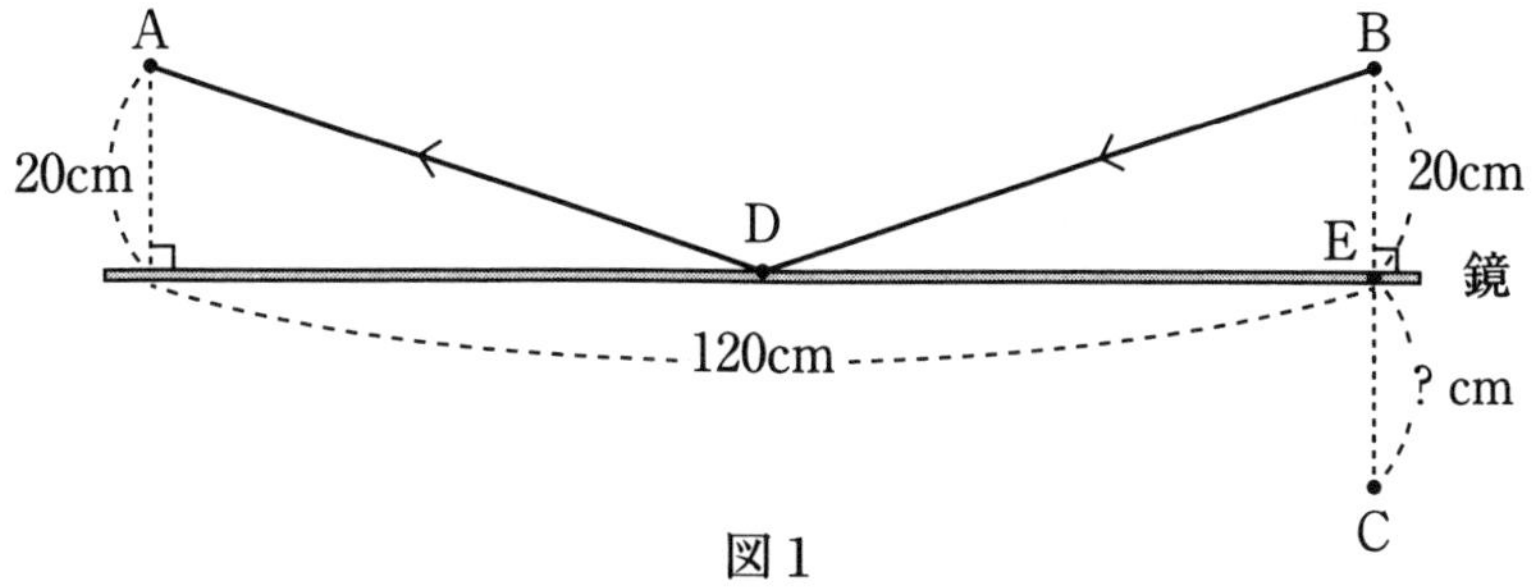

図1

(1) 点Cは鏡から何cm離れているか答えなさい。

(2) 点Dは図中の点Eから何cm離れているか答えなさい。

図2のように、平らで大きな鏡2枚を平行に向かい合わせ、その間にある点Bに物体を置き、点Aで物体を見た。このとき、鏡1の側には点C、点C'、点C"などの位置に、鏡2の側には点D、点D'、点D"などの位置にたくさんの像が見えた。

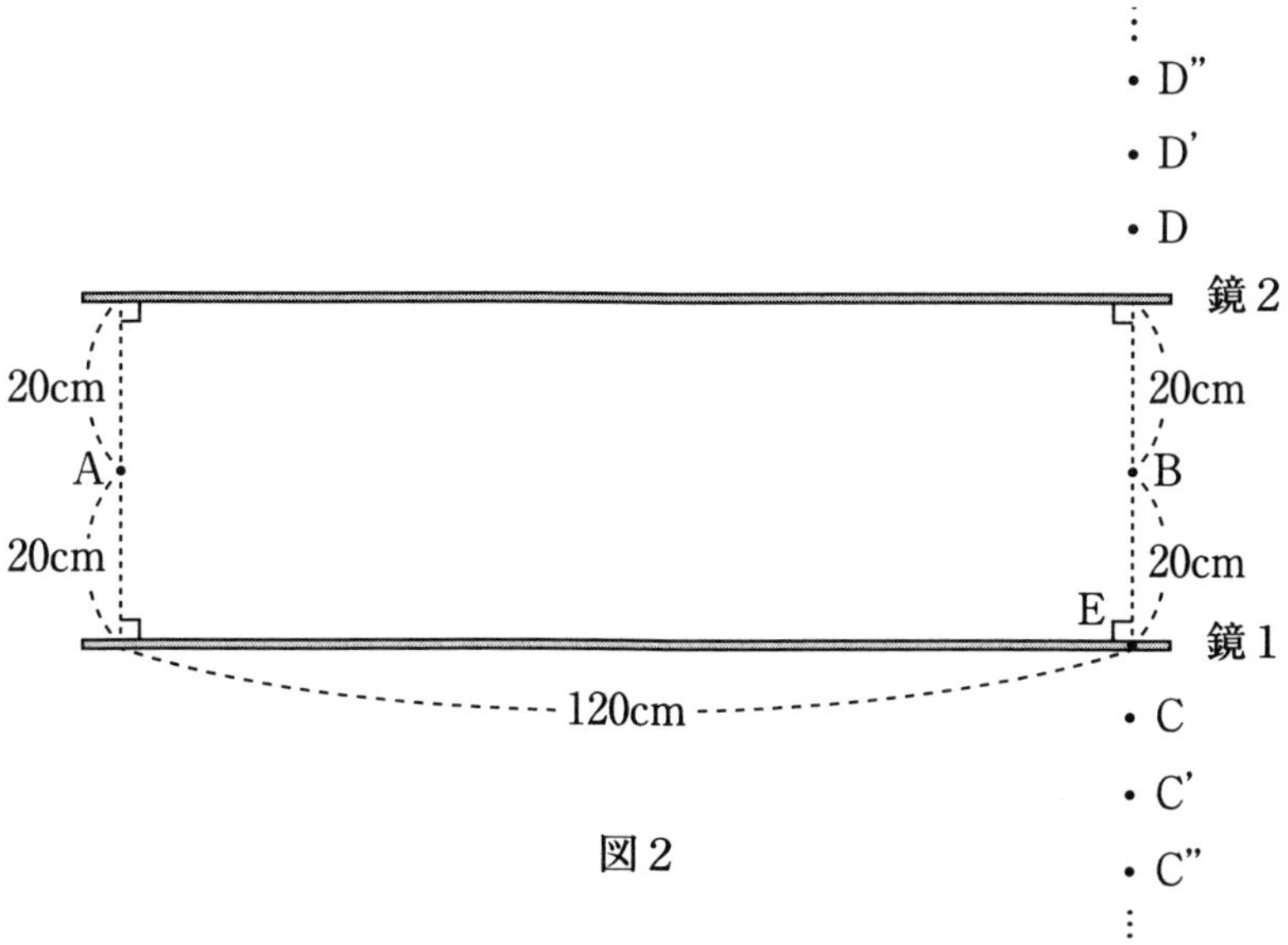

図2

(3) 点Dに見える像は光がどのような道すじをたどったことによって見えるか。最も適切なものを以下のア～エから1つ選び、記号で答えなさい。

ア

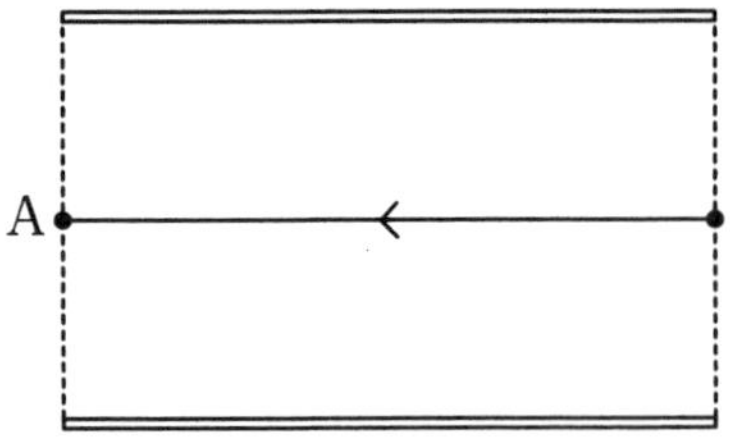

イ

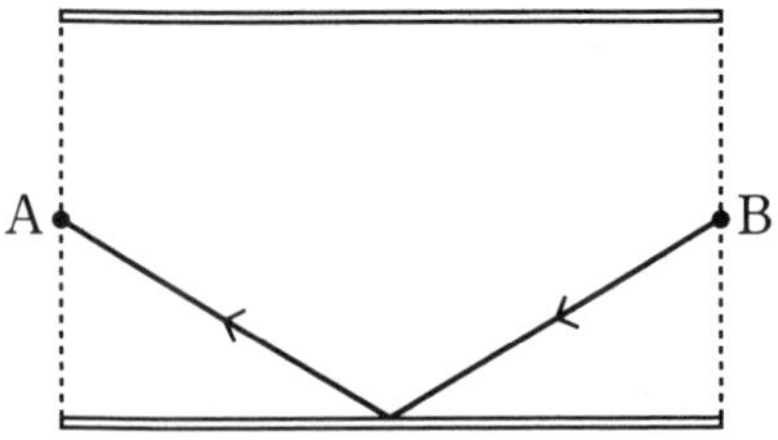

ウ

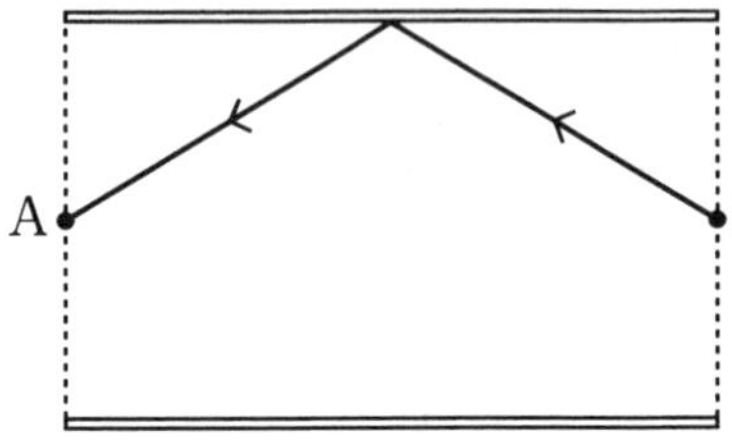

エ

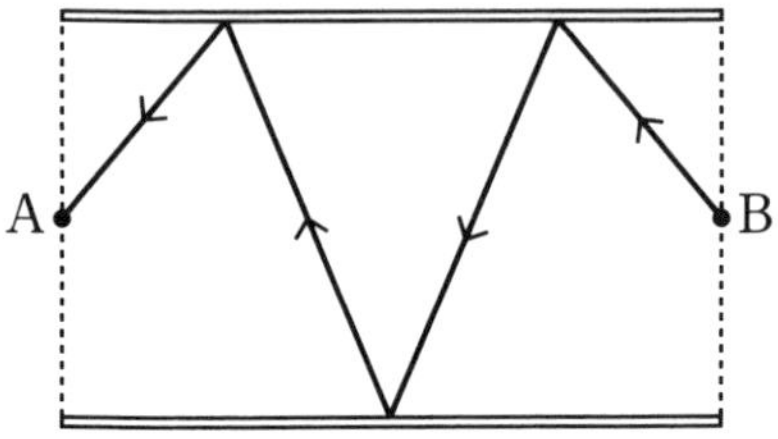

(4) 点Dは鏡2から何cm離れているか。

(5) 点D'は鏡2から何cm離れているか。

(6) 点D'に見える像は光が鏡1、鏡2にそれぞれ1回ずつ反射することで見える。この道すじと鏡1がぶつかる点は図中の点Eから何cm離れているか。

(7) 点D"は鏡2から何cm離れているか。

問八　═══線「あなた、ズルしようとしてるでしょう」(42行目)とありますが、ズルとは具体的にどういうことですか。40字前後で書きなさい。

問九　あなたが、「あたし」の友達だとしたら、どのようにして「読書の楽しみ」を伝えますか。「あたし」に手紙を書くかたちで100字以内で書きなさい。

問五 ――線③「たまたま秘密を共有してしまった友達が見せるような、無邪気な輝きをはなっていた」(46行目)と同じような表情を示す表現を、これより前から探して本文中から16字でぬき出しなさい。

問六 ――線④「どうして読みたくないの?」(69行目)とありますが、しおり先生は、なぜこのような質問をしたと考えられますか。その理由として適当なものを次の中から1つ選び、記号で答えなさい。

ア 先生としてズルをしようとする生徒をしからなくてはならないから。
イ 自分の仕事として仕方なく付き合うしかないと思っているから。
ウ ズルをしようとした「あたし」にわざと答えにくい質問をしてばつを与えたいから。
エ 「あたし」が郷田先生の課題をやらないと読書の楽しみを知ることができないから。
オ 本を読もうとしない「あたし」に何とか本を読んでもらうための情報がほしいから。

問七 ――線⑤「どうしよう」(92行目)と思った理由として適当なものを次の中から1つ選び、記号で答えなさい。

ア しおり先生の提案を受ければ退屈そうな本を読まずにすむうえに得をすると思ったから。
イ 課題図書をしっかり四冊読んでちゃんと感想文を出したいと思っていたから。
ウ しおり先生の言葉を信じていいか分からず郷田先生に伝わってしまうと思ったから。
エ 「読書感想文が人生の役に立たない」という考え方が完全に間違いだと思ったから。
オ 自分がしようとしていた不正を許せず深く反省したいと思っていたから。

問一　――線①「案の定」(2行目)とは、どういう意味ですか。適当なものを次の中から1つ選び、記号で答えなさい。

ア　思っていた通り　　イ　予想以上　　ウ　安定した感じ
エ　決まりきった流れ　　オ　ふきげんな様子

問二　[A](19行目)に入る語として適当なものを次の中から1つ選び、記号で答えなさい。

ア　また　　イ　だから　　ウ　けど　　エ　さらに　　オ　つまり

問三　――線②「心地よい薫りが鼻をくすぐった」(33行目)とありますが、この表現はどういうことを示していると考えられますか。説明として適当なものを次の中から1つ選び、記号で答えなさい。

ア　しおり先生に隠していることが分かってしまうことを予想させる。
イ　しおり先生が「あたし」にとって良いことをもたらしてくれると思わせる。
ウ　しおり先生が郷田先生に話すかもしれないというずるい感じを予測させる。
エ「あたし」がしおり先生の言葉で笑わせられることを予感させる。
オ「あたし」としおり先生が分かり合えないことを感じさせる。

問四　[B](37行目)に入る語として適当なものを次の中から1つ選び、記号で答えなさい。

ア　ありがたい　　イ　悲しい　　ウ　まずい　　エ　おもしろい　　オ　腹立たしい

「すっごく面白い本だよ。それさえ読んでくれたら、あなたは感想文を書く必要はないし、退屈《たいくつ》な課題図書も読まなくていい。そしてわたしはあなたに、読書の楽しみを知ってもらえる。ウィンウィン※3だよ」

⑤どうしよう。

そこまで面白い本だと言うのなら、退屈そうな課題図書を読むよりは、なしよりのありかもしれない。このままだと、感想文の本を見つけ出すのは難しい。四冊すべて、少しずつ読んで手がかりを探そうとしても、合計したら一冊よりも多くの分量を読むはめになるかもしれない。そんな手間をかけるよりは、しおり先生が面白いっていう本を一冊読む方が、お得な気がする。うん、ちょっとテンアゲ※4かもしれない。

「わかったよ。その代わり、ちゃんと面白いやつにしてよ」

あたしが了承《りょうしょう》すると、しおり先生はおもちゃを買い与《あた》えられた子どもみたいに、ぱっと表情を輝かせるのだった。

（相沢沙呼『教室に並んだ背表紙』より）

※1　間宮さん…同級生。
※2　アイルー…同級生の友達の愛称《あいしょう》。
※3　ウィンウィン…ここでは、「あたし」にとっても、しおり先生にとっても利益になること。
※4　テンアゲ…とても興奮している状態。

かんないから、話も頭の中に入ってこないし、そもそも興味ないし、あたしの世界に関係ない本ばっかりだし……。そうだよ、だいたい読書感想文なんて書いてさ、それがあたしの人生にどう役立つっていうの」

ぶつくさと不満をこぼすと、しおり先生が子どものように唇《くちびる》を尖《とが》らせた。

「えええ、そんなことないよ。読書って面白《おもしろ》いよ。感想を書くことだって、本当はすごく楽しいことなんだよ」

「うそばっかり」

「うそじゃないよう。あ、それじゃあ、わたしがすっごく面白い本を選んであげる。それを読んでみてよ」

いやいや。

どうして突然、そんな話になっちゃうわけ。

「やだよ、そんな面倒な……。ゴーダの課題だってやんなきゃいけないのに」

「あ、じゃあじゃあ、それを読んでくれたら、その感想文がどの本について書いたものなのか、教えてあげる」

「え――」

あたしはちょっと考えて、子どもみたいにわくわくした表情の先生を見返した。

「それ、ほんと?」

「ほんとうだよ」

「でも、いいの? 先生が、こういう……、不正の手伝いとかしちゃって」

「ふふふ」しおり先生は意味深に笑った。「わたしはね、正確には先生じゃないもの。学校司書だから、関係がないのです」

えへん、という効果音が似合いそうなほどに、先生は胸を張った。

様子がなかった。

「推理小説の中にはねぇ、タイトルにもなってる短い文章だけを手がかりに、その裏に隠れている事実を推理する、っていうお話もあるんだよ。わたしにいわせれば、原稿用紙の文章からなんの本の感想なのかを推理するのも、立派なミステリだよ。あなたは今、ミステリの世界にいるわけだ」

「なにそれ」あたしは首を傾げた。「けど、性別がわかんない主人公なんていないじゃん」

「そうでもないよ。叙述《じょじゅつ》トリックって言って、わざと読者に情報を伏《ふ》せて書く種類のミステリもあるの。たとえばの話だけれど、読者が主人公のことを勝手に男の子だと思い込んでいたら、実は女の子だったことがラストで発覚する、みたいなね。その感想文を書いた子は、ネタバレになっちゃうのを配慮《はいりょ》して、あえて性別を書かなかった——っていう推理もできるよ」

「え、ほんと？　じゃ、合ってるの？　先生ならわかるんでしょ、どの本のことが書いてあるのか」

「ふふふー、それは秘密です」

ひとさし指を立てて、しおり先生は笑った。

この先生、もしかしていじわるなんじゃないの。

「読んでみればいいじゃない。④どうして読みたくないの？」

「どうしてって。だって、面倒《めんどう》じゃん」

「面倒？」

「読書って面倒くさいよ。動画とか観《み》てる方がずっと楽しいじゃん。感想だって書くのが億劫《おっくう》だし、なに書いたらいいかわ

「あ、わかった。わかっちゃった」

それから、いたずらっぽい子どもみたいな表情を浮かべてあたしを見る。

「あなた、ズルしようとしてるでしょう」

「え、いや、その……」

「うーん?」

眼鏡の大きなレンズ。その奥にある瞳《ひとみ》が、あたしを覗き込んでくる。それは、どうしてだろう、あたしを咎《とが》めようとするより、③たまたま秘密を共有してしまった友達が見せるような、無邪気《むじゃき》な輝《かがや》きをはなっていた。

しおり先生の眼力にやられるかたちで、自白してしまった。

だって、ずるい。そんなふうに大きな眼でじっと見つめられたら、うそなんてつけなくなってしまう。このひと眼力強すぎでしょ。アプリで盛る必要がないくらいに大きな眼、それがいたずらっぽく輝く様子は、動画に撮《と》ったらばつぐんにフォロワーが増えそうで、ずるい。あたしがいきさつを説明すると、しおり先生は怒《おこ》る様子もなく、ころころと笑う。ついつい、※2アイルーと話したことまでこぼしてしまった。

「なるほどなるほど。そのお友達、すごいね。そこまで考えたんだ。主人公の名前の画数が多くて、しかも性別がわからないかもしれない、だなんて。推理小説みたい」

「そうかなぁ。確かに名推理かもだけど、なんの感想なのか調べてるだけだよ。ぜんぜん事件じゃないじゃん」

なんだか子どもっぽい雰囲気《ふんいき》の先生だから、ついつい友達と話すような口調になってしまう。それでもしおり先生は怒る女様とか、世界一の名医とか、そういうわかりやすい設定の主人公のことを書いてくれれば苦労しないのに。仕方なく、最初からじっくり読んでみようと思ったけど、五分くらいで挫折《ざせつ》してしまった。ぶっちゃけひどい苦痛。感想文を書くことから逃《のが》れるためとはいえ、小説を読むなんてあたしにはぜったい無理だわ。

いらいらとしていたら、ふと傍《かたわ》らに誰《だれ》かが立っていることに気がついた。

女の人が、あたしの広げている本を見下ろしていた。

「あ、ごめんなさいね」彼女は笑う。「不思議な読み方をしていたから、気になっちゃって」

ぎょっとした気持ちで、あたしはその人を見上げていた。知らない先生だった。若くてきれいめな先生で、たぶん見かけたら忘れないはずなのに、ぜんぜん見覚えがない。大きな黒縁《くろぶち》の眼鏡《めがね》を掛《か》けていて、それが小さい顔によく似合っている。地味な服装だったけど、あたしにはわかる。このひと、メイクが自然ですごくうまい。

「それ、郷田先生の課題だよね。感想文ができてるのに、どうして四冊を見比べてるの?」

彼女は眉《まゆ》を寄せて、原稿《げんこう》用紙を覗《のぞ》き込《こ》んでくる。②心地よい薫《かお》りが鼻をくすぐった。

そっか、と心当たりがあった。図書室には、親しみやすい司書の先生がいるって、女子たちが噂《うわさ》していたのを思い出した。えっと、名前は、確か、しおり先生――って呼ばれていた気がする。聞いただけだから、栞《しおり》なのか詩織なのか、そこまではわかんなかったけれど。

[B] ことになった。バレるわけにはいかない。

あたしは思わず片手で、くしゃくしゃになった原稿用紙を隠《かく》す。

しおり先生は、ひとさし指を顎先《あごさき》に押《お》し当てて、うーんと唸《うな》りながら首を傾《かし》げた。

「小説のやつ。四冊とも」

「四冊とも借りたいの？」

「ちょっと確認したいだけだよ。探したけど見つかんないの」

「書架《しょか》のはもう貸し出し中なのかも」

「え、マジか」

「大丈夫。司書室にいっぱいあるはずだから」

女の子は立ち上がり、カウンターの奥《おく》の部屋の扉《とびら》を開いた。司書室、とプレートに書いてある。先生、と声をかけると、中から女の人の声が返ってきた。

「どうしたの、あおちゃん」

「郷田先生の課題本なんですけど、二のBのやつ」

少しやりとりがあって、女の子が戻《もど》ってきた。四冊の本を手にしている。半分は小さい本で、もう半分はナントカカバーっていう硬くて読みづらいやつだった。

あたしはそれを受け取って、奥のテーブルにつく。感想文と本を並べて、まずは一冊、あらすじを確認したり、ぱらぱらめくって流し読みをしたりして、主人公がどんな人間なのか確かめていった。[A]、これが意外と難しい。間宮《まみや》※1さんの感想文が示す主人公の特徴《とくちょう》はあたりさわりのないもので、いま読んでいる本の主人公と一致《いっち》するようでもあるし、しないようでもある。間宮さんの読んだ本の主人公も、いま手にしている本の主人公も、なんか特徴のない主人公なのだ。最後は主人公のことで驚《おどろ》いたって書いてあるけど、肝心《かんじん》のなにに驚いたのかが書いていない。もっとこう、極悪人とか、高貴な王

問八　――線⑤「全ての人間が死んでしまえば人間同士の紛争はなくなる、という推察は、人間と人間の関係を扱うものとしての紛争解決学にとっては、全く何の意味もない考え方でしかありません」（47行目）についての説明として適当なものを次の中から1つ選び、記号で答えなさい。

ア　全ての人間が死んでしまうということはありえないから意味がない。

イ　戦争などは、紛争解決学が扱う問題とは別の話なので意味がない。

ウ　「全ての人間が死ぬことで解決する」という考え方は、人間関係を扱う学問として成り立たない。

エ　紛争解決学は、人間の利益を求める学問だから利益にならないことは考えられない。

オ　人間から利益を求める心を取りのぞこうとすることは何も生み出さないので、学問として扱えない。

三

次の文章を読んで、あとの問いに答えなさい。（字数制限のある問いは、句読点や記号も1字に数えます。）

「ねえ」

①案の定、カウンターで本を読んでいた子は、びくっと肩《かた》を跳《は》ねさせて、怯《おび》えたみたいな眼《め》であたしのことを見上げた。

「この本ってどこにあんの」

女の子の前に、プリントを突《つ》き出す。

「えっと……、郷田《ごうだ》先生の課題本？　どれ？」

問五　[B](34行目)に当てはまる語として適当なものを次の中から1つ選び、記号で答えなさい。

ア　悲観　　イ　楽観　　ウ　主観　　エ　人間　　オ　共通

問六　——線④「お互いの利益が相容れない状態」(38行目)の具体的な例として、適当ではないものを次の中から1つ選び、記号で答えなさい。

ア　aさんが残り一つのパンを買ったところ、bさんも欲しかったので腹を立てた。

イ　cさんが好きな男の子を、dさんも好きで、おたがい口をきかなくなった。

ウ　e国が輸出で力を入れようとした産業に、f国も入ってきて競争している。

エ　g君がh君に貸したゲームソフトを、h君はなくしたのであやまって買って返した。

オ　iさんの土地に、jさんが大切に育てた桜の枝が入ってきたので、iさんが苦情を言った。

問七　[C](40行目)に当てはまるものを次の中から1つ選び、記号で答えなさい。

ア　誰が紛争を解決するか　　イ　どこで紛争が起こっているか

ウ　いつから紛争になったか　　エ　どのような紛争なのか

オ　誰が悪いのか

問一　――線①「紛争を解決するためには、まず何をしなければならないでしょうか？」（1行目）とありますが、まずどういうことをしなければなりませんか。文中から7字でぬき出しなさい。

問二　[A]（16行目）に入る語を次の中から1つ選び、記号で答えなさい。

ア　しかし　　イ　つまり　　ウ　ところで　　エ　また　　オ　たとえば

問三　――線②「この第一歩の作業」（22行目）とありますが、どうすることを指していますか。解答らんに合うように、文中から35字で書かれている部分を探して、始めと終わりの5字をぬき出しなさい。

問四　――線③「紛争解決は紛争分析から始まる」（26行目）とは、どういうことですか。説明として適当なものを次の中から1つ選び、記号で答えなさい。

ア　紛争を分析して調べるよりも解決することの方が大切だということ。

イ　紛争の状態を分析すると適切な解決に導ける可能性が高くなるということ。

ウ　紛争を深く知っていれば絶対に紛争解決ができるということ。

エ　紛争の状態を知らない人は口出しをしないでだまっているということ。

オ　紛争を解決するためにはまず行動を起こさなければいけないということ。

何らかの利益を持ち、それを求めて生きていることでしょう。その人間が利益を求める過程の中で、やはり利益を求めて生きている別の人間と遭遇《そうぐう》し、時には、あるいはしばしば、④お互いの利益が相容れない状態を作り出します。それが紛争と呼ばれる状態です。

このような意味での紛争の分析においては、［ C ］、といったことは問題にしません。紛争解決学では、紛争を悪いものと考える視点を前提にはしません。人間は誰でも自分なりの利益を持ち、それを求めて生きていますから、その結果としてやはり自分の利益を求めて生きている他者と摩擦《まさつ》※4や衝突《しょうとつ》を起こすことは、根本的には致《いた》し方のないことです。こうした意味での紛争状態の発生を避《さ》けようとしたら、利益を求めて生きるという人間としての基本姿勢を放棄《ほうき》しなければなりません。でも、そんなことはできませんよね。利益が、野心的なものであれ、地味なものであれ、どんなものであっても、人間は何らかの利益を求めて生きているものです。全ての利益を放棄すると宣言してみても、お腹がすけば食べるものを確保するという利益を満たさなければなりません。それも放棄しなければならないとしたら、生きていくこと自体を放棄しなければなりません。⑤全ての人間が死んでしまえば人間同士の紛争はなくなる、という推察は、人間と人間の関係を扱《あつか》うものとしての紛争解決学にとっては、全く何の意味もない考え方でしかありません。

（篠田英朗『紛争解決《ふんそうかいけつ》ってなんだろう』より）

※1　相容れない…いっしょには成り立たない。
※2　中枢…もっとも大事なところ。
※3　概念…物事の「何たるか」という意味内容。
※4　摩擦…ここでは、人々の間に起こる不一致《ふいっち》・不和のこと。

とです。

②この第一歩の作業を行ったら、次に、紛争をよりよく知ることが、紛争解決をよりよく行っていくことにつながります。紛争を深く知っていれば必ず紛争解決を導き出せるというわけではありませんが、紛争解決に至る確率は高くはなるでしょう。絶対保証ではないことはもちろんですが、深く知れば知るほど、より良い紛争解決に至る確率は、全く知らない状態のときよりも、高くなると想定されます。様々な解決方法を、より適切に実施していくことが可能だからです。少し整理した表現で言い換《か》えると、③紛争解決は紛争分析《ぶんせき》から始まる、ということです。

さて、それではどのようにすれば、紛争を深く知っていくことができるでしょうか？　関係している事柄《ことがら》を全てなるべく深く知っていくべきなのですが、優先順位をつけるとしたら、まずは紛争の中枢《ちゅうすう》※2的部分に関する知識が大事でしょう。つまり紛争当事者と、相容れない目的です。

紛争当事者をよりよく知っていくことが、紛争分析には必須《ひっす》です。そして紛争当事者を紛争当事者としてよりよく知っていくためには、相容れない目的という、紛争を作り出している要素をよりよく知っていくことが必須になります。

ある紛争当事者は、別の紛争当事者と、なぜ相容れない目的を持つに至ったのでしょうか？　ひょっとしたらその人がわがままだから、別の人が悪人だから、ということはあるかもしれません。ただ、わがままとか、悪いとかというのは、客観的な分析になじまない［B］性の強い尺度ですね。

そこで通常、紛争解決学における紛争分析では、「利益（interest）」という概念《がいねん》※3を用いて、紛争当事者が相容れない目的を持っている様子を把握《はあく》しようとします。わがままであるか、悪人であるかは、わかりません。ただ、人間であるからには、るかは、そのときどきの紛争の様子によって変わってきそうです。

一般《ぱん》論としてまとめて言えば、紛争を解決するために、とにかくまず必要なのは、紛争を知ることではないでしょうか。

そもそも紛争が起こっているのに、起こっていることに気づいていないような場合があったら、特に深刻です。他人から恨《うら》まれて攻撃《こうげき》されているのに気づいていないとか、喧嘩《けんか》している二人の人たちが仲良しに違《ちが》いないと思って話しかけてみたら怒《おこ》られた、などといったことが起こると、皆さんの人生はとてもややこしいものになります。まず紛争の存在に気づきましょう。

また、紛争が起こっていることは知っていても、たとえばその紛争がどのようなものかを知らないまま紛争に関わっていくとしたら、とても危険ですよね。突然《とつぜん》に自分が紛争に巻き込まれてしまったような場合など、ゆっくりと紛争の様子を観察する余裕《よゆう》がない場合でも、とっさに一番重要な要素を見極めないと、大変なことになります。たとえば紛争が起こっているのを止めようと思って介入《かいにゅう》したら、自分が飛びついたのは紛争の当事者ではなかった、などといったことが起こったら、大変なことになります。

そもそも紛争が起こっていることに気づく、そしてどんな紛争が起こっているのかを見抜《みぬ》く、それは紛争解決の不可欠の第一歩です。[A]、紛争を知る、ということが、紛争解決の第一歩です。

それでは、紛争を知る、というのは、どういうことでしょうか。（中略）紛争とは、複数の当事者が、相容《あいい》[※1]れない目的を持っている状態だと定義されます。相容れない目的を持っていない者は、紛争当事者との関係において、第三者と呼ばれる立場にあることになります。紛争を知る、というのは、複数の当事者が相容れない目的を持っている状態にあることを見抜く、ということです。そしてまずは、誰《だれ》が紛争当事者で、どのような相容れない目的を持ちあっているのかを見抜く、というこ

2023年度 横浜女学院中学校

【国　語】〈B入試〉（五〇分）〈満点：一〇〇点〉

一　次の文章の――線①～④のカタカナを漢字に、漢字をひらがなにしなさい。また、文章中の漢字の間違《まちが》いを1か所ぬき出し、正しい漢字に直しなさい。

国語の文章を読んでいると、読むのに①コマる難しいものと、②カンタンなものがあることに気付く。自分なりにどういう文章を難しいと感じるか、③一覧表を作ってみた。それを見てみると、自分にとって物語や小説は優しいと感じ、説明文や④評論文は苦手だということが分かった。

二　次の文章を読んで、あとの問いに答えなさい。（字数に制限のある問いは、句読点や記号も1字に数えます。）

①紛争《ふんそう》を解決するためには、まず何をしなければならないでしょうか？　とにかく笑顔を忘れないことでしょうか？　相手の話をよく聞くことでしょうか？

そうですね、必要なことや、有効であるかもしれないことは、たくさんありますね。どれが、いつ、どれくらい意味があ

2023年度

横浜女学院中学校 ▶解答

※ 編集上の都合により，Ｂ入試の解説は省略させていただきました。

算数 ＜Ｂ入試＞（50分）＜満点：100点＞

解答

1 (1) 27 (2) 360 (3) 9.1 (4) $\frac{41}{81}$ 2 (1) 4人 (2) 6分後 (3) 16cm (4) 238 (5) 70度 (6) 23.22cm^2 3 神奈川県，約8.6％ 4 (1) 21 (2) 13グループ，5番目 (3) 260 5 (1) 12通り (2) 96通り (3) 720通り 6 (1) 27cm^2 (2) 9秒後から12秒後 (3) 3秒後と16.5秒後

社会 ＜Ｂ入試＞（30分）＜満点：60点＞

解答

1 **問1** (イ) **問2** 栽培漁業 **問3** 200（海里） **問4** (ア) 稲作 (ウ) 果樹栽培 **問5** ① (エ) ② (ウ) **問6** (ウ) **問7** 共助 2 **問1** 大森（貝塚） **問2** 徳川家康 **問3** (イ) **問4** (エ) **問5** 関東大震災 **問6** (ウ) **問7** （例） 太平洋戦争で人口が減ったから。 **問8** (ア) **問9** (イ) 3 **問1** (カ) **問2** 脱炭素（社会） **問3** WHO **問4** (エ) **問5** ① (エ) ② （例） 若者の意見が反映されない。 **問6** PKO **問7** ① (イ) ② 閣議 4 **問1** ODA **問2** （例） 3／飢餓がなくなれば，学校給食支援などで子どもたちの健康が改善するから。（4／飢餓がなくなれば，子どもたちの健康が改善され，学ぶ意欲を生むから。）

理科 ＜Ｂ入試＞（30分）＜満点：60点＞

解答

1 (1) ① 呼吸 ② ハチュウ類 ③ ホニュウ類 (2) 15.94 (3) B→A→C (4) （例） Bは光合成のはたらきにより酸素が供給される。また，暗所では植物は光合成を行わず呼吸のみを行うため，CはAよりも酸素量が少なくネズミの元気もないと考える。 (5) 燃える 2 (1) エ (2) ウ (3) ア (4) イ (5) オ (6) イ (7) **A** 5 **B** 2 (8) 4.73×10^{15}km 3 (1) ア (2) エ (3) 0.2g (4) 4：1 (5) 0.4g (6) 0.4g (7) 3：2 (8) 40g 4 (1) 20cm (2) 60cm (3) ウ (4) 20cm (5) 60cm (6) 30cm (7) 100cm

国　語　＜B入試＞（50分）＜満点：100点＞

解　答

一 ①，② 下記を参照のこと。　③ いちらん　④ ひょうろん　**誤字**…優(しい)　**正字**…易(しい)　二 **問1** 紛争を知ること　**問2** イ　**問3** 誰が紛争当～かを見抜く(こと)　**問4** イ　**問5** ウ　**問6** エ　**問7** オ　**問8** ウ　三 **問1** ア　**問2** ウ　**問3** イ　**問4** ウ　**問5** いたずらっぽい子どもみたいな表情　**問6** オ　**問7** ア　**問8** (例) あたしが間宮さんの感想文を利用して，自分で書くことから逃れようとしていること。　**問9** (例) 文字で書かれた世界をイメージしながら，なぞが解明されていく「わくわく感」には，受け身で映像を見る場合とは違う面白さがあるよ。その面白さは短い話でも味わえるから，手軽な本から読んでみたらどうだろう。

●漢字の書き取り

一 ① 困(る)　② 簡単

Memo

Memo

2022年度　横浜女学院中学校

〔電　話〕　(045)641－3284
〔所在地〕　〒231－8661　神奈川県横浜市中区山手町203
〔交　通〕　JR根岸線 ― 石川町駅より徒歩7分

【算　数】〈A入試〉(50分)〈満点：100点〉

注　意

1　3～6については途中式や考え方も書きなさい。

2　円周率は3.14とする。

1　次の計算をしなさい。

(1)　$144 \div 12 \times 3 + 2 \times 13$

(2)　$12 \times (207 - 98 \div 14)$

(3)　$3\frac{1}{5} + 2\frac{1}{3} - 1\frac{2}{15}$

(4)　$2.5 \times 3.5 + 7.2 \times 3.5 + 3.5 \times 10.3$

2 次の各問いに答えなさい。

(1) $\frac{17}{70}$，$\frac{13}{168}$のどちらにかけても計算結果が整数になる数のうち，最も小さい整数はいくつですか。

(2) いくつかのりんごをＡさん，Ｂさん，Ｃさんの３人で分け合います。最初にＡさんは全体の$\frac{7}{12}$をもらい，次にＢさんは残りの$\frac{3}{5}$をもらい，最後にＣさんは残った10個のりんごをもらいました。りんごは全部で何個ありますか。

(3) １から100までの整数のうち，3の倍数であり4の倍数でもある数は何個ありますか。

(4) 次の□にあてはまる数を答えなさい。

$15 - (8 - \square \times 2) \times 3 = 3$

(5) 右の図の角xの大きさは何度ですか。

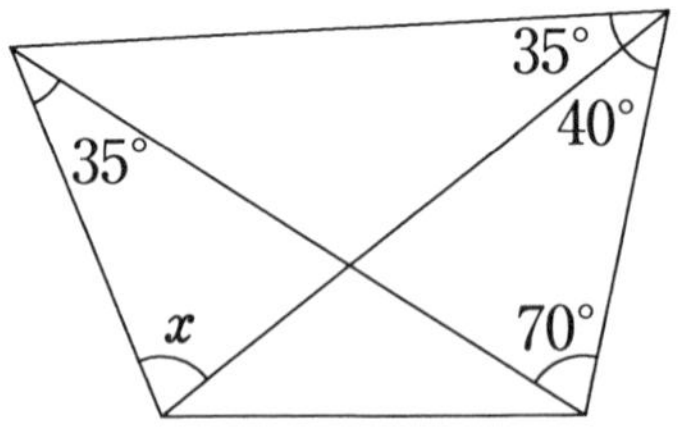

(6) 右の図は１辺の長さが６cmの正方形と半径６cmのおうぎ形を組み合わせたものです。色のついた部分の面積は何cm²ですか。ただし，•は円の中心を表します。

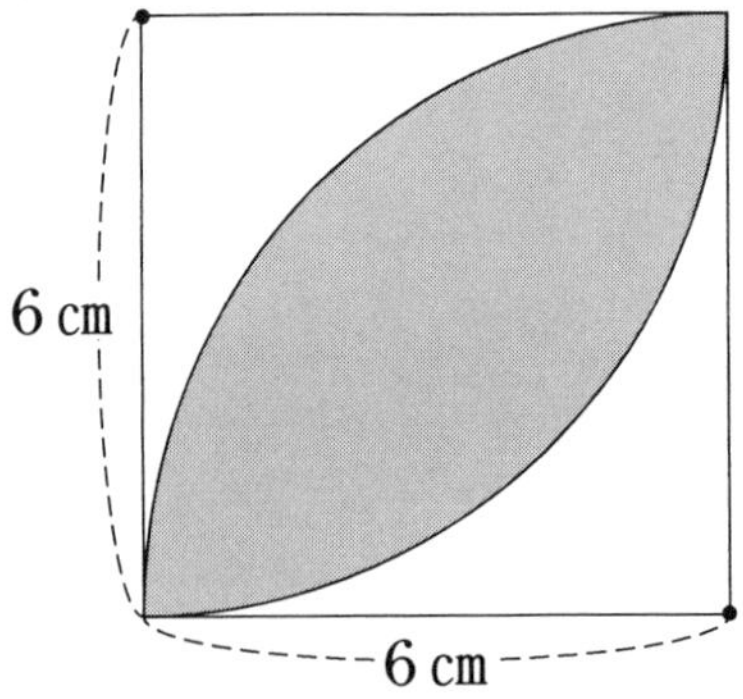

3 下のグラフは2000年と2010年のガソリン販売《はんばい》量をまとめたものです。ガソリン販売量の増加率が最も小さい都府県はどこで，増加率は約何％ですか。小数第２位を四捨五入して答えなさい。

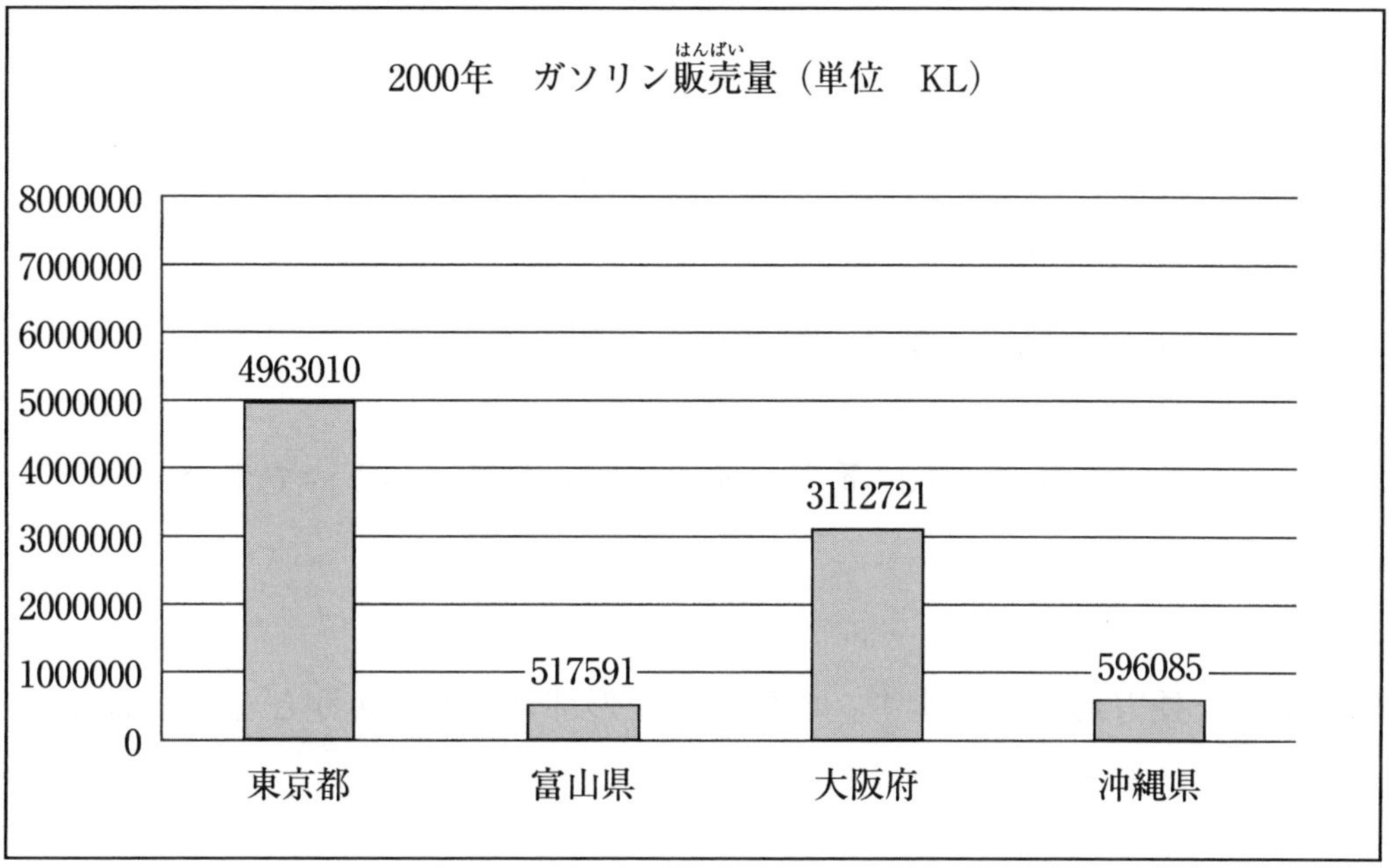

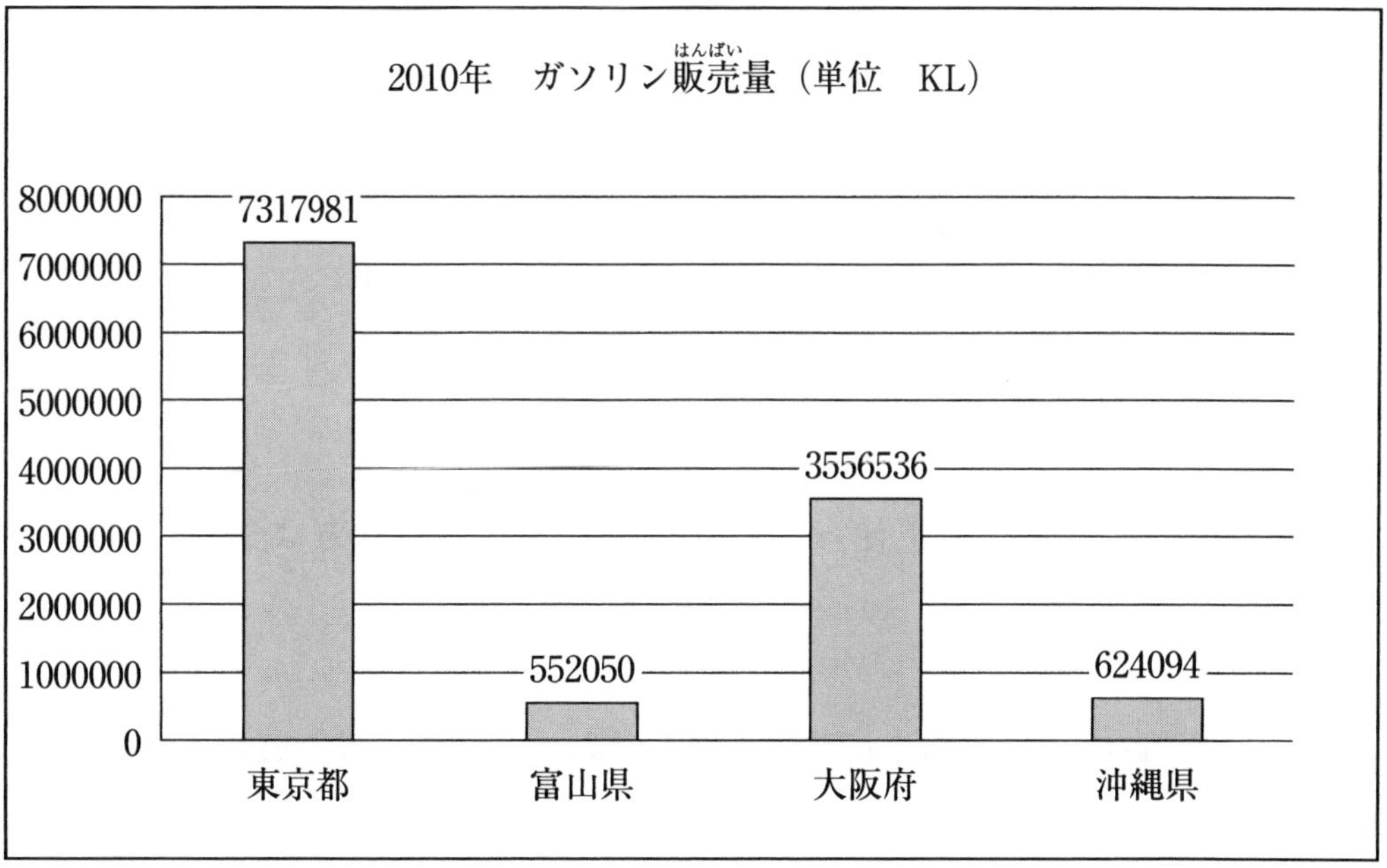

内閣府のデータより

4 次のように，ある規則にしたがって分数が並んでいます。

$\frac{1}{1}$，$\frac{1}{4}$，$\frac{2}{4}$，$\frac{1}{7}$，$\frac{2}{7}$，$\frac{3}{7}$，$\frac{1}{10}$，$\frac{2}{10}$，$\frac{3}{10}$，$\frac{4}{10}$，……

このとき，次の各問いに答えなさい。

(1) はじめの分数から数えて21番目に並んでいる分数はいくつですか。

(2) $\frac{2}{16}$は，はじめの分数から数えて何番目の分数ですか。

(3) はじめの分数から数えて100番目に並んでいる分数はいくつですか。

5 図のような長方形があります。これら4つの部分を同じ色がとなり合わないようにぬりわけます。

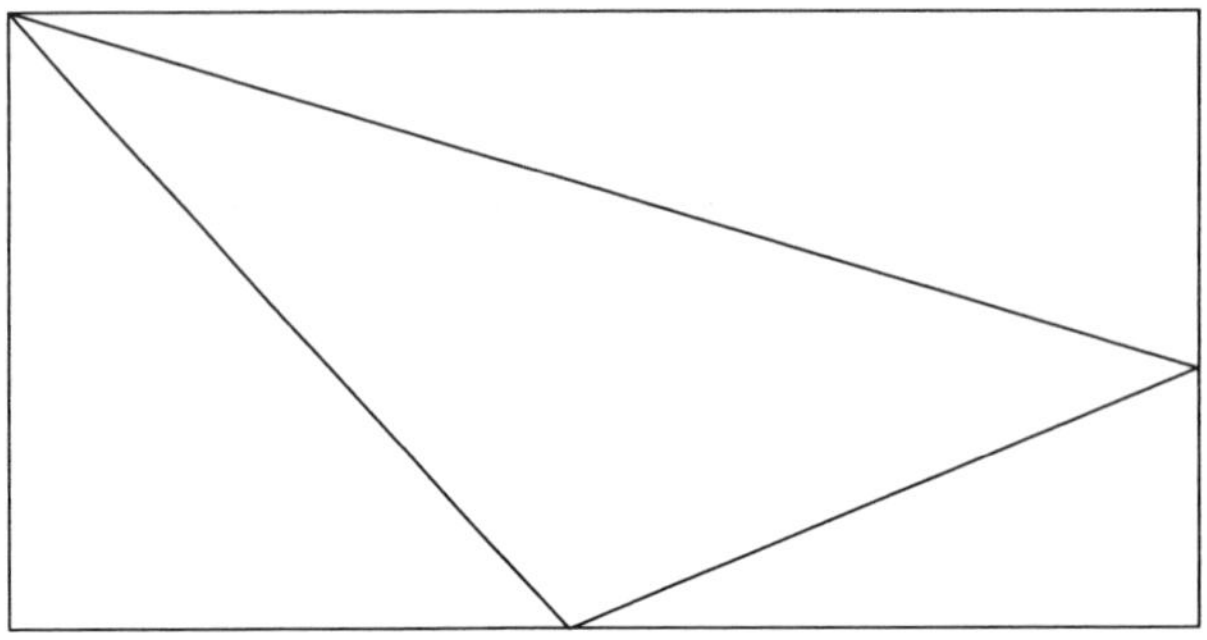

このとき，次の各問いに答えなさい。

(1) 赤，青，黄の3色すべてを使ってぬりわけるとき，ぬり方は全部で何通りですか。

(2) 赤，青，黄，緑の4色の中から3色を選んでぬりわけるとき，ぬり方は全部で何通りですか。

(3) 赤，青，黄，緑の4色を使ってぬりわけるとき，ぬり方は全部で何通りですか。ただし，使わない色があってもよいものとします。

6 図のような半径4cm，中心角が45度のおうぎ形OABがアの位置にあります。このおうぎ形がはじめてイの位置にくるまで直線ℓ上をすべらないように転がったとします。●は円の中心を表しています。

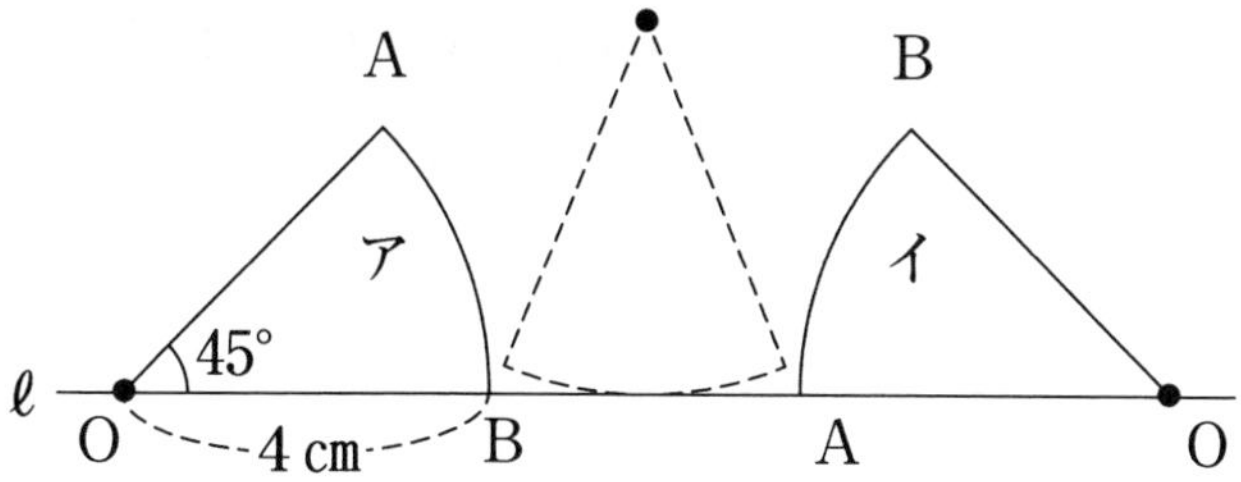

このとき，次の各問いに答えなさい。

(1) 弧ABの長さは何cmですか。

(2) 点Oが移動した距離は何cmですか。

(3) おうぎ形OABが通過した部分の面積は何cm²ですか。

【社　会】〈Ａ入試〉（30分）〈満点：60点〉

〈編集部注：実物の試験問題では，［1］〔２〕の地図と円グラフはカラー印刷です。〉

［1］　次の各問いに答えなさい。

〔1〕　次の文章は、毎日新聞2021年７月31日の「15歳《さい》のニュース」の記事である。これを読んで、各問いに答えなさい。ただし、人名はＡさん…としてある。

＊＊

15歳のニュース　環境相《かんきょうしょう》・小泉進次郎《こいずみしんじろう》さんに聴《き》く／上　EVにしても…発電が問題！

原発依存最小限に　再エネ加速

「15歳のニュース」編集部が、環境問題《かんきょうもんだい》に関心のある読者から、小泉進次郎《こいずみしんじろう》環境相への質問や提言を募集《ぼしゅう》したところ、たくさんの応募《おうぼ》を頂いた。

◆読者からの質問や提言

Ａさん　小６：

日本は［　①　］発電に依存《いぞん》しています。いくら車を電気自動車（EV）にしても、その電気をつくる発電所が二酸化炭素をたくさん出していては意味がないのでは？

小泉環境相：日本はまだ［　①　］発電が多く、質問の通りの懸念《けねん》がある。だから今回、政府の基本的な方針を決める「骨太《ほねぶと》の方針《ほうしん》」で、W <u>再生可能エネルギー</u>を最優先（の電源）にするという画期的な原則を初めて入れました。これからは、そういうふうに変わっていく、心配しなくてもいいような方向に動き出していきます。

事故が心配　Ｂさん　高専１・東京都：

再生可能エネルギーを普及《ふきゅう》させてほしい。［　②　］発電はまたいつ事故が起こるか分からない中、稼働《かどう》を続けることは地球を汚染《おせん》することにつながりかねないと思う。

小泉環境相：（福島では）あれだけの事故を起こしたことを決して忘れてはならない。その前提に立てば、いかに（［　②　］を）なくしていけるかを考えるべきだというのが私の立場です。その中で菅政権《すがせいけん》としては、一貫《いっかん》してまずは再生可能エネルギー最優先で、② 発電は、その依存度を可能な限り下げていく。これが基本方針です。

政府の会議にペットボトル？　Cさん　小5・東京都：

小泉さんはマイバッグを持ち歩いていますか？　政府の会議でよくペットボトルがテレビに映っていますが、どう思いますか？

小泉環境相：ぼくが使っているマイバッグをお見せします。実はこれ、X熊本の震災《しんさい》で使われたブルーシートを再生利用したものです。お昼ご飯も持ってくるので、これは「マイカトラリー」。この中にフォークやナイフ、スプーン、ストローが入っています。

国会って、何とマイボトルが禁止だったんです。何で環境のことを考えているのに使っちゃいけないのかって。多くの関係者のみなさんの理解を得て、今年の国会から認められました。でも残念ながら政府全体の中では、まだペットボトルを使っているような会議も見られます。おかしいという声をみなさんからもあげてほしい。

Dさん　小2・福岡県：

ＳＤＧｓ《エスディージーズ》について、私たちにできることがあれば教えてください。

楽しみながら“SDGsする”

小泉環境相：家族と、うちってどこの電力と契約《けいやく》しているのか話をしてほしい。SDGsでいうと（　　Y　　）。そして再生可能エネルギーを選んでほしい。私もZマイボトルやマイバッグ、家の電力契約も変えましたけど、これは義務感ではなく、自分の身の回りをより環境負荷《ふか》の低いものにしていくことを楽しんでいるし、その方が納得感《なっとくかん》があるんですよね。SDGsを「SDGsする」という動詞としてみる。読者のみなさんには今日から何か一つ変えてみてほしい。

■KEYWORDS

【骨太《ほねぶと》の方針《ほうしん》】

政府の経済財政に関する基本的な考え方「経済財政運営と改革の基本方針」の通称《つうしょう》。総理大臣が議長を務める「経済《けいざい》財政《ざいせい》諮問《しもん》会議《かいぎ》」が毎年まとめ、これをもとに予算の割《わ》り振《ふ》りや、税制の改正が行われる。

【SDGs】

「Sustainable Development Goals（持続可能な開発目標）」の略。2015年９月の国連サミットで決まった17の目標で、30年までの実現を目指している。17の目標は社会、経済、環境の幅広《はばひろ》い分野にまたがり、さらにくわしい169の「ターゲット」に分かれている。「だれ一人取り残さない」をキーワードに、自治体や民間《みんかん》企業《きぎょう》などで取り組みが広がっている。

＊＊

問１　文中の ① ・ ② に適する語句の組み合わせとして正しいものを、次の（ア）～（エ）からひとつ選んで記号で答えなさい。

（ア）①：火力　②：バイオマス　　（イ）①：火力　②：原子力

（ウ）①：原子力　②：火力　　（エ）①：原子力　②：木材

問２　文中の下線部Ｗ「再生可能エネルギー」とは何か。次の（ア）～（エ）から誤っているものをひとつ選んで記号で答えなさい。

（ア）太陽光　（イ）水力　（ウ）石炭　（エ）風力

問3　文中の下線部**X**について、「熊本の震災」とは、平成28年（2016年）4月に熊本県で発生した大地震である。その際に、阿蘇山《あそさん》の山腹が崩落《ほうらく》し大きな被害がでた。次の九州地方の地図中の**ア**～**エ**から、阿蘇山を示しているものをひとつ選んで記号で答えなさい。

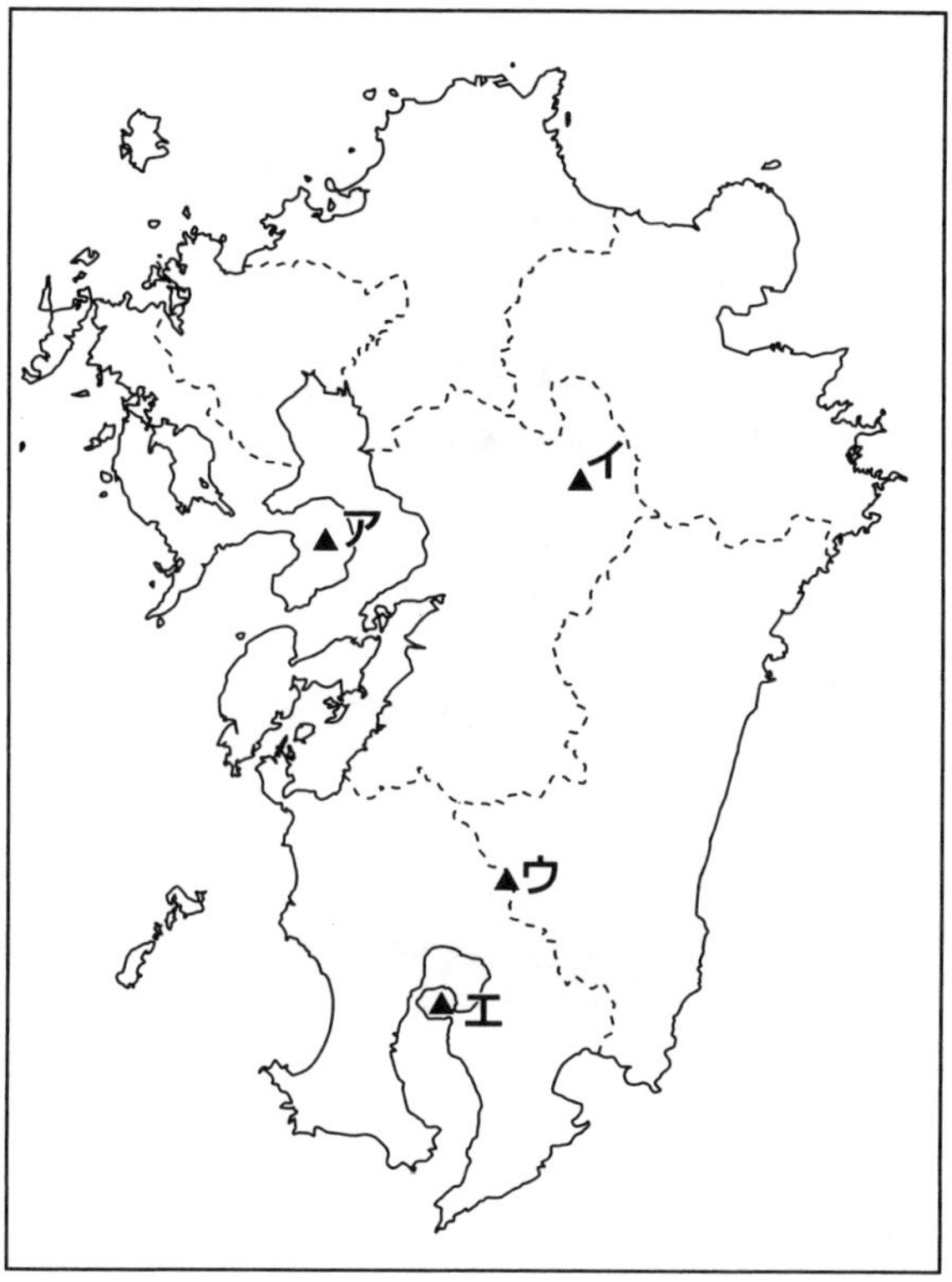

問4　文中の下線部**X**について、下記の図は阿蘇山の成り立ちを示す図である。阿蘇山には大きなくぼ地があるがこれを何というか。また成り立ちを説明する文としてふさわしいものはどれか。答えの組み合わせとして正しいものを次の（ア）～（エ）からひとつ選んで記号で答えなさい。

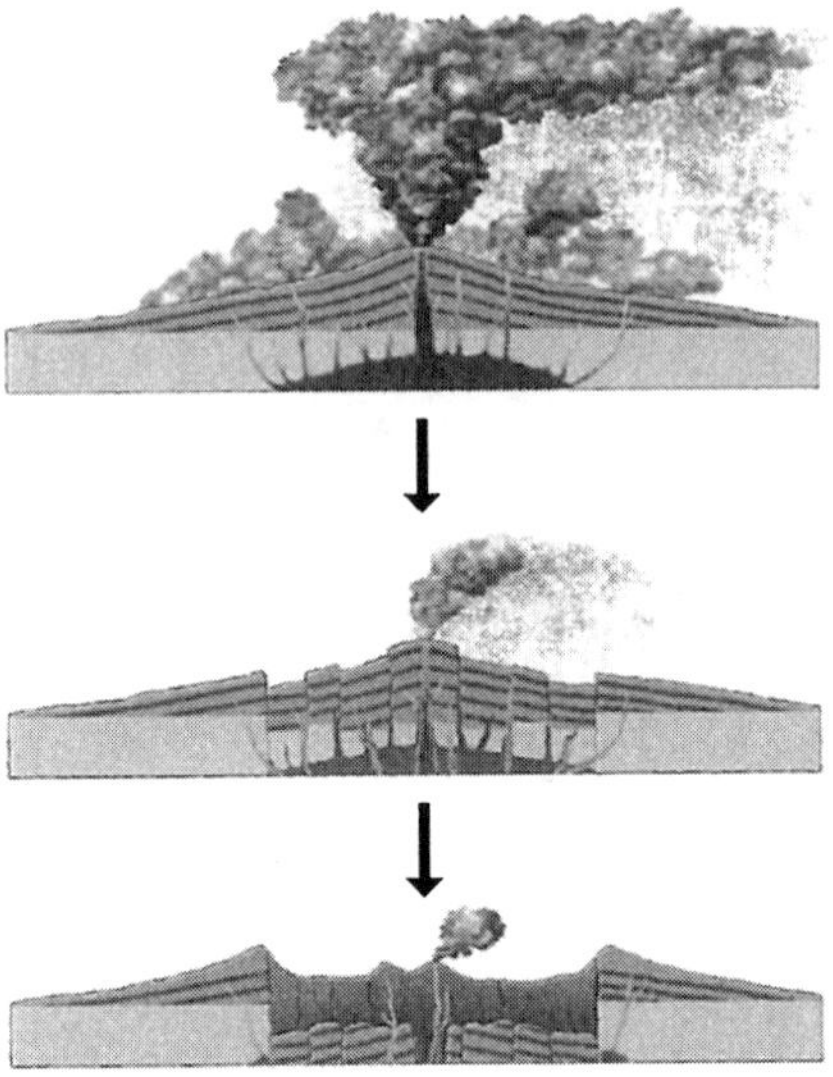

（ア）くぼ地の名前―カルデラ

成り立ち―火山の噴火《ふんか》によって地中のマグマだまりが地上に吹き出し、地中に空間ができる。その上の土地が陥没《かんぼつ》し、大きなくぼ地ができた。

（イ）くぼ地の名前―シラス台地

成り立ち―火山の噴火によって地下水が地上に吹き出し、地中に空間ができる。その上の土地が陥没し、大きなくぼ地ができた。

（ウ）くぼ地の名前―カルデラ

成り立ち―火山の噴火によって地下水が地上に吹き出し、地中に空間ができる。その上の土地が陥没し、大きなくぼ地ができた。

（エ）くぼ地の名前―シラス台地

成り立ち―火山の噴火によって地中のマグマだまりが地上に吹き出し、地中に空間ができる。その上の土地が陥没し、大きなくぼ地ができた。

問５　阿蘇山は活火山である。日本には多くの活火山があるが、火山によって受ける被害やその利用法について誤っている文章を、次の（ア）～（エ）からひとつ選んで記号で答えなさい。

（ア）火山灰のほとんどは上空でとどまり、地上に灰が降ってきて被害を及ぼすことはない。

（イ）火山の噴火による火《か》砕流《さいりゅう》は、森林を焼いたり、人間を含めた生き物の命に関わる災害を引き起こすことがある。

（ウ）地下水を温めて温泉を作り出し、温泉地には多くの観光客が訪れている。

（エ）電力を生み出すエネルギー産業にも利用され、国内の地熱発電所の６割が九州地方にある。

問６　文中の下線部Ｘの「熊本」に関連して、熊本県の八代平野は温暖な気候と豊かな水により、たたみの材料となる作物の栽培が盛んである。その作物を次の（ア）～（エ）からひとつ選んで記号で答えなさい。

（ア）漆　　（イ）綿花　　（ウ）麻　　（エ）い草

問７　文中の（　Ｙ　）には、SDGsの17のゴールの内どれかが入る。その番号を答え、なぜそう思ったのか根拠を書きなさい。

問８　文中の下線部Ｚ「マイボトルやマイバッグ」にすることで、どのような効果がえられるのか。次の（ア）～（エ）から関係がないものをひとつ選んで記号で答えなさい。

（ア）ビニールごみを減らすことで飢餓をゼロにすることができる。
（イ）ビニールごみなど町を汚すものを減らすことができる。
（ウ）大量生産・大量消費をやめ、余計な包装《ほうそう》を減らすことができる。
（エ）プラスチックごみによる海洋汚染や生態系への影響を減らすことができる。

〔２〕　次の世界地図は世界の主な宗教の分布を示している。次の各問いに答えなさい。

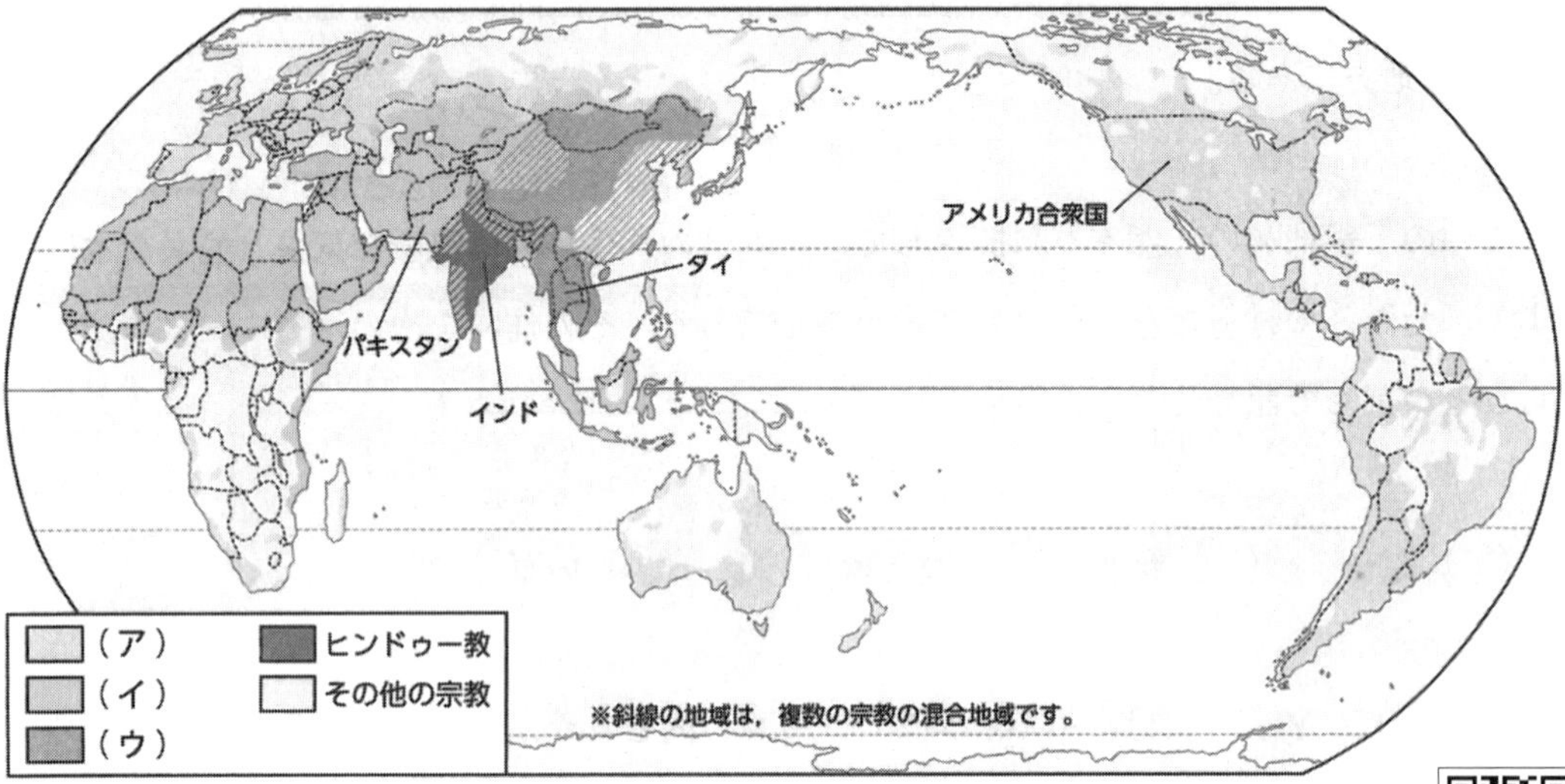

〈編集部注：上の地図はカラーのものを弊社ホームページに掲載してあります。
右のＱＲコードからもアクセス可能です。〉

①　次の円グラフは、世界の主な宗教の分布の地図と同じ色のものは同じ宗教を示している。円グラフ中の（ア）の宗教を答えなさい。

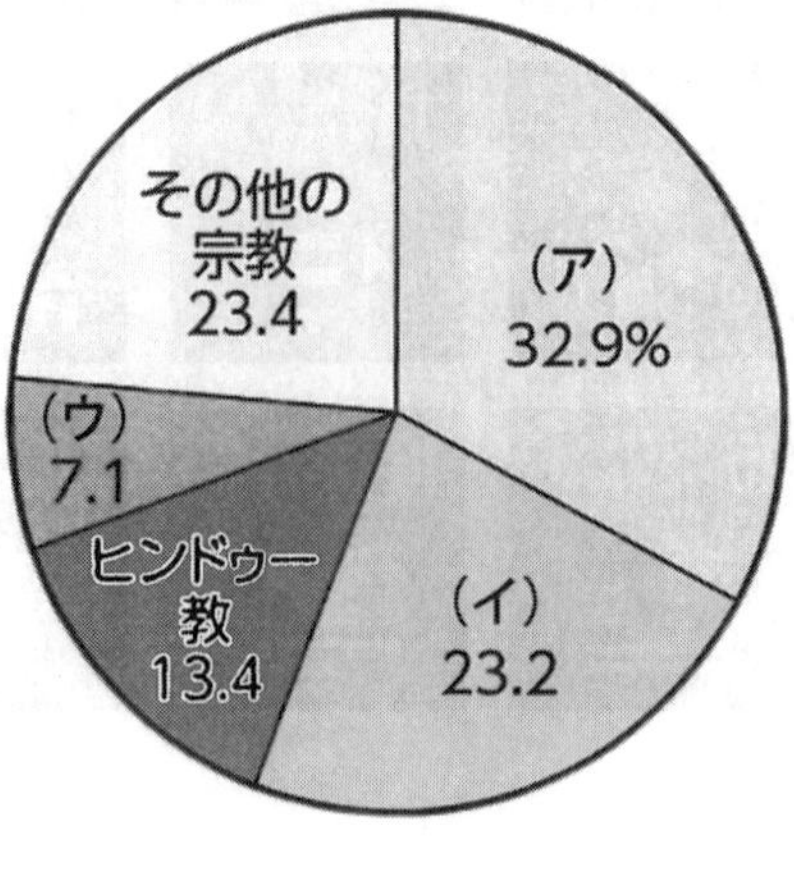

② 次の写真は世界の主な宗教の分布の地図中の「パキスタン」「インド」「タイ」「アメリカ合衆国」のいずれかの写真である。どこの国の写真か答えなさい。

2 次の各問いに答えなさい。

〔1〕 洋子（Y）さん、次郎（J）さん、剛（G）さんの会話を読んで以下の各問いに答えなさい。

洋子さん：東京オリンピック・パラリンピック大会は観た？

次郎さん：うん、観たよ。新しい競技が増えてとっても面白かった。でも、無観客だったのがちょっとさびしかったな。

洋子さん：そうね。今回は新型コロナウイルスの流行があったから、無観客での開催《かいさい》だったわね。私は無観客でも実施できて良かったと思うわ。剛さんはどう思う？

剛さん： ぼくは開催については反対だったな。安全のために中止にするべきだったと思う。

洋子さん：なるほどね。そういえば、①1964年のオリンピック・パラリンピック大会は日本が戦後の復興《ふっこう》をとげたことを、世界的にアピールするうえでとても重要な大会だったらしいよ。

剛さん： そんなに昔に東京で大会が開催されていたなんて知らなかったよ。

次郎さん：ぼくのおじいちゃんも1964年大会のことをよく教えてくれるよ。②太平洋戦争で日本が負けて、戦後の貧しい時代を体験した人々に希望を与えてくれた大会だったらしいよ。

洋子さん：日本もかつては戦争や貧しかった時代もあったのよね。今、インターネットで調べたら1940年の東京で開催する予定だった大会があったみたいよ。この時は、③日中戦争のため中止になって開催されなかったみたい。

剛さん：　中止された大会があったなんて知らなかったよ。平和の祭典なのに、戦争で中止になるなんて悲しいね。当時の人はどんな思いだったのだろう。

洋子さん：世界平和のためにも、様々な国の人々と交流して、お互いの国のことをよく知ることが大切だね。

問１　下線部①について、1960年代から1970年代の始めは日本の国民総生産《こくみんそうせいさん》が急上昇した時期であった。この時期を何と呼ぶか漢字６字で答えなさい。

問２　下線部①について、戦後の日本で起きた出来事として、誤っているものを、次の（ア）～（エ）からひとつ選んで記号で答えなさい。

（ア）中東戦争の影響で石油の価格が高騰《こうとう》して、オイルショック（石油危機）が発生した。
（イ）サンフランシスコ平和条約が結ばれ、日本の主権が回復した。
（ウ）占領下に置かれていた沖縄県がアメリカから日本に返還《へんかん》された。
（エ）日本が国際連盟に、常任理事国として加盟した。

問３　下線部②について、太平洋戦争中の出来事を、次の（ア）～（エ）からひとつ選んで記号で答えなさい。

（ア）日本海海戦で、ロシアのバルチック艦隊を日本海軍が破った。
（イ）朝鮮で甲午農民戦争が起こったので日本軍は朝鮮半島に出兵した。
（ウ）東京大空襲で東京の大部分が破壊され、多くの生命と財産が失われた。
（エ）日本はイギリスと日英同盟を結んだ。

問４　下線部②について、日本軍がアメリカのハワイを攻撃して太平洋戦争が始まった。日本軍が攻撃したハワイの場所を下の地図中の**A**～**D**からひとつ選んで記号で答えなさい。

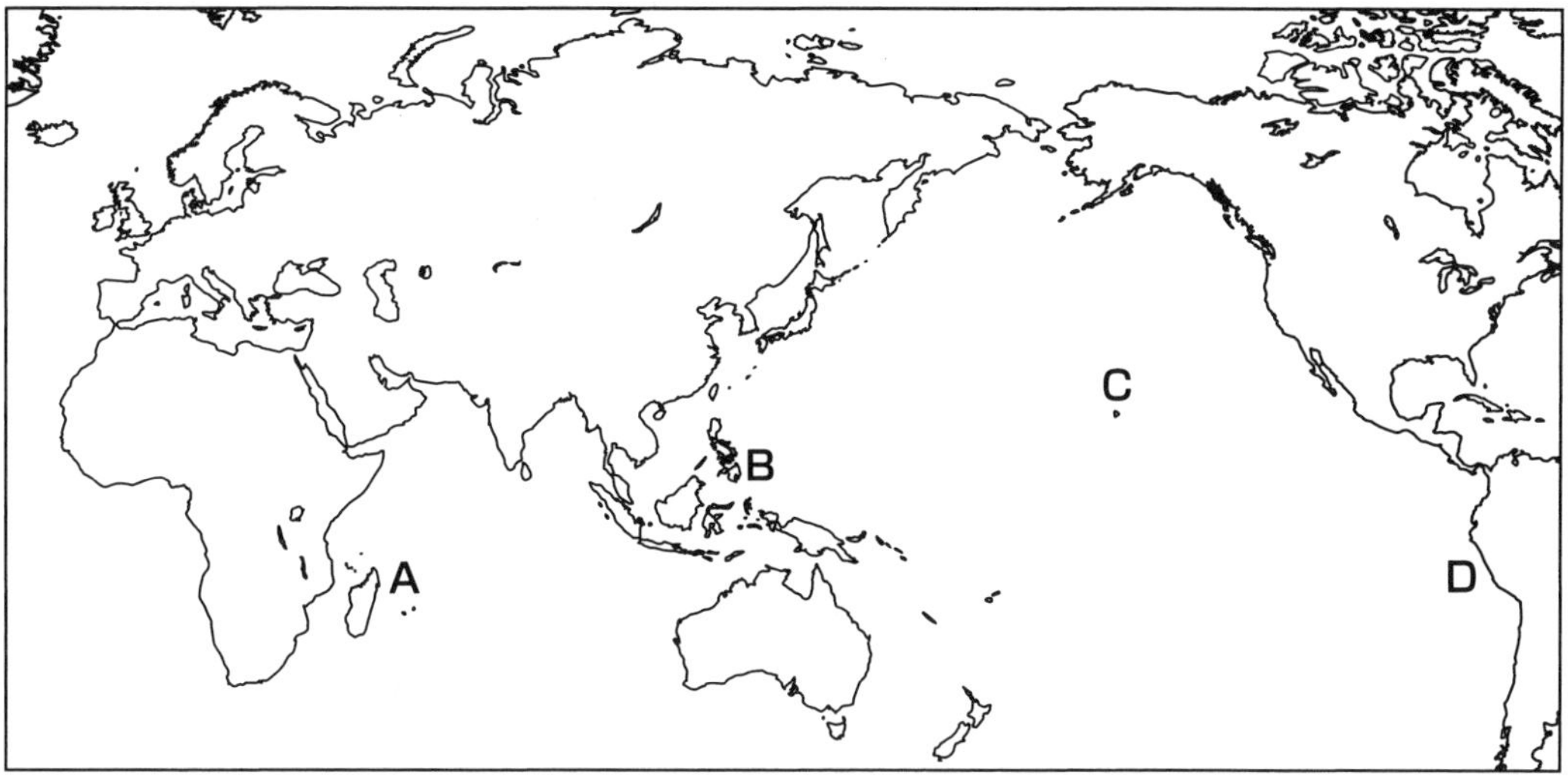

問５　下線部③について、日中戦争中（1937年～1945年）の出来事として、誤っているものを、次の（ア）～（エ）からひとつ選んで記号で答えなさい。

（ア）北京郊外の盧溝橋《ろこうきょう》で、日中両軍が衝突して日中戦争が始まった。

（イ）最終的には、1945年に日本軍が勝利した。

（ウ）広島と長崎に原子爆弾が投下され、多くの民間人が犠牲《ぎせい》になった。

（エ）中国の首都だった南京《なんきん》を日本軍が占領した。

〔2〕 下の地図を見て各問いに答えなさい。なお、同じ地域を２回以上選択しても構いません。

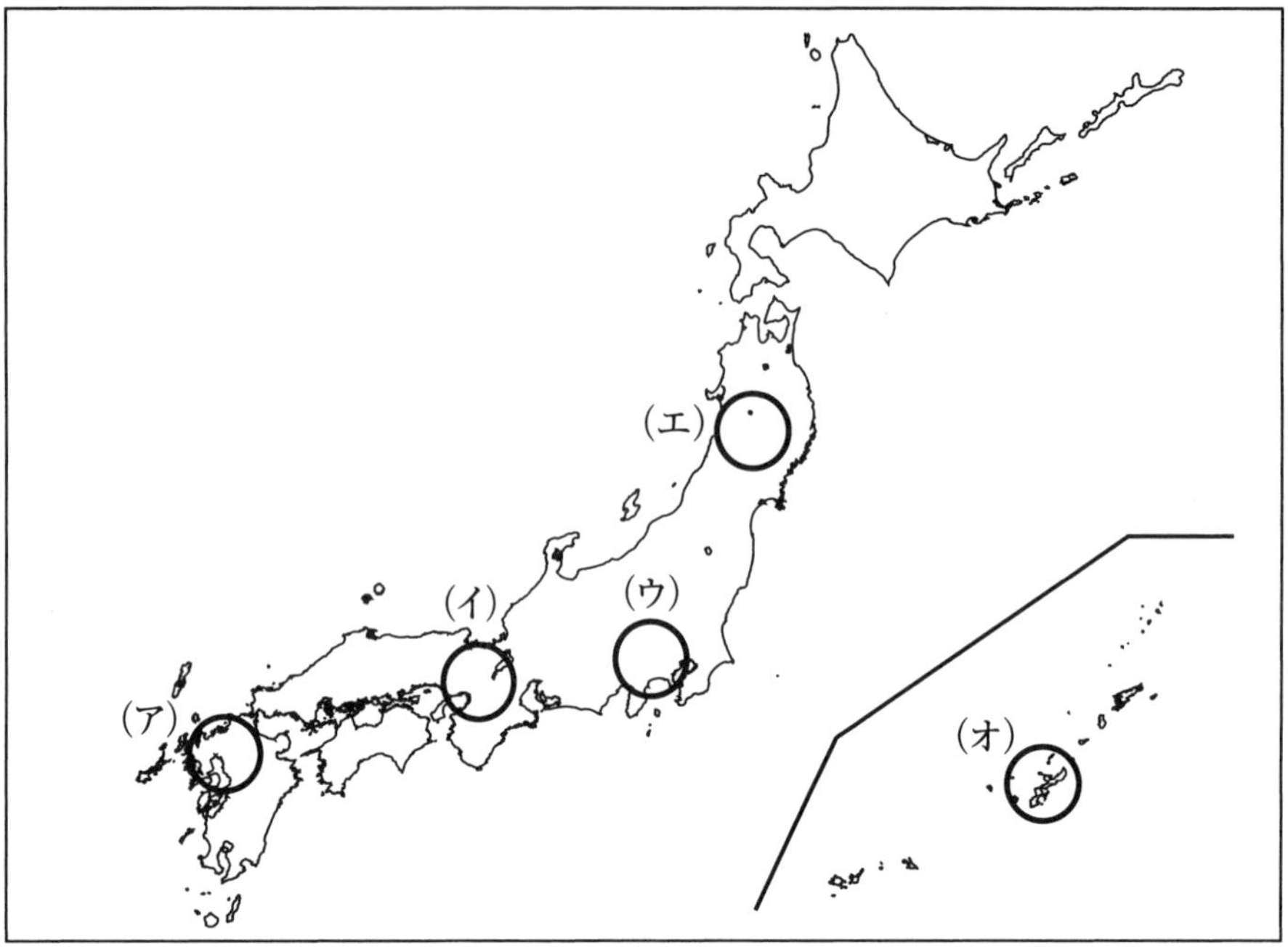

問１　663年の白村江の戦い後、大宰府防衛《だざいふぼうえい》のため水城が築かれた地域を、地図中の（ア）～（オ）からひとつ選んで記号で答えなさい。

問２　桓武天皇が平安京を建てた場所を、地図中の（ア）～（オ）からひとつ選んで記号で答えなさい。

問３　文永《ぶんえい》の役《えき》と弘安《こうあん》の役で、元の軍勢が来襲した場所が含まれている地域を、地図中の（ア）～（オ）からひとつ選んで記号で答えなさい。

問４　源頼朝が開いた幕府の本拠地《ほんきょち》が含まれている地域を、地図中の（ア）～（オ）からひとつ選んで記号で答えなさい。

問５　坂上田村麻呂《さかのうえのたむらまろ》は征夷大将軍に任命されて蝦夷《えみし》と戦った。蝦夷のいた場所が含まれる地域を、地図中の（ア）～（オ）からひとつ選んで記号で答えなさい。

3 財政についての以下の文章を読み問いに答えなさい。

国は毎年、A予算を作成し、［ あ ］と［ い ］を管理しています。［ い ］の中で最も高い割合を占めているのがB社会《しゃかい》保《ほ》障《しょう》費です。2019年の日本の新生児は約86万5千人で、前年と比べて5万人以上、減少しました。政府は少子化対策として合計特殊出生率《ごうけいとくしゅしゅっしょうりつ》(一人の女性が生涯に産む子供の数)を1.8まで向上させることを目標としています。また、日本はすでにC超高齢化社会に突入しており、少子高齢化が進む中で年々、社会保障費は増加しています。社会保障は人々の支え合いで成り立っていますが、働き手だけで支えることが困難になってきています。D働き手を増やすとともに高齢者への支援、E行政手続きを簡単にするなどの政策を打ち出しています。

問1 ［ あ ］に関して①・②それぞれの問いに答えなさい。

① ［ あ ］には国の一年間の収入にあたる語句がはいる。漢字2字で答えなさい。

② 以下の円グラフは2021年度の［ あ ］総額のグラフである。税収入の中で一番多い税［ C ］は何税か次の(ア)〜(エ)からひとつ選んで記号で答えなさい。

【2021年度予算案】

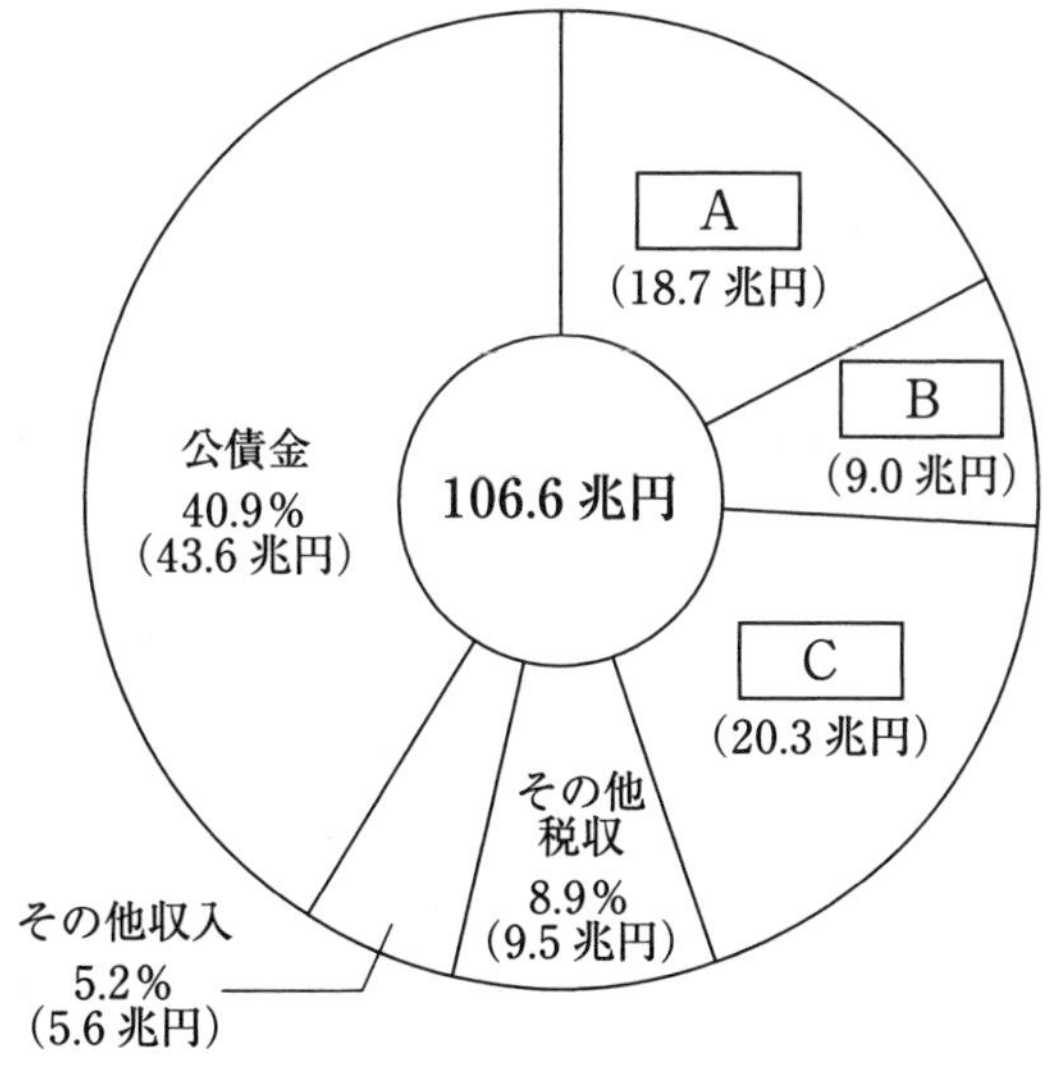

(ア)所得税　(イ)消費税　(ウ)法人税　(エ)入湯税

問２　[い] には国の一年間の支出にあたる語句がはいる。漢字２字で答えなさい。

問３　下線部Aに関して①・②それぞれの問いに答えなさい。

①　次年度の予算を組む際に開かれる国会として正しいものを次の（ア）～（エ）からひとつ選んで記号で答えなさい。

（ア）常会　　（イ）臨時会　　（ウ）特別会　　（エ）参議院の緊急集会

②　予算に関して述べた文章として正しいものを次の（ア）～（エ）からひとつ選んで記号で答えなさい。

（ア）国家予算は、年々減少傾向にある。
（イ）予算を作成するのは内閣で、最終的には天皇が承認する。
（ウ）日本はイギリスに比べ、借金が少なく、健全な財政と言える。
（エ）予算決定後に必要になったお金は補正予算として組まれる。

問４　下線部Bに関しての説明として誤っているものを次の（ア）～（エ）からひとつ選んで記号で答えなさい。

（ア）新型コロナワクチンの予防接種を担っているのは社会保障の４つの柱の一つである公衆衛生《こうしゅうえいせい》である。
（イ）社会保障は日本国憲法第25条で保障されている「健康で文化的な最低限度の生活」を営む権利にもとづいた制度である。
（ウ）さまざまな理由で働くことができない人たちのために最低限の生活ができるように支援する生活保護などのサービスは社会保障制度の中で公的扶助《こうてきふじょ》の役割である。
（エ）介護が必要になった際に必要な介護保険は０歳の乳児から高齢者までの全ての国民を保険対象としている。

問5　下線部Cに関して①・②それぞれの問いに答えなさい。

①　超高齢化社会とは、ある一定の年齢以上の割合が全人口の21％以上を占めている社会を示《しめ》すが高齢者の年齢とはいくつか。正しいものを次の（ア）～（エ）からひとつ選んで記号で答えなさい。

（ア）60歳　（イ）65歳　（ウ）70歳　（エ）75歳

②　超高齢化社会の要因の一つとして平均寿命が長くなったことがあげられる。平均寿命の説明として正しいものを次の（ア）～（エ）からひとつ選んで記号で答えなさい。

（ア）生まれたばかりの0歳児が平均的に何歳まで生きるのかを示したもの。
（イ）生まれたばかりの0歳児が健康なままで平均何歳まで過ごすことができるのかを示したもの。
（ウ）1年間の死亡者年齢を平均化したもの。
（エ）健康上の問題で日常生活が制限されることなく生活ができる期間。

問6　下線部Dに関して、現在国の政策として実施していないものを次の（ア）～（エ）からひとつ選んで記号で答えなさい。

（ア）障がい者や高齢者が就《つ》くことができる仕事を増やしている。
（イ）女性の社会進出を促《うなが》すために保育施設を充実させ待機児童（保育施設の入所を待っている児童）をなくし、「社会全体で子育てをする」体制を整えていく。
（ウ）就業《しゅうぎょう》可能年齢《かのうねんれい》（仕事に就くことができる年齢）を中学生まで引き下げることで働き手を増やす。
（エ）外国人労働者の受け入れ拡大を進めている。

問7　下線部Eに関して、行政手続きを簡単に行うために2016年より始まった国民一人一人に12桁の番号を与え各種手続きを効率よく行うための制度名をカタカナで答えなさい。

【理　科】〈A入試〉(30分)〈満点：60点〉

〈編集部注：実物の試験問題では，2の(5)の地図はカラー印刷です。〉

1 以下の文章を読み、次の問いに答えなさい。なお答えが割り切れない場合は小数点以下第２位を四捨五入して求めること。

新型コロナウイルス感染症《かんせんしょう》もふくめ、疾患《しっかん》の検査はいつでも100％正しいものではなく、時には病気にかかっているのに、検査で陰性《いんせい》となる偽陰性《ぎいんせい》、逆に病気にかかっていないのに検査では陽性となる偽陽性がある。よって疾患の検査をする際にはその検査方法について、その精度を検証する必要がある。その指標として感度、特異度、陽性的中率などがある。

感度はその病気にかかっている人の中で検査で陽性になった人の割合、特異度は病気にかかっていない人の中で検査で陰性になった人の割合、陽性的中率は検査で陽性の人の中で実際にその病気にかかっている人の割合となる。

下の表のように陽性者数と陰性者数がそれぞれ100人と900人だった場合があると仮定する。この場合、かかっている人の合計は100人（下線部あ参照）この中で陽性となった人の割合は90人（下線部い参照）となり、その割合は90％となる。これが感度となる。

次に特異度の説明をする。病気にかかっていない人が900人（下線部う参照）そのうち検査結果が陰性になった人が890人（下線部え参照）となるのでその割合は約99％となる。これが特異度である。

続いて、陽性的中率の説明をする。陽性者数は100人（下線部お参照）となりこの中で実際にかかっている人が90人（下線部い参照）となる。よって陽性的中率は90％となる。

このように特異度、感度、陽性的中率を調べ、それをもとにその検査方法が該当する疾患と陽性者を判別したいときに用いる検査なのか、陰性者を判別したいときに用いる検査なのかを決める指標として扱われる。

	検査で陽性	検査で陰性	
	お100	900	合計
かかっている人	い90	10	あ100
かかっていない人	10	え890	う900

(1) 以下の表の場合の感度、特異度、陽性的中率をそれぞれ答えなさい。

	かかっている人	かかっていない人
検査で陽性(+)	70人	20人
検査で陰性(−)	30人	880人
合計	100人	900人

(2) 次の表の場合、(1)の場合と比べてどのような違いがあるか説明した文について( )内に当てはまる語句の組み合わせとして最も適切なものを以下のア〜カから1つ選び、記号で答えなさい。

	かかっている人	かかっていない人
検査で陽性(+)	30人	20人
検査で陰性(−)	70人	880人
合計	100人	900人

(1)の場合と比べて特異度は(①)が、感度と陽性的中率が(②)。

	①	②
ア	高い	低い
イ	高い	変わらない
ウ	低い	高い
エ	低い	変わらない
オ	変わらない	高い
カ	変わらない	低い

(3) 1000人を検査したところ、陽性者数は100人、感度は64%、陽性的中率は80%となった。以下の問いに答えなさい。

① 偽陰性の人は何人か答えなさい。

② 偽陽性の人は何人か答えなさい。

③ 特異度は何%か答えなさい。

2 以下の問いに答えなさい。

(1) 流れる水には大きく分けて、運ぱん作用・しん食作用・たい積作用の３つのはたらきがある。これらのうち、地面をけずるはたらきはどれか。以下のア～ウから１つ選び、記号で答えなさい。

ア. 運ぱん作用　　イ. しん食作用　　ウ. たい積作用

(2) 川が曲がって流れているとき、カーブの内側の部分と外側の部分を比べた場合、しん食作用やたい積作用はどのようになっているか。正しい組み合わせを以下のア～エから１つ選び、記号で答えなさい。

	しん食作用	たい積作用
ア	内側の方が大きい	内側の方が大きい
イ	内側の方が大きい	外側の方が大きい
ウ	外側の方が大きい	内側の方が大きい
エ	外側の方が大きい	外側の方が大きい

(3) 川が曲がって流れているところで洪水《こうずい》などが起きると曲がっていた部分が川から取り残されて特ちょう的な地形ができることがある。この地形の名前を以下の【名前】のア～エから１つ選び、記号で答えなさい。また、この地形の写真を【写真】のア～エから１つ選び、記号で答えなさい。

【名前】

ア．三角州　　　イ．三日月湖　　　ウ．V字谷　　　エ．せん状地

【写真】

ア

イ

ウ

エ

（出典：国土地理院）

(4) 洪水などの自然災害はひとたび起こると、人々の生活に大きな被害《ひがい》をもたらすことがある。このため、災害による被害を事前に予測することが大切であり、予測された被害範《はん》囲《い》を地図化したものが作成されている。この地図のことをなんと呼ぶか。以下のア～エから１つ選び、記号で答えなさい。

ア．ハザードマップ　　　イ．サイレンマップ

ウ．デメントマップ　　　エ．マップオブザデッド

(5)　次に示す地図１～３は横浜女学院中学校の最寄り駅である石川町《いしかわちょう》駅の周辺における災害の被害範囲を示した地図であり、それぞれ洪水、津波《つなみ》、土砂災害のどれかを表している。地図と災害の組み合わせとして正しいものを以下のア～カから１つ選び、記号で答えなさい。

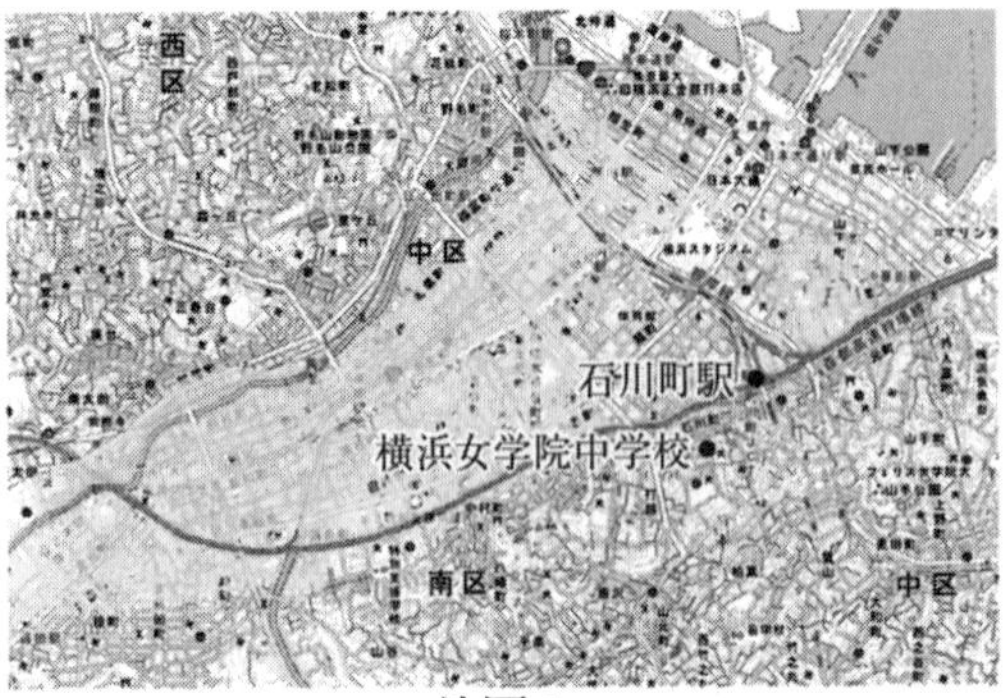

地図１

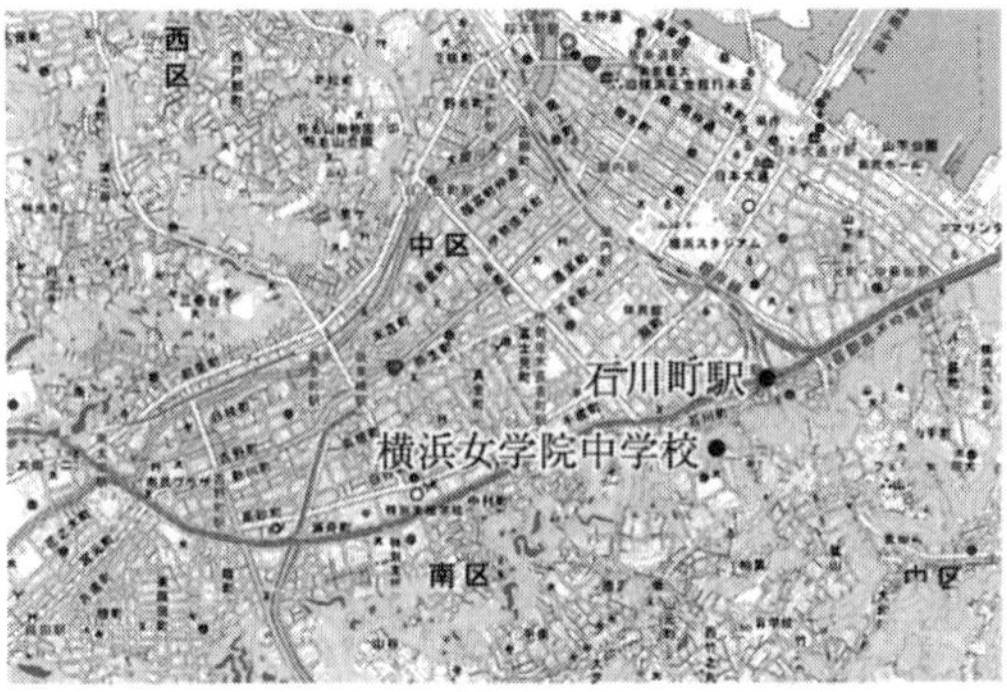

地図２

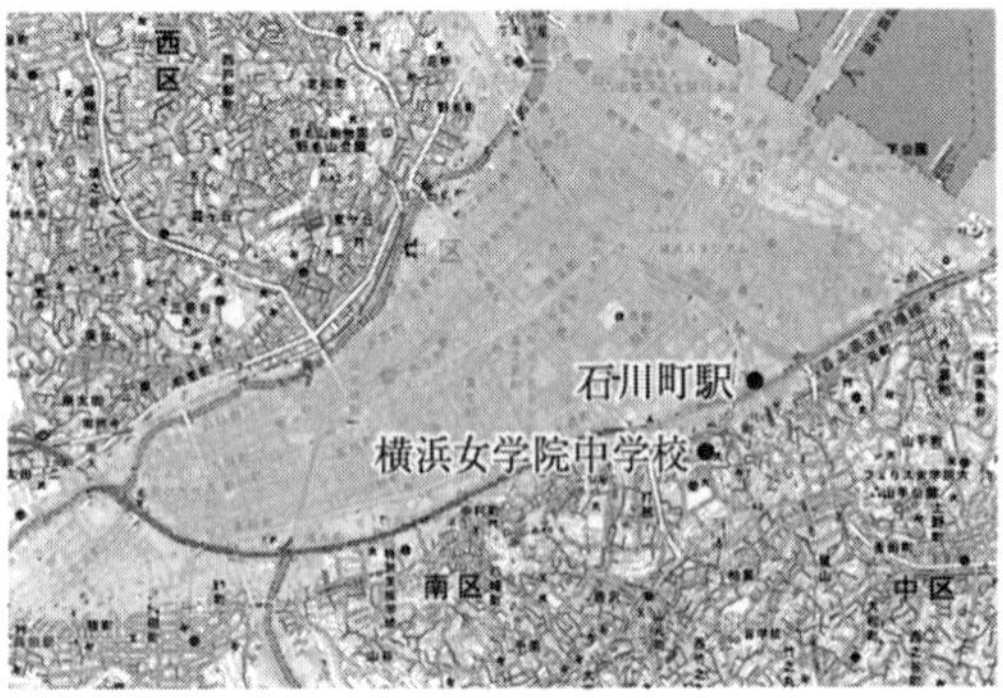

地図３

（出典：「(4)の答え」ポータルサイト）

〈編集部注：上の地図１～３はカラーのものを弊社ホームページに掲載してあります。
右のQRコードからもアクセス可能です。〉

	地図１	地図２	地図３
ア	洪水	津波	土砂災害
イ	洪水	土砂災害	津波
ウ	津波	洪水	土砂災害
エ	津波	土砂災害	洪水
オ	土砂災害	洪水	津波
カ	土砂災害	津波	洪水

(6)　現在世界的に進行しているある環境《かんきょう》問題の影響《えいきょう》により洪水による被害は今後ますます増えていくと予想されている。海水の蒸発量を増やし、その結果として降水量を増やすこの環境問題とはなにか答えなさい。

3 以下の問いに答えなさい。

(1) 下の図ア～エのように、底のない集気びんをねんどの上に置き、その中でロウソクを燃やす実験を行った。これについて以下の各問いに答えなさい。

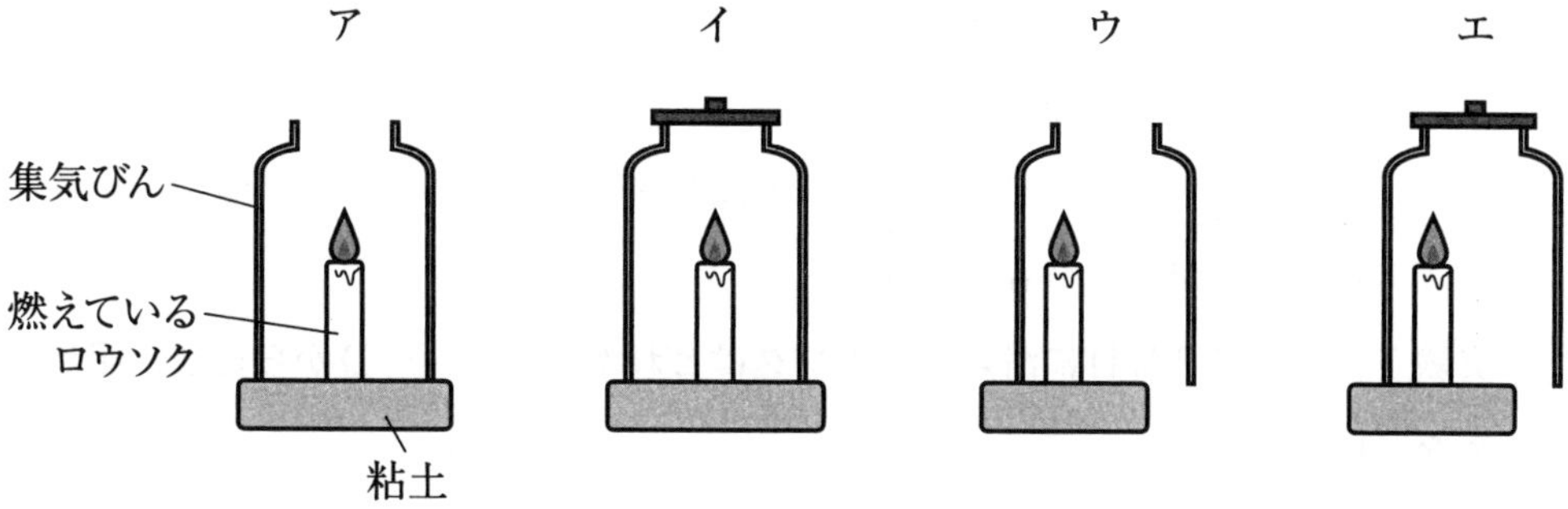

ア～エの中でロウソクが燃え続けるのはどれか。適当なものを全て選び、記号で答えなさい。ただし、集気びんの口は十分に大きいものとする。

(2) ロウソクは通常の状態では以下のような形をしている。これはロウソクの炎によって温められた周囲の空気が軽くなることで図の矢印のような炎にそった流れを作ることで長細い形になることが知られている。それでは無重力状態でロウソクを燃やした場合、どのような形になると考えられるか。次のア～エから１つ選び、記号で答えなさい。

ア．通常のロウソクの火の形とほとんど変わらない形になる
イ．より長細い形の炎になる
ウ．丸い形の炎になる
エ．多くのトゲを持つ形の炎になる

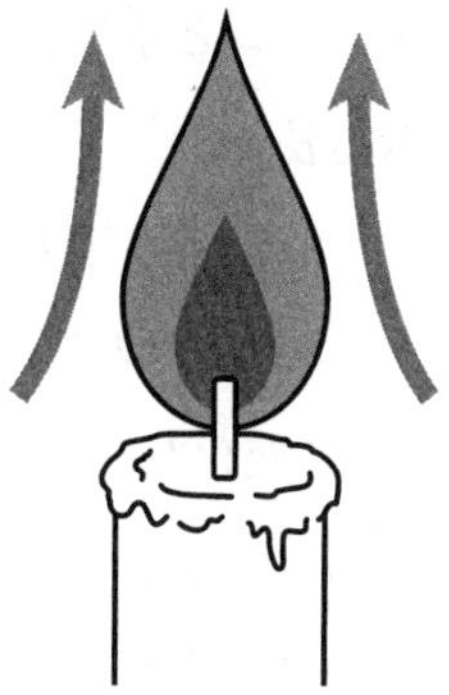

(3) 次のページのような３つの実験を行った。これについて後の問いに答えなさい。

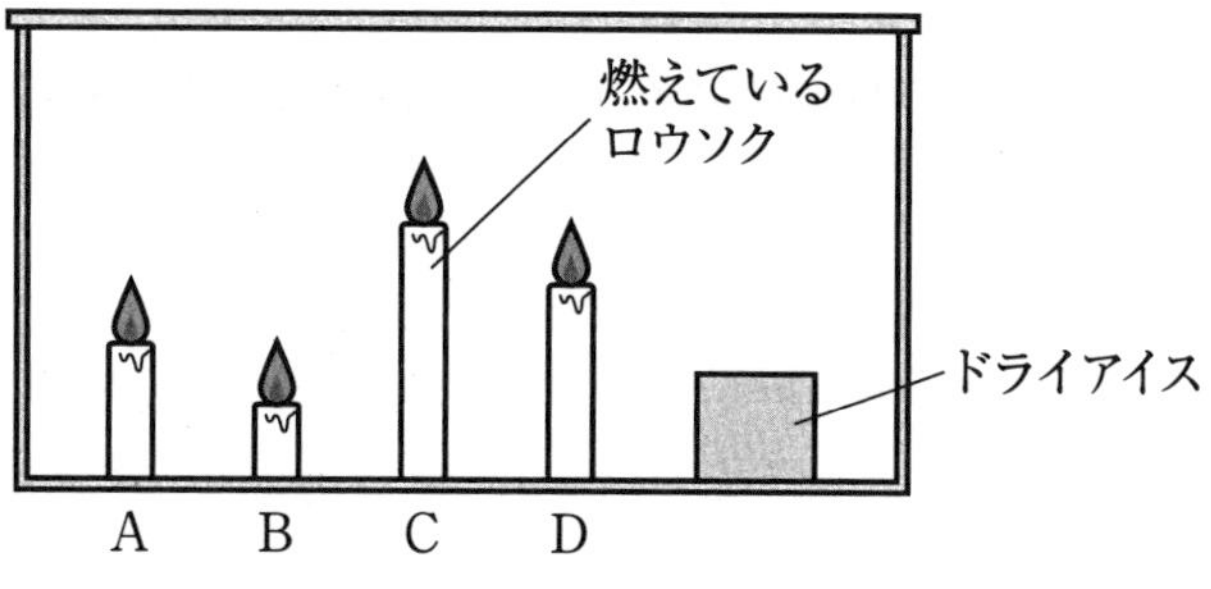

［実験１］　図のように水そうの中に長さの異なるＡ～Ｄの火のついたロウソクを並べ、ドライアイスのかたまりを置いた。すると、１つずつロウソクの火は消えていった。

［実験２］　ドライアイスを風船に入れ、しばらくすると風船は大きくふくらんだ。参考書で調べると、ある温度において２ｇのドライアイスは1120cm^3の気体Ｘに変化することが分かった。

［実験３］　ドライアイスの表面を虫めがねで観察すると、表面にしもがつき、小さな針状の突起がいくつも見られた。

①　実験１において２番目に消えるロウソクはどれか。図のＡ～Ｄから選び、記号で答えなさい。

②　実験２においてドライアイスから発生した気体Ｘの発生方法について正しいものをＡのア～エから１つ選び、記号で答えなさい。また、気体Ｘの回収方法として**誤っているもの**をＢのア～ウから１つ選び、記号で答えなさい。

Ａ　気体の発生方法

ア．少量の二酸化マンガンにオキシドールを加える

イ．石灰石にうすい塩酸を加える

ウ．アルミニウムにうすい塩酸を加える

エ．塩化アンモニウムと水酸化カルシウムを混ぜ合わせ、加熱する

Ｂ　気体の回収方法

ア．上方置換法　　イ．下方置換法　　ウ．水上置換法

③　実験２と実験３について、ある温度においてしものついた41ｇのドライアイスが20160cm^3の気体Ｘに変化し、何ｇかの水が得られた。このドライアイスの表面についていたしもは何ｇか答えなさい。

④　気体Ｘは近年物質の燃焼をおさえる働きがあることから、消火器としても使われるようになっている。しかし、従来の粉末消火器も依《い》然《ぜん》として使われており、現場によって最適な消火器が使われるように工夫されている。それでは気体Ｘの消火器にはどのようなメリット、およびデメリットがあると考えられるか。１つずつ挙げ、説明しなさい。

4 以下の文章を読み、次の問いに答えなさい。

ほかのものを動かしたり形を変えたりすることのできる能力のことをエネルギーという。エネルギーにはいろいろな種類があり、電気が持つものを電気エネルギー、光が持つものを光エネルギー、音が持つものを音エネルギー、熱が持つものを熱エネルギー、動いているものが持つものを運動エネルギー、高いところにあるものが持つものを位置エネルギーとそれぞれ呼ぶ。これらのエネルギーはそれぞれ別のエネルギーに変えることができる。特に、電気エネルギーを別のエネルギーに変えて利用するための道具はさまざまなものが作られており、私たちの生活にとって欠かせないものとなっている。

(1) 電気エネルギーを光エネルギーに変えるための道具（つまり、電気を流すと光る道具）を１つ挙げなさい。
(2) 電気エネルギーを音エネルギーに変えるための道具を１つ挙げなさい。
(3) 電気エネルギーを熱エネルギーに変えるための道具を１つ挙げなさい。
(4) 電気エネルギーを運動エネルギーに変えるための道具を１つ挙げなさい。
(5) 光エネルギーを電気エネルギーに変えるための道具を１つ挙げなさい。
(6) 音エネルギーを電気エネルギーに変えるための道具を１つ挙げなさい。

電池の中には何種類かの物質が入っており、それらの物質が反応することで電気が発生する。この現象についてエネルギーのことを考えると、物質の反応によってなんらかのエネルギーが電気エネルギーに変わったと見ることができる。電池の中の物質がもともと持っていたエネルギーを化学エネルギーといい、化学エネルギーは反応によって別のエネルギーに変わる。

(7) 化学エネルギーを熱エネルギーに変えるための道具（つまり、なんらかの物質が入っており反応させることによって温まる道具）を１つ挙げなさい。
(8) 世の中には化学エネルギーを光エネルギーに変えることができるこん虫がいる。そのようなこん虫を１つ挙げなさい。

問七　図2を説明した［C］（51行目）に入る文として適切なものを次の中から1つ選び、記号で答えなさい。

ア　一九六〇年から二〇〇〇年ころまで、三つの自給率はどれも低下しています。その後は、カロリー自給率の低下が止まり、穀物自給率も横ばいになりました。近年のカロリー自給率は、五割程度となっています。

イ　一九六〇年から一九九〇年ころまで、三つの自給率はどれも低下しています。その後は、穀物自給率の低下が止まり、今世紀に入ると、カロリー自給率も横ばいになりました。近年のカロリー自給率は、四割を少し下回っています。

ウ　一九六〇年から一九九五年ころまで、三つの自給率はどれも低下しています。その後は、穀物自給率の低下が止まり、生産額自給率も横ばいになりました。近年のカロリー自給率は、右肩上がりの傾向《けいこう》です。

エ　一九六〇年から一九九五年ころまで、三つの自給率はどれも低下していますが、生産額自給率は他よりも早く低下が止まり、その後、穀物自給率とカロリー自給率は横ばいになりました。近年の穀物自給率は右肩上がりです。

オ　一九六〇年から一九九〇年ころまで、三つの自給率はどれも急低下しています。その後は、すべての自給率の低下は止まり、横ばいになりました。今後のカロリー自給率は、上昇していくことが予想されます。

問八　――線④「どちらの印象も実際の状況を正しく理解しているとはいえません」（57行目）とありますが、筆者は「実際の状況」とはどのようだと述べていますか。40字以内で書きなさい。

問九　本文にあるように日本の食料自給率が低いのは問題です。どのようにしていくと食料自給率が上がっていくと思いますか。日本の食料自給率が低い原因を考えて述べたうえで、あなたの考えを100字以内で書きなさい。

問三　——線①「押され気味」（11行目）とありますが、この「押す」と同じ意味で使われているものを次の中から1つ選び、記号で答えなさい。

ア　キーボードの電源プッシュボタンを押す。

イ　明日の持ち物についてもう一度念を押す。

ウ　契約《けいやく》を結ぶときには書類に印を押す。

エ　先生が背中を押してくれたのでがんばれた。

オ　相手チームの応援《おうえん》に押されてたじろぐ。

問四　ⓐ（22行目）～ⓓ（25行目）を正しく並べかえたものとして、適切なものを次の中から1つ選び、記号で答えなさい。

ア　ⓒ→ⓓ→ⓐ→ⓑ　イ　ⓑ→ⓐ→ⓒ→ⓓ　ウ　ⓑ→ⓓ→ⓐ→ⓒ

エ　ⓐ→ⓑ→ⓓ→ⓒ　オ　ⓓ→ⓑ→ⓒ→ⓐ

問五　——線②「もう一つは、その食料の経済的な価値（価格）を物差しにする方法です」（30行目）とありますが、これに対応する他の物差しを本文より4字でぬき出しなさい。

問六　——線③「二本のグラフがぴょんと下がった一九九三年について」（41行目）とありますが、この年に、生産額自給率だけが下がらなかった理由を25字前後でぬき出しなさい。

結論を言いますと、④どちらの印象も実際の状況《じょうきょう》を正しく理解しているとはいえません。細かなことははぶきますが、まず、最初の三〇年間については、日本の食料生産は増えていたのです。たしかに米や麦や豆のように生産が減った品目もありました。けれども、果物や畜産物の生産が急速に増えたことによって、全体として農業の生産量は増加していたのです。農業だけではありません。一九八〇年代まで増えていたのは、水産業も同じです。それでも、三つの自給率は下がってしまったのです。なぜでしょうか。

もう一度、食料自給率の計算方法をおさらいしておきましょう。国内生産を国全体の消費量で割り、一〇〇をかけた結果が自給率でした。割り算を分数にして考えると、割られる数の生産量が分子、割る数の消費量が分母となります。最初の三〇年のあいだ、分子の国内生産は増加していました。けれども、割り算の答えである自給率は低下しつづけました。ということは、分母の国内消費量が分子の国内生産量以上に増えていたと考えられるのです。

（生源寺眞一『「いただきます」を考える～大切なごはんと田んぼの話～』より）

問一 [A]（1行目・5行目）には同じ語が入ります。適切なものを次の中から1つ選び、記号で答えなさい。

ア それは　イ つまり　ウ たとえば　エ だから　オ ところで

問二 [B]（7行目）に入る語を入れなさい。

図２　食料自給率のうつり変わり

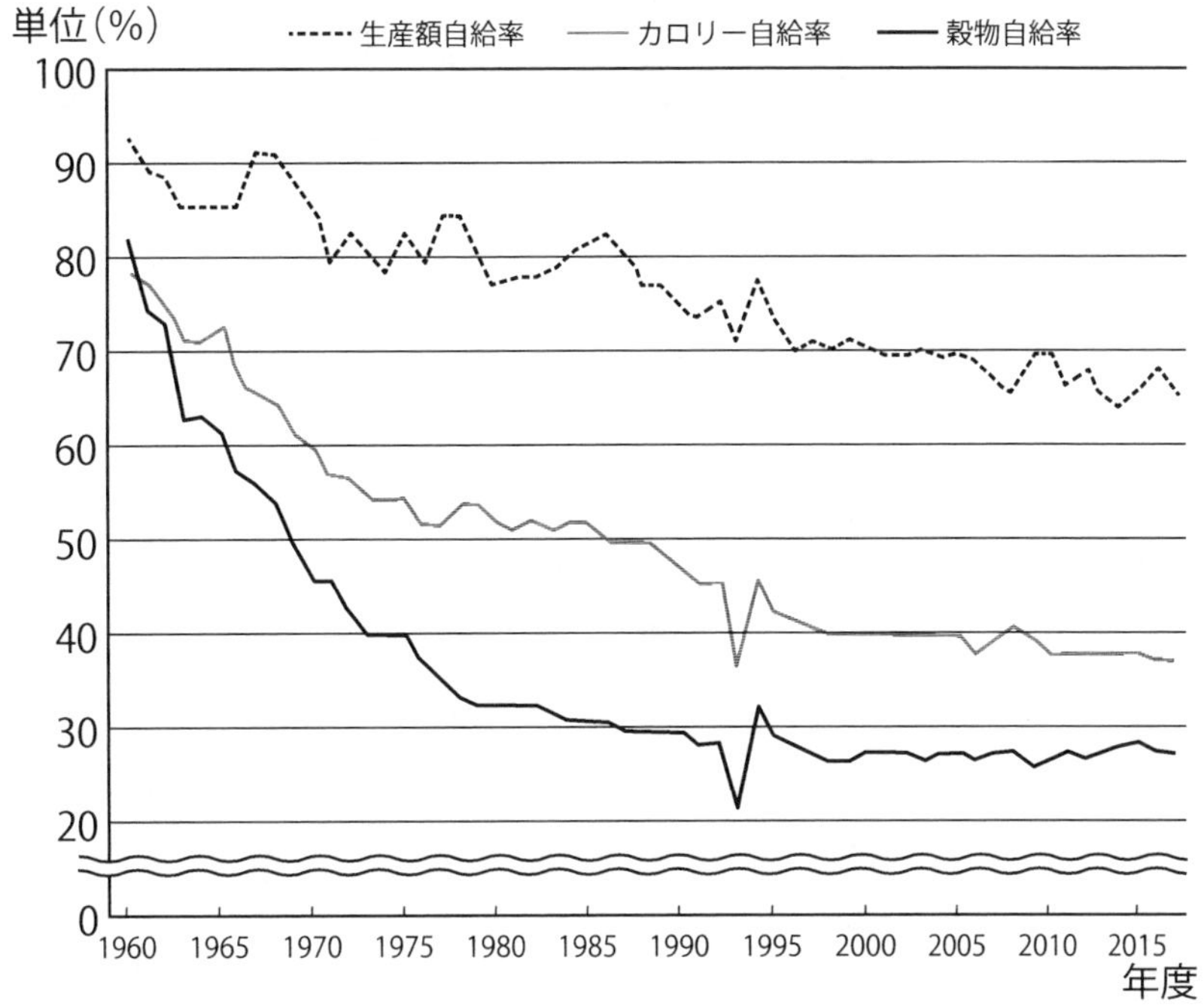

出典：「平成29年度食料需給表」農林水産省をもとに作成

本題に入る前に、もう一つだけ説明しておきます。それは下の二本のグラフがぴょんと下がった③一九九三年についてです。この年は記録的な冷夏、つまり気温の低い夏でした。その結果、米の生産量がいつもの年を一〇〇としたときに七四の量にまで落ちこみました。国産品だけでは足りないため、タイなどから米の緊急《きんきゅう》輸入が行われ、穀物自給率とカロリー自給率が低下したのです。ただし、生産額自給率には大きな落ちこみは見られません。これは、国内のお米の生産量が減ったぶん、値段が急上昇《きゅうじょうしょう》したからです。

さて、食料自給率の動きを細かく見ていきましょう。

C

　九九〇年ごろまでについては、三本のグラフとも右下がりになっていることから、日本の食料生産は減りつづけてきたのではないか、という印象をもったかもしれませんね。その後は、まず穀物自給率が横ばいになり、そしてカロリー自給率も横ばいに変化するので、食料生産もがんばったのではないか、そんなふうに考えた人もいるかもしれません。

一つは、食料のカロリーを物差しにして、食料全体の消費量のカロリーと国内生産量のカロリーを使って計算する方法です。この方法は、カロリーが人間の活動に必要なエネルギーを表す基本的な単位であることから考え出されました。自給率を公表している農林水産省がこの方法につけた正式名は、「供給熱量ベースの総合食料自給率」といいますが、この本では「カロリー自給率」と呼ぶことにします（正式名に使われている「総合」とは、すべての食料をカバーしているという意味です）。

②もう一つは、その食料の経済的な価値（価格）を物差しにする方法です。どんな食料も売ったり買ったりされるものなので、価格があります。その価格を、自給率を計算するときの物差しにするわけです。同じ種類の食料でも輸入品の価格と国産品の価格には差があることが多く、この差も自給率の計算結果に影響《えいきょう》をあたえます。こちらの正式名は「生産額ベースの総合食料自給率」ですが、この本では「生産額自給率」と呼ぶことにします。

食料自給率は「低下」から「横ばい」に

では、実際の食料自給率のうつり変わりを確認していくことにしましょう。図2には三つの折れ線グラフが示されています。いちばん上が生産額自給率、真ん中がカロリー自給率です。これに加えて、いちばん下にあるのは、穀物の自給率です。穀物とは、米・麦・トウモロコシなどのことで、これらの重さを足して計算されています。穀物は、ごはんやパンなどの主食の原料であり、トウモロコシは、畜産のウシやブタなどのえさとして大量に使われています。つまり、穀物はわたしたちの食生活をささえる基礎《きそ》となる食料なのです。そこで、その自給率も図に示しておきました。

割り算をすればよいのです。たとえば、ある食品のうち国内での生産量が一二〇トンで、消費量が二〇〇トンだった場合、その自給率は、次のように求めることができます。まず、国産の量を消費量全体で割ります。

１２０（国内での生産量）÷２００（消費量）＝０.６

つぎに、これに一〇〇をかけると、何パーセントかが求められます。

０.６×１００＝６０（パーセント）

しかし、ここで考えなければならないのは、食料全体の自給率を求めるときの物差しです。たとえば重さを物差しにして計算すると、米一キログラムと牛肉一キログラムが同じ量としてあつかわれてしまいます。

ⓐそれなのに、牛肉一キログラムと同じあつかいでは、牛肉がかわいそうですよね。

ⓑあるいは、牛乳一キログラムも同じ量ということになります。ちょっと変だと思いませんか。

ⓒそこで考え出されたのが、重さとは別の二つの物差しだったのです。

ⓓ牛乳は、その九割近くが水分です。

図１　主な食料の品目別自給率（2017 年度）

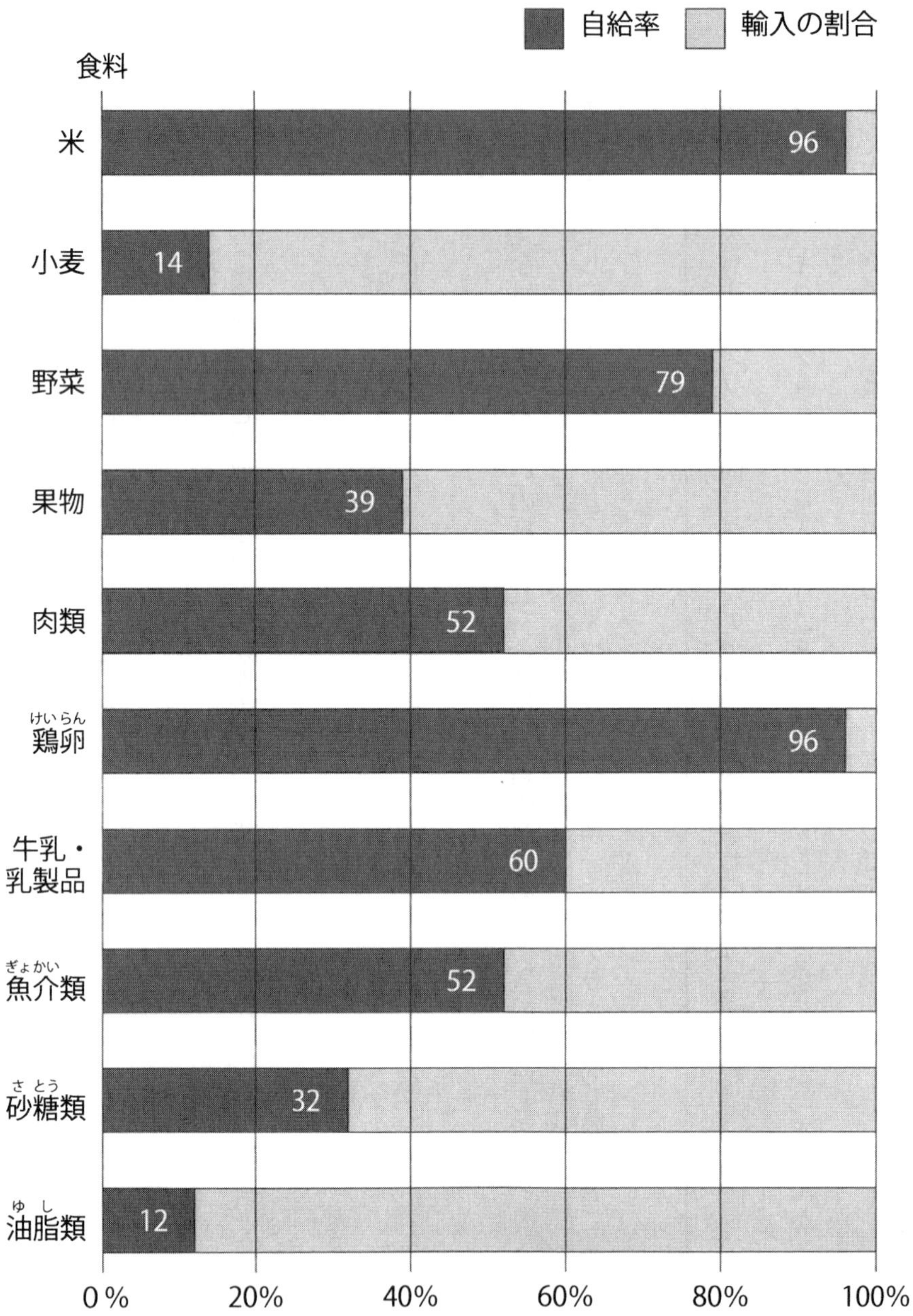

注）それぞれの重さを合計して計算。

出典：「平成 29 年度食料需給表」農林水産省をもとに作成

三 次の文章を読んで、あとの問いに答えなさい。（字数制限のある問いは、句読点や記号も1字に数えます。）

食料自給率とは、国内で消費された食料のうち、国産の食料の割合のことでしたね。[A]、二〇一七年のお米の自給率は九六パーセントでした（図1参照）。ほとんどが国産だということですね。逆に、自給率の低い食料の代表は小麦で、一四パーセントでした。パンや麺類《めんるい》の原料は、九割近くが海外から輸入されているのです。

畜産物《ちくさんぶつ》の自給率はどうでしょうか。ウシやブタ、ニワトリなどの動物を飼う農業を「畜産」と呼び、そこで得られる生産物を「畜産物」といいます。肉や卵や乳製品などです。[A]、二〇一七年の牛肉の自給率は三六パーセントでした。オーストラリア産の牛肉は「オージービーフ」と呼ばれていて、食べたことがある人もいると思いますが、近年、牛肉の多くはオーストラリアから輸入されています。畜産物にも国産の割合の高いものがあります。それは[B]です。この年の自給率は、九六パーセントでした。

野菜や果物《くだもの》はどうでしょうか。野菜の自給率はかなり高く、七九パーセントでした。国産品ががんばっていますね。これに対して、果物は全体で三九パーセントでした。中には、ミカンのように一〇〇パーセントの自給率がつづいている果物もあります。けれども、お店には外国産のパイナップルやバナナなどがならんでいて、全体としては、輸入品にやや①押《お》され気味といったところでしょうか。

ここまでは、食料の種類別に計算された自給率について紹介《しょうかい》しました。自給率の計算に必要なデータをそろえることはかんたんではありませんが、計算の方法は単純です。似たような農産物であれば、国内の生産量と消費量を重さで測って、

問六　――線⑤「律が急にひとみを険しくしてつぶやいた」（94行目）とありますが、その時「律」はどうして「ひとみを険しくして」いたと思われますか。40字以内で書きなさい。

問七　この話の書き方の特徴を説明したものとして、適切ではないものを、次の中から1つ選び、記号で答えなさい。

ア　同じ出来事を前半は「律」の視点で、後半は「周也」の視点でえがいている。

イ　前半後半ともに語り手は第三者の視点でその場の風景をあざやかにえがいている。

ウ　登場人物の動きや心情を、擬音語《ぎおんご》や擬態語《ぎたいご》を用いてあざやかにえがき出している。

エ　後半の書き出し部分は「周也」が「律」への接し方について考えた事から始まっている。

オ　天気雨の描写が前半と後半とでちがうので、見る人によって言葉も変わることが伝わる。

問八　この話の主題として適切ではないものを次の中から2つ選び、記号で答えなさい。

ア　言葉で気持ちを伝えることの難しさ

イ　天気雨の不思議さや予測の難しさ

ウ　人の気持ちを正しく理解することの難しさ

エ　人の言葉をていねいに聞くことの大切さ

オ　ひどい言葉を言われても落ちこまないことの大切さ

問三 ——線②「返事をしないぼく」(24行目)とありますが、これは、いつのことですか。適切なものを次の中から1つ選び、記号で答えなさい。

ア 昼休み

イ 帰り道

問四 ——線③「やっぱり、律はおこってるんだ」(59行目)とありますが、この時、「律」はどんなことを考えていましたか。それを説明した次の文の（　）に、適切な言葉を指定された字数で、本文よりぬき出して答えなさい。

ぼくは、すぐに立ち止まってしまい、（ (1) 5字 ）ことをうまく（ (2) 2字 ）にできないので、周也と（ (3) 2字 ）を並べることができない。

問五 ——線④「思うも」(61行目)の「も」と同じ使い方をしている「も」を次の中から1つ選び、記号で答えなさい。

ア 私もあなたと同じ考えです。

イ テレビを見るもよし、読書するもよし。

ウ 練習するも結果は出なかった。

エ 少しも理解できない。

オ もしも空を飛べたら遠くに行きたい。

問一 ――線①「いきなり、周也から『よっ』と声をかけられて、どきっとした」(2行目)とありますが、その理由を説明したものとして適切なものを次の中から1つ選び、記号で答えなさい。

ア 雨が降ると野球の練習がなくなることは知らなかったから。
イ 家が近いからと言ってはてしなく遠い帰り道をいっしょに帰るのはいやだったから。
ウ 周也の話はあちこち飛ぶので、ぼくはいつもついていけなかったから。
エ 今日の昼休みに友達としゃべっているとき、周也といさかいになったから。
オ 腹がへっていたので、少しでも早く家に帰りたかったから。

問二 [A](6行目)～[C](15行目)に入る語の組み合わせとして適切なものを次の中から1つ選び、記号で答えなさい。

ア	A いそいそ	B ばたばた	C どんどん
イ	A ぐずぐず	B どんどん	C なかなか
ウ	A なかなか	B もたもた	C どんどん
エ	A なかなか	B ばたばた	C ぐずぐず
オ	A ばたばた	B いそいそ	C なかなか

なんだ、と思う間もなく、ぼくのほおに最初の一滴が当たった。大つぶの水玉がみるみる地面をおおっていく。天気雨――頭ではわかっていながらも、ピンポン球のことばかり考えていたせいか、空からじゃんじゃん降ってくるそれが、ぼくの目には一しゅん、無数の白い球みたいに映ったんだ。

ぼくがむだに放ってきた球の逆襲《ぎゃくしゅう》。「うおっ」と思わずとび上がったら、後ろからも「何これ」と律の声がして、ぼくたちは全身に雨を浴びながら、しばらくのあいだばたばたと暴れまくった。はねあがる水しぶき。びしょぬれのくつ。たがいのあわてっぷり。何もかもがむしょうにおかしくて、雨が通りすぎるなり、笑いがあふれだした。律もいっしょに笑ってくれたのがうれしくて、ぼくはことさらに大声をはりあげた。

はっとしたのは、爆発的《ばくはってき》な笑いが去った後、⑤律が急にひとみを険しくしてつぶやいたときだ。

「ぼく、晴れが好きだけど、たまには、雨も好きだ。ほんとに両方、好きなんだ」

たしかに、そうだ。晴れがいいけど、こんな雨なら大かんげい。どっちも好きってこともある。心で賛成しながらも、ぼくはとっさにそれを言葉にできなかった。こんなときにかぎって口が動かず、できたのは、だまってうなずくだけ。なのに、なぜだか律は雨上がりみたいなえがおにもどって、ぼくにうなずきかえしたんだ。

「行こっか」

「うん」

しめった土のにおいがただようトンネルを、律と並んで再び歩きだしながら、ひょっとして――と、ぼくは思った。投げそこなった。でも、ぼくは初めて、律の言葉をちゃんと受けとめられたのかもしれない。

(森絵都「帰り道」より)

「周也。あなた、おしゃべりなくせして、どうして会話のキャッチボールができないの。会話っていうのは、相手の言葉を受け止めて、それをきちんと投げ返すことよ。あなたは一人でぽんぽん球を放っているだけで、それじゃ、ピンポンの壁《かべ》打ちといっしょ」

ピンポン？　なんだそりゃ、とそのときは思ったけど、今、こうして壁みたいにだまりこくっている律を相手にしていると、その意味がわかるような気がしてくる。たしかに、ぼくの言葉は軽すぎる。ぽんぽん、むだに打ちすぎる。もっとじっくりねらいを定めて、いい球を投げられたなら、律だって何か返してくれるんじゃないか。

でも、いい球って、どんなのだろう。考えたとたんに、舌が止まった。何も言えない。言葉が出ない。どうしよう。あわてるほどにぼくの口は動かなくなって、逆に、足は律からにげるようにスピードを増していく。

無言のまま歩道橋をわたった先には、しかも、市立公園が待ちうけていた。道の両側から木々のこずえがたれこめた通り道。人声も、車の音も、工事の騒音《そうおん》も聞こえない緑のトンネル。ぼくはこの静けさが大の苦手だった。

正確にいうと、だれかといるときのちんもくが苦手だ。たちまち、そわそわと落ちつきをなくす。何か言わなきゃってあせる。野球チームに入る前、律とよくいっしょに帰っていたころも、ぼくはこの公園を通りかかるたび、しんとした空気をかきまぜるみたいに、ピンポン球を乱打せずにいられなかった。律のほうはちんもくなんてちっとも気にせず、いつだって、マイペースなものだったけど。

そっと後ろをふりかえると、やっぱり、今日も律はおっとりと一歩一歩をきざんでいる。まぶしげに目を細め、木もれ日をふりあおぐしぐさにも、よゆうが見てとれる。ぼくにはない落ちつきっぷりに見入っていると、とつぜん、律の両目が大きく見開かれた。

「うん」

ぬれた地面にさっきよりも軽快な足音をきざんで、ぼくたちはまた歩きだした。

2　周也

何もなかったみたいにふるまえば、何もなかったことになる。そんなあまい考えをすてたのは、校門を出てから数分後、最初の角を曲がったあたりだった。どんなに必死で話題をふっても、律はうんともすんとも言わない。背中に感じる気配は冷たくなるばかり。③やっぱり、律はおこってるんだ。そりゃそうだ。

昼休み、みんなで話をしていたとき、はっきりしない律にじりじりして、つい、言わなくてもいいことを言った。軽くつっこんだつもりが、律の顔を見て、重くひびいてしまったのが分かった。まずい、と④思うも、もうおそい。以降、絶対にぼくの顔を見ようとしない律のことが気になって、野球の練習を休んでまで玄関口で待ちぶせをしたのに、いざ並んで歩きだすと、気まずいちんもくにたえられず、またぺらぺらとよけいなことばかりしゃべっている自分がいた。

「この前、給食でプリンが出てから、もうずいぶんたつよな」

「むし歯が自然に治ればなあ」

「山田んちの姉ちゃん、腹話術が得意なの、知ってたか」

何を言っても、背中ごしに聞こえてくるのは、さえない足音だけ。ぼくがしゃべればしゃべるほど、その音は遠のいていくような気がする。

ふいに母親の小言が頭をかすめたのは、下校中の人かげがあっちへこっちへ枝分かれして、道がすいてきたころだった。

りまく初夏のにおいのせいかもしれない。

「うおっ」

「何これ」

頭に、顔に、体中に打ちつける水滴《すいてき》を雨と認めるのには、少し時間がかかった。晴れているのに雨なんて、不自然すぎる。ぼくと周也はむやみにじたばたし、意味もなくとんだりはねたりして、またたく間に天気雨が通りすぎていくと、たがいのぬれた頭を指さし合って笑った。

本当に、あっというまのことだったんだ。ざざっと水が降ってきて、何かを洗い流した。周也の気どった前がみがぺたっとなったのがゆかいで、ぼくはさんざん腹をかかえ、気がつくと、みぞおちの異物が消えてきた。

単純すぎる自分がはずかしくなったのは、笑いの大波が引いてからだ。うっかりはしゃいだばつの悪さをかくすように、ぼくはすっと目をふせた。アスファルトの水たまりに西日の反射がきらきら光る。そのまぶしさに背中をおされるように、今だ、と思った。今、言わなきゃ、きっと二度と言えない。

「ぼく、晴れが好きだけど、たまには、雨も好きだ」

勇気をふりしぼったわりには、しどろもどろのたよりない声が出た。

「ほんとに両方、好きなんだ」

周也はしばしまばたきを止めて、まじまじとぼくの顔を見つめ、それから、こっくりうなずいた。周也にしてはめずらしく言葉がない。なのに、わかってもらえた気がした。

「行こっか」

でごにょごにょ言っていたら、周也が急にいらついた目でぼくをにらんだんだ。

「どっちも好きってのは、どっちも好きじゃないのと、いっしょじゃないの」

先のとがったするどいものが、みぞおちのあたりにずきっとささった。そんな気がした。そのまま今もささり続けて、歩いても、歩いても、ふりおとせない。

②返事をしないぼくに白けたのか、周也の口数もしだいに減って、大通りの歩道橋をわたるころには、二人してすっかりだまりこんでいた。階段をのぼる周也と、ぼくとのあいだに、距離《きょり》が開く。広がる。ここ一年でぐんと高くなった頭の位置。たくましくなった足どり。ぼくより半年早く生まれた周也は、これからもずっと、どんなこともテンポよく乗りこえて、ぐんぐん前へ進んで行くんだろう。

はぁ。声にならないため息が、ぼくの口からこぼれて、足元のかげにとけていく。どうして、ぼく、すぐに立ち止まっちゃうんだろう。思っていることが、なんで言えないんだろう。ぼくは海のこんなところが好きだ。山のこんなところも好きだ。その「こんな」をうまく言葉にできたなら、周也とちゃんとかたを並べて、歩いていけるのかな。「どっちも好き」と「どっちも好きじゃない」がいっしょなら、「言えなかったこと」と「なかったこと」もいっしょになっちゃうのかな。考えるほどに、みぞおちのあたりが重くなる。

市立公園内の遊歩道にさしかかったころには、ぼくは周也に三歩以上もおくれをとっていた。もうだめだ。追いつけない。あきらめの境地でぼくは天をあおいだ。信じがたいものを見たのは、そのときだった。

空一面からシャワーの水が降ってきた。

もちろん、そんなわけはない。なのに、なぜだかとっさにプールの後に浴びるシャワーがうかんだのは、公園の新緑がふ

「あれ。周也、野球の練習は?」

「今日はなし。かんとく、急用だって」

うわばきをぬぎながら周也が言って、くつしたにぽっかり空いた穴から、やんちゃそうな親指をのぞかせた。その指をスニーカーにおさめても、周也は [A] 歩きだそうとしない。どうやら、いっしょに帰る気のようだ。

小四から同じクラスの周也。家も近いから、周也が野球チームに入るまでは、よくいっしょに登下校をしていた。なのに、今日のぼくには、周也と二人きりの帰り道が、はてしなく遠く感じられる。

[B] とくつをはきかえて外へ出ると、五月の空はまだ明るく、グラウンドに舞《ま》う砂ぼこりを西日が黄金色《こがねいろ》に照らしていた。

「あー、腹へった。今日の夕飯、何かなあ。あしたの給食、何かなあ」

「な、律。昨日の野球、見たか」

「夏休みまで、あと何日だったっけ」

周也の話があちこち飛ぶのは、いつものこと。なのに、今日のぼくにはついていけない。まるでなんにもなかったみたいに、周也はふだんと変わらない。ぼくだけがあのことを引きずっているみたいで、一歩前を行く紺色《こんいろ》のパーカーが、[C] にくらしく見えてくる。

今日の昼休み、友達五人でしゃべっているうちに、「どっちが好き」って話になった。「海と山は」「夏と冬は」「ハンバーグとぎょうざは」「歯ブラシのかたいのとやわらかいのは」――みんなで順に質問を出し合い、「海」「海」「山」「海」と、ぽんぽん答えていく。そのテンポに、ぼくだけついていけなかった。「どっちかなあ」とか、「どっちもかなあ」とか、ひとり

二〇二二年度 横浜女学院中学校

【国語】〈A入試〉(五〇分)〈満点:一〇〇点〉

一 次の文章の――線①〜④のカタカナを漢字に、漢字をひらがなにしなさい。また、文章中の漢字の間違《まちが》いを1か所ぬき出し、正しい漢字に直しなさい。

事物の名を表すことばを名詞という。例えば、「明かり」。最近では「電気」「ライト」などというだろうか。時代によって呼び方も変わってくるようだ。かつて「水玉①モヨウ」と言っていたがらは「ドットがら」、「居間」は「リビング」、「台所」は「キッチン」。単に②外来語に変わっただけではない。「③ユウソウ」の多くは「ソウ信」に、「書く」は「入力」という言葉が使われる機会が多くなった。④時世によって使われる言葉も変わっていくのである。

二 次の文章を読んで、あとの問いに答えなさい。(字数制限のある問いは、句読点や記号も1字に数えます。)

1 律《りつ》

放課後のさわがしい玄関口《げんかんぐち》で、①いきなり、周也《しゅうや》から「よっ」と声をかけられて、どきっとした。

2022年度

横浜女学院中学校　▶解説と解答

算　数　＜A入試＞（50分）＜満点：100点＞

解　答

1 (1) 62　(2) 2400　(3) $4\frac{2}{5}$　(4) 70　2 (1) 840　(2) 60個　(3) 8個　(4) 2　(5) 75度　(6) 20.52cm^2　3 沖縄県，約4.7％　4 (1) $\frac{6}{16}$　(2) 17番目　(3) $\frac{9}{40}$　5 (1) 18通り　(2) 72通り　(3) 108通り　6 (1) 3.14cm　(2) 15.7cm　(3) 37.68cm^2

解　説

1 四則計算，計算のくふう

(1) 144÷12×3＋2×13＝12×3＋26＝36＋26＝62

(2) 12×(207－98÷14)＝12×(207－7)＝12×200＝2400

(3) $3\frac{1}{5}+2\frac{1}{3}-1\frac{2}{15}=3\frac{3}{15}+2\frac{5}{15}-1\frac{2}{15}=4\frac{6}{15}=4\frac{2}{5}$

(4) $A\times C+B\times C=(A+B)\times C$となることを利用すると，2.5×3.5＋7.2×3.5＋3.5×10.3＝(2.5＋7.2＋10.3)×3.5＝20×3.5＝70

2 整数の性質，相当算，逆算，角度，面積

(1) 求める整数を□とすると，$\frac{17}{70}$×□が整数になるから，□は70の倍数である。また，$\frac{13}{168}$×□が整数になるので，□は168の倍数でもある。よって，□は70と168の公倍数のうち最も小さい数，つまり最小公倍数である。よって，右の図1の計算から，2×7×5×12＝840と求められる（0は除くものと考えた）。

図1

2) 70　168
7) 35　84
　　5　12

(2) 右の図2のように，全体の個数を1とすると，Aさんがもらった個数は，$1\times\frac{7}{12}=\frac{7}{12}$となる。すると，その残りは，$1-\frac{7}{12}=\frac{5}{12}$だから，Bさんがもらった個数は，$\frac{5}{12}\times\frac{3}{5}=\frac{1}{4}$，その残りは，$\frac{5}{12}-\frac{1}{4}=\frac{1}{6}$とわかる。これが10個にあたるので，(全体の個数)×$\frac{1}{6}$＝10(個)と表すことができ，全体の個数は，$10\div\frac{1}{6}$＝60(個)とわかる。

図2

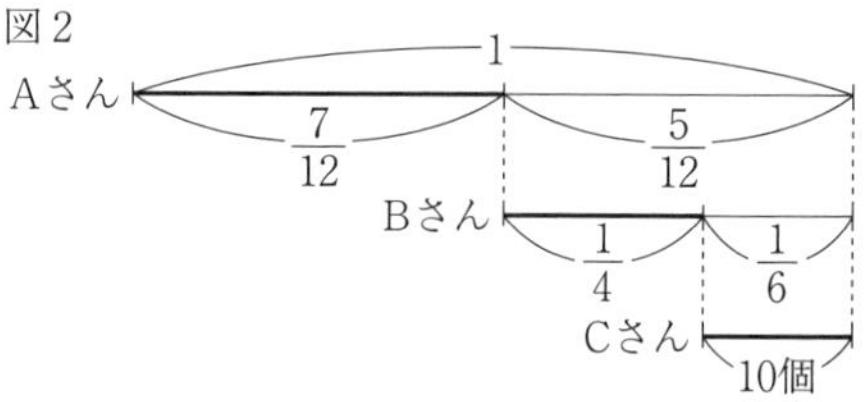

(3) 1から100までの整数のうち，3と4の公倍数の個数を求めればよい。また，3と4の最小公倍数は，3×4＝12だから，1から100までの整数のうち，12の倍数の個数を求めればよい。よって，100÷12＝8余り4より，8個とわかる。

(4) 15－(8－□×2)×3＝3より，(8－□×2)×3＝15－3＝12，8－□×2＝12÷3＝4，□×2＝8－4＝4　よって，□＝4÷2＝2

(5) 下の図3で，かげをつけた2つの三角形の内角の和はどちらも180度である。このうち，角AEB

と角DECの大きさは等しいので，角EABと角EBAの大きさの和と，角EDCと角ECDの大きさの和も等しくなる。よって，35＋x＝40＋70と表すことができるから，x＝40＋70−35＝75(度)とわかる。

図3

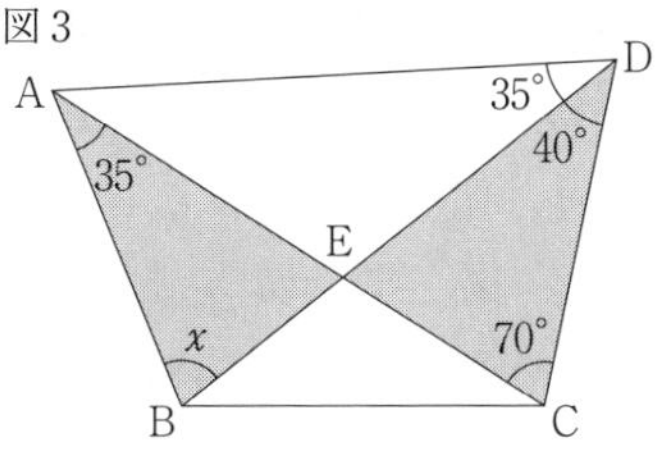

図4

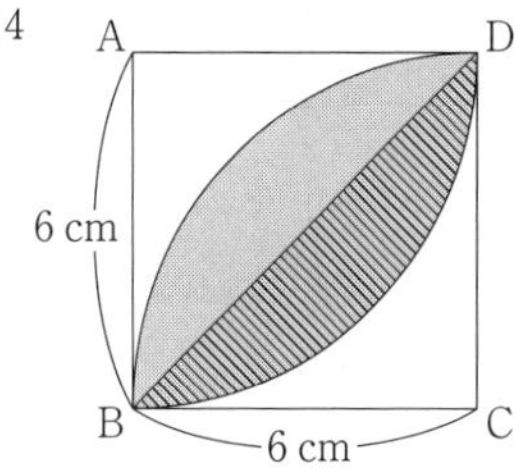

⑹　右上の図4で，色のついた部分の面積は斜線《しゃせん》部分の面積の2倍になる。図4で，おうぎ形ABDの面積は，6×6×3.14×$\frac{90}{360}$＝9×3.14＝28.26(cm^2)であり，三角形ABDの面積は，6×6÷2＝18(cm^2)なので，斜線部分の面積は，28.26−18＝10.26(cm^2)と求められる。よって，色のついた部分の面積は，10.26×2＝20.52(cm^2)である。

3 グラフ

東京都の場合，2000年の販売《はんばい》量は4963010KL，2010年の販売量は7317981KLだから，2010年は2000年の，7317981÷4963010＝1.4745…(倍)になっている。これは100倍すると147.45…%，小数第2位を四捨五入すると約147.5%になるので，増加率は約，147.5−100＝47.5(%)と求められる。同様に計算すると，富山県，大阪府，沖縄県の場合はそれぞれ下のようになるので，増加率が最も小さいのは沖縄県であり，その増加率は約4.7%とわかる。

富山県	552050÷ 517591＝1.0665…(倍)→106.65…%→106.7%→ 6.7%
大阪府	3556536÷3112721＝1.1425…(倍)→114.25…%→114.3%→14.3%
沖縄県	624094÷ 596085＝1.0469…(倍)→104.69…%→104.7%→ 4.7%

4 数列

⑴　右のように組に分けると，各組の分母には1に次々と3を加えてできる数が並び，各組の分子には1から順に整数が並ぶ。また，各組に並ぶ分数の個数は1個ずつ増えるから，1＋2＋3＋4＋5＋6＝21より，21番目に並んでいる分数は，6組の最後の分数である。さらに，6組の分母は，1＋3×(6−1)＝16なので，6組の最後の分数は$\frac{6}{16}$とわかる。

(1組)　$\frac{1}{1}$
(2組)　$\frac{1}{4}$，$\frac{2}{4}$
(3組)　$\frac{1}{7}$，$\frac{2}{7}$，$\frac{3}{7}$
(4組)　$\frac{1}{10}$，$\frac{2}{10}$，$\frac{3}{10}$，$\frac{4}{10}$

⑵　分母が16になるのは6組なので，$\frac{2}{16}$は6組の2番目の分数である。また，1組から5組までに並んでいる個数は，1＋2＋3＋4＋5＝15(個)だから，$\frac{2}{16}$ははじめから数えて，15＋2＝17(番目)の分数とわかる。

⑶　1＋2＋3＋…＋13＝(1＋13)×13÷2＝91より，1組から13組までに並んでいる個数が91個とわかる。よって，はじめから数えて100番目の分数は，14組の，100−91＝9(番目)の分数である。また，14組の分母は，1＋3×(14−1)＝40なので，14組の9番目の分数は$\frac{9}{40}$と求められる。

5 場合の数

⑴　右の図のように，4つの部分をA～Dとする。4つの部分を3色でぬるから，同じ色を2か所にぬることになる。このとき，同じ色をぬる2か所の組み合わせは，AとB，AとC，BとCの3通り

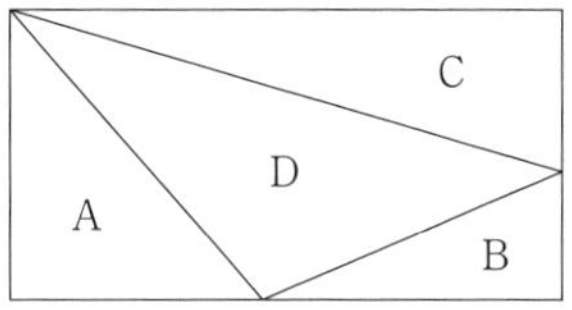

ある。ＡとＢに同じ色をぬる場合，ＡおよびＢには｛赤，青，黄｝の３通り，Ｃには残りの２通り，Ｄには残りの１通りのぬり方があるので，$3\times2\times1=6$（通り）のぬり方がある。ＡとＣ，ＢとＣに同じ色をぬる場合も同様だから，全部で，$6\times3=18$（通り）とわかる。

(2)　４色から３色を選ぶ方法は，｛赤，青，黄｝，｛赤，青，緑｝，｛赤，黄，緑｝，｛青，黄，緑｝の４通りある。どの場合にも，(1)で求めたように18通りのぬり方があるから，全部で，$18\times4=72$（通り）と求められる。

(3)　４色をすべて使う場合，Ａには｛赤，青，黄，緑｝の４通り，Ｂには残りの３通り，Ｃには残りの２通り，Ｄには残りの１通りのぬり方があるので，$4\times3\times2\times1=24$（通り）となる。また，３色を使う場合は，(2)で求めたように72通りある。さらに，２色を使う場合，ＡとＢとＣに同じ色をぬることになる。このとき，ＡとＢとＣには４通り，Ｄには残りの３通りのぬり方があるから，$4\times3=12$（通り）とわかる。よって，全部で，$24+72+12=108$（通り）と求められる。

6　平面図形─図形の移動，長さ，面積

(1)　弧《こ》ABの長さは半径４cmの円周の長さの，$\frac{45}{360}=\frac{1}{8}$にあたるから，$4\times2\times3.14\times\frac{1}{8}=1\times3.14=3.14$(cm)とわかる。

(2)　弧ABが直線 l 上を転がるとき，点Ｏはつねに直線 l から４cm離《はな》れた部分を通る。よって，点Ｏが移動する部分は右の図の太線のようになる。図で，直線部分の長さは弧ABの長さと等しいので，(1)から3.14cmとわかる。また，曲線部分を合わせると半径４cmの円周の長さの半分になるから，曲線部分の長さは，$4\times2\times3.14\div2=4\times3.14=12.56$(cm)と求められる。したがって，点Ｏが移動した距離《きょり》は，$3.14+12.56=15.7$(cm)である。

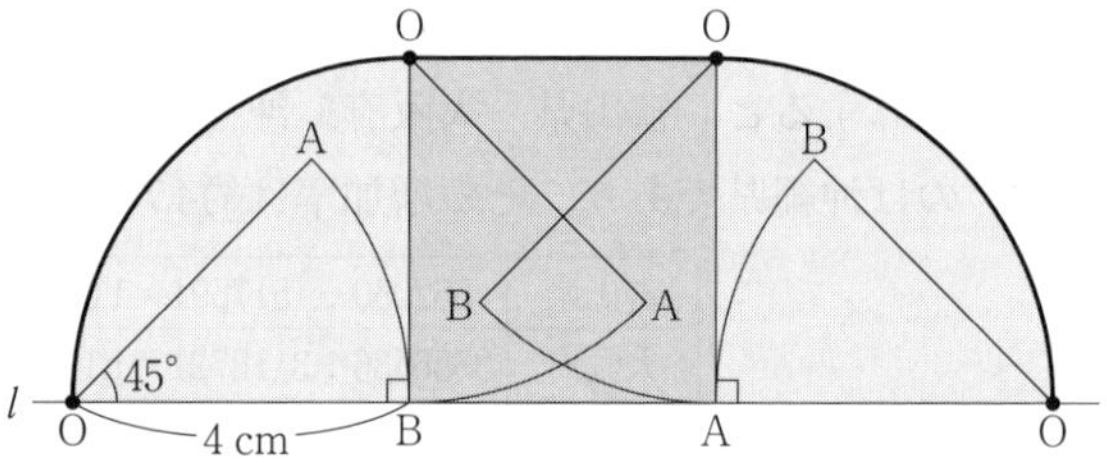

(3)　図のかげをつけた部分の面積を求める。２つのおうぎ形を合わせると半円になるので，その面積は，$4\times4\times3.14\div2=8\times3.14=25.12$($cm^2$)とわかる。また，長方形は，たての長さが４cm，横の長さが3.14cmだから，面積は，$4\times3.14=12.56$(cm^2)である。よって，かげをつけた部分の面積は，$25.12+12.56=37.68$(cm^2)と求められる。

社　会　＜Ａ入試＞（30分）＜満点：60点＞

解　答

1　**〔1〕 問1**　(イ)　**問2**　(ウ)　**問3**　イ　**問4**　(ア)　**問5**　(ア)　**問6**　(エ)　**問7**　（例）　７番／再生可能エネルギーは，二酸化炭素を出さず，大気を汚さないクリーンなエネルギーだから。（11番／有害物質を排出しないクリーンなエネルギーで街を汚さず，住み続ける街づくりができるから。）　**問8**　(ア)　**〔2〕**　①　キリスト教　②　タイ　**2**　**〔1〕 問1**　高度経済成長(期)　**問2**　(エ)　**問3**　(ウ)　**問4**　Ｃ　**問5**　(イ)　**〔2〕 問1**　(ア)　**問2**　(イ)　**問3**　(ア)　**問4**　(ウ)　**問5**　(エ)　**3**　**問1**　①　歳入　②　(イ)　**問2**　歳出　**問3**　①　(ア)　②　(エ)　**問4**　(エ)　**問5**　①　(イ)　②　(ア)　**問6**　(ウ)　**問7**　マイナンバー(制度)

解説

1 環境問題や世界の宗教についての問題

〔1〕 **問1** ① 火力発電は，天然ガスや，石炭，石油を燃やし，水を熱して水蒸気を発生させ，その力で発電機を回して発電する方法で，日本の発電の中心を担《にな》っているが，燃料を燃やすときに発生する二酸化炭素が地球温暖化を引き起こすとされている。 ② 2011年３月11日に東日本大震災が発生し，東京電力福島第一原子力発電所では放射性物質が外部にもれ出すという重大な事故が起こった。これを受け，国内の原子力発電所は点検などのために次々と稼働《かどう》を停止し，一時期，原子力発電による発電電力量はゼロになった。その後，厳しい基準を満たし，地元の了承が得られたものは再稼働したが，原子力発電をなくすべきだという声も多い。 なお，生物由来の資源をバイオマスといい，これを燃料として発電するしくみをバイオマス発電という。

問2 太陽光・風力・水力・地熱・バイオマス・波力・潮力などのエネルギーは，一度利用しても自然の力で半永久的に再生され，今ある資源を減らさずに利用し続けることができるため，再生可能エネルギーとよばれる。石炭は限りある資源で，使うと再生できないので，これにふくまれない。

問3 阿蘇《あそ》山は熊本県東部に位置する火山で，外輪山は東西約18km，南北約25kmにおよぶ世界最大級のカルデラを形成している。なお，アは雲仙普賢岳《うんぜんふげんだけ》(長崎県)，ウは霧島《きりしま》山(宮崎県・鹿児島県)，エは桜島(鹿児島県)。

問4 火山が噴火して地下にあったマグマが短時間で大量に噴出したとき，地中に空洞《くうどう》ができる。その空洞の上部がくずれ落ちてできた大きなくぼ地のことをカルデラという。なお，シラス台地は火山灰などの火山噴出物が積もってできた台地で，鹿児島県を中心とする九州南部に広がっている。

問5 火山が噴火して火山灰が噴出されると，周辺地域に降り積もって農作物や人々の生活に大きな影響をおよぼす。噴火の規模が大きかった場合は，風に乗って広い範囲《はんい》に被害をおよぼすこともある。

問6 熊本県南西部に広がる八代《やつしろ》平野では，たたみ表の材料になるい草の栽培がさかんで，熊本県のい草の生産量は全国生産量の約99％を占《し》める。統計資料は『データでみる県勢』2021年版による。

問7 電力と再生可能エネルギー，生活へのかかわりとしては，目標７や目標11，目標13が選べる。目標13であれば，契約《けいやく》している電力会社を確認し，クリーンなエネルギーを使用している会社を選ぶことで温室効果ガスの発生を抑えることができ，地球温暖化対策になる。

問8 ビニールごみを減らすことは，ごみそのものを減らすことのほか，石油の消費量をおさえられる，海洋汚染の原因を減らせるといったことが期待できるが，食料を増産したり，飢《う》えに苦しむ人々の援助をしたりすることに，直接つながるわけではない。

〔2〕 ① アメリカ合衆国や南アメリカの各国，ヨーロッパ諸国にはキリスト教の信者が多く，世界人口の約３分の１がキリスト教を信仰している。なお，北アフリカや西アジアに分布している(イ)はイスラム教，モンゴル・中国・タイなどに分布している(ウ)は仏教。 ② 写真には，髪を剃《そ》り，袈裟《けさ》を身につけた仏教の僧侶《そうりょ》が写っている。４つの国のうち，仏教の信者が多いのは東南アジアに位置するタイである。なお，パキスタンはイスラム教，インドはヒンドゥー教，アメリカ合衆国はキリスト教信者が多い。

2 戦争中のできごとや歴史的なことがらに関係する場所についての問題

〔1〕 **問1** 1950年代なかばから1970年代初めにかけて，鉄鋼・自動車・石油化学工業などの重化

学工業を中心に産業が発達し，経済が大きく発展した時期を高度経済成長期という。この時期の1968年には，日本のGNP(国民総生産)が急上昇して資本主義国の中で第２位となったが，1973年にオイルショック(石油危機)が起きたことで，高度経済成長は終わりを迎《むか》えた。

問２　日本は1945年にポツダム宣言を受け入れ，太平洋戦争が終結した。これ以降が「戦後」とよばれるが，国際連盟に常任理事国として加盟したのは，第一次世界大戦終結後の1920年のことである。なお，(ア)は1973年，(イ)は1951年，(ウ)は1972年のできごと。

問３　太平洋戦争末期の1945年３月10日，アメリカ軍のＢ29爆撃《ばくげき》機が東京上空に多数飛来し，東京大空襲《くうしゅう》とよばれる空襲を行った。これによって東京の下町は火の海となり，逃《に》げ場を失った多くの人々が犠牲《ぎせい》になった。なお，(ア)は1905年，(イ)は1894年，(エ)は1902年のできごと。

問４　1941年12月８日，日本海軍が太平洋上のハワイの真珠湾にあったアメリカ海軍の軍事基地を奇襲攻撃し，太平洋戦争が始まった。なお，Ａの左にあるのはマダガスカル島，Ｂの左にあるのはフィリピン諸島。Ｄの左上には，ガラパゴス諸島がある。

問５　日本は1937年の盧溝橋《ろこうきょう》事件をきっかけとして日中戦争に突入し，1941年には太平洋戦争を始めた。長く続いた戦争は，広島・長崎への原子爆弾投下などを受け，1945年８月に日本が連合国軍に降伏《こうふく》したことで終結した。

〔２〕 問１　日本は663年の白村江《はくすきのえ》の戦いで唐(中国)・新羅《しらぎ》の連合軍に大敗すると，反撃をおそれて西日本沿岸の防備を固めることにした。九州における拠点《きょてん》であった大宰府《だざいふ》(福岡県)を防衛するため，近くに水城《みずき》と大野城が設置され，防人《さきもり》とよばれる兵士が北九州に配置された。

問２　桓武天皇は，仏教勢力の影響力が強くなりすぎた平城京をはなれ，律令政治を立て直すため，784年に京都の長岡京に都を移した。しかし，長岡京の造営中に不吉なできごとが続いたため，794年にはその北東の平安京に都を移した。

問３　鎌倉時代後半，モンゴル帝国の皇帝で中国に元を建国したフビライ＝ハンは，日本に服属を求めてたびたび使者を送ってきたが，鎌倉幕府の第８代執権《しっけん》北条時宗はこれを強く断った。そのため，1274年の文永の役と1281年の弘安の役の２度にわたって，元の大軍が北九州に襲来した。これが元寇《げんこう》(蒙古《もうこ》襲来)で，日本の武士は元軍の集団戦法や「てつはう」という火薬兵器などに苦戦したが，２度とも暴風雨が発生したこともあり，これを撃退することに成功した。

問４　源頼朝は，源氏ゆかりの地であったことや，一方が海，三方が山という天然の要害で攻められにくい場所であったこと，東国での支配権を確立したかったことなどから，鎌倉(神奈川県)を本拠地として武家政権を築き，ここに幕府を開いた。

問５　古代の東北地方には，朝廷の支配に従わない蝦夷《えみし》とよばれる人たちが暮らしていた。律令制度の確立とともに朝廷は蝦夷の征討《せいとう》を行うようになり，平安時代初めには征夷《せいい》大将軍に任命された坂上田村麻呂が勢力範囲を広げて，胆沢城や志波城(いずれも岩手県)を築いた。

３　財政についての問題

問１，問２　国・県・市区町村などが国民・住民のために行う仕事にどれぐらいの費用がかかるか見積もったものを予算という。毎年，一年間の収入にあたる歳入と一年間の支出にあたる歳出の計画が作成され，国会・議会で議決されると成立する。基本的に歳入は税収でまかなわれ，2021年度の国の税収では消費税が最も大きな割合を占めた。これについで多いのが所得税で，３番目に多いのは法人税であった。なお，近年は税収だけでは歳出をまかなえないので，借金にあたる公債《こうさい》(国債)を発行して不足分にあてている。

問3　①　常会(通常国会)は，毎年１月から150日間(１回だけ延長できる)にわたって開かれる国会で，おもに次年度(４月１日から翌年３月31日まで)の予算について話し合われる。なお，臨時会(臨時国会)は，内閣が必要と認めたとき，あるいはどちらかの議院で総議員の４分の１以上の要求があったときに開かれる。特別会(特別国会)は，衆議院の解散後に行われる衆議院議員総選挙の日から30日以内に開かれる。参議院の緊急集会は，衆議院の解散中に話し合いが必要になったときに内閣が開催を要求できる。　②　(ア)　新型コロナウイルス感染症《しょう》への対策や社会保障費の増大などにより，近年の国家予算は増加傾向《けいこう》にある。　(イ)　国家予算は，内閣が作成して国会が審議・議決すると成立する。天皇の承認は必要ない。　(ウ)　日本の債務残高(国債の残高)は，イギリスなどをふくむ主要先進国の中で最も高い水準にある。　(エ)　補正予算について，正しく説明している。なお，補正予算も国会での議決によって成立する。

問4　介護《かいご》保険は，高齢者の介護を社会全体で支えることを目的として，満40歳以上のすべての人が加入を義務づけられる保険で，満65歳以上で要支援・要介護と認定された人は，介護費用の何割かを負担することで自分に適したサービスを受けられる。

問5　①　世界保健機関(WHO)の定義では，65歳以上の人々を高齢者といい，高齢者の割合が７％をこえる社会は高齢化社会，14％をこえる社会は高齢社会，21％をこえる社会は超高齢社会とよばれる。　②　生まれたばかりの０歳児が何歳まで生きるかの平均的な年数を平均寿命《じゅみょう》といい，2020年の日本人の平均寿命は，女性が87.74歳，男性が81.64歳で，男女ともに過去最高を更新した。

問6　労働基準法では，原則として，満15歳(一般的に，中学校３年生で迎える年齢)に達した日以後の最初の３月31日が終了するまでの児童を，労働者として使用することを禁止している。また，日本国憲法第26条では，子どもに普通教育を受けさせる義務について定められ，学校教育法で小学校６年間・中学校３年間がこれにあたるとされている。

問7　2013年５月にマイナンバー法が成立し，2015年10月から住民一人ひとりに12桁《けた》の番号を割り当てたマイナンバー(個人番号)の通知が始まった。そして2016年１月より，マイナンバー制度が開始された。

理　科　＜Ａ入試＞（30分）＜満点：60点＞

解　答

1　(1)　**感度**…70％　**特異度**…97.8％　**陽性的中率**…77.8％　(2)　カ　(3)　①　45人　②　20人　③　97.7％　**2**　(1)　イ　(2)　ウ　(3)　**名前**…イ　**写真**…ア　(4)　ア　(5)　イ　(6)　地球温暖化　**3**　(1)　ア，ウ　(2)　ウ　(3)　①　A　②　**A**　イ　**B**　ア　③　5ｇ　④　**メリット**…(例)　粉が出ないため，精密機器などにえいきょうを出さずに消火することができる。　**デメリット**…(例)　無色とうめいで目で見ることができないため，部屋にじゅう満し，ちっそくするおそれがある。　**4**　(いずれも例)　(1)　豆電球　(2)　スピーカー　(3)　ヒーター　(4)　モーター　(5)　光電池　(6)　マイク　(7)　カイロ　(8)　ホタル

解　説

1 感染症《かんせんしょう》の検査の精度についての問題

(1) 感度は，その病気にかかっている人の中で陽性になった人の割合で，かかっている人は100人，陽性の人は70人だから，感度は，$\frac{70}{100}\times100=70$(％)になる。特異度は，病気にかかっていない人の中で検査で陰性《いんせい》になった人の割合で，かかっていない人が900人，陰性になった人が880人なので，特異度は，$\frac{880}{900}\times100=97.77\cdots$より，97.8％となる。陽性的中率は，検査で陽性の人の中で実際にその病気にかかっている人の割合で，検査で陽性の人は，$70+20=90$(人)，病気にかかっている人は70人だから，$\frac{70}{90}\times100=77.77\cdots$より，77.8％である。

(2) 感度は，$\frac{30}{100}\times100=30$(％)，特異度は，$\frac{880}{900}\times100=97.77\cdots$より，97.8％，陽性的中率は，$\frac{30}{30+20}\times100=60$(％)である。したがって，(1)の場合と比べて特異度は変わらないが，感度と陽性的中率が低いことがわかる。

(3) ①，② 陽性的中率が80％なので，陽性者100人のうち病気にかかっている人は，$100\times\frac{80}{100}=80$(人)である。また，感度が64％だから，病気にかかっている人の合計は，$80\div\frac{64}{100}=125$(人)になる。偽《ぎ》陰性は，病気にかかっているのに検査で陰性になる場合なので，偽陰性の人は，$125-80=45$(人)，偽陽性は病気にかかっていないのに検査で陽性になる場合だから，偽陽性の人は，$100-80=20$(人)になる。　③ 検査で陰性になった人は，$1000-100-45=855$(人)，病気にかかっていない人は，$1000-125=875$(人)なので，特異度は，$\frac{855}{875}\times100=97.71\cdots$より，97.7％と求められる。

2 流れる水のはたらき，自然災害についての問題

(1) 流れる水の３つのはたらきのうち，運ぱん作用はけずったものを運ぶはたらき，しん食作用は地面をけずるはたらき，たい積作用は運んできたものを積もらせるはたらきである。

(2) 川が曲がって流れているとき，カーブの内側は流れがゆるやかなため，しん食作用は小さく，たい積作用は大きい。また，カーブの外側は流れが速いため，しん食作用が大きく，たい積作用は小さい。

(3) 川が曲がって流れているところで洪水《こうずい》などが起きて新しい流れができ，川から取り残されてできた，写真のアのような三日月形の湖を三日月湖という。なお，写真で，イは中流付近で見られるせん状地，ウは上流付近で見られるＶ字谷，エは河口付近で見られる三角州である。

(4) 洪水や土砂災害，津波《つなみ》や高潮などの災害による被害範囲《ひがいはんい》を予測して，地図化したものをハザードマップという。

(5) 地図１は，左下から右上に流れる川に沿った右側の標高の低い地域が被害範囲に想定されていることから，洪水災害による被害範囲を示した地図と考えられる。また，地図２は比較《ひかく》的標高の高い地域が被害範囲に想定されているので，がけくずれなどの土砂災害による被害範囲を示した地図，地図３は湾《わん》に面した標高の低い地域全体が被害範囲に想定されているから，津波による被害範囲を示した地図と考えられる。

(6) 海水の蒸発量を増やす原因は，地球全体の平均気温が上昇《じょうしょう》している地球温暖化である。地球温暖化によって異常気象がひんぱんに起こり，地球各地にかつて見られなかったような被害がもたらされている。

3 ものの燃え方，ドライアイスの変化についての問題

(1)　ものが燃え続けるためには，新しい空気(酸素)が供給され続ける必要がある。アでは，集気びんの口の周辺から新しい空気が入り，ロウソクが燃えてできた気体が集気びんの口の中心部から出ていくため，ロウソクは燃え続ける。また，ウでは，集気びんの底から新しい空気が入り，口からロウソクが燃えてできた気体が出ていくため，ロウソクは燃え続ける。

(2)　無重力状態では，温められた空気とその周囲の空気の重さが変わらず，空気の流れができないため，炎は丸い形になる。

(3)　①　水そうの中のドライアイスは少しずつ気体の二酸化炭素に変化する。二酸化炭素は空気より重いため水そうの下の方からたまっていく。また，二酸化炭素にはものを燃やすはたらきがないので，短いロウソクから順に火が消えていく。よって，ロウソクの火が消える順は，Ｂ→Ａ→Ｄ→Ｃとなる。　②　石灰石にうすい塩酸を加えると二酸化炭素が発生する。二酸化炭素は空気より重いので下方置換《ちかん》法で集めることができる。また，水に少しだけとけるから，水上置換法でも集めることができる。よって，アの上方置換法で集めることはできない。　③　20160cm^3の二酸化炭素に変化したドライアイスの重さは，$2\times\frac{20160}{1120}=36$(g)なので，ドライアイスの表面についていたしもの重さは，41－36＝5(g)である。　④　従来の粉末消火器を用いた場合，消火の際にいろいろな機器をこわしてしまうことがあるが，二酸化炭素にはそのような危険性がない。しかし，二酸化炭素は無色とう明なため，目で確認することができず，高濃度《のうど》の二酸化炭素中に人が入ることで，健康被害がおきるというデメリットがある。

4 エネルギーの変換についての問題

(1)～(4)　電気エネルギーを，光エネルギーに変えるための道具には，電球やけい光灯，LED，音エネルギーに変えるための道具にはスピーカーやイヤフォン，熱エネルギーに変えるための道具には電熱線や電気ストーブ，運動エネルギーに変えるための道具にはモーターなどがある。

(5)　光エネルギーを電気エネルギーに変えるための道具には，光電池などがある。

(6)　音エネルギーを電気エネルギーに変えるための道具には，マイクなどがある。

(7)　化学エネルギーを熱エネルギーに変えるための道具には，化学カイロや石油ストーブなどがある。

(8)　化学エネルギーを光エネルギーに変えることができるこん虫には，ホタルなどがいる。

国　語　＜Ａ入試＞（50分）＜満点：100点＞

解　答

一　①，③　下記を参照のこと。　②　がいらいご　④　じせい　**誤字**…詩　**正字**…詞

二　**問1**　エ　**問2**　ウ　**問3**　イ　**問4**　(1)　思っている　(2)　言葉　(3)　かた　**問5**　ウ　**問6**　(例)　水たまりに西日が光って反射した光が，まぶしく，それをばねに勇気を出したから。　**問7**　イ　**問8**　イ，オ　三　**問1**　ウ　**問2**　(鶏)卵　**問3**　オ　**問4**　ウ　**問5**　カロリー　**問6**　国内のお米の生産量が減ったぶん，値段が急上昇したから　**問7**　イ　**問8**　(例)　食料生産量は増えたが，それ以上に国内消費量が増えたため，食料自給率は下がった。　**問9**　(例)　日本の食料自給率が低いのは，食料をむだにし

ていることも原因だと思います。国内消費量には廃棄されるものも含まれるので，食料自給率を上げるには，食べ残しをなくし，地産地消を心がけることが必要だと思います。

●漢字の書き取り

□一 ① 模様　③ 郵送

解　説

□一 漢字の書き取りと読み，誤字の訂正

① ものの表面にあらわれた図形や色の組み合わせ。　② 他の国の言語から自国語の中に取り入れた単語。　③ 郵便で送ること。　④ 時とともに移り変わる世の中。　誤字は「(名)詩」で，「(名)詞」が正しい。「名詞」は，事物の名を表す品詞のこと。

□二 出典は森絵都《もりえと》の『あしたのことば』所収の「帰り道」による。昼休みにちょっとしたことで心のすれ違《ちが》いを感じた律《りつ》と周也《しゅうや》が，学校からの帰り道，それぞれの視点からその出来事をふり返り，自分のことを省みたり，相手のことを考えたりする。

問１　律は，昼休みに周也から「先のとがったするどいものが，みぞおちのあたりにずきっと」さされるような言葉を言われており，そのことがずっと気にかかっていたので，周也から声をかけられておどろいたのである。

問２　Ａ　スニーカーをはいても周也が「歩きだそうとしない」ことから，物事が思ったようには進行しないようすを表す「なかなか」が入る。　Ｂ　律は，周也と「二人きり」で帰りたくないと思っていたので，わざとゆっくりくつをはきかえるようすの「もたもた」が合う。　Ｃ　律が周也から言われたことを「引きずっている」のに対し，言った本人の周也は「まるでなんにもなかったみたい」にふるまっている。思いなやむうちに律は，前を歩く周也のことが次第に「にくらしく」なってきたので，「どんどん」が入る。

問３　ぼう線②の直後に「大通りの歩道橋をわたるころ」とあるので，学校からの帰り道のことだとわかる。

問４　ぼう線③は，帰り道，二人が距離《きょり》をおいて歩いているぼう線②の段落にあたる。その次の段落で律が，「どうして，ぼく，すぐに立ち止まっちゃうんだろう」と，「思っていること」が言えない自分にため息をつき，「思っていること」をうまく「言葉」にできたなら，周也と「かたを並べ」て歩いていけるのかなと考えるようすがえがかれている。

問５　ぼう線④は，「まずい，と」思ったが，「もうおそい」と言いかえることができるので，前のことがらに対立する内容が続く「も」の用法である。「練習」したが「結果は出なかった」となるウが同じ使い方である。

問６　前半の「ぼく，晴れが好きだけど，たまには，雨も好きだ」という発言の前後に着目する。律は，自分の思いを言葉にできないことをなやんでいたが，水たまりにきらきら光る「西日の反射」に「背中をおされるよう」に，「今，言わなきゃ，きっと二度と言えない」と思い立ち，「勇気」を出して，周也に自分の率直な気持ちを伝えたのである。水たまりの西日のまぶしさと，勇気を出した真剣な気持ちが，律のひとみを険しくみせたのだろう。

問７　前半も後半も同じ場面をえがいているが，前半は律の視点から，後半は周也の視点から語られているのでイは適切ではない。

問８　天気雨は，二人の気持ちが近づくきっかけとしてえがかれているが，その不思議さや予測の難しさが本文の主題とは考えられないため，イが不適切。また，律は周也の言葉で傷ついたが，落ちこまないことが大切なのではなく，思っていることを言葉にすることが大切なので，これも主題ではないと考えられ，オも正しくない。

三　出典は生源《しょうげん》寺《じ》眞一《しんいち》の『「いただきます」を考える～大切なごはんと田んぼの話～』による。 食料自給率とはどのようなものかといったことや，日本の食料自給率のうつり変わりなどについて説明している。

問１　最初は，「食料自給率」の例として「お米」と「小麦」があげられている。二番目は，「畜産《ちくさん》物《ぶつ》の自給率」の例として「牛肉」があげられている。よって，具体的な例をあげるときに用いる「たとえば」が入ると考えられる。

問２　「肉や卵や乳製品」といった「畜産物」の中で，食料自給率が九六パーセントであるのは，図１より「鶏卵《けいらん》」とわかる。

問３　「輸入品にやや押《お》され気味」とは，輸入品のほうが国産品よりも少し優勢だという意味。同じように，“優勢に物事を進める”という意味で「押す」が使われているのは，相手チームの応援《おうえん》によって優勢に試合を進められてたじろぐという意味で使われているオである。

問４　自給率を調べるとき，「重さを物差しにして計算する」と，米一キログラムと牛肉一キログラムが同じというだけではなく，「牛乳一キログラムも同じ量」ということになるので「ちょっと変」だと思いませんかとⓑで問いを投げかけ，ⓓで「牛乳は，その九割近くが水分」であるとして，牛乳一キログラムと牛肉一キログラムが「同じあつかいでは，牛肉がかわいそう」だとするⓐにつづき，「重さとは別の二つの物差し」が考え出されたとするⓒがくると，意味が通る。

問５　ぼう線②が「もう一つは」で始まることから，他の物差しは前にあることがわかる。「一つは」につづく「食料のカロリーを物差し」にする方法がこれにあたる。

問６　一九九三年は記録的な冷夏で，米の生産量が減り，タイなどから米の緊急《きんきゅう》輸入が行われたので，穀物《こくもつ》自給率とカロリー自給率は低下した。ただし，「国内のお米の生産量が減ったぶん，値段が急上昇《きゅうじょうしょう》したから」，生産額自給率が大きく下がらなかったと説明されている。

問７　図２を見ると，三つの自給率はどれも一九九〇年ごろまでは低下しているが，それ以降，一九九三年に大きな落ちこみが見られる以外は，ほぼ横ばいとなっているのがわかる。また，カロリー自給率も二〇〇〇年ごろから横ばいになり，近年では40％を少し下回っているので，イが正しい説明と考えられる。

問８　ぼう線④の「どちらも」とは，一九九〇年ごろまで三つの自給率が低下しているので，「日本の食料生産は減りつづけてきたのではないか」という印象と，その後穀物自給率やカロリー自給率が横ばいに変化しているので「食料生産もがんばったのではないか」，つまり増えたのではないかという印象をさしている。しかし，一九六〇年からの「最初の三〇年間」については，全体として「日本の食料生産は増えて」いたと説明されている。生産量が増えたのに食料自給率が下がったのは，国内生産量の増加分以上に国内消費量が増えたからであると，最後の段落で筆者は述べている。

問９　日本の食料自給率が低下したのは，本文でも説明されているように，「国内消費量」が「国内生産量以上に増えていた」ためと考えられる。また，図１から，米と野菜，鶏卵の自給率が高いことがわかる。米を主食とする食事をしたり，計画的に購入して食品のむだを無くしたり，地元のものを地元の人たちが消費したりするなどの工夫や努力をすることも，食料自給率を上げるための方法と考えられる。

2022年度　横浜女学院中学校

〔電　話〕　(045)641－3284
〔所在地〕　〒231－8661　神奈川県横浜市中区山手町203
〔交　通〕　JR根岸線 ― 石川町駅より徒歩7分

【算　数】〈B入試〉(50分)〈満点：100点〉

注　意

1　3～6については途中式や考え方も書きなさい。

2　円周率は3.14とする。

1　次の計算をしなさい。

(1)　$42 - 12 \div (8 - 3) \times 10$

(2)　$\{(2 + 5) \times 9 - 90 \div 5\} \div 9$

(3)　$15 \times 0.28 - 1.5 \times 2.6 + 8 \times 0.15$

(4)　$4\frac{1}{2} - 1.25 \div \frac{5}{4} \times \frac{1}{8} + 0.125$

2 次の各問いに答えなさい。

(1) ある数を3倍して，その数に15をたし，5で割ると18になりました。ある数はいくつですか。

(2) シールを子ども１人に５枚ずつ配ると35枚あまり，１人７枚ずつ配ると11枚足りません。子どもは何人いますか。

(3) 弟は，分速60mで家から駅まで歩いて向かいました。弟が家を出発して６分後，兄が分速100mで弟を追いかけたところ，弟と兄は同時に駅につきました。家から駅までは何mありますか。

(4) りんご３個となし２個を買うと580円になります。また，なしの値段はりんごの値段の$1\frac{2}{5}$倍です。りんごの値段はいくらですか。

(5) ある仕事をＡさんが１人でやると12日かかり，Ｂさんが１人でやると８日かかり，Ｃさんが１人でやると16日かかります。最初の３日はＡさんとＢさんでこの仕事をし，残りをＣさんが１人でやりました。残りの仕事をやりおえるのにＣさんは何日かかりましたか。

(6) 右の図のような直方体を２つ組み合わせた水そうがあります。この水そうに水を69cm^3いれると，何cmの高さまで水がはいりますか。

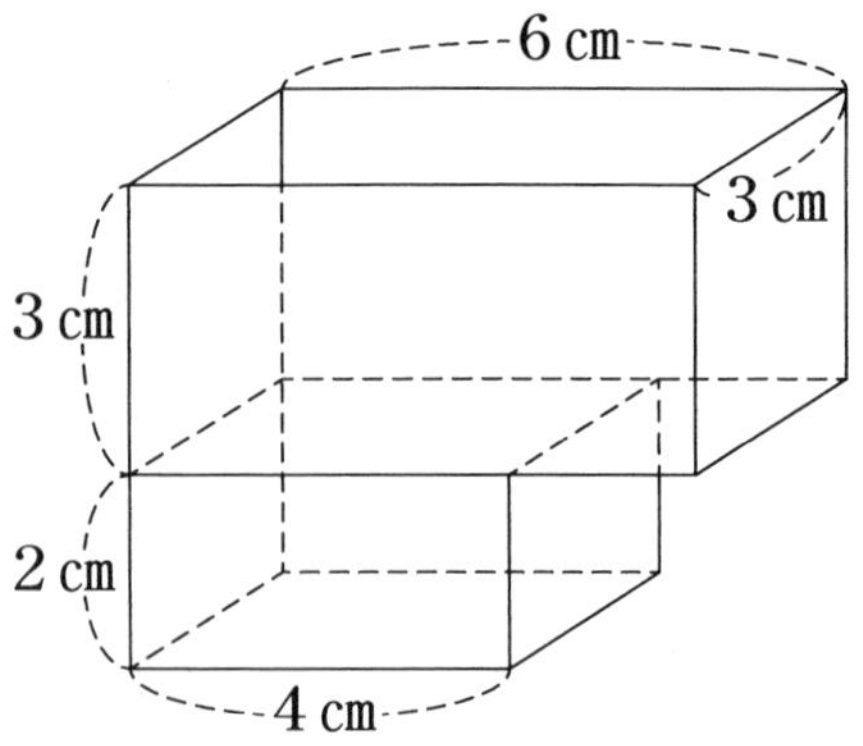

3 下のグラフは2000年と2010年の保育所在籍《ざいせき》人数についてまとめたものです。保育所在籍《ざいせき》人数の増加率が最も大きい都県はどこで，増加率は約何％ですか。小数第2位を四捨五入して答えなさい。

※保育所在籍《ざいせき》人数…保育所に通っている人数

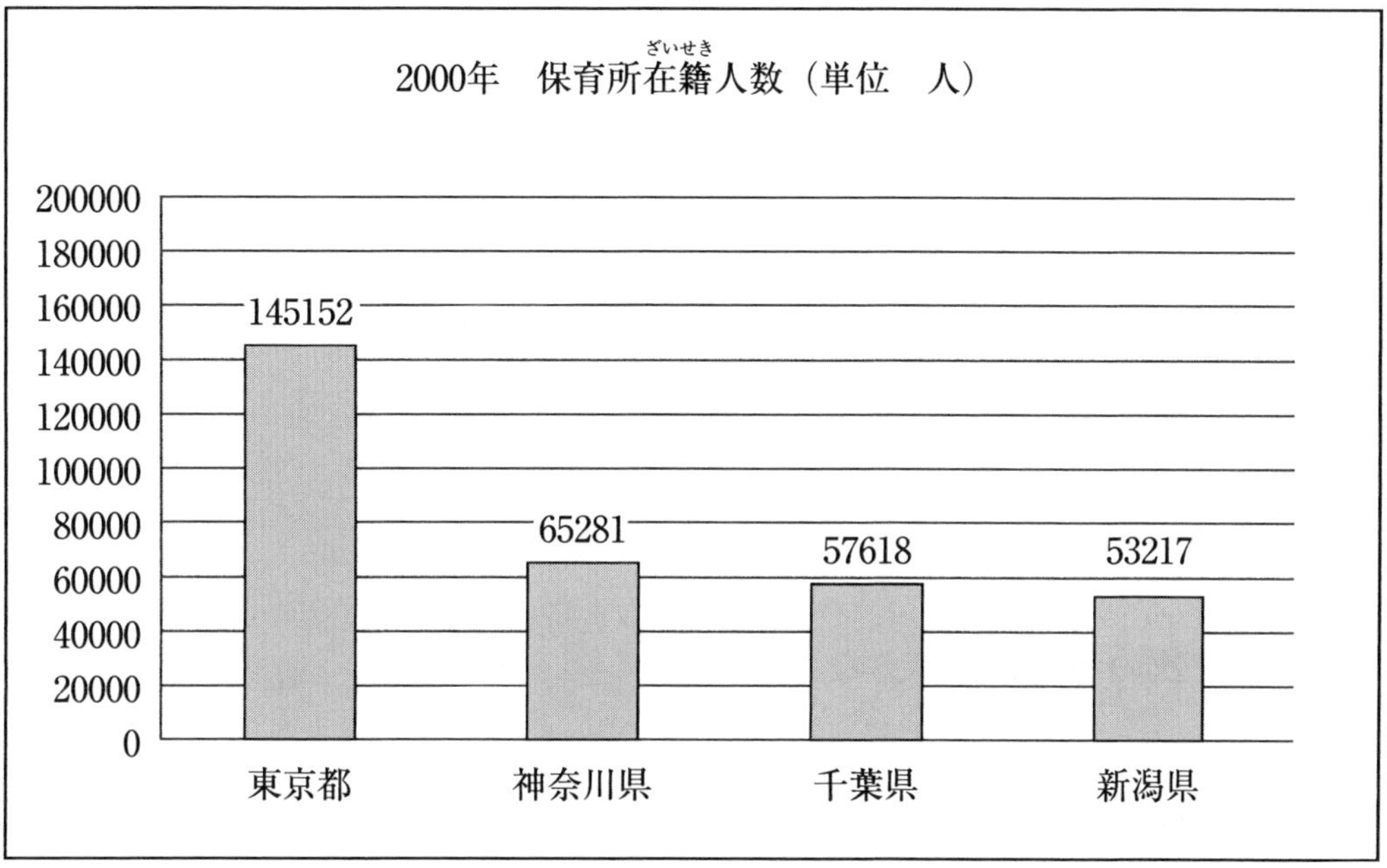

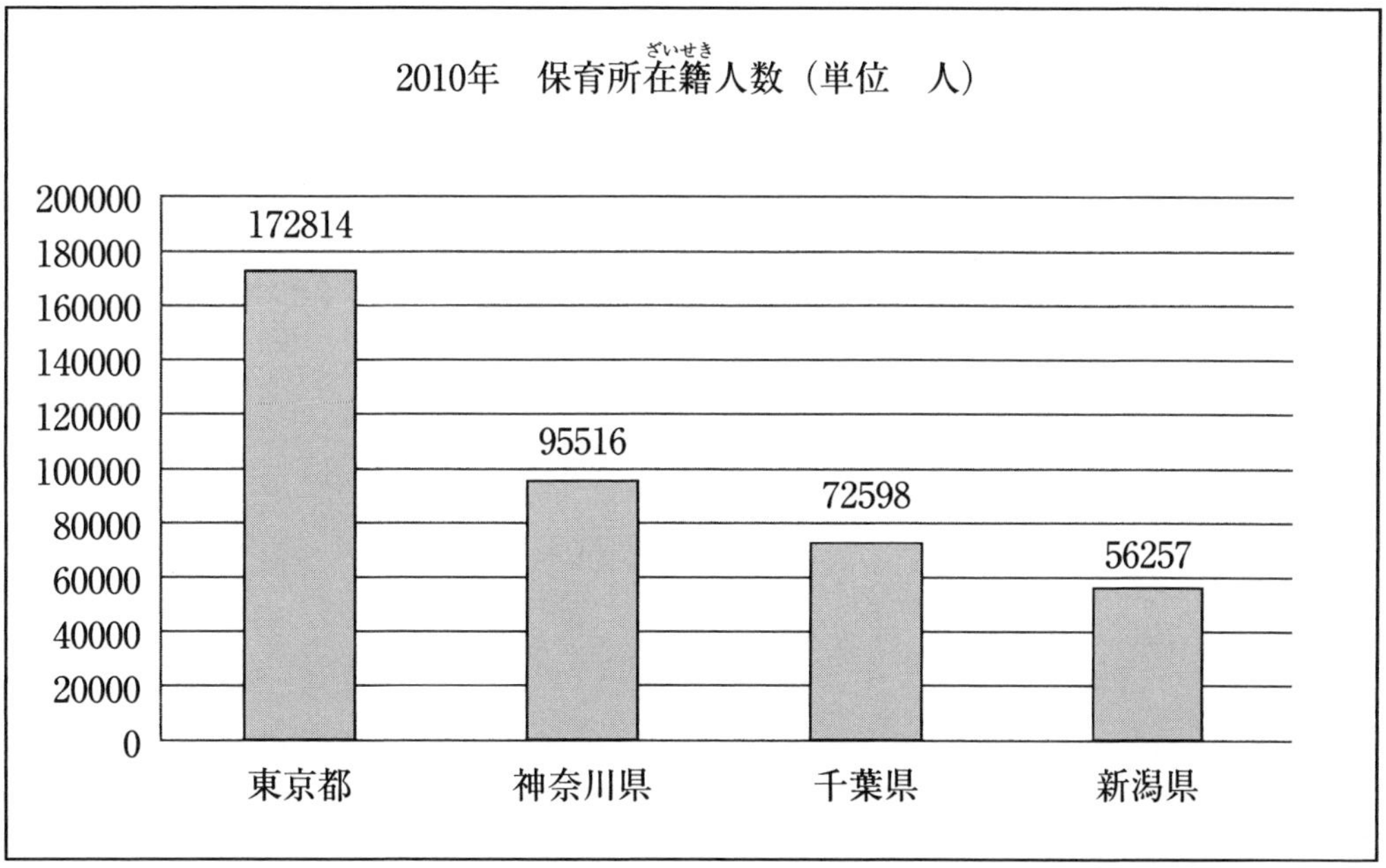

国勢調査より

4 表のように，1以上の整数を規則にしたがって並べます。
たとえば2行3列の数は8です。

	1列	2列	3列	4列	……		
1行	1	4	9	16			
2行	2	3	8	15			
3行	5	6	7	14			
4行	10	11	12	13			
⋮							

このとき，次の各問いに答えなさい。

(1) 1行6列の数はいくつですか。

(2) 98は何行何列にありますか。

(3) 2行1列から1行2列までのすべての数の和は次のように計算することとします。

$2 + 3 + 4 = 9$

このとき，8行1列から1行8列までのすべての数の和はいくつですか。

5 図のように，同じ大きさの正方形を囲むような道があり，O地点から右または上に進むこととします。さいころ1個を投げて，偶数の目が出たら，出た目の数だけ右に進み，奇数の目が出たら，出た目の数だけ上に進みます。たとえば，さいころを1回投げて，3が出たらX地点まで進みます。さらにもう1回さいころを投げて，2が出たらY地点まで進みます。ただし，さいころは何回投げても良いとします。

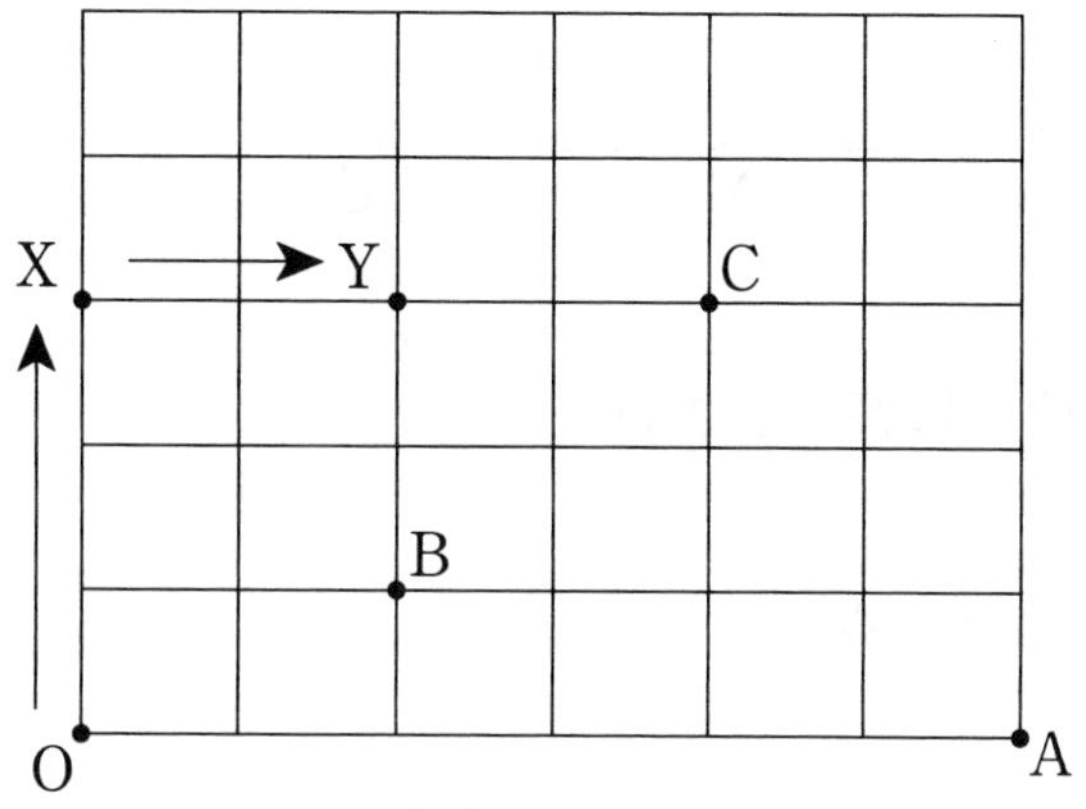

このとき，次の各問いに答えなさい。

(1) A地点まで行くためには，さいころの目の出方は全部で何通りありますか。

(2) B地点まで行くためには，さいころの目の出方は全部で何通りありますか。

(3) C地点まで行くためには，さいころの目の出方は全部で何通りありますか。

6 図のように，平行四辺形ABCDで辺BCのまん中の点を点M，辺ADを3等分する点を点P，点Qとし，対角線BDと直線PMが交わる点を点Rとします。

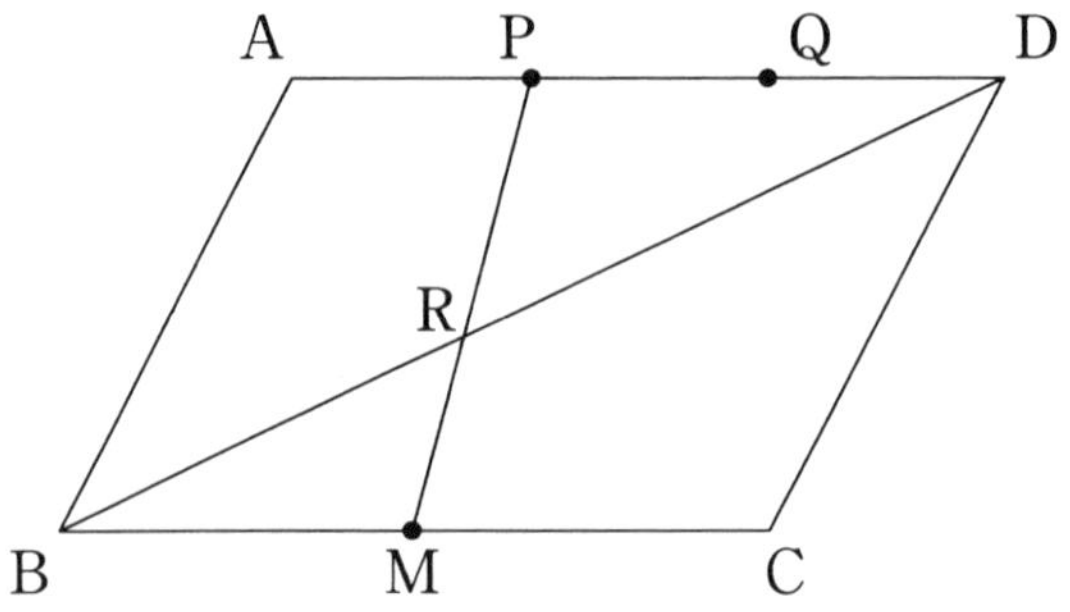

このとき，次の各問いに答えなさい。

(1) DRとBRの長さの比を求めなさい。

(2) 三角形PDRと三角形MBRの面積の比を求めなさい。

(3) 四角形DRMCの面積は平行四辺形ABCDの面積の何倍ですか。

【社　会】〈B入試〉(30分)〈満点：60点〉

〈編集部注：実物の試験問題では，1の問6の地図はカラー印刷です。〉

1　次の各問いに答えなさい。

〔1〕 次の文章は、毎日新聞2021年7月28日の記事である。この記事を読んで、各問いに答えなさい。

＊＊＊

世界文化遺産　縄文遺跡群、登録決定　国内20件目

オンラインで開催中のA国連教育科学文化機関の世界遺産委員会は27日、「B北海道・C北東北の縄文遺跡群」を世界文化遺産に登録することを決めた。日本の世界文化遺産は20件目。自然遺産も含めた世界遺産は、26日に登録が決まった「奄美大島、徳之島、沖縄島北部及び西表島」に続いて25件目となる。

縄文遺跡群は、大規模集落跡「D三内《さんない》丸山遺跡」・「大湯《おおゆ》環状列石」・「キウス周堤墓《しゅうていぼ》群」――など17遺跡からなる。1万年以上続いた縄文時代の生活や精神文化を今に伝えている。

＊＊＊

問1　下線部Aの「国連教育科学文化機関」をカタカナで答えなさい。

問2　下線部Bの「北海道」について、次の写真は「函館山」から見た函館市内である。函館山は、夜になると美しい夜景が見られる観光名所でもある。この函館山の場所と、美しい風景を作り出した地形の成り立ちを説明した文章として正しいものを、次の(ア)～(エ)からひとつ選んで記号で答えなさい。

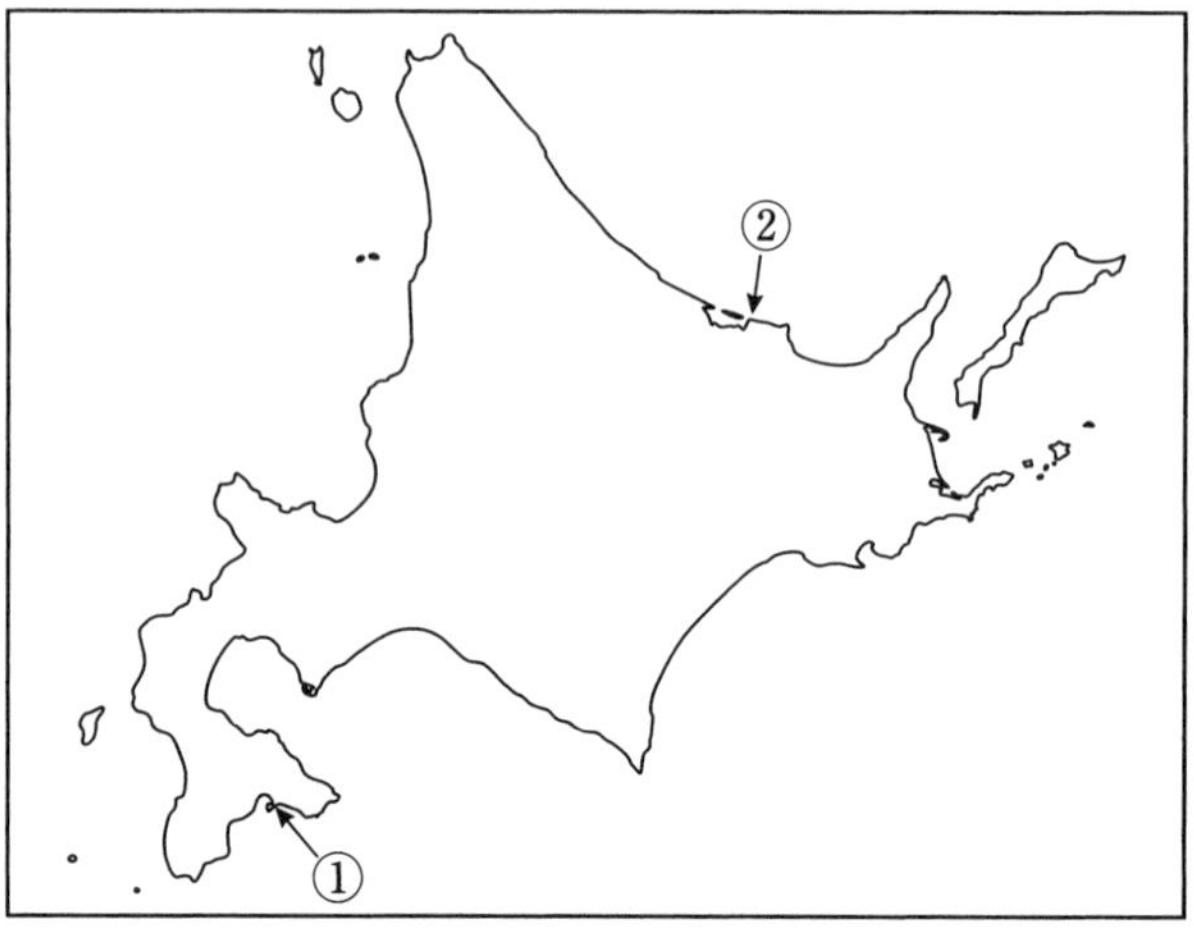

(ア) 函館山の場所は①である。山地が海に沈んでできた出入りの多い海岸が函館の美しい風景を生み出した。

(イ) 函館山の場所は①である。もともと海岸近くの島であった函館山に砂州《さす》が発達し陸岸とつながった地形が函館の美しい風景を生み出した。

(ウ) 函館山の場所は②である。遠浅の海岸で沿岸流によって形成された砂州が、発達するにつれ海岸との間に浅い海をとじ込めた潟湖《せきこ》とよばれる地形が函館の美しい風景を生み出した。

(エ) 函館山の場所は②である。もともと海岸近くの島であった函館山と陸地の間をすべて人工的に埋め立てたことで、函館の美しい風景を生み出した。

問3　下線部Bの「北海道」について、北海道が日本全国で1位(2019年)である生産物の組み合わせとして正しいものを次の(ア)～(エ)からひとつ選んで記号で答えなさい。

(ア) たまねぎ・白菜　　(イ) 牛乳・きゅうり

(ウ) 梨・スケトウダラ　　(エ) ホタテガイ・こんぶ類

問４　下線部**C**の「北東北」について、「北東北」とは一般的には青森県・秋田県・岩手県のことである。次の①・②の問に答えなさい。

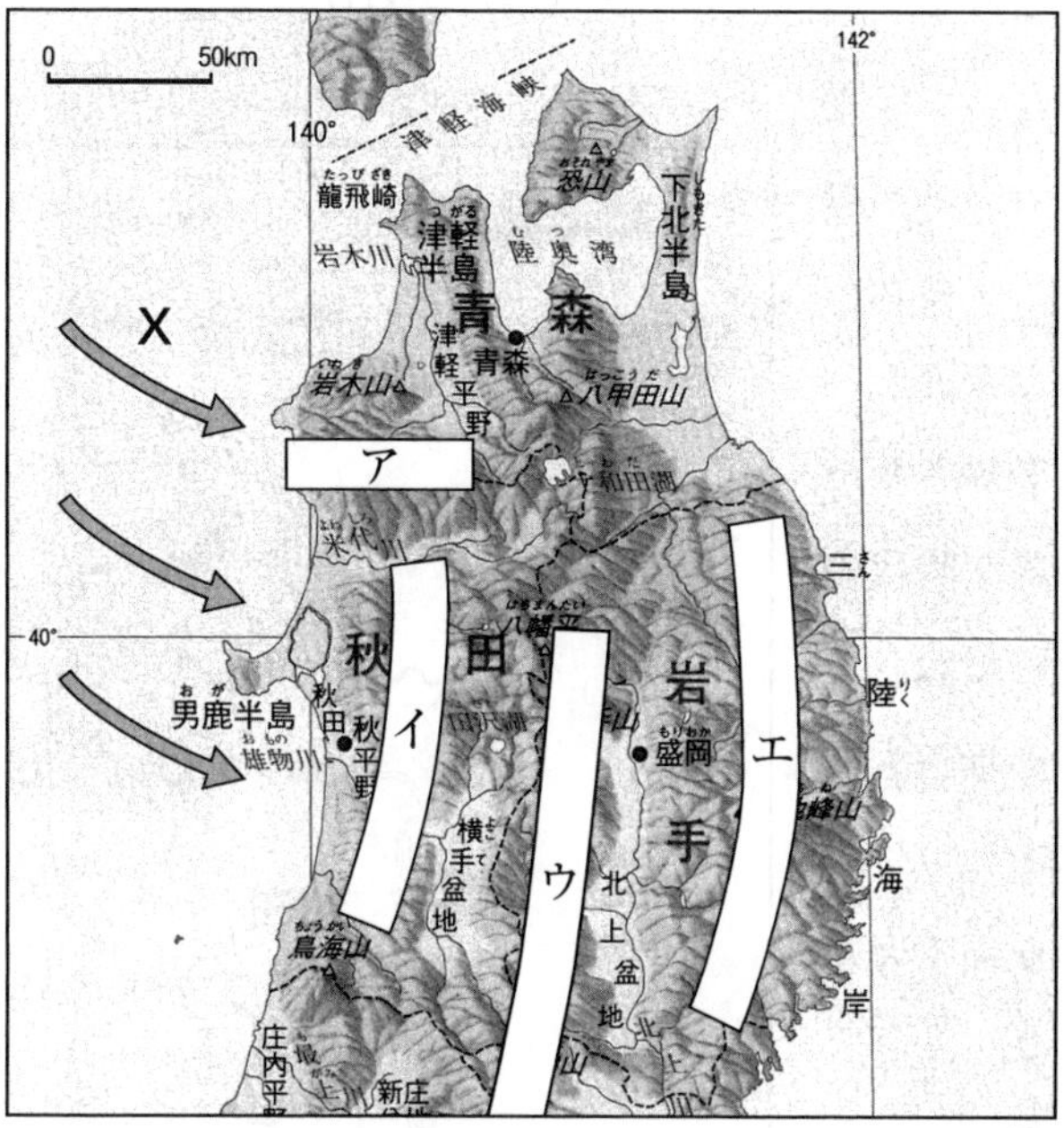

①　地図中のア～エは東北地方の山地・山脈である。世界遺産の白神山地はどれか、ア～エからひとつ選んで記号で答えなさい。

②　地図中の**X**は、冬に吹く風を表している。この風が特にウの山にあたって雲ができるために雪が降りやすいのは、太平洋側か日本海側かどちらか答えなさい。

問５　次の文章は、下線部Ｄの「三内丸山遺跡」に「仙台」から行った愛さんとそれを聞く誠さんの会話である。次の地図を参考にして、文中の（１）・（２）に適する語句の組み合わせとして正しいものを、次の（ア）～（エ）からひとつ選んで記号で答えなさい。

愛さん：夏休みに「三内丸山遺跡」に（　１　）を使って行ってきたよ。

誠さん：世界遺産に登録されたんだよね。縄文時代の大規模な遺跡だね。

愛さん：向かう途中の景色も面白かったよ。（　２　）工場が立ち並んでいたのが見えたよ。

誠さん：高速道路や新幹線が整備されて、出荷しやすくなったから、工場がたてられたんだね。

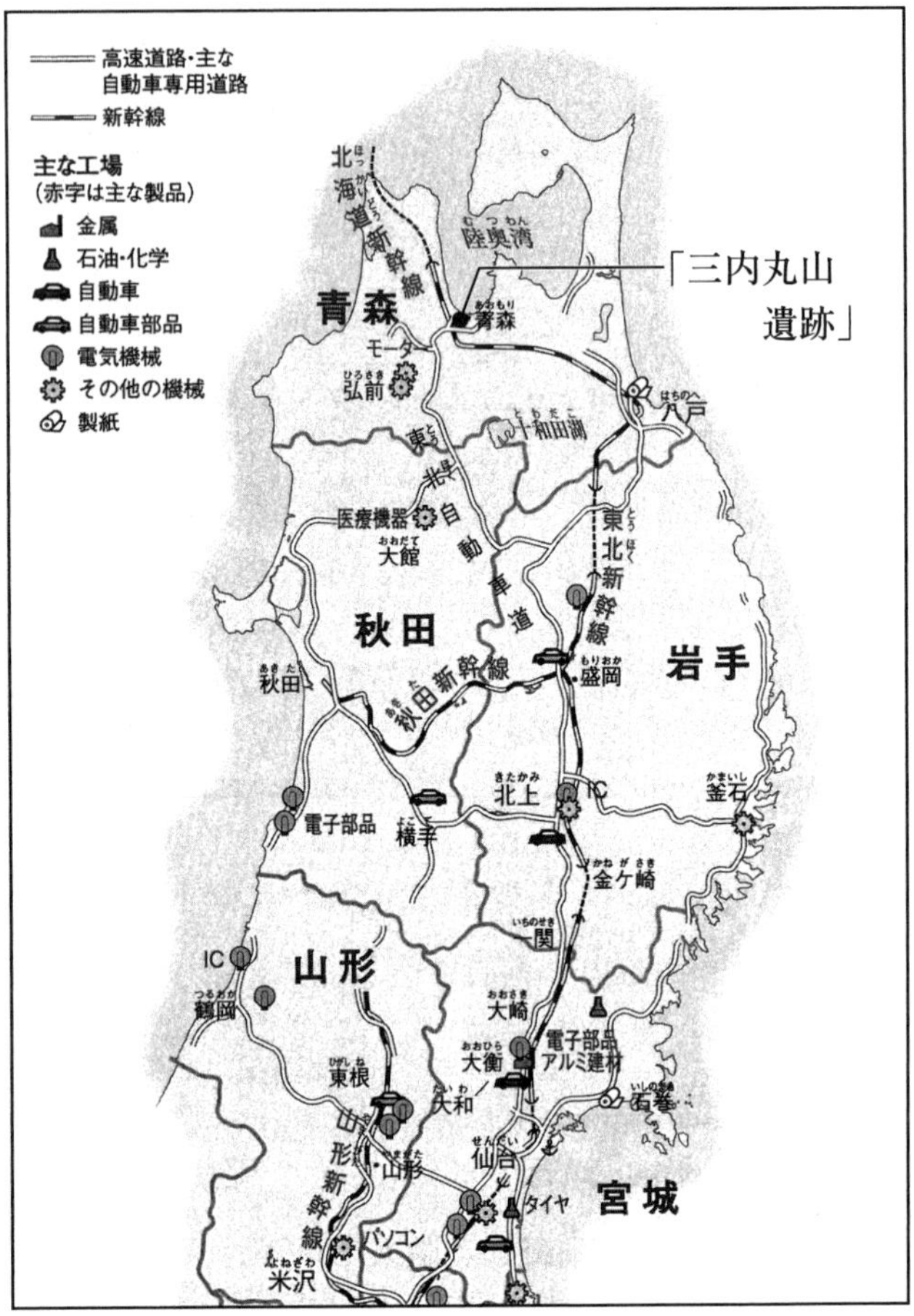

（ア）（１）東北自動車道　　（２）電気機械

（イ）（１）東北自動車道　　（２）石油化学

（ウ）（１）山形新幹線　　（２）自動車

（エ）（１）秋田新幹線　　（２）石油化学

問６　次の地図は、三内丸山遺跡を含む国土地理院の地図である。地図に関する文章（ア）～（エ）から正しいものをひとつ選んで記号で答えなさい。

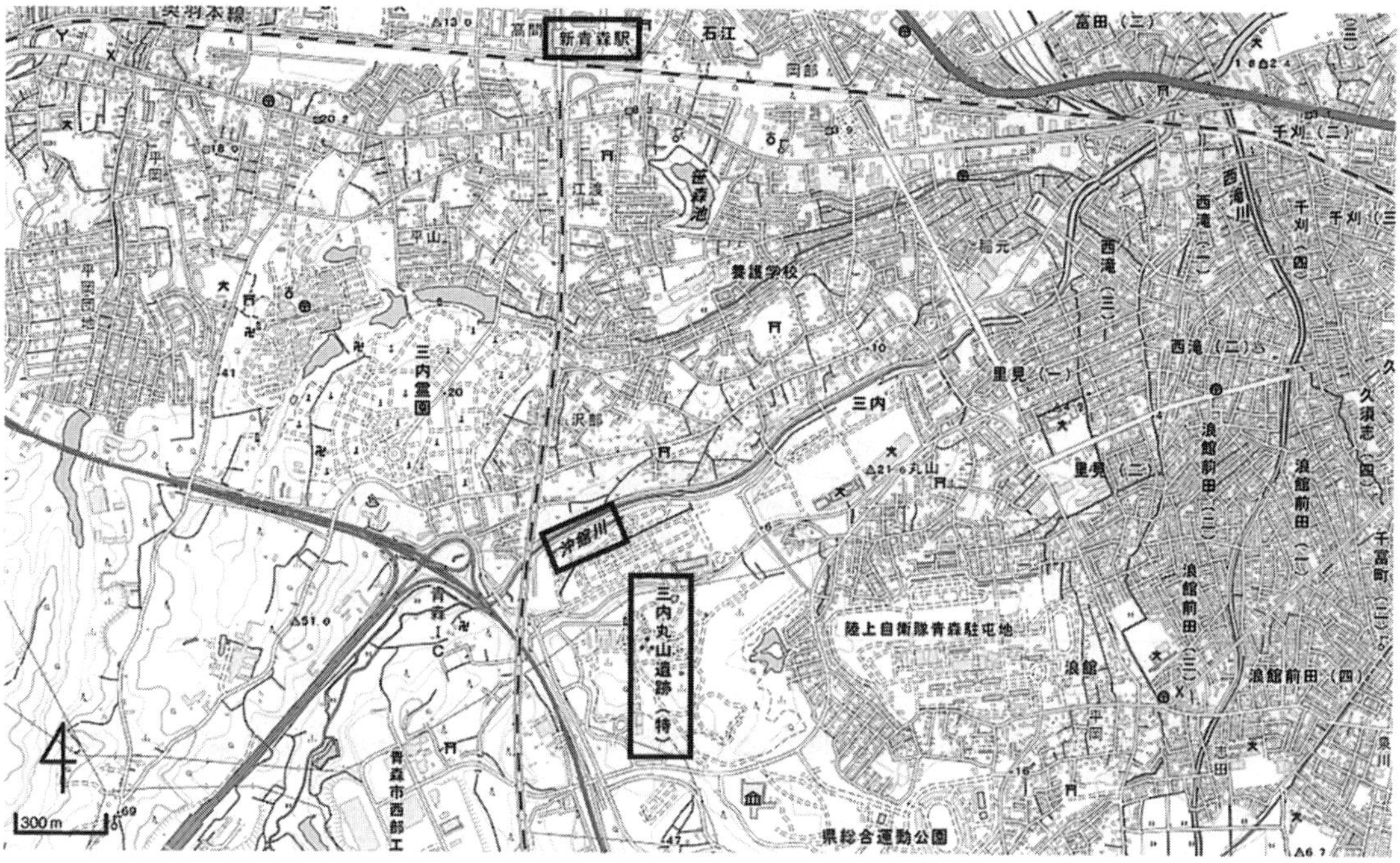

（ア）新青森駅から三内丸山遺跡（「∴」マークのところまで）はおよそ500ｍある。

（イ）三内丸山遺跡の東側から北側にかけて沖館川が流れている。

（ウ）三内丸山遺跡の南側に老人ホームがある。

（エ）三内丸山遺跡の東側から北側にかけて住宅地が広がり、西側は山地がある。

問７　世界の文化遺産・自然遺産・複合遺産を「世界遺産」として登録をする目的はなんだろうか。次の（ア）～（エ）から、誤っているものをひとつ選んで記号で答えなさい。

（ア）人類全体のための遺産として破壊されたりしないように保護するため。

（イ）原爆ドームなどの「負の遺産」と言われている遺産は、人類の悲惨《ひさん》な歴史を後世に伝え、二度とくり返さないようにするため。

（ウ）価値のある遺跡でありながら、保存が難しい遺跡を世界遺産委員会が援助し保護するため。

（エ）登録をすることで、保存の義務が生じ、観光客が遺跡に入れなくなるので、保存がしやすくなるため。

〔2〕 次の世界地図を見て、各問いに答えなさい。

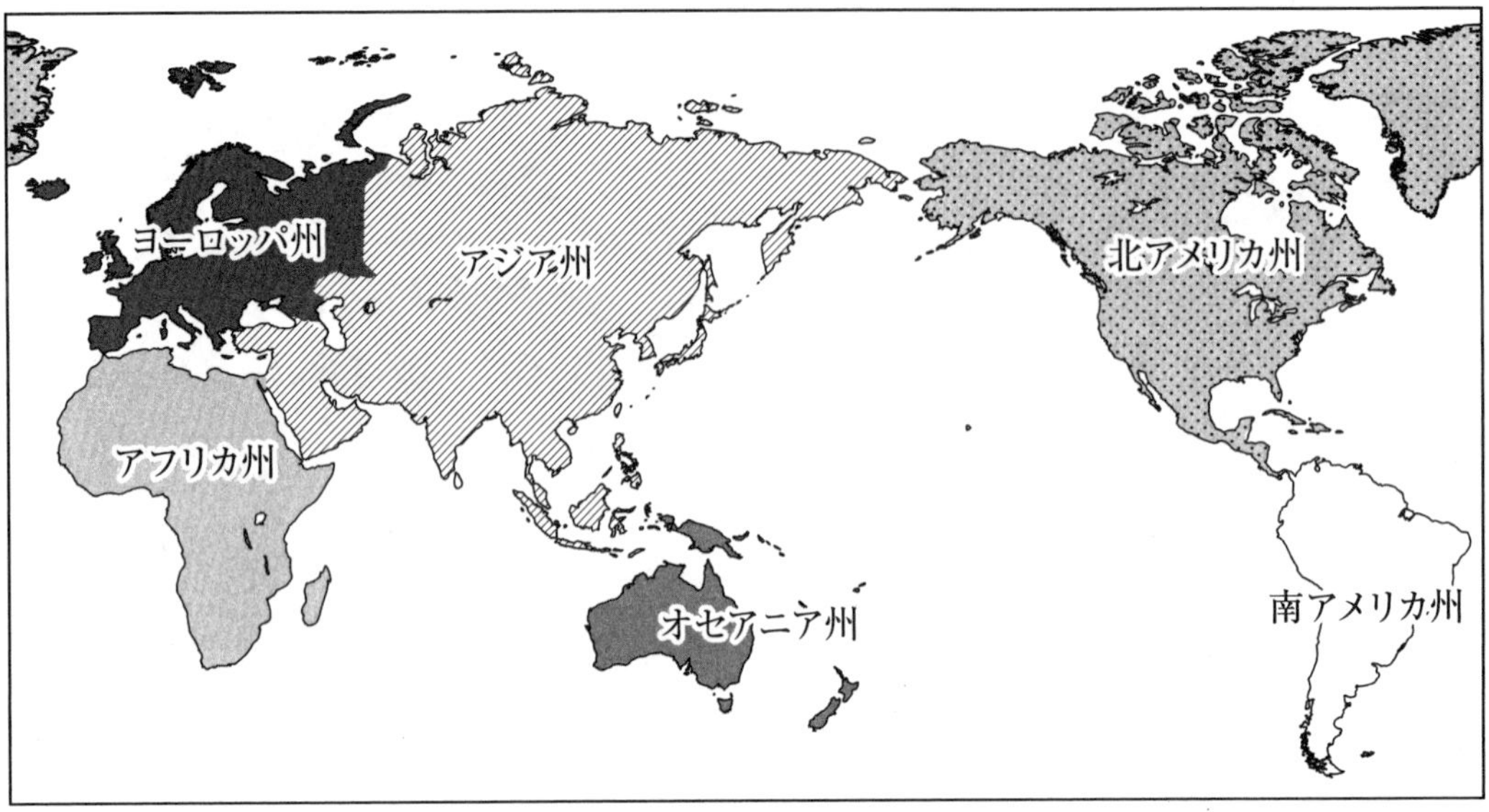

問1 次の写真ア・イは、同じ州にある世界遺産である。ア・イの世界遺産がある州を答えなさい。

ア

イ

問2 州の名前と、「大陸」の名前が異なっている州を1つ答えなさい。ただし、ユーラシア大陸に含まれる州は除く。

2 2021年は東京オリンピック・パラリンピックが開催された。オリンピック・パラリンピックは「平和の祭典」を象徴する国際大会とされている。このような海外との交流は世界平和の実現のためにとても大切なことと言える。日本と海外の歴史上のつながりについて、次の文章を読み、問いに答えなさい。

A　５世紀に書かれた古代中国の記録によると、「倭(日本)の五王が中国に使いを送った」とある。倭の王たちの目的は、中国文明のすぐれた学問や技術を倭に持ち帰ることだった。

B　日本から唐(中国)に留学生を送る「遣唐使」の制度は、894年に停止された。これによって、日本固有の文化である(　　)文化が花開いた。

C　①キリスト教はイエズス会のザビエルによって日本にもたらされた。戦国時代ではキリスト教に改宗したキリシタン大名が現れローマ教皇に使い(天《てん》正《しょう》遣《けん》欧《おう》少《しょう》年《ねん》使《し》節《せつ》)を送る大名もいたが、②豊臣秀吉の時代にキリスト教の宣教師が追放された。

D　1905年に日露戦争が終わると、アメリカの仲介で(　　)条約が日本とロシア帝国の間で結ばれた。日本は南樺太(南サハリン)の獲得などが認められたが、賠《ばい》償《しょう》金《きん》を獲得できず、不満をもった国民が暴動をおこし、日比谷焼き討《う》ち事件がおきた。

E　第一次世界大戦(1914～1918年)が発生すると、日本は日英同盟を理由に連合国側について参戦した。多くの人命が失われたこの戦争によって、第一次世界大戦後は、世界各国が世界平和を実現させるために国際連盟をつくった。

問１　文章Ａの下線部に関して、誤っているものを、次の（ア）～（エ）からひとつ選んで記号で答えなさい。

（ア）５世紀ごろに漢字と儒教が中国から日本にもたらされた。
（イ）仏教はアフリカではじまり、日本にもたらされた。
（ウ）中国や朝鮮半島から日本に移り住んだ人々を「渡来人」という。
（エ）聖徳太子は中国の考え方をヒントに「十七条の憲法」をつくった。

問２　文章Ａの記録を書いた中国の王朝を、次の（ア）～（エ）からひとつ選んで記号で答えなさい。

（ア）清《しん》　（イ）宋《そう》　（ウ）元《げん》　（エ）明《みん》

問３　文章Ｂの下線部に関して、誤っているものを、次の（ア）～（エ）からひとつ選んで記号で答えなさい。

（ア）聖徳太子は、遣唐使として中国に渡った。
（イ）阿倍仲麻呂《あべのなかまろ》は、遣唐使として中国に渡った。
（ウ）遣唐使の前は、隋に使いをおくったため「遣隋使」と呼ばれる。
（エ）菅原道真は、唐が衰えたため遣唐使の派遣を中止した。

問４　文章Ｂの（　　）文化にあてはまる日本固有の文化を漢字２字で答えなさい。

問５　文章Ｃの下線部①に関して、ザビエルが最初に上陸した場所を、次の（ア）～（エ）からひとつ選んで記号で答えなさい。

（ア）鎌倉　（イ）大阪　（ウ）新潟　（エ）鹿児島

問６　文章Ｃの下線部②に関して、豊臣秀吉が追放したキリスト教の宣教師のことをカタカナで何と呼ぶか答えなさい。

問7　文章Dの（　　）に入る条約名をカタカナで答えなさい。

問8　文章Dの下線部に関して、日露戦争に反対した人として誤っているものを、次の（ア）～（エ）からひとり選んで記号で答えなさい。

（ア）内村鑑三《うちむらかんぞう》　（イ）与謝野晶子《よさのあきこ》　（ウ）小村寿太郎《こむらじゅたろう》　（エ）幸徳秋水《こうとくしゅうすい》

問9　文章Eにあるように、第一次世界大戦で日本は日英同盟を理由に連合国側に参戦した。この時、日本は中国にあったドイツの領土を占領した。日本が占領したドイツ領の場所を地図中のA～Cからひとつ選んで記号で答えなさい。

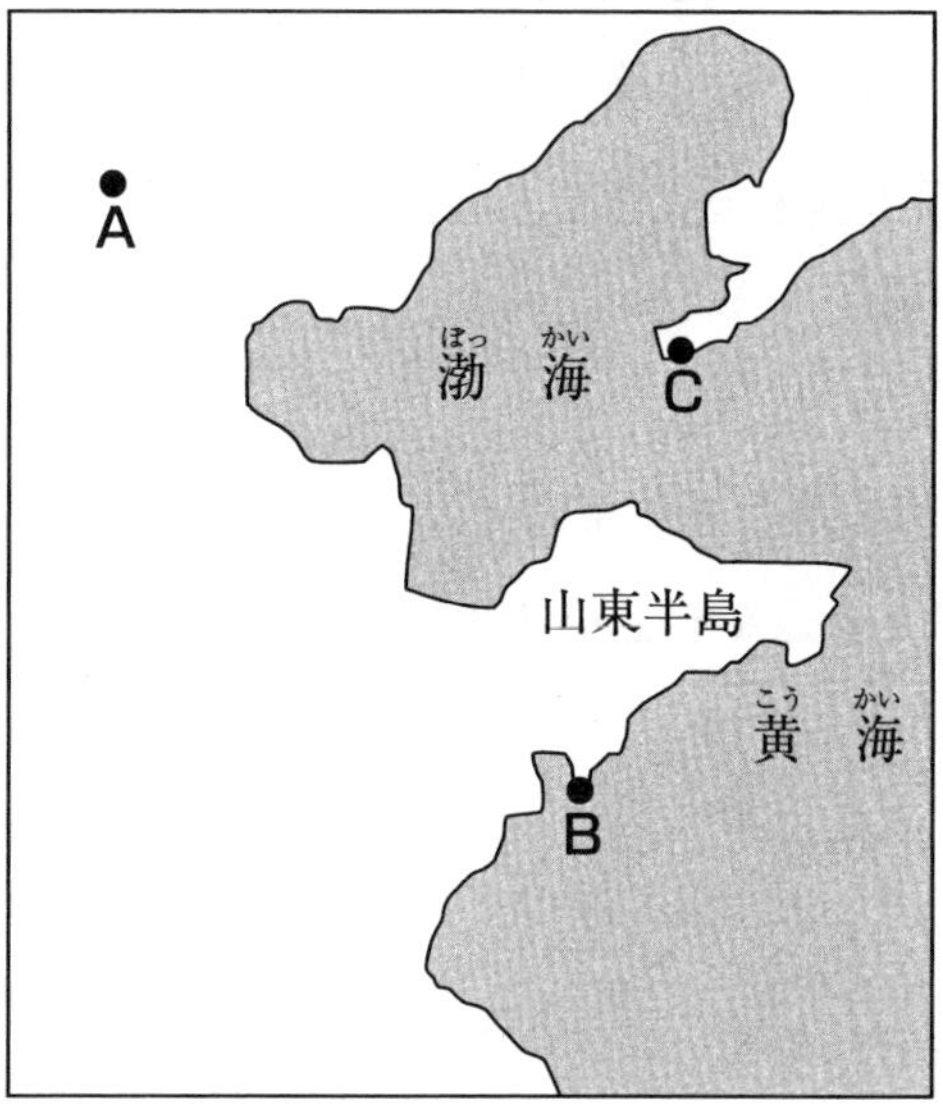

問10　文章Eの下線部に関して、多くの人命が失われた第一次世界大戦の反省から国際連盟がつくられた。国際連盟に関して誤っているものを、次の（ア）～（エ）からひとつ選んで記号で答えなさい。

（ア）日本は戦勝国として国際連盟に加盟し、常任理事国となった。
（イ）第二次世界大戦後、国際連盟のかわりに国際連合がつくられた。
（ウ）国際連盟の設立にあたり、西園寺公望が日本を代表してパリ講和会議に参加した。
（エ）イギリスとフランスは戦勝国だったが、国際連盟には加盟しなかった。

3　以下の文章を読み問いに答えなさい。

2020年7月5日は東京都知事選挙の投票日だった。立候補者22名という最多の人数で争われ、新型コロナウイルス対策や東京オリンピック・パラリンピックの開催などが都知事選の争点になった。結果、現職の [あ] 氏に票が集まり再選した。2021年8月22日は横浜市長選挙の投票日であった。こちらも過去最多の8名が立候補している。

東京都や横浜市に限らず新型コロナウイルスの感染により、従来《じゅうらい》以上に国の方針に意見を述べたり独自の対策を打ち出したりする地域が目立った。これは、各都道府県の状況に応じた対策が必要とされたためである。A地方自治はB「民主主義の学校である」とイギリスのブライスが述べたように、より重要な役割を担っていくだろう。

地方は人口減少によって税収が落ち込み、活力が失われつつある地方公共団体が増加している。過疎化《かそか》と高齢化が進み [い] 集落が全国で急速に増え、2万を超えるほどになっている。C持続可能なまちをめざして住民が生き生きと安心して暮らすことができるまちづくりが求められている。

問1　[あ] は、2020年東京都知事として東京オリンピック開催に尽力した人物である。次の(ア)～(エ)からひとり選んで記号で答えなさい。

(ア)菅義偉《すがよしひで》　(イ)小池百合子　(ウ)橋本聖子　(エ)安倍晋三

問2　選挙について①・②それぞれの問いに答えなさい。

①　選挙についてのルールを定めた法律を何というか答えなさい。

②　選挙に関して、誤っているものを次の(ア)～(エ)からひとつ選んで記号で答えなさい。

(ア)衆議院の選挙は小選挙区比例代表並立制で行われる。
(イ)選挙権は18歳から得られる。
(ウ)選挙は税金を納める額によって一票の重さが変わる。
(エ)選挙では投票の秘密が守られている。

問３　下線部Aに関して、①・②それぞれの問いに答えなさい。

①　地方公共団体に関して誤っているものを次の（ア）～（エ）からひとつ選んで記号で答えなさい。

（ア）地方政治では直接民主制を取り入れた直接請《せい》求《きゅう》権《けん》が認められている。
（イ）国会は二院制を採用しているが地方議会は一院制である。
（ウ）地方公共団体には首長が置かれ、任期は４年である。
（エ）地方自治体が定める条例は、法律よりも優先される。

②　地方自治では首長や議員の解職や議会の解散を求める制度がある。この制度を何というか答えなさい。

問４　下線部Bに関して、なぜ「民主主義の学校」と呼ばれるのか説明した文章として最も適切なものを次の（ア）～（エ）からひとつ選んで記号で答えなさい。

（ア）地方自治体では、法律を作るときに国民投票で住民の意思を問わなければいけないから。
（イ）地方自治体では、裁判官は一般市民が務めるためより市民の意見を尊重した判決になるため。
（ウ）住民が地方自治に参加することで、国政に比べてより主体的に直接、政治に参加する場面が多いため。
（エ）住民が地方自治に参加するためには、公務員になることが必要で、中央政府よりも公務員が多く育つため。

問５　[い]集落は、人口の50％以上が65歳以上の高齢者となり、集落の担い手が不足し、共同生活をおくることが困難な集落を指す。[い]に入る適切な語句を答えなさい。

問6　下線部Cに関して①～③それぞれの問いに答えなさい。

①　地方公共団体の歳入に関して誤っているものを次の（ア）～（エ）からひとつ選んで記号で答えなさい。

（ア）地方交付税交付金は国から配分され、使い方は各地方公共団体に委ねられる。
（イ）住民税・事業税などの地方税や公共施設の使用料などの自主財源があるが十分でない。
（ウ）歳入のうち国庫支出金は使い方が限定されている。
（エ）歳入が不足している場合には国債を発行する。

②　地方財源が依存財源（国から支給されるお金）に頼りすぎると、どのような問題がうまれるか。簡潔に説明しなさい。

③　1990年に川崎市が初めて導入した制度で国民の苦情や告発をもとにして行政を調査するスウェーデンで生まれた制度名をカタカナで答えなさい。

【理　科】〈B入試〉(30分)〈満点：60点〉

〈編集部注：実物の試験問題では，写真はカラー印刷です。〉

1　血液の働きについて以下の問いに答えなさい。

血液は身体の状態を一定に保つために働く一面を持っている。例えば、口や鼻、目などから体内に入ってきた異物を除去する機能が必要となる。これを行っているのが(　①　)という細胞《さいぼう》となる。体内に菌《きん》などの異物が入ってきたときは、(　①　)が異物を取り込み分解することで身体を守る。体温が下がったときなどは、血しょうが身体全体に熱を伝えることで体温をもとに戻すという働きをする。また(　②　)は酸素を運ぱんし体の中の細胞に届けるという働きを持っている。(　③　)は血管が傷ついたとき血しょうと反応し血餅《けっぺい》(かさぶた)をつくる働きを持っている。

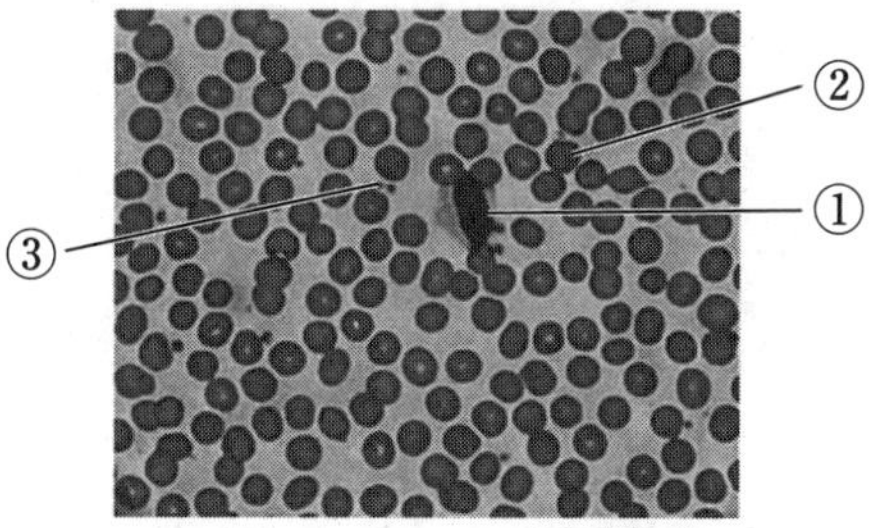

図　血液の光学顕微鏡《けんびきょう》

(1)　文章中の空らん①～③に当てはまる語句を以下のア～オからそれぞれ1つ選び、記号で答えなさい。なお、図中の①～③は文章中の①～③と同じものである。

ア．血厚板　　イ．赤血球　　ウ．白血球　　エ．血小板　　オ．黄色球

(2)　以下の文中および表中にある空らんア～オに当てはまる数字をそれぞれ答えなさい。

血液の中に含まれる赤血球の数や白血球の数などはそのヒトの健康状態を考えるのに非常に大事な要素となる。現在、血液中の赤血球などの数は自動血球計数装置とよばれる装置で電気を用いて測定することが多いが、血球計算盤《ばん》という器具を用いて測定することもできる。

血球計算盤は下図のようなつくりをしている。

上から見た図

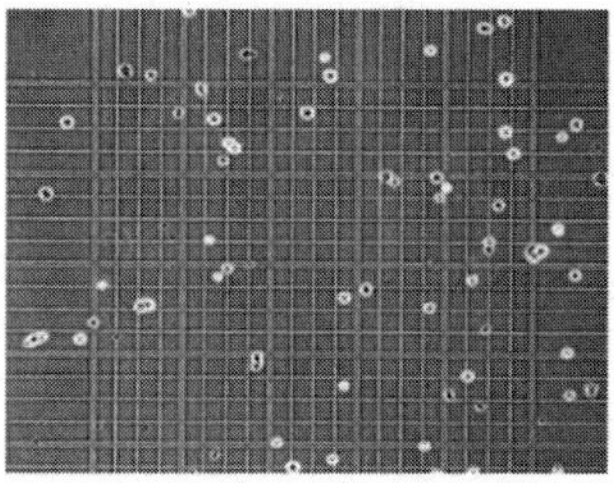

側面からみた図

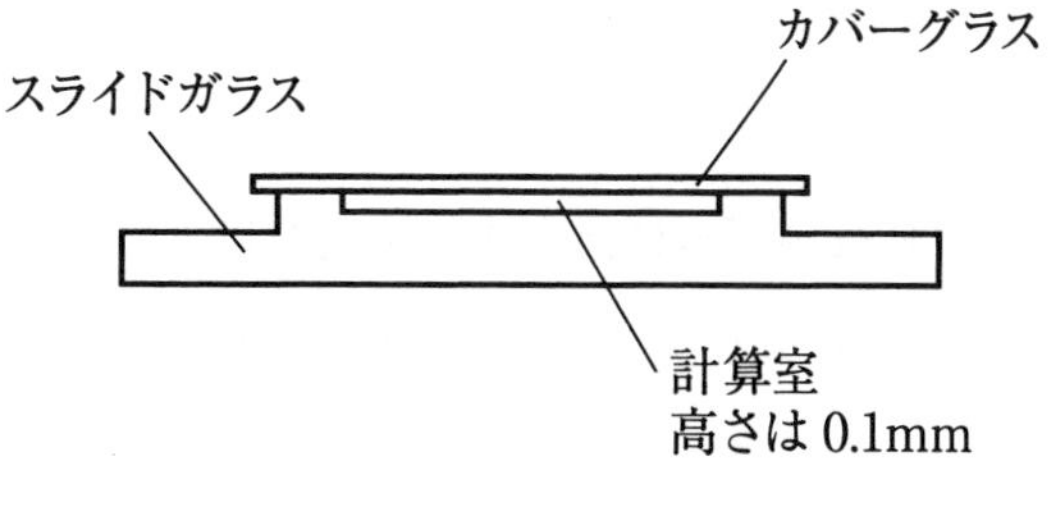

構造は、スライドガラスに目盛りが0.05mmごとに縦、横に引いてあり、これにカバーグラスをかけると0.1mmの深さができる。この空間を計算室と呼ぶ。その計算室内にある細胞の数を顕微鏡で数えることによって、全体の細胞数を推定する器具である。ここでは血球計算盤を使って赤血球の数を測定する方法を考えてみよう。

①今、とあるヒトの血液を10mL採血し、1000倍に薄めた（液Aとする)。

②液Aを血球計算盤に滴下《てきか》すると下のようになった。各計算室内に含まれる赤血球数は下の表のようになった。

A	B	C	D	E	F	G	H	I
4	5	ア	6	0	5	7	10	2

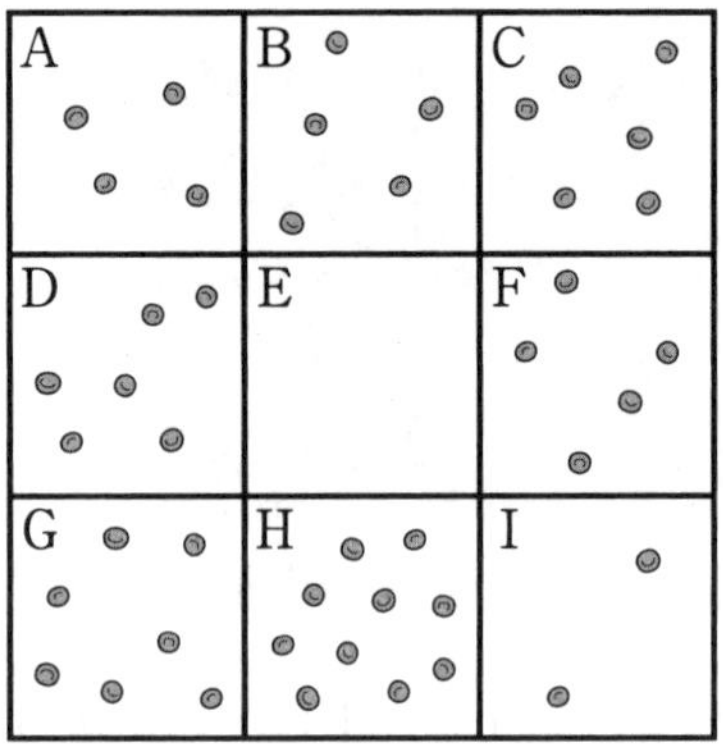

③A～Iの計算室内の赤血球数の合計は45個になる。区画はAからIまでで計9つあるので、区画1つに含まれる赤血球数の平均値は（　イ　）個となる。血球計算盤の区画1つあたりの体積は0.05mm × 0.05mm × 0.1mmより（　ウ　）mm^3となる。（　ウ　）mm^3あたりに平均（　イ　）個の赤血球数が含まれているので、液A、1mLあたりには（　エ　）万個の赤血球が含まれていると推定できる。液Aはもとの血液を1000倍に薄めて作成したものなので元の血液1mLあたりには（　オ　）億個の赤血球数があるとおよその推察をすることが出来る。

2　以下の問いに答えなさい。

(1)　冬の真夜中ごろに南中する星座を以下のア～エから1つ選び、記号で答えなさい。

ア．おうし座　　イ．みずがめ座　　ウ．ペガスス座　　エ．さそり座

(2) 夏の真夜中ごろに南中する星座を以下のア～エから１つ選び、記号で答えなさい。

ア．ふたご座　　イ．みずがめ座　　ウ．ペガスス座　　エ．さそり座

(3) 夏の大三角形を構成する星の１つであるベガは何座の星か。以下のア～エから１つ選び、記号で答えなさい。

ア．こと座　　イ．はくちょう座　　ウ．わし座　　エ．さそり座

(4) 以下のア～エのうち、春の大三角形に**含まれない**星はどれか。１つ選び、記号で答えなさい。

ア．アルクトゥルス　　イ．デネボラ　　ウ．スピカ　　エ．アルタイル

(5) 以下のア～エに挙げる春に見える星の中で**一等星よりも暗い**のはどれか。１つ選び、記号で答えなさい。

ア．アルクトゥルス　　イ．デネボラ　　ウ．スピカ　　エ．レグルス

(6) 夜空に見える星は四季によって異なる。このことに一番関係している現象は以下のア～エのうちどれか。１つ選び、記号で答えなさい。

ア．地球の自転　　イ．地球の公転

ウ．太陽の自転　　エ．太陽のプロミネンス

(7) 太陽は夜中どこにあるか。以下のア～エから１つ選び、記号で答えなさい。

ア．地球の裏側　　イ．月の裏側　　ウ．空の真上　　エ．北極星の中

3 右の表は各物質の密度を表したものである。これについて、以下の各問いに答えなさい。ただし、キ～ケはプラスチックであるため、金属ではないものとする。また、水の密度は1.0 g／cm^3であるものとする。

記号	物質	密度［g／cm^3］
ア	金	19.3
イ	銅	8.9
ウ	鉄	7.9
エ	アルミニウム	2.7
オ	ガラス	2.5
カ	木	0.6
キ	ポリスチレン	1.06
ク	ポリエチレンテレフタラート	1.37
ケ	ポリプロピレン	0.9

(1) 表の物質のうち、水に浮かぶ物質はどれか。適当なものを全て選び、記号で答えなさい。

(2) 100gの水に対し、10gの食塩を加えた食塩水を作成した。この食塩水の密度を求めなさい。ただし、食塩をとかす前と後で水よう液の体積は変わらないものとする。

(3) (2)の食塩水に浮かぶ物質はどれか。適当なものを全て選び、記号で答えなさい。

(4) 未知の金属X，Y，Zについて、以下のような実験を行った。X，Y，Zに最も適するものを表中のア～ケからそれぞれ1つ選び、記号で答えなさい。

［実験1］金属X，Y，Zをうすい硫酸《りゅうさん》に入れたところ、Zはとけたが、XとYはとけなかった。

［実験2］金属X，Y，Zをうすい水酸化ナトリウム水よう液に入れたところ、Zはとけたが、XとYはとけなかった。

［実験3］金属XとYを同じ大きさにそろえ、それぞれ上皿天びんに乗せたところ、Xが乗った皿が下にかたむいた。

(5) 下の表は、それぞれの温度で水100gにとけることのできるミョウバンの重さを表している。あとの問いに答えなさい。

温度［℃］	0	20	40	60	80
水100gにとける重さ［g］	5.7	11.4	23.8	57.3	320.9

① 80℃の水250gにミョウバン280gをとかした。この水よう液を40℃まで冷やしたときに、できるとけ残りは何gか答えなさい。

② 60℃の水100gにミョウバン20gを入れ、完全にとかした。次のア～オのうち正しい文章を全て選び、記号で答えなさい。

ア．この水よう液に水20gを加えると濃度は低くなる。

イ．この水よう液の上の方を20g捨てると濃度は高くなる。

ウ．この水よう液をちょうど半分捨てたとき、濃度は半分になる。

エ．この水よう液を40℃まで冷やしたとき、濃度は変わらない。

オ．この水よう液を20℃まで冷やしたとき、濃度は低くなる。

4 以下の問いに答えなさい。

(1) 図1のように目、鏡、物体があり、鏡を通して物体を見ているとする。物体から出た光が鏡に反射して目に入るまでの道すじとして正しいものを図中のア～エから1つ選び、記号で答えなさい。

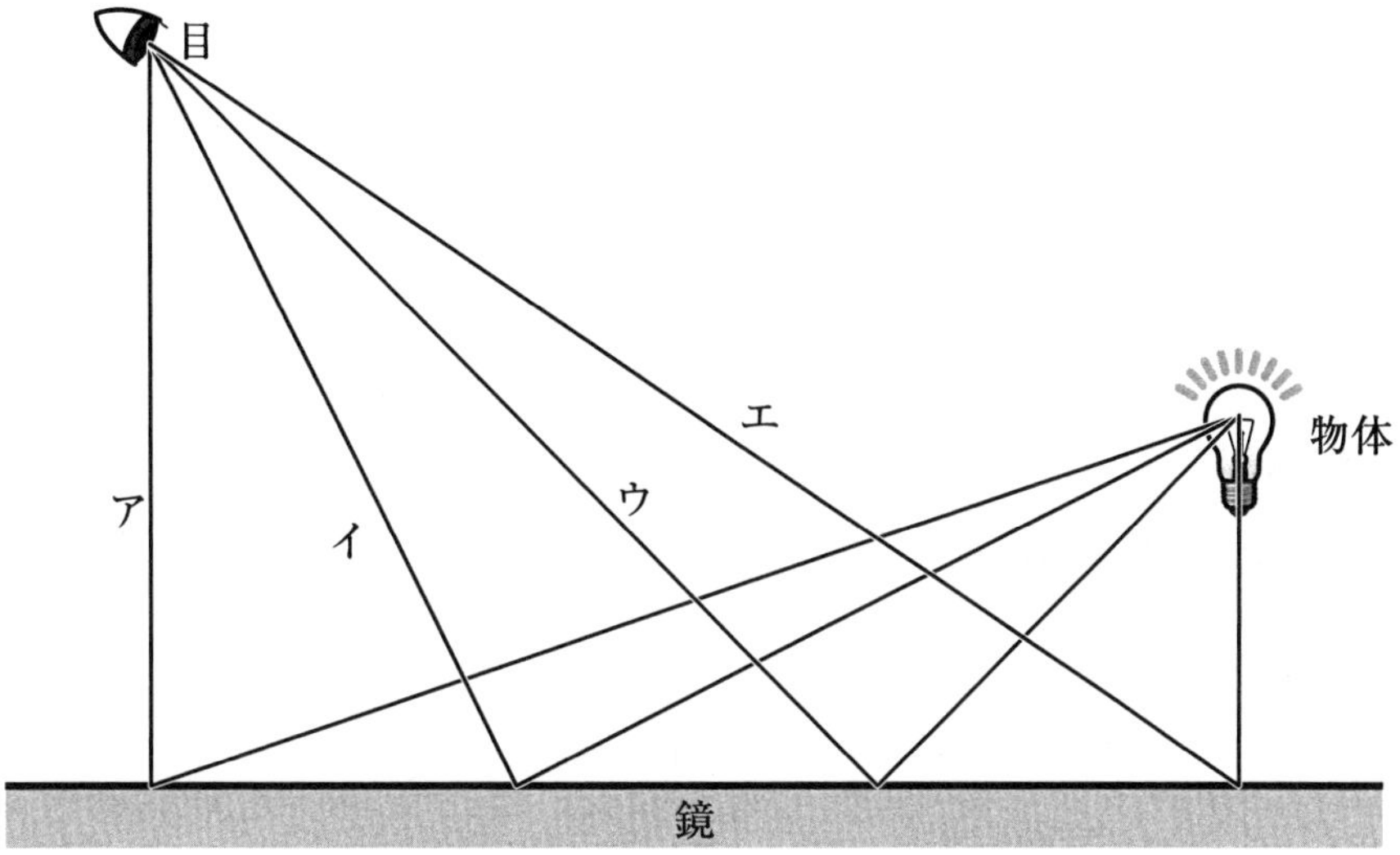

図1

(2) 図2のように、目、鏡、物体ア～エがあるとする。物体ア～エのうち、鏡を通して見ることができない位置にある物体はどれか。1つ選び、記号で答えなさい。

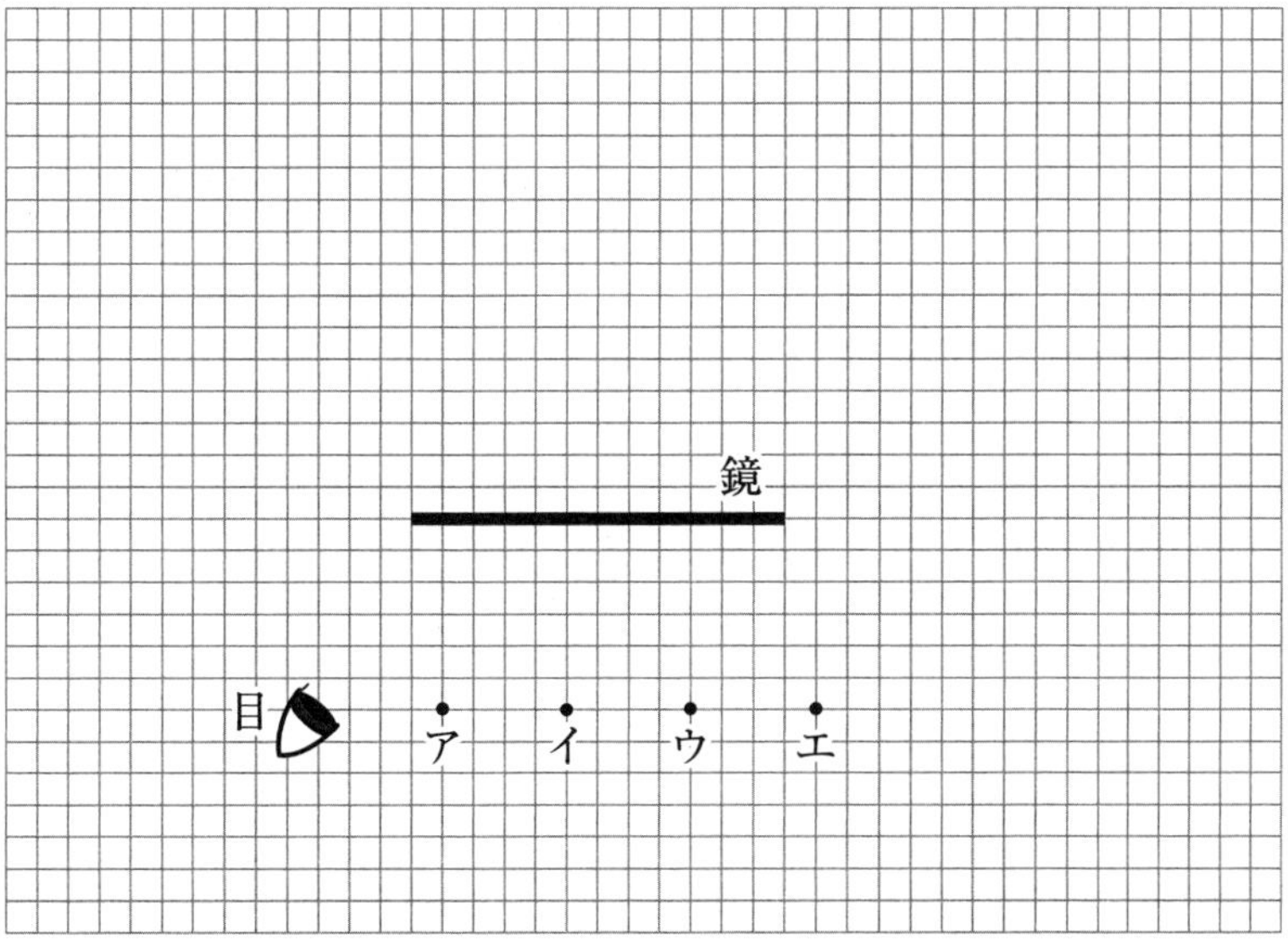

図2

(3)　図３は、鏡とその前に立つ人の頭を上から見た図である。図中の点A～Cに物体を置いたとき、その物体はどのように見えるか。以下のア～カからそれぞれ１つ選び、記号で答えなさい。

ア．両目のどちらで見ても鏡に映って見える。

イ．左目で見るときは鏡に映って見えるが、右目で見ようとすると鏡の外になってしまい見えない。

ウ．右目で見るときは鏡に映って見えるが、左目で見ようとすると鏡の外になってしまい見えない。

エ．両目のどちらで見ても頭にかくれてしまって見えない。

オ．左目で見るときは鏡に映って見えるが、右目で見ようとすると頭にかくれてしまって見えない。

カ．右目で見るときは鏡に映って見えるが、左目で見ようとすると頭にかくれてしまって見えない。

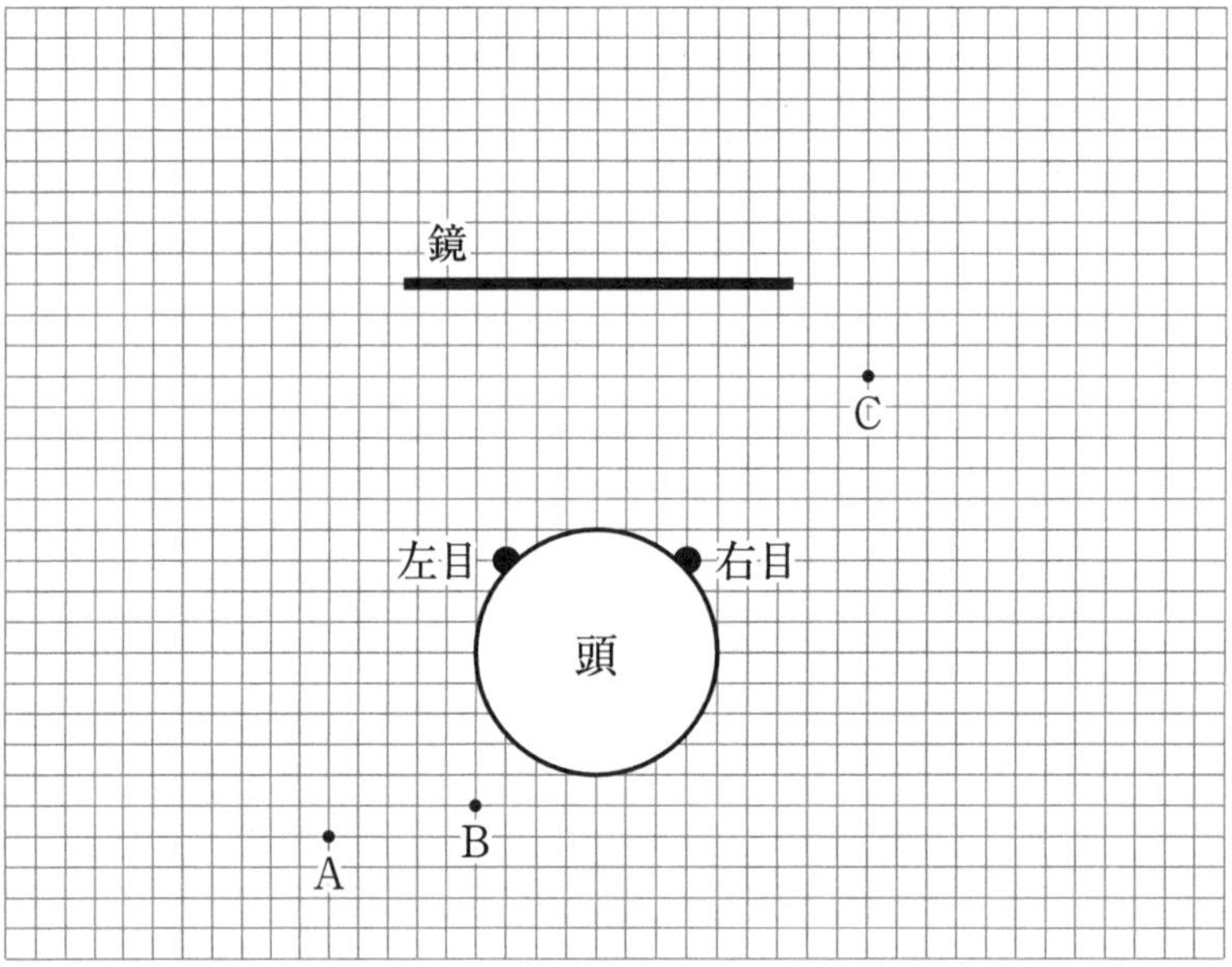

図３

(4) 次の文章は、物理学者の朝永振一郎が1963年に書いた「鏡のなかの世界」という文章の一部分である（引用にあたって省略した部分や、表記を変えた部分がある）。これを読んで以下の問いに答えなさい。

鏡にうつった世界は右と左が逆になっているということは、子どもでも少し大きくなれば知っている。実さい誰でも、鏡に向って自画像をかいたり、鏡すがたを写真にとったりした経験のある者は、胸ポケットが逆のがわについていたり、[*1]左前のきものを着たりした自分の姿を見出すだろう。ところが、これは変だぞと考えた疑い深い男がいた。

鏡にうつった世界は何も右と左とが逆にならねばならぬ理由はないではないか。たとえば上と下とが逆になったように見えてなぜ悪いのかという。

かつて[*2]理研にいたころ、この問題を提出した男があって、ひるめしのあと、研究室の連中が[*3]甲論乙バクいろいろ珍説明《ちんせつめい》が出た。

幾何光学《きかこうがく》によれば、(中略)。

この説に対してはもちろん直ちに反対が出た。(中略)

だから純粋《じゅんすい》に幾何光学だけからいえば、右と左とが逆になるという代わりに、[*4]つむじまがりがいて、上と下とが逆になるのだ、といっても反論はできそうにない。

そこでいろんな説が出た。重力場の存在が空間の上下の次元を絶対的なものにしているからという説。これは物理屋らしい説明だが、この場合、一般相対論などをもち出すのもおとなげないので、重力場と光線の進路との間には何の関係もないだろう。そうすれば、この上下の絶対性は、物理空間の中にあるわけではなく、むしろ心理的空間の性質であろう。

問題が心理ということになると、重力以外にもっと別の理由があるかもしれない、という議論が出た。一説として、人間のからだは上下には非対称的《ひたいしょうてき》だが、左右にはほぼ対称的だ、ということから起こるのではなかろうか。また別の説。人間のからだは縦に長いからではないかとの説。一ぺんに否定された珍説もあった。人間の二つの目が横にならんでいるからという説明だが、（　①　）ではないか、と[*5]反バクされて、この説はつぶされてしまった。

そのうちに、上と下とが逆になって見えることだってあるといい出したものが出てきた。（　②　）みれば、（　③　）が見えるではないか、という。なるほど、それもそうだ。

＊1　左前のきもの
　　着物を着ている人から見て左側のえりを上にして着る着方を右前、その逆を左前とそれぞれ呼ぶ。

　　着物は右前で着るのが普通で、死んだ人に着せるときだけ左前にする。
＊2　理研　　理化学研究所の略。1917年に創設された研究所の名前。
＊3　甲論乙バク　　漢字では甲論乙駁と書く四字熟語。議論がいろいろ出てまとまらないこと。
＊4　つむじまがり　素直でない人のこと。
＊5　反バク　　反論と同じ意味。

（出典：朝永振一郎『量子力学と私』より）

（a）文章中の空らん①にあてはまる文章として最も適切なものを以下のア～エから１つ選び、記号で答えなさい。

ア．二つの目が縦に並んでいる生物もいるが事情はなんにも変わらない
イ．クモには目が八つあるが事情はなんにも変わらない
ウ．片目をつぶって見ても事情はなんにも変わらない
エ．さかだちをしても二つの目は横に並んでいるので事情はなんにも変わらない

（b）文章中の空らん②には行動が、③には②を行った際に見えるものがそれぞれ入る。何を行うと何が見えるのか。前後の文の流れに合うように説明しなさい。

問八　——線③「大浦君は～速い」(40行目)と——線⑦「電動自転車は～発揮していない」(114行目)では、「電動自転車」の速度によって「大浦君」の気持ちの変化を読み取ることができます。次の文章は、③と⑦の文を読み比べ、大浦君の気持ちの変化について書いたものです。［ア］と［イ］にあてはまる言葉を考えて書きなさい。

> ③では、大浦君は［ア］直後という状況なので、大浦君の気持ちは怒っていると言える。だから、電動自転車の速度も佐和子を振り切るように速く描《えが》かれている。⑦では、大浦君は［イ］という状況なので、大浦君の気持ちは晴れやかだと言える。だから、電動自転車のスピードも「のろのろ進み」と表現され、佐和子を拒絶《きょぜつ》する様子はなくなった。

問九　もしあなたが佐和子の立場だったら、大浦君に絶交を言い渡されたあとどう行動しますか。なぜそのように行動するのかもふくめて100字以内で答えなさい。

問五　――線⑤「大浦君、すぐに絶交なんて言ってくるぐらいだもん。簡単に解決するわよ」(69行目)とありますが、なぜ「母さん」はこのように言ったのですか。次の理由を説明した文の空欄《くうらん》にあてはまる言葉を本文から2字でぬき出して答えなさい。

大浦君はすぐに「絶交」と言うような□な性格だと思ったから。

問六　――線⑥「そんなものなの?」(107行目)とありますが、このときの佐和子の気持ちを40字以内で説明しなさい。

問七　「佐和子」の人物像を説明したものとして適切なものを次の中から1つ選び、記号で答えなさい。

ア　大浦君が勉強していないことを自分のことのように怒《おこ》る、おせっかいな人物。

イ　大浦君と仲直りしたいと思っているのにあれこれ悩んで行動に移せない人物。

ウ　自分が悪いにもかかわらず、人のせいにしてでも謝ろうとしない、頑固《がんこ》な人物。

エ　後先を考えずにうそをつき、周囲をまきこんで相手を非難する、人騒《ひとさわ》がせな人物。

オ　大浦君とのけんかだけで心を乱して人を選ばずに相談するような、恋愛に慣れていない人物。

問三 ——線②「もう絶交だからな」(37行目)とありますが、「佐和子」はなぜ「絶交」されたと思っていますか。15字以内で説明しなさい。

問四 ——線④「佐和子にもそういう一面があったのね。やっぱり母さんの娘だわ」(48行目)とありますが、なぜこのように言ったのですか。適切なものを次の中から1つ選び、記号で答えなさい。

ア 佐和子は頭脳明晰だった自分の娘なのだから、努力をすれば良い成績を収められると思っていたから。

イ 佐和子は大浦君に気を遣ったことがあだとなって絶交を言い渡されてしまったが、それがお人よしな自分と重なったから。

ウ 自分も父さんより成績が良かったが、父さんと一緒にいることを優先し、進学先のレベルを下げたことがあったから。

エ 佐和子はさっぱりした性格で、ささいなことで悩んで勉強が手につかなくなるような娘ではないと思いこんでいたから。

オ 「絶交」なんて小学生低学年までの言葉なのに、受験勉強をおろそかにしてまで悩んでいる幼さが自分に似ていたから。

問一　――線①「別に」(24行目)とありますが、なぜ「佐和子」は「直ちゃん」に相談しなかったのですか。適切なものを次の中から1つ選び、記号で答えなさい。

ア　自分がなぜうそをついたのか、理由をうまく説明できる自信がなかったから。
イ　直ちゃんは恋愛がうまくいったためしがなく、こじれるだけだと思ったから。
ウ　真剣《しんけん》に悩《なや》んでいるのに、直ちゃんが軽い調子で聞いてきたことに腹が立ったから。
エ　成績のよい直ちゃんに相談しても理解してもらえない悩みだと思ったから。
オ　大浦君に絶交を言い渡され、だれとも話したくない気分だったから。

問二　A(19行目)と B(22行目)にあてはまる言葉として適切なものを次の中からそれぞれ1つずつ選び、記号で答えなさい。(　)内はそれぞれの言葉の意味である。

ア　前言撤回《ぜんげんてっかい》(前に言ったことを取り消すこと)
イ　偽装工作《ぎそうこうさく》(他の人の目をごまかすために物事を偽《いつわ》ること)
ウ　得手勝手《えてかって》(自分の都合の良いことばかりを考えて、他の人の利害を考えないこと)
エ　暗中模索《あんちゅうもさく》(様子がはっきりせず、目的を達する方法が分からないまま、いろいろ探るように試みること)
オ　興味津々《きょうみしんしん》(非常に興味を持っていること)

「だったら、もっと早く言えばよかった」

私は急に気楽になって、この一ヵ月、大浦君に全てを費やしていた自分が笑えた。

中略

一ヵ月ぶりに大浦君と塾の前で立ち話をして、一ヵ月前と同じようにお互いの自転車に乗る姿を見届けた。ただ、今日は、「じゃあね」って言った後振り返ると、まだ大浦君が手を振っていた。⑦電動自転車はのろのろ進み、今日はまったく威力《いりょく》を発揮していない。

梅雨《つゆ》を迎《むか》えるぼんやり暗い夜の空に、ちっさな星がかすかに見える。私は大浦君の気配を後ろに感じたまま、夏前の夜道を自転車で家へと向かった。

（瀬尾まいこ『幸福な食卓《しょくたく》』より）

※1　Bクラス…佐和子たちが通う塾では、月に一度行われる模試の成績でクラスが決まる。成績が良い順にABCの3クラスに分けられるが、第一回目の模試では、佐和子と大浦はBクラスに入った。
※2　直ちゃん…佐和子の兄。
※3　隔り…気持ちが離れて関係が親密でなくなること。
※4　西高…佐和子の第一志望校。

理由は一つだ。この一ヵ月、私の頭には大浦君のことしかなかった。このまま大浦君との絶交が続けば、次は間違いなく最下位になるだろう。

「まったく、どうしてお前は何も言わないの？」

大浦君がいらだった声で言った。

「何が？」

「俺、お前に絶交だって言ったのに」

「うん。聞いてたよ」

「だったら、早く言えよ」

「何を？」

「絶交取りやめてって」

「へ？」

「このまま永遠に口きかなくてもいいわけ？」

「ちょっと嫌《いや》だけど」

「じゃあ、言えばいいだろう」

⑥「そんなものなの？」

母さんの言うとおり、仲直りは簡単だった。言い訳も謝罪も必要なかった。大浦君は私が想像していた何倍も単純だったみたいだ。

を解いても、何も頭に入ってこない。

中略

大浦君との絶交で、まったく勉強が手に付かなかった私は、六月の試験で三位から五十七位に席次が下がった。

「短期間でこれだけ成績をアップダウンできるのって、一種の才能だね」

直ちゃんは本気で感心していた。私だって、絶交一つでこれだけ席次を下げてしまう自分に呆《あき》れている。気持ちを入れ替《か》えないと、これでは※4西高には行けない。とにかくもっと勉強時間を増やすことにした。

中略

Cクラスから出てきた私を大浦君が待ちかまえていた。

「何なんだよ。お前は」

「へ？」

「どうしてCクラスなんかにいるんだよ」

「だって。こないだのテスト、五十七番だったんだもん」

「三番から五十七番って、どれだけ気を抜《ぬ》けばそんなに急降下できるわけ？」

「何かすごくドラマチックだね」

私は若かりし日の父さんと母さんを思い浮かべて、ちょっとどきどきした。

「結局よくわかんないよ。どっちがいいのか。どっちが正しいのか」

「どっちでもいいのよ。自分の勉強を取っても、大浦君に気を遣っても、たいして結果は変わらないんじゃない」

「じゃあ、どうすればいいの？」

「⑤大浦君、すぐに絶交なんて言ってくるぐらいだもん。簡単に解決するわよ」

「だといいけど」

母さんはのんきに言ってたけど、私と大浦君の隔《へだた》り※3は簡単には解決しなかった。次の塾の日も、その次の塾の日も、大浦君は私と目も合わそうとしなかった。いつもさっさと私を振りきって、電動自転車で帰っていく。

どうすれば絶交が解けるのだろうか。絶交なんて小学校低学年までの言葉だ。あの頃《ころ》は、毎日絶交して、次の日には仲直りをした。高学年になると、けんかはもう少し本格的になって、一度、絶交なんて言い渡すと、何日も近づけないようになる。中学生になると、それがよくわかるからけんかも絶交もめったにしなくなる。直ちゃんと絶交した時は一日で元通りになったけど、それは私達が家族だからだ。毎日一緒にいる必要のない大浦君とは仲直りしなくたってなんの不自由もない。だから、難しい。今の私には絶交を解く方法がまるでわからなかった。

どんどんこじれて、もうどうしようもなくなってしまっている。そして、私はそんな小さなことで自分でも驚くほど、すっかり元気をなくしてしまっていた。食欲も出ないし、何をしても楽しくない。勉強だって手に付かない。机に向かって問題私は泣きたくなってしまった。言い訳をする暇《ひま》もなく謝る暇もなく、一瞬《いっしゅん》にして絶交を言い渡《わた》されてしまったのだから。

「④佐和子《さわこ》にもそういう一面があったのね。やっぱり母さんの娘《むすめ》だわ」

母さんはできたてのフレンチトーストを私の前に置いた。朝から牛乳と卵に浸《ひた》しておいたというフレンチトーストは口に入れると、甘《あま》い匂《にお》いが広がった。

「母さんもこういう失敗したことがある？」

「そうねえ。実はね、母さんは父さんよりずっと頭脳明晰《ずのうめいせき》だったの」

「うそだ」

「何、その疑わしい顔は。直の賢さは母さんの頭脳が遺伝してるのよ。その昔、母さんは東大だって合格しちゃう勢いだったんだから」

「じゃあ、どうして東大に行かなかったのよ」

実際に母さんが行ったのは、短期大学だ。

「だって、その時にはもう父さんと付き合っていたもの」

「それと東大に行かないのとどう関係があるの？」

「わざわざ東大に行く必要なんかないじゃない。父さんと一緒《いっしょ》にいること以外はどうだっていいんだから。それに、やっぱり、佐和子と一緒で厄介《やっかい》なことになりそうだなあと思ったんだ。父さんより良い大学に行くのって。どうしてだか変な気を遣っちゃうんだよね。でも、別に後悔しているわけじゃないのよ。東大に行くことは母さんには意味がなかったから。父さんを愛することが第一優先だからね」

ますこじれるばかりだ。私は夜食も食べずに布団《ふとん》にもぐりこんだ。

教師の手違《てちが》いでAクラスになったことにしようか。三位と三十位を見間違えたことにしようか。私はすぐにばれそうな言い訳を一生懸命《いっしょうけんめい》考えた。

だけど、どれも実行できないうちに、私はAクラスで授業を受けた。授業の間中、大浦君がどう思っているのか。そればかりが気になって、先生の話はまるで頭に入ってこなかった。授業が終了《しゅうりょう》し、教室を出ると、大浦君が立っていた。

「②もう絶交だからな」

大浦君は私を見るなり、そう告げた。

「ちょっと待ってよ」

私は彼を引き留めようと追いかけたが、追いつけなかった。③大浦君は走って塾を出ると、黙《だま》ったまま電動自転車に飛び乗った。充電《じゅうでん》さえしていれば、電動自転車は速い。大浦君の後ろ姿は、あっけなく消えてしまった。

「なるほど。ありがちな話ね」

母さんは笑った。

「笑い事じゃないよ」

「いいんじゃない。そんな変な気を遣《つか》うのも、気を遣われて傷ついちゃうのもいかにも中学生らしくてとても良い感じ」

「よくないって。本当に絶交されちゃったんだから」

「ああ。えっと、私もそれぐらい。三十番とかだった」

私はなぜかそう言った。口から勝手にそう出ていた。そして、すぐに後悔《こうかい》した。

「そっか、みんな勉強してきてるもんな。次はがんばろうぜ」

大浦君に励《はげ》まされ、私は［A］するチャンスを逃《のが》してしまった。

どうしよう。うそをついてしまった。次の塾の日には、私はAクラスの教室にいて、すぐにばれることになる。だけど、「また一緒のクラスだな」とご機嫌《きげん》に言う大浦君に事実を告げる勇気はなかった。

暗い顔で家に帰ると、直《なお》※2ちゃんがすぐさま察知し、［B］で寄ってきた。

「何々？　浮《う》かない顔は」

「①<u>別に</u>」

「別にってすごく変な顔してる」

「そうかな……」

どうして私は自分の順位を正直に言えなかったのだろう。三位の何がいけないのだろう。大浦君より成績がいいとだめなのだろうか。だいたいどうして大浦君に変な気を回してしまったのか。それにどうしてこんなことで気が重くならないといけないのか。いろんな考えがぐるぐる回って、さっぱりわからなくなってしまった。ただ、次、塾に行くのは気が重い。それは確かだった。

直ちゃんに話してみたらすっきりするかなとは思ったけど、恋愛《れんあい》がうまくいったためしのない直ちゃんに話したら、ます

三　次の文章を読んで、あとの問いに答えなさい。（字数制限のある問いは、句読点や記号も1字に数えます。）

塾《じゅく》では、月に一度模試が実施《じっし》される。そして、その度《たび》、クラス替《が》えが行われる。

第二回目の模試、出来は上々だった。私はさほど賢《かしこ》いわけではないが、努力家である。家には元教師で予備校講師の父親がいるわけだから、勉強ができる環境《かんきょう》は整っている。それでも、模試の結果に私は驚《おどろ》いた。なんと、三位だったのだ。まだ春の段階でみんな受験勉強に本腰《ほんごし》を入れてないにしても、もう少しがんばるべきだろう。私が三位になるようではだめだと思った。そして、なんとなくこの順位を嬉《うれ》しいと思えなかった。

大浦《おおうら》君は模試の結果がわかると、すぐにやってきた。

「どうだった？」

「ああ、まあまあ」

「やっぱりみんなだいぶ勉強してるなあ。俺《おれ》、三十二位に落ちちゃったよ。まあ、B※1クラスに代わりはないけどね」

と彼《かれ》は軽快に言った。

「そうなんだ」

私はやっぱりと思いつつ、もっと勉強しろよといらだった。

「お前は？」

「え？」

「結果。何位だった？」

問六　——線④「先にあるのは自由であって、ルールではありません」(62行目)とありますが、どういうことですか。「人間は本来だれでも自由だが、ルールは、」に続けて、50字以内で説明しなさい。

問七　——線⑤「おそろしいのは～投げ出してしまいたくなること」(69行目)とありますが、なぜ「おそろしい」のですか。本文の内容をふまえて、適切なものを次の中から1つ選び、記号で答えなさい。

ア　自分が持っている自由を使いこなす能力を高められず、各人の自由と自由が衝突してしまうから。
イ　自分が持っている自由度を少なくすることになり、失敗することも少なくなるから。
ウ　自分が持っている自由を使いこなせなくなり、上の偉い人も自由を与えてくれなくなるから。
エ　自由を使いこなすことを投げ出すと、どんどん自分の自由がなくなっていくことになるから。
オ　自由を使いこなすことを投げ出すと、ルールが生まれて、我慢を強いられる生活になるから。

問八　次の一文は本文からぬき出したものですが、本文中の［ア］(3行目)～［オ］(72行目)のどこにあてはまりますか。適切なものを1つ選び、記号で答えなさい。

この事例が教えるのは、浅い考えで「無駄だ」と見なされてきた部分が、実は「予想外のこと」が起きたときに対処できる「余白」や「伸びしろ」だったという事実です。

問三 ――線③「知性ベースの学び」(35行目)とはどのような学びですか。適切なものを次の中から1つ選び、記号で答えなさい。

ア 自分の知識だけではなく、細々としたたくさんの情報を集め、信憑性を確かめながらまとめる学び。

イ 日本国内だけにとどまらず、外国がどのように問題へ対処しているかを調べ、実行していく学び。

ウ 偉い人への許可を待つ余裕《よゆう》を常に持てるように、様々な想定をしてたくさんの正解を作っていく学び。

エ 物事を様々な角度から観察し、身に着けた知識と組み合わせて、考えたり判断したりする学び。

オ 偉い人に怒られることを恐れずに今までなかったものを発案するような、勇気をもって挑戦《ちょうせん》していく学び。

問四 [A](42行目)と[B](44行目)にあてはまる言葉の組み合わせとして適切なものを次の中から1つ選び、記号で答えなさい。

ア A 例えば　B そこで

イ A けれども　B 例えば

ウ A 一方で　B しかし

エ A また　B 一方で

オ A そこで　B なぜなら

問五 [C](51行目)にあてはまる言葉として適切なものを次の中から1つ選び、記号で答えなさい。

ア 長い時間軸　イ 短い時間軸

が少なくてもいいから、失敗しない計画を誰かに決めてもらえたら、と思うでしょう。
⑤おそろしいのは、自分の能力以上の自由を与えられた時、人はそのストレスに疲《つか》れて、自由を手放してもいいから、上の偉い人に物事を決めてほしい、と投げ出してしまいたくなることです。そうならないために、自由という道具を使いこなす能力を、自分で少しずつみがいていかなくてはなりません。

オ

(内田樹『ポストコロナ期を生きるきみたちへ』より)

※1 信憑性…物事が確かで信頼できること。
※2 合理化…無駄を省き、できるだけ早く目的が達成されるようにすること。

問一 ――線①「学校では教えてくれない『能力』を、どうやって高めるか」(14行目)とありますが、その答えが述べられているかしょを本文より2つぬき出し、それぞれ20字以内で答えなさい。

問二 ――線②「鵜呑みにして」(19行目)と同じ意味の言葉として適切なものを次の中から1つ選び、記号で答えなさい。

ア 条件をのんで　イ おうむ返しして　ウ 真に受けて
エ ひっくり返して　オ うたがいつつも

会社の経営者などが口にする「選択《せんたく》と集中」という言葉も、[C]で物事を考えるパターンのひとつです。

いま好成績を上げている分野に、人やお金を集中して注ぎ込む、という考え方は、短期的な業績の向上には結びつくでしょう。けれども、長い時間軸で見れば、集中されずに捨てられた分野の重要度が急に上がったりすると、社会の変化や予期せぬ非常事態に対応できず、結果としてマイナスの効果をもたらす可能性もあります。

情報の真贋《しんがん》（本当とうそ）や信憑性を自分で判断・選別する「目」を持ち、あらかじめ用意された「正解」の知識に頼《たよ》りすぎず、長い時間軸で物事を考える習慣が身に付くと、日々の生活においても、少しずつ「精神の自由」を獲得《かくとく》できるはずです。

[エ]

自由というのは、上の偉い人が、いくつかの条件の範囲《はんい》内で、下の者に与《あた》えてくれるものだ、という風に理解している人がいるかもしれませんが、そうではありません。

人間は本来、自由に考え、自由に行動する権利を持っています。社会のルールは、各人の自由と自由が衝突《しょうとつ》した時に、弱い方の人が痛みを感じたり、我慢《がまん》を強《し》いられたりしないように作られたものですが、④先にあるのは自由であって、ルールではありません。

ただし、自由の度合いが大きければ大きいほど、すべての人にとって良いかと言えば、それもまた正しくありません。一人一人にとっての最適な「自由の大きさ」は、その人が持っている「自由を使いこなす能力」に対応しています。

旅慣れた人なら、旅行先で「一日、自由に過ごして下さい」と言われたら、自分で情報を集めて計画を立て、満足できる時間を過ごせるでしょう。けれども、あまり旅慣れていない人なら、自分で内容を自由に決めるという意味での「自由度」

しかし非常事態に対処するには、そんな勉強だけでは限界があります。そこで力を発揮するのが、物事をいろいろな角度から観察し、今までに知った事実と組み合わせて、全体の構造を考えるという③「知性ベースの学び」です。

非常事態に「いちばんましな答え」を探し出し、それを実現するために、今までなかったものを発案・発明する。そのためには、「知識」だけでなく「知性」を高め、上の偉い人に怒《おこ》られることを恐れずに、人が本来持つ想像力をはばたかせる必要があります。

そしてもう一つ、大切なことは、長い時間軸《じかんじく》で物事を考える習慣をつけることです。

最近の日本では「無駄《むだ》を省く」や「合理化」※2など、無駄に思える部分を切り捨てるのが「正しい態度」であるかのような思い込《こ》みが、いろんな分野で常識になっています。

[A]、一見すると賢《かしこ》いように見える、そんな単純な考え方は、非常事態にはまったく逆効果になってしまう場合があると、今ではあちこちで判明しています。

[B]、都道府県と市町村で、同じような仕事をする保健所や医療《いりょう》機関《きかん》がだぶっているのは「無駄だ」と決めつけて、統合や廃止《はいし》を進めてきた地域では、感染の拡大という予想外の展開に対処できず、医療体制が危機的な状況《じょうきょう》に陥《おちい》っています。

[ウ]

物事を、昨日、今日、明日、という短い時間軸で考えてしまうと、今すぐに役に立たないものは「無駄だから捨てよう」という早まった結論になりがちです。けれども、3ヵ月後、1年後、5年後、10年後という長い時間軸で考えてみれば、今すぐに役に立たないものでも、いざという時に何かの役に立つかもしれない、という事実に目が向きます。

まず、世の中を飛び交う情報の中から、有用な情報を選別する「目」を持つこと。

ネット上を眺《なが》めると、ある問題について、一見すると専門的に見える、ディテール（細部）の情報をすぐに見つけることができます。しかし、ここで注意しなくてはならないのは「細かい情報ほど正しい」というわけではない、という事実です。

細々とした情報がたくさん並んでいれば、それをそのまま②鵜呑《うの》みにして信じそうになりますが、そこでいったん立ち止まって「どこからどこに向けて発せられた情報なのか」や「事実の裏付けはバランスよくなされているか（特定の結論に誘《ゆう》導《どう》するために都合のいい事実だけを根拠《こんきょ》にしていないか）」、「全体の一部分だけを切り取った情報ではないか」などの「※1信《しん》憑性《ぴょうせい》（どの程度信用できるか）」を、確認する必要があります。

それは、食べ物を口に入れる前に「どこで作られた食品か」や「どんな原料が含《ふく》まれているか」、「腐《くさ》ったり有害物質が混じったりしていないか」を確認するのと同じです。

また、日本国内だけに目を向けるのでなく、よその国がその問題にどう対処しているのかという点にも、視線を向けることが有用です。

イ

新型コロナウイルスへの対応では、韓国《かんこく》や台湾《たいわん》、中国などで「安全に素早く行える新しい検査方法」や「マスク不足にならないようにする販売《はんばい》システム」、「無人で消毒や料理の提供を行える機械」などが次々と発案・発明されました。そんな光景を見て、日本人が韓国や台湾、中国の人々から学ぶべきことは、上の偉《えら》い人の許可を待ってから何かを作るのでなく、まず自分が「よいアイデアだ」と思うことを具体的な形にする姿勢です。

それが「正解」かどうかは、作って具体的な形にしてから、評価を待つのです。

あらかじめ用意された「正解」を、たくさん覚えることが「優秀《ゆうしゅう》」だというのは、いわば「知識ベースの勉強」です。

二 次の文章は、二〇二〇年から世界中を混乱させている新型コロナウイルス感染症について書かれた文章の一部です。これを読んで、あとの問いに答えなさい。（字数制限のある問いは、句読点や記号も1字に数えます。）

感染症《かんせんしょう》の拡大という非常事態において、明らかになったことは他にもあります。

それは「誰《だれ》も正解を知らない問題で、どんな風にして答えを探すか」ということの重要性です。

ア

学校のテストと違《ちが》い、予期せぬ非常事態には、あらかじめ用意された「正解」はありません。みんなで意見を交換《こうかん》しながら、いちばんましな答えを探していきます。

学校の先生は、すでに正解がある問題については効率よく教えてくれますが、答えのない問題、まだ誰も答えを知らない問題への「対処の仕方」や「対処するために必要な能力の高め方」を教えてくれる先生は、あまりいないと思います。

それどころか、自分が「答えを知らない」という事実を生徒の前で正直に認める先生に巡《めぐ》り会えれば、かなり幸運だと言えるでしょう。自分が生徒になめられることを恐《おそ》れて、「本当はどうしていいかわからないのに、それを知っているようなフリをする」という態度をとる先生が多いのが現実です。

しかし、まだ答えがない問題への対処については、先生と生徒の立場は対等です。生徒の方が、先生よりも先に、現時点でいちばん良い答えを見つけられる可能性があります。そのためには、「誰も正解を知らない問題で、どんな風にして答えを探すか」という能力を、自分で高めておかなくてはなりません。

そんな、①学校では教えてくれない「能力」を、どうやって高めるか。

ここでは、私の経験に基づいて、いくつかヒントを提示します。

二〇二二年度 横浜女学院中学校

【国語】〈B入試〉（五〇分）〈満点：一〇〇点〉

一 次の文章の——線①～④のカタカナを漢字に、漢字をひらがなにしなさい。また、文章中の漢字の間違《まちが》いを1か所ぬき出し、正しい漢字に直しなさい。

先日、①イチョウの具合が悪くて病院へ行ったところ、特に異常はなかったが、生活習慣を②トトノえるようにと医者から注告を受けた。その日から、毎朝六時に起きてまず深呼吸をして思い切り③サンソを取りこんで、その後三十分運動をし、夜は十時には就寝《しゅうしん》するように心がけている。体の調子がだいぶ良くなってきたある日、朝のランニング中に今度は足をねんざしてしまい、再び通院する④羽目になった。生活を見直したことはほめられたが、今度は集中力を高めるようにと言われてしまった。

2022年度

横浜女学院中学校　▶解　答

※　編集上の都合により，Ｂ入試の解説は省略させていただきました。

算　数　＜Ｂ入試＞（50分）＜満点：100点＞

解　答

[1] (1)　18　(2)　5　(3)　1.5　(4)　$4\frac{1}{2}$　[2] (1)　25　(2)　23人　(3)　900m　(4)　100円　(5)　6日　(6)　4.5cm　[3] 神奈川県，約46.3％　[4] (1)　36　(2)　3行10列　(3)　855　[5] (1)　4通り　(2)　2通り　(3)　19通り　[6] (1)　4：3　(2)　16：9　(3)　$\frac{11}{28}$倍

社　会　＜Ｂ入試＞（30分）＜満点：60点＞

解　答

[1] 〔1〕 **問1**　ユネスコ　**問2**　(イ)　**問3**　(エ)　**問4**　①　ア　②　日本海側　**問5**　(ア)　**問6**　(エ)　**問7**　(エ)　〔2〕 **問1**　ヨーロッパ州　**問2**　オセアニア州　[2] **問1**　(イ)　**問2**　(イ)　**問3**　(ア)　**問4**　国風(文化)　**問5**　(エ)　**問6**　バテレン　**問7**　ポーツマス(条約)　**問8**　(ウ)　**問9**　B　**問10**　(エ)　[3] **問1**　(イ)　**問2**　①　公職選挙法　②　(ウ)　**問3**　①　(エ)　②　リコール　**問4**　(ウ)　**問5**　限界(集落)　**問6**　①　(エ)　②　（例）　地方自治が自立した運営をできなくなる。(地方の特色が薄れ，地域に合った課題にとりくむことができなくなる。)　③　オンブズマン(制度)

理　科　＜Ｂ入試＞（30分）＜満点：60点＞

解　答

[1] (1)　①　ウ　②　イ　③　エ　(2)　**ア**　6　**イ**　5個　**ウ**　0.00025mm^3　**エ**　2000万個　**オ**　200億個　[2] (1)　ア　(2)　エ　(3)　ア　(4)　エ　(5)　イ　(6)　イ　(7)　ア　[3] (1)　カ，ケ　(2)　1.1g/cm^3　(3)　カ，キ，ケ　(4)　**X**　ア　**Y**　イ　**Z**　エ　(5)　①　220.5g　②　ア，エ，オ　[4] (1)　ウ　(2)　ア　(3)　**A**　ア　**B**　エ　**C**　イ　(4)　**a**　ウ　**b**　（例）　あおむけにねころんだ状態で鏡をかかげてみれば，下向きになった顔が見える。

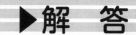

国　語　＜B入試＞（50分）＜満点：100点＞

解　答

一　①～③　下記を参照のこと。　④　はめ　**誤字**…注　**正字**…忠　二　**問1**　**1つ目**…有用な情報を選別する「目」を持つこと　**2つ目**…長い時間軸で物事を考える習慣をつけること　**問2**　ウ　**問3**　エ　**問4**　イ　**問5**　イ　**問6**　（例）（人間は本来だれでも自由だが，ルールは，）各人の自由と自由が衝突したときに，弱い方が痛みを感じないように後から作られたものだということ。　**問7**　エ　**問8**　ウ　三　**問1**　イ　**問2**　**A**　ア　**B**　オ　**問3**　（例）順位を正直に言わなかったから。　**問4**　ウ　**問5**　単純　**問6**　（例）大浦君との絶交があまりにも簡単に解決してしまったので驚いている。　**問7**　イ　**問8**　**ア**　（例）佐和子に絶交を言い渡した　**イ**　（例）佐和子と仲直りをした　**問9**　（例）大浦君と絶交が続いて口をきけないのはさびしいが，大浦君の前で自分の気持ちを正直に話す勇気がないので，嘘をついてしまった時の思いと謝罪の言葉，仲直りをしたいという気持ちを手紙に書いて，大浦君に渡す。

●漢字の書き取り

一　①　胃腸　②　整(える)　③　酸素

2025年度用

中学スーパー過去問

■編集人　声の教育社・編集部

■発行所　株式会社　声の教育社

〒162-0814　東京都新宿区新小川町8-15

☎03-5261-5061(代)　FAX03-5261-5062

https://www.koenokyoikusha.co.jp

※本書の内容についての一切の責任は当社にあります。内容・解説・解答・その他は当社ホームページよりお問い合わせ下さい。

カコを追いかけ
ミライをつかめ
「今の説明、もう一回」を何度でも
web過去問
ストリーミング配信による入試問題の解説動画
もっと古いカコモンないの?
カコ過去問
「さらにカコの」過去問をHPに掲載(DL)
声の教育社
詳しくはこちらから

ストリーミング配信による入試問題の解説動画

2025年度用web過去問　ラインナップ

■ **男子・女子・共学（全動画）見放題**
36,080円（税込）

■ **男子・共学 見放題**
29,480円（税込）

■ **女子・共学 見放題**
28,490円（税込）

● 中学受験「声教web過去問（過去問プラス・過去問ライブ）」（算数・社会・理科・国語）

3〜5年間 **24校**

過去問プラス

麻布中学校	桜蔭中学校	開成中学校	慶應義塾中等部	渋谷教育学園渋谷中学校
女子学院中学校	筑波大学附属駒場中学校	豊島岡女子学園中学校	広尾学園中学校	三田国際学園中学校
早稲田中学校	浅野中学校	慶應義塾普通部	聖光学院中学校	市川中学校
渋谷教育学園幕張中学校	栄東中学校			

過去問ライブ

栄光学園中学校	サレジオ学院中学校	中央大学附属横浜中学校	桐蔭学園中等教育学校	東京都市大学付属中学校
フェリス女学院中学校	法政大学第二中学校			

● 中学受験「オンライン過去問塾」（算数・社会・理科）

3〜5年間 **50校以上**

東京	青山学院中等部	東京	国学院大学久我山中学校	東京	明治大学付属明治中学校	千葉	芝浦工業大学柏中学校	埼玉	栄東中学校
	麻布中学校		渋谷教育学園渋谷中学校		早稲田中学校		渋谷教育学園幕張中学校		淑徳与野中学校
	跡見学園中学校		城北中学校		都立中高一貫校 共同作成問題		昭和学院秀英中学校		西武学園文理中学校
	江戸川女子中学校		女子学院中学校		都立大泉高校附属中学校		専修大学松戸中学校		獨協埼玉中学校
	桜蔭中学校		巣鴨中学校		都立白鷗高校附属中学校		東邦大学付属東邦中学校		立教新座中学校
	鷗友学園女子中学校		桐朋中学校		都立両国高校附属中学校		千葉日本大学第一中学校	茨城	江戸川学園取手中学校
	大妻中学校		豊島岡女子学園中学校	神奈川	神奈川大学附属中学校		東海大学付属浦安中等部		土浦日本大学中等教育学校
	海城中学校		日本大学第三中学校		桐光学園中学校		麗澤中学校		茗渓学園中学校
	開成中学校		雙葉中学校		県立相模原・平塚中等教育学校		県立千葉・東葛飾中学校		
	開智日本橋中学校		本郷中学校		市立南高校附属中学校		市立稲毛国際中等教育学校		
	吉祥女子中学校		三輪田学園中学校	千葉	市川中学校	埼玉	浦和明の星女子中学校		
	共立女子中学校		武蔵中学校		国府台女子学院中学部		開智中学校		

web過去問 Q&A

過去問が動画化！
声の教育社の編集者や中高受験のプロ講師など、
過去問を知りつくしたスタッフが動画で解説します。

Q **どこで購入できますか？**

A 声の教育社のHPでお買い求めいただけます。

Q **受講にあたり、テキストは必要ですか？**

A 基本的には過去問題集がお手元にあることを前提としたコンテンツとなっております。

Q **全問解説ですか？**

A 「オンライン過去問塾」シリーズは基本的に全問解説ですが、国語の解説はございません。「声教web過去問」シリーズは合格のカギとなる問題をピックアップして解説するもので、全問解説ではございません。なお、「声教web過去問」と「オンライン過去問塾」のいずれでも取り上げられている学校がありますが、授業は別の講師によるもので、同一のコンテンツではございません。

Q **動画はいつまで視聴できますか？**

A ご購入年度２月末までご視聴いただけます。
複数年視聴するためには年度が変わるたびに購入が必要となります。

よくある解答用紙のご質問

01

実物のサイズにできない

拡大率にしたがってコピーすると，「解答欄」が実物大になります。配点などを含むため，用紙は実物よりも大きくなることがあります。

02

A3用紙に収まらない

拡大率164％以上の解答用紙は実物のサイズ（「出題傾向＆対策」をご覧ください）が大きいために，Ａ３に収まらない場合があります。

03

拡大率が書かれていない

複数ページにわたる解答用紙は，いずれかのページに拡大率を記載しています。どこにも表記がない場合は，正確な拡大率が不明です。

04

１ページに２つある

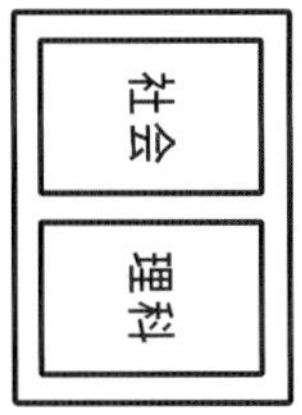

１ページに２つ解答用紙が掲載されている場合は，正確な拡大率が不明です。ほかの試験回の同じ教科をご参考になさってください。

横浜女学院中学校

【別冊】入試問題解答用紙編

禁無断転載

解答用紙は本体からていねいに抜きとり、別冊としてご使用ください。

※　実際の解答欄の大きさで練習するには、指定の倍率で拡大コピーしてください。なお、ページの上下に小社作成の見出しや配点を記載しているため、コピー後の用紙サイズが実物の解答用紙と異なる場合があります。

●入試結果表

— は非公表

年度	回	項目	国語	算数	社会	理科	2科合計	4科合計	2科合格	4科合格
2024	A入試	配点(満点)	100	100	60	60	200	320	最高点—	最高点—
		合格者平均点	—	—	—	—	—	—	最低点	最低点
		受験者平均点	50.4	62.3	42.5	32.3	112.7	187.5	アカ 110	国際 224
		キミの得点								アカ 176
	(注)　国英／算英の合格最低点(満点 160)は、国際教養が 112/112、アカデミーが 88／88 です。									
	B入試	配点(満点)	100	100	60	60	200	320	最高点—	最高点—
		合格者平均点	—	—	—	—	—	—	最低点	最低点
		受験者平均点	75.7	40.6	39.2	29.4	116.3	184.9	アカ 110	国際 224
		キミの得点								アカ 176
	(注)　国英／算英の合格最低点(満点 160)は、国際教養が 112/112、アカデミーが 88／88 です。									
2023	A入試	配点(満点)	100	100	60	60	200	320	最高点—	最高点—
		合格者平均点	—	—	—	—	—	—	最低点	最低点
		受験者平均点	71.2	60.4	31.2	37.4	131.6	200.2	アカ 120	国際 240
		キミの得点								アカ 192
	(注)　国英／算英の合格最低点(満点 160)は、国際教養が 120/120、アカデミーが 96／96 です。									
	B入試	配点(満点)	100	100	60	60	200	320	最高点—	最高点—
		合格者平均点	—	—	—	—	—	—	最低点	最低点
		受験者平均点	75.5	61.5	41.1	33.1	137.0	211.2	アカ 120	国際 240
		キミの得点								アカ 192
	(注)　国英／算英の合格最低点(満点 160)は、国際教養が 120/120、アカデミーが 96／96 です。									
2022	A入試	配点(満点)	100	100	60	60	200	320	最高点—	最高点—
		合格者平均点	—	—	—	—	—	—	最低点	最低点
		受験者平均点	66.0	54.8	36.5	25.7	120.8	183.0	アカ 120	国際 224
		キミの得点								アカ 192
	(注)　国英／算英の合格最低点(満点 160)は、国際教養が 112/112、アカデミーが 96／96 です。									
	B入試	配点(満点)	100	100	60	60	200	320	最高点—	最高点—
		合格者平均点	—	—	—	—	—	—	最低点	最低点
		受験者平均点	69.6	58.0	39.9	33.6	127.6	201.1	アカ 114	国際 224
		キミの得点								アカ 182
	(注)　国英／算英の合格最低点(満点 160)は、国際教養が 112/112、アカデミーが 91／91 です。									

※　表中のデータは学校公表のものです。ただし、２科合計・４科合計は各教科の平均点を合計したものなので、目安としてご覧ください。

声の教育社

２０２４年度　　横浜女学院中学校

算数解答用紙　Ａ入試

番号		氏名		評点	／100

3，4，5，6 は途中式や考え方も書きなさい。

1	(1)		(2)		(3)		(4)				
2	(1)	km	(2)		(3)	g	(4)	本	(5)	度	(6) cm²

3

答え　　　　，約　　　　%増加

4

(1) 答え　　　枚

(2) 答え　　　番目

(3) 答え　　　番目

5

(1) 答え　　　通り

(2) 答え　　　通り

(3) 答え　　　通り

6

(1) 答え　　　cm²

(2) 答え　　　倍

(3) 答え　　　秒後と　　　秒後

（注）この解答用紙は実物を縮小してあります。185%拡大コピーをすると、ほぼ実物大の解答欄になります。

〔算　数〕100点(推定配点)

1，2　各４点×10　3～6　各６点×10＜3，6の(3)は完答＞

２０２４年度　横浜女学院中学校

社会解答用紙　Ａ入試

番号		氏名		評点	/60

1

問１	問２
問３	問４ ①
問４ ②	③
問５	
問６	問７

2

問１	問２
問３	問４
問５	問６
問７	問８
問９	

3

問１ ①	②
問２	
問３ ①	②
問４ ①	②
問５ ①	
②	

4

問１
問２

（注）この解答用紙は実物を縮小してあります。Ｂ５→Ａ３（163%）に拡大コピーすると、ほぼ実物大の解答欄になります。

〔社　会〕60点（推定配点）

1～3　各２点×27　4　問１　２点　問２　４点

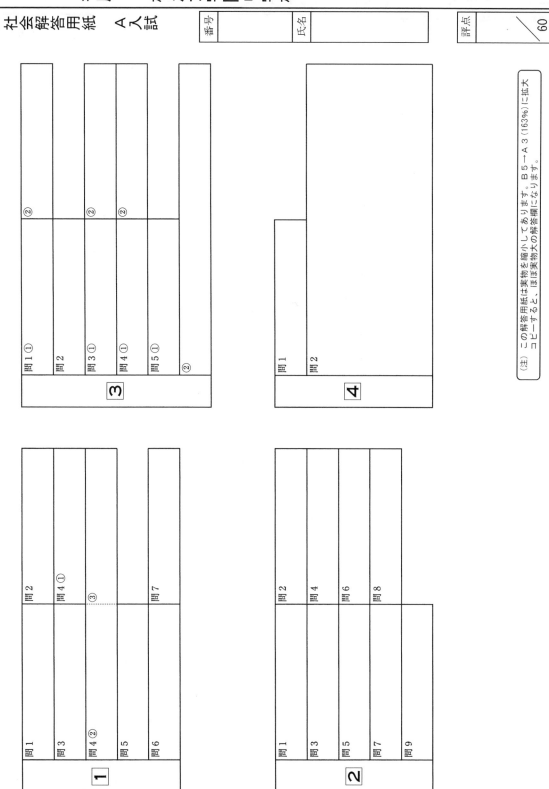

２０２４年度　横浜女学院中学校

理科解答用紙　Ａ入試

番号		氏名		評点	／60

1	(1)		(2)		(3)	
	(4)	ダイズ 記号	名称	イネ 記号	名称	
	(5)					
	(6)	性質	理由			

2	(1)	球	(2)	%	(3)	%
	(4)	℃	(5)	℃	(6)	℃
	(7)	①　くなる	②			

3	(1)	A	B	C
	(2)	①	④	
	(3)	と	(4)	

4	(1)	(a)	gの力で	cm引く必要がある。
		(b)	gの力で	cm引く必要がある。
		(c)	gの力で	cm引く必要がある。
	(2)			

（注）この解答用紙は実物を縮小してあります。Ｂ５→Ａ４（115％）に拡大コピーすると、ほぼ実物大の解答欄になります。

〔理　科〕60点(推定配点)

1　(1)～(5)　各２点×６＜(4)は各々完答＞　(6)　３点＜完答＞　2　(1)～(6)　各２点×６　(7)　①　２点　②　３点　3, 4　各２点×14＜3の(3)は完答＞

2024年度　横浜女学院中学校

国語解答用紙　A入試

番号　　氏名　　評点 /100

一
① ドクソウ　② 重宝　③ 後世　④ デンショウ
誤字　　正字

二
問一 ①　②　問二　問三
問四　問五 1　2　問六　問七

三
問一 Ⅰ　Ⅳ　問二　問三
問四　問五 (1)　(2)
問五 (3) 有能感は
問六
問七

(注) この解答用紙は実物を縮小してあります。B5→A3(163%)に拡大コピーすると、ほぼ実物大の解答欄になります。

〔国　語〕100点(推定配点)

一 ①～④　各2点×4　誤字・正字　2点<完答>　二　各5点×8<問2，問5は完答>　三　問1～問6　各5点×8<問1は完答>　問7　10点

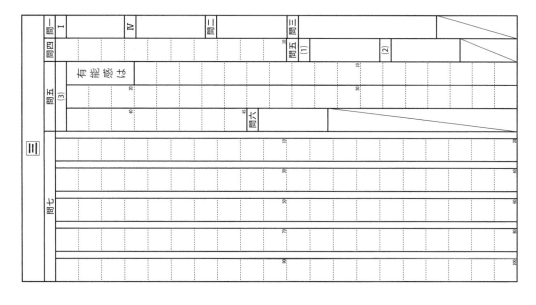

２０２４年度　横浜女学院中学校

算数解答用紙　Ｂ入試

番号		氏名	

評点	／100

3, 4, 5, 6 は途中式や考え方も書きなさい。

1	(1)		(2)		(3)		(4)					
2	(1)	人	(2)	秒	(3)	時　分	(4)		(5)	度	(6)	cm^2

3	答え　　, 約　　万人	

4	(1)	答え	(2)	答え	(3)	答え
5	(1)	答え　通り	(2)	答え　通り	(3)	答え　通り
6	(1)	答え　cm^2	(2)	答え　cm	(3)	答え　cm

（注）この解答用紙は実物を縮小してあります。185％拡大コピーをすると、ほぼ実物大の解答欄になります。

〔算　数〕100点(推定配点)

1, 2　各４点×10　3〜6　各６点×10＜3は完答＞

２０２４年度　横浜女学院中学校

社会解答用紙　Ｂ入試

番号		氏名		評点	/60

（注）この解答用紙は実物を縮小してあります。Ｂ５→Ａ３（163%）に拡大コピーすると、ほぼ実物大の解答欄になります。

1

問１ A	B
問２	問３
問４	問５ ①
②	③　　貿易
問６	

2

問１	問２
問３	問４
問５	問６
問７	問８
問９	

3

問１ ①	②
問２ ① X	Y
②	③
問３ ①	②
③	

4

問１　　貿易
問２

〔社　会〕60点(推定配点)

1～3　各２点×27　4　問１　２点　問２　４点

2024年度　横浜女学院中学校

理科解答用紙　B入試

番号		氏名		評点	／60

1				
(1)	①	②	③	
	④	⑤	⑥	
(2)	通り	(3)	通り	

2					
(1)	①	②	(2)	
(3)		(4)		(5)	
(6)					

3					
(1)		(2)	g	(3)	g
(4)	g	(5)	g	(6)	g
(7)		(8)			

4					
(1)		(2)		(3)	倍
(4)	倍	(5)	回目	(6)	
(7)	要因				
	結果　　くなる				

（注）この解答用紙は実物を縮小してあります。Ｂ５→Ａ４（115%）に拡大コピーすると、ほぼ実物大の解答欄になります。

〔理　科〕60点（推定配点）

1～4　各２点×30＜4の(7)は完答＞

２０２４年度　横浜女学院中学校

国語解答用紙　Ｂ入試

番号　　氏名　　評点　／100

一

① 雑草　② ウ　たれ　③ カフン　④ 何気

誤字　正字

二

問一　問二　問三　問四　問五

問六

問七

問八

三

問一　問二　問三　問四　問五

問六　問七　問八

問九

（注）この解答用紙は実物を縮小してあります。Ｂ５→Ａ３（163%）に拡大コピーすると、ほぼ実物大の解答欄になります。

〔国　語〕100点(推定配点)

一　①～④　各２点×４　誤字・正字　２点<完答>　二　各５点×８<問２は完答>　三　問１～問８　各５点×８　問９　10点

2023年度　横浜女学院中学校

算数解答用紙　A入試

番号		氏名		評点	／100

3, 4, 5, 6 は途中式や考え方も書きなさい。

1	(1)	(2)	(3)	(4)		
2	(1) 才	(2) %	(3) 個	(4) 分後	(5) 度	(6) cm^3
3	答え　　，約　　%					
4	(1) 答え	(2) 答え　番目	(3) 答え			
5	(1) 答え　通り	(2) 答え　通り	(3) 答え　通り			
6	(1) 答え　cm	(2) 答え　cm^2	(3) 答え　cm			

（注）この解答用紙は実物を縮小してあります。185％拡大コピーをすると、ほぼ実物大の解答欄になります。

〔算　数〕100点(推定配点)

1, 2　各4点×10　3～6　各6点×10＜3は完答＞

２０２３年度　横浜女学院中学校

社会解答用紙　Ａ入試

番号		氏名		評点	/60

1

問1		
問2①	②(X)	半島
②(Y)	島	③
④ E	F	
問3	問4	

2

問1	問2
問3	問4
問5	問6
問7	問8
問9	

3

問1①	②
③	
問2	問3
問4	
問5①	②
③	

4

問1
問2メリット
デメリット

（注）この解答用紙は実物を縮小してあります。Ｂ５→Ａ３（163%）に拡大コピーすると、ほぼ実物大の解答欄になります。

〔社　会〕60点(推定配点)

1～4　各2点×30

２０２３年度　　横浜女学院中学校

理科解答用紙　Ａ入試

番号		氏名		評点	／60

1	(1)		(2)		(3)	
	(4)		(5)		(6)	
	(7)	商品名【　　　　　　　　　　　　】				

という特徴を利用した、　　　　　です！

2	(1)		(2)		(3)		(4)	
	(5)		(6)		(7)			

3	(1)	①	②		
	(2)	A	B	C	D
	(3)		(4)	種類	

4	(1)	図１　点	図２　点	図３　点	図４　点
	(2)	①	②	③	④

（注）この解答用紙は実物を縮小してあります。Ｂ５→Ａ４(115%)に拡大コピーすると、ほぼ実物大の解答欄になります。

〔理　科〕60点(推定配点)

1〜4　各２点×30＜1の(1)，(7)，2の(6)は完答＞

二〇二三年度　横浜女学院中学校

国語解答用紙　A入試

番号　　氏名　　評点　／100

一
① 内臓
② ジュクセイ
③ 胃腸
④ ホネ
誤字　正字

二
問一　問二　問三　問四　問五
問六　問七　問八

三
問一　問二　問三　問四　問五
問六
問七　状態　問八
問九

（注）この解答用紙は実物を縮小してあります。B5→A3（163％）に拡大コピーすると、ほぼ実物大の解答欄になります。

〔国　語〕100点(推定配点)

一　①～④　各2点×4　誤字・正字　2点<完答>　二　各5点×8　三　問1～問8　各5点×8　問9 10点

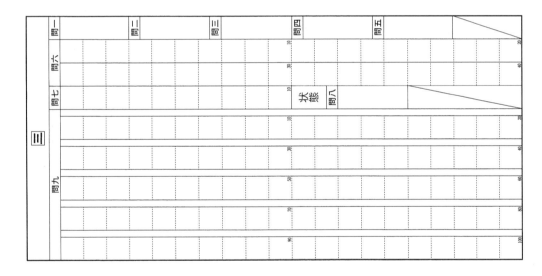

２０２３年度　横浜女学院中学校

算数解答用紙　Ｂ入試

番号		氏名		評点	／100

3, 4, 5, 6 は途中式や考え方も書きなさい。

1	(1)		(2)		(3)		(4)					
2	(1)	人	(2)	分後	(3)	cm	(4)		(5)	度	(6)	cm^2
3	答え　　　，約　　　%											
4	(1)	答え	(2)	答え　　グループ，　　番目	(3)	答え						
5	(1)	答え　　通り	(2)	答え　　通り	(3)	答え　　通り						
6	(1)	答え　　cm^2	(2)	答え　　秒後から　　秒後	(3)	答え　　秒後と　　秒後						

（注）この解答用紙は実物を縮小してあります。185％拡大コピーをすると、ほぼ実物大の解答欄になります。

〔算　数〕100点(推定配点)

1, 2　各４点×10　3～6　各６点×10＜3, 4の(2), 6の(2), (3)は完答＞

２０２３年度　横浜女学院中学校

社会解答用紙　Ｂ入試

番号		氏名		評点	/60

1

問1	問2
問3　　　　海里	
問4（ア）	（ウ）
問5 ①	②
問6	問7

2

問1　　　　貝塚	問2
問3	問4
問5	問6
問7	
問8	問9

3

問1	問2　　　　社会
問3	問4
問5 ①	
②	
問6	
問7 ①	②

4

問1
問2 目標番号（　　　　） 理由

（注）この解答用紙は実物を縮小してあります。Ｂ５→Ａ３（163%）に拡大コピーすると、ほぼ実物大の解答欄になります。

〔社　会〕60点(推定配点)

1～3　各２点×27　4　問１　２点　問２　４点

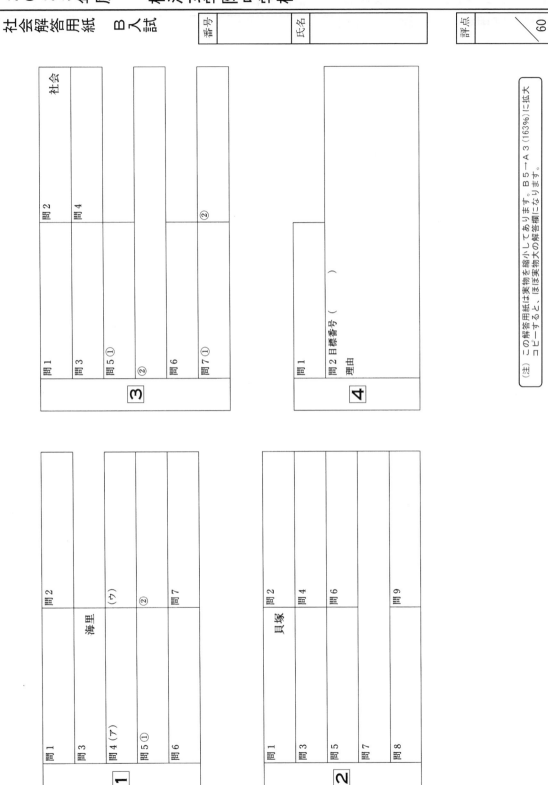

２０２３年度　　　横浜女学院中学校

理科解答用紙　Ｂ入試

番号		氏名		評点	／60

1	(1)	①		②		③
	(2)		(3)	元気 ←→ 元気がない →　→		
	(4)					
	(5)					

2	(1)		(2)		(3)	
	(4)		(5)		(6)	
	(7)	(A　　　) $\times 10^{(B\qquad)}$ 光年	(8)	(A　　　) $\times 10^{(B\qquad)}$ km		

3	(1)		(2)		(3)	g	(4)	：
	(5)	g	(6)	g	(7)	：	(8)	g

4	(1)	cm	(2)	cm	(3)	
	(4)	cm	(5)	cm	(6)	cm
	(7)	cm				

（注）この解答用紙は実物を縮小してあります。Ｂ５→Ａ４（115%）に拡大コピーすると、ほぼ実物大の解答欄になります。

〔理　科〕60点(推定配点)

1～4　各２点×30＜1の(3)は完答＞

二〇二三年度　横浜女学院中学校

国語解答用紙　B入試

番号　　氏名　　評点　／100

一

① コマ　る
② カンタン
③ 一覧
④ 評論

誤字　正字

二

問一　問二　問三 始め 5 終わり 5 こと　問四　問五　問六　問七　問八

三

問一　問二　問三　問四　問五 10 16　問六　問七　問八 10 20 30 40 45　問九 10 20 30 40 50 60 70 80 90 100

（注）この解答用紙は実物を縮小してあります。B5→A3（163%）に拡大コピーすると、ほぼ実物大の解答欄になります。

〔国　語〕100点(推定配点)

一　①～④　各2点×4　誤字・正字　2点＜完答＞　二　各5点×8　三　問1～問8　各5点×8　問9 10点

２０２２年度　横浜女学院中学校

算数解答用紙　Ａ入試

番号		氏名		評点	／100

3，4，5，6 は途中式や考え方も書きなさい。

1	(1)		(2)		(3)		(4)				
2	(1)		(2)	個	(3)	個	(4)		(5) 度	(6)	cm²

3

答え　　　　，約　　　％

	(1)	(2)	(3)
4	答え	答え　　番目	答え
5	答え　　通り	答え　　通り	答え　　通り
6	答え　　cm	答え　　cm	答え　　cm²

（注）この解答用紙は実物を縮小してあります。185％拡大コピーをすると、ほぼ実物大の解答欄になります。

〔算　数〕100点（推定配点）

1，2　各４点×10　3〜6　各６点×10＜3は完答＞

２０２２年度　横浜女学院中学校

社会解答用紙　Ａ入試

番号　　氏名　　評点　／60

1

〔１〕問１　問２

問３　問４

問５　問６

問７　番号　根拠

問８

〔２〕①　②

2

〔１〕問１　期

問２　問３

問４　問５

〔２〕問１　問２

問３　問４

問５

3

問１①　②

問２

問３①　②

問４

問５①　②

問６

問７　制度

（注）この解答用紙は実物を縮小してあります。Ｂ５→Ａ３（163％）に拡大コピーすると、ほぼ実物大の解答欄になります。

〔社　会〕60点（推定配点）

1～3　各２点×30<1の問７は完答>

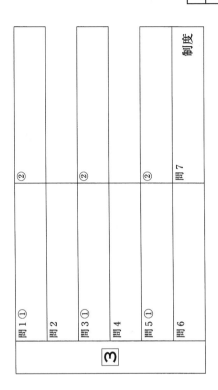

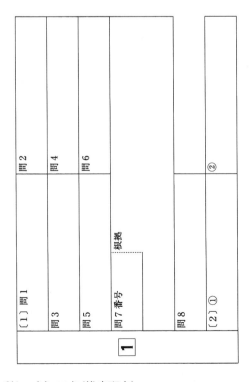

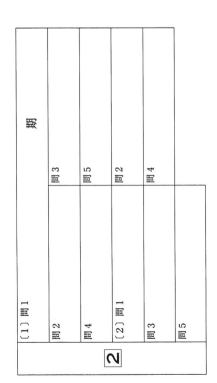

２０２２年度　横浜女学院中学校

理科解答用紙　Ａ入試

番号		氏名		評点	／60

1	(1)	感度　%	特異度　%	陽性的中率　%
	(2)			
	(3)	①　人	②　人	③　%

2	(1)		(2)				
	(3)	名前	写真				
	(4)		(5)		(6)		

3	(1)		(2)		(3)	①	
	(3)	②	A：	B：	③	g	
		④	メリット：				
			デメリット：				

4	(1)		(2)		(3)	
	(4)		(5)		(6)	
	(7)		(8)			

（注）この解答用紙は実物を縮小してあります。Ｂ５→Ａ４（115%）に拡大コピーすると、ほぼ実物大の解答欄になります。

〔理　科〕60点（推定配点）

1～4　各２点×30＜3の(1)は完答＞

二〇二二年度　横浜女学院中学校

国語解答用紙　A入試

番号　　氏名　　評点　／100

一

① モヨウ　② 外来語　③ ユウソウ　④ 時世

誤字　　正字

二

問一　問二　問三

問四 (1) (2) (3)　問五

問六

問七　問八

三

問一　問二　問三　問四　問五

問六

問七

問八

問九

（注）この解答用紙は実物を縮小してあります。Ｂ５→Ａ３(163%)に拡大コピーすると、ほぼ実物大の解答欄になります。

〔国　語〕100点(推定配点)

一 ①～④　各２点×4　誤字・正字　２点<完答>　二　各５点×8<問4，問８は完答>　三　問1～問8　各５点×8　問９　10点

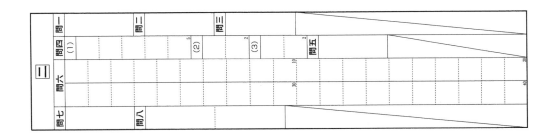

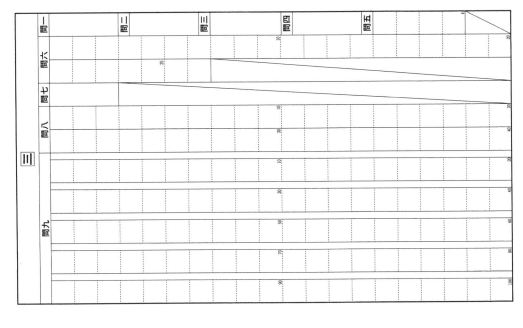

２０２２年度　　横浜女学院中学校

算数解答用紙　Ｂ入試

番号		氏名		評点	／100

3，4，5，6 は途中式や考え方も書きなさい。

1	(1)		(2)		(3)		(4)				
2	(1)		(2)	人	(3)	m	(4)	円	(5)	日	(6) cm

3	答え　　　，約　　　%					
4	(1)	答え	(2)	答え　　行　　列	(3)	答え
5	(1)	答え　　通り	(2)	答え　　通り	(3)	答え　　通り
6	(1)	答え　　：	(2)	答え　　：	(3)	答え　　倍

（注）この解答用紙は実物を縮小してあります。185％拡大コピーをすると、ほぼ実物大の解答欄になります。

〔算　数〕100点（推定配点）

1，2　各４点×10　3～6　各６点×10＜3は完答＞

２０２２年度　横浜女学院中学校

社会解答用紙　B入試

番号		氏名	

評点	／60

1	〔1〕問1	問2
	問3	
	問4 ①	②
	問5	問6
	問7	
	〔2〕問1	問2

2	問1	問2
	問3	問4　文化
	問5	問6
	問7　条約	問8
	問9	問10

3	問1	
	問2 ①	②
	問3 ①	②
	問4	問5　集落
	問6 ①	
	②	
	③　制度	

〔社　会〕60点(推定配点)

1～3　各2点×30

２０２２年度　横浜女学院中学校

理科解答用紙　B入試

番号		氏名	

評点	／60

1	(1)	①	②	③
	(2)	ア	イ　個	ウ　mm^3
		エ　万個	オ　億個	

2	(1)		(2)		(3)		
	(4)		(5)		(6)		
	(7)						

3	(1)			(2)	g/cm^3	(3)	
	(4)	X		Y		Z	
	(5)	①	g	②			

4	(1)			(2)		
	(3)	A		B		C
	(4)	a		b		

〔理　科〕60点(推定配点)

1～4　各2点×30<3の(1)，(3)，(5)の②は完答>

二〇二三年度　横浜女学院中学校

国語解答用紙　B入試

番号		氏名		評点	/100

一

① イチヨウ
② トトノえる
③ サンソ
④ 羽目

誤字　正字

二

問一　1つ目　2つ目
問二
問三
問四
問五
問六　人間は本来だれでも自由だが、ルールは、
問七
問八

三

問一
問二　A　B
問三
問四
問五
問六
問七
問八　ア　イ
問九

（注）この解答用紙は実物を縮小してあります。B5→A3（163%）に拡大コピーすると、ほぼ実物大の解答欄になります。

〔国　語〕100点（推定配点）

一　①～④　各2点×4　誤字・正字　2点<完答>　二　各5点×8<問1は完答>　三　問1～問8　各5点×8<問2，問8は完答>　問9　10点

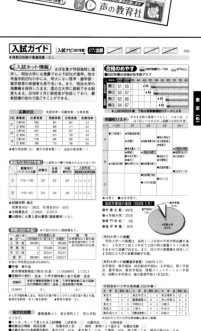

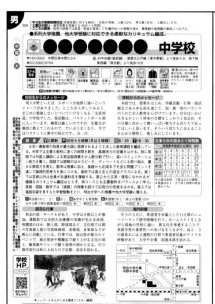

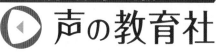